देखा सुना अनुभव मेरे अंदाज में

(सरल कविताओं का संकलन)

लेखक

'भगवान' स्वरुप खोसला

B.A. (4 Years), B.Ed., C. Bus. U/T (Toronto)

उर्फ बाबा भाना नाथ 'भगवान'

अध्यक्ष: भावी इंटरप्राइजेज लिमिटेड़ , टोरोन्टो;

सेवानिवृत अध्यापक: टोरोन्टो बोर्ड ऑफ़ एजुकेशन, टोरोन्टो

अस्वीकरण

पुस्तक की तुकबंदी हुई, लगी जैसी थी अच्छी।
काल्पनिक अधिकतम, लेना मान उसे न सच्ची।

याद दिलाये अगर किसी की, तो केवल इत्तफाक।
किसी से कोई दुश्मनी नहीं, किसी से हमारा साक।

बांटा सारा दुःख, दर्द, अनुभव, जो लोगों ने सुनाया।
आया गद्य में न लिखना, कर इकट्ठे पद्य है बताया।

यकीनन याद दिलाएगी, कोई बीती अपनी कहानी।
पूर्ण आस मुझे, कम दर्द लिखी कर देगी ये बानी।

विशाल दुखिये इस संसार में, बसें हर भांति के लोग।
खाये धोखा कोई यहाँ प्यार का, लगे किसी को रोग।

कभी प्यारे थे, वो गये छोड़, जिन्दा, कोई मरणोपरांत।
झेलना पड़ा विछोड़ा हमें, दुखी बहुत हुये फिर शांत।

साथ जिन का हर पल मिला, हुये आंखो से बड़े दूर।
हमारी आती होगी याद कभी, है उम्मीद उन्हें जरूर।

गुज़ारिश पढ़ना दिल पर न लगाना, दूर रखना तनाव।
अस्थिर ये 'भगवान' की दुनिया, देर थोड़ी का लगाव।

प्रस्तावना

बचपन गया, न रही जवानी, आया अब बुढ़ापा।
बीते दिनो का याद, लगा, अब आने हमें सियापा।

पंजाबी, हिंदी, संस्कृत, अंग्रेजी व फ्रेंच कभी मिला,
जिंदगी अपनी पढ़ पढ़ा कर, सारी हमने ली गवा।

अस्वस्थ हुये तो उपचार करवाया ले, हमने ली दवा।
मुसीबत जब सर पर आयी, तब करनी पड़ी दुआ।

दुःख दर्द सब का बांटा, रुका हर काम दियाचला।
भांति कबीर खड़ा बाजार में, माँगा सब का था भला।

आसान था पढ़ना नाही पढ़ाना, सुन्दर विषय गणित।
कर लिया था किसी तरह से, हम जुटा सारी हिम्मत।

पाला पड़ा कई बाबों से, उन की लगी सच्ची हर बात।
दिल खोल दिया दानरात। - पूजा और की सेवा भी दिन,

पाले नियम ब्रह्मचर्य के जा, गृहस्थ आश्रम किया प्यार।
दिया सुख जितना था बस में लिया, जो मिला, स्वीकार।

खायी चोटेंहर बार। , निभाया धर्म, सही घावों की पीड़ा,
मन आयाकिया इंकार। , सुन दिल की, अनुचित करना,

हुये शिकार मतभेद के हम भी पीटा न, कभी ढिंढोरा।
रूखी सुखी खा किया गुज़ारासंतुष्ट व्यवहार रहा मोरा। ,

कर रहा हूँ प्रस्तुत, कर एकत्रित कुछ, फूलों की माला।
निराशा हीनसदा रखवाला। 'भगवान' था, हँसा हँसाया,

विषय-सूची

विषय-सूची

विषय-सूची

vii

विषय-सूची

विषय-सूची

विषय-सूची

X

विषय-सूची

xi

कैसे बितायी

दिया जितना चाहा उस, जपते हैं नाम।
तृप्ति हो पायी न पूरी, रहे बड़े परेशान।

हर कार्य में देखा, रूकावट हमारे आई।
वचन देने वाले बहुत, न हो पाये सहाई।

सुखमय शांत वातावरण, नसीबे न आया।
मेहनत की खूब, मुआवजा पूरा न पाया।

धंधे करने लगे जब, शैतान ने कई मिलाये।
प्रकाश दिखाने वाले, स्वयें अँधेरे में पाये।

प्यार मिला था नाम का, हकीकत में कम।
खुशियां बनिस्बत, दिए काफी उस ने गम।

चिंता, फ़िक्र, दुविधा, दर्द आदि ने सताया।
पायी राहत देर में, यधपि उपचार करवाया।

हंसी-ख़ुशी रहे बांटते, थी जो काम न आई।
रूखी- सूखी किस्मत में, वो भी पच न पायी।

आये दुःख, हुये दूर, हूँ उस का शुक्र गुजार।
जान गया, 'भगवान' की महिमा अपरम्पार।

महिमा प्यार की

दलदल प्यार में फसा, कोई विरला मुस्कुराता है।
किस्से कहानिया देखो, पढ़ नज़र ये ही आता है।

प्यार तो है ऐसा लड्डू, मिले न जिसे पछताये है।
मुश्किल से लड्डू भाग्य में, एक ही ऐसा आये है।

ना खाये तो मुसीबत, खाये तो कयामत आती है।
सुबह शाम मधुर रागिनी, गायी हर घर जाती है।

लिबास सुंदर ये हर चाहे, सब के मन को भाता है।
चार दिन की ही चाँदनी, फिर अवसर ना आता है।

फूल खिलें, रहे बगिया न सूखी, आन हर सुनावे है।
किस्मत हो तो आवाजे संगीत दूर-दूर तक जावे है।

हर हालत में नींद ना आये, क्या कुदरत की लीला है।
'भगवान' कृपा से, बढ़े ऐसे ही, छोटा बड़ा कबीला है।

इंसाफ़े कुदरत

मिले जख्म जब भी, अपनों ने कुछ न कहा।
चुपचपाहते मिजाज, जाल्मो से न गया सहा।

सहन शक्ति पायी थी, रखा मौन व उसे पिया।
मन ही मन में कोसा, जवाबे उत्तर नहीं दिया।

दिखे फिर भविष्य में, निर्दयी वोही तड़पते हुये।
कड़वे आ गये बोल याद, थे पुराने जो अब हुये।

करते रहे सहन, अटपटी हरेक उन की चाल को।
पाया बहुत मुश्किल, उन कुदरत के इन्साफ को।

लगा हमें न अच्छा, जब दुःख के देखा हाल में।
वर्षा ऋतु, मौसम ग्रीष्म, गुजरा समय सयाल में।

वातावरण में तब्दीलियाँ, जकड़ा मायाजाल ने।
'भगवाने' भगत न जाने, हैं खोये किस ख्याल में।

कुरबां होना

पाने प्यार की खातिर, क्या नहीं खोना पड़ता है?
बिन वजह हँसना और कभी रोना भी पड़ता है।

ग़र हद पर जाए पहुँच, तो सुख चैन हो आलोप।
तत्पश्चात्त चैन की नींद गवा कर, सोना पड़ता है।

नसीहत देने वालों की, कमी न होगी, कभी प्यारे।
धागे प्यार जिस जुड़ना, उसी से पिरोना होता है।

लिखी पड़ी हैं हजारों, प्यार की लम्बी कहानियां।
प्यार में संतुष्टि पानी छोड़, कुरबां होना पड़ता है।

फँस जाते हैं इस में बहुत, बन जाती मुश्किल रब।
तभी आगे खड़ 'भगवान' के, सर झुकाना पड़ता है।

मुकाम

अटकाया दिल उस मुकाम पर, कदर जहाँ न थी।
तकदीर 'भगवान' मेरी, अवश्य लिखी अच्छी थी।

गुजार ली

चार चफेरे होता था, जो जानना चाहा।
हवन कुंड़ पास बैठ, करते रहे स्वाहा।

परमात्मा में रूचि, हद से ज्यादा पायी।
आवश्यकता अनुसार ही लक्ष्मी आयी।

देखने में लोगों को, धनवान हम लगते।
खोखलेपन को छुपाते, प्रतीत न करते।

पढ़े परन्तु खान तीस मार, बन न पाये।
सरस्वती कृपा से, कुटुम्ब चला ही पाए।

मिले कई जिन्होंने, गुल अच्छे खिलाये।
रख प्यासा उन्होंने, सबरन घुंट पिलाये।

संतुष्टि जब चाही, मिली न उसी वक्त।
पूजा पाठ रहे करते, बने सदा थे भक्त।

जिस चाहा लाभ, अच्छा उसने उठाया।
बाबे चेले गए छोड़ अकेले, ले के माया।

जरुरत पड़ी जब पास, कल्ले दुकल्ले।
दूर अति, थे बोलते कभी जो बले बले।

समय गुजरा और छोड़ गया सब यादें।
कभी कबाड़ सोच में आवें सारे वायदे।

कर गए कई चलाना, थे मन के जो मीत।
मिटी अचानक, वर्षन पुरानी, लगी प्रीत।

युद्ध देख, आया, नर संहार का जोश।
उड़ाना, उचित लगा, शत्रुओं के होश।

रक्षा की ऊपर वाले, दे कर छत्र-छाया।
था हर अवस्था में 'भगवान' ही सहाया।

जरूर होगी

मरने की क्यों सोचूं, जिंदगी उस ने दी है।
ले लेगा वापिस, जब उसको जरुरत होगी।

अभी तो जिन्दा हूँ, आसरे उसके पर यहाँ।
मेहर करेगा वो, तभी बंदगी उसकी होगी।

दुनिया के झमेले, नहीं होते यहाँ पर कम।
बड़े ध्यानपूर्वक हो कर, बसर जिंदगी होगी।

आती रहतीं आफ़तें, एक के बाद एक यहाँ।
निपटेंगी तभी, जब उस की इनायत होगी।

बहुत खायीं ठोकरें, दौरे जिंदगी से गुजर।
गुजरने तक तो गिनती, कम कभी न होगी।

बिखर जाते हैं वोह सब, थे हितेषी जो कभी।
गुजर सकती उन पे भी, उन्हें खबर न होगी।

सिखाये सबक हमें कईओं ने अपने बन कर।
सोचा न था उन की कभी ऐसी हिमायत होगी।

घूम फिर के आया हूँ, तेरे पास मेरे मालिक।
बिन इच्छा 'भगवाने' ग़म दूर, ख़ुशी न होगी।

मौका मिल गया

बनाया था जिन्हें अपना, हम से दूर हो गए।
हम भी उन के इरादे समझ, मजबूर हो गए।

दुःख न कोई उन की दूरी का ज़रा भी हुआ।
न जान पाए कि किस्से, क्यों मशहूर हो गए?

सीख लिया रहना, हम ने भी इत्मिनान से।
जब देखा उन्होंने खुश, चकनाचूर हो गए।

कोशिश उन्होंने की फिर, उल्लू बनाने की।
दरखास्ती सुनेहे उन भेजे, न मंजूर हो गए।

खफा होने का इस पे उन्हें मौका मिल गया।
गिले शिकवे बहुत पैदा उन में जरुर हो गए।

सही वो ही थे, समझ उन की, हैं आजाद वे।
पैगाम हर तरफ से आने के, दस्तूर हो गए।

खुश रहें सब प्रभु, नहीं मांग सकते हम बुरा।
'भगवान' कृपा दिखे, कर्म चश्मे नूर हो गए।

धर्मार्थी

जरुरतमंद के न आया काम, भजा वैसे सिया राम।
आरती उतारते रहे 'भगवन', दे जीव को तेरा नाम।

सत्संग

कोई सुनाता है सतसंग, चेले बनाने के लिए।
कोई चेला बन जावे, सतसंग सुनाने के लिए।

कोई सुनाता है सतसंग रोज़ी, कमाने के लिए।
कोई कमावे रोज़ी, सतसंग में लगाने के लिए।

कोई सुनाता है सतसंग, सेवा करवाने के लिए।
कोई बन जावे सेवक, सतसंगत पाने के लिए।

कोई देता सतसंग, महल बड़े बनाने के लिए।
कोई बेचे रिहाईश, सतसंग में समाने के लिए।

कोई देश देशांतर भ्रमता, सतसंग देने के लिए।
कोई गवा रहा है हस्ती, सतसंग में गाने के लिए।

कोई सुनावे सतसंग, माया जेब में पाने के लिए।
कोई सुनाता सतसंग, छुट माया से जाने के लिए।

कोई बने ब्रह्मचारी, श्रीबाबा जी को रिझाने के लिए।
कोई अपनाये गृहस्थी, उत्तराधिकारी पाने के लिए।

कोई उम्र भर करे उड़ीक, प्रभु दर्शन पाने के लिए।
कोई बने श्री 'भगवान', अपना दर्श दिखाने के लिए।

दर्द होता है

नजरअंदाज किया सब, फिर भी दर्द रहता था।
टाला हर हाल में, कर सहन जब तक होता था।

हंस के गुजारे 'भगवन', जिंदगी के सब लम्हें।
कितना भी दे जो जी चाहे, दर्द अब न होता है।

मेरी किस्मत

बात तो है वाह वाह की, मैंने यही कहा था।
मगर किस्मत मेरी में, ऐसा नहीं लिखा था।

जिंदगी बीत गयी, किसी न किसी तरह मेरी।
हाथ की लकीरों में शायद ऐसा ही लिखा था।

हंसता हँसाता हूँ फिर भी, हर वक्त सब को।
मेरी फितरत में लिखने वाले, यह लिखा था।

बीते आप सब की, मुझ से भी कहीं बेहतर।
दी 'भगवान' को अर्जी, ऐसा कुछ लिखा था।

बाबत प्यार

होते हैं खुश नसीब, जिन्हें प्यार होता है।
कहा कुछ ज्यादा नहीं, बेशुमार होता है।

दिलो दिमाग से निभाना, सीख ले जो।
एक दुसरे संग, खुश रहना सीख ले जो।

पा लेना, उन्हें मंजिल, आसान होता है।
हो जाता, जब 'भगवान' मेहरबान होता है।

श्रवण करना

है हम पर जो गुज़री, सुन क्या तुम पाओगे?
है नाज़ुक सा दिल रखते, रोने लग जाओगे।

हैं दुख दिए बहुत, तक़दीर और दुनिया ने।
बैठो पास हमारे, भूल, मोहब्बत भी जाओगे।

जो गुज़री है, मुझ को नहीं तो किसे सुनाओगे।
क्यों दिल को किस ने तोड़ा, बता कैसे पाओगे?

महज़ूस न होना, दुनिया व तकदीर के किए से।
'भगवान' कृपा, हँसाएँगे इतना, रोक ना पायोगे।

जख्म

जख्म पे क्या लिखूं, कहाँ, कैसे मिलता है?
नतीजे दर्द फूल, जो कांटे संग खिलता है।

जान के देवे, कोई ख़ुशी साथ इसे झेले है।
'भगवाने' सौगात, बिन मांगे ही मिलता है।

विजयी भव

सभी की मुस्कराहट में, अपनी ख़ुशी को छांट कर।
हरेक के दर्द को भी, अपने, सच्चे दिल से बाँट कर।

पाता अवश्य आदर, प्यार और इज्जत दे कर जीत।
'भगवान' हो जाते प्रसन्न, उस के बना करते हैं मीत।

अवगुण

अवगुण करता, नहीं कभी थका, किये थे बथेर।
बना 'भगवान' फिर क्या दिया, रहा नहीं मैं शेर।

निभी कैसे

बोले बारे तीवीं मियां, वर्ष पचीस पहले आई थी।
हर सदैव संग रहने की, उसने कसम खायी थी।

ग्रीष्म वातावरण में, शानो शौकत का माहौल था।
अचानक हो गए अकेले, नहीं रोक कोई टोक था।

परिचय चला, कुछ देर तक और बात आगे बड़ी।
विराजमान विश्राम कर रही, देर तक जो थी खड़ी।

फूल और कलियाँ जेवर, होते जाते कुछ दूर थे।
निंद्रा रानी भी सता न पायी, वे दोनो मजबूर थे।

वातानुकूल कक्ष में थे, था उन्हें न कोई कम।
भविष्य की क्यों सोचें, पास नहीं था कोई गम।

छोड़नी पड़ी सारी बातें, ज्यों ही निंद्रा आयी थी।
मियां जी ने पास अपने, अपनी बेगम पायी थी।

थे लेटे हुए वे दोनों, मन इक दूसरे का पढ़ रहे।
मंजिल दोनों के आस पास, सीढ़ीन थे चढ़ रहे।

चढ़ जाना और उतरना, हस्ते ईश्वर का खेल था।
सावधानी से बढ़ना आगे, बहुत अनोखा मेल था।

चाहते थे उमर भर जो, कर न पाए प्रभात हुई।
कोस रहे थे भाग्य को, कैसी यह कायनात हुई।

मामला टिका रहा वहीं, आना जाना शुरू हुआ।
बजा पाए वीणा, न राग उन से कोई शुरू हुआ।

जैसे कैसे हो तैयार, प्रस्थान था कक्ष से उन करा।
उल्लास फुर्ती से दिखाया, कर्त्तव्य हर पूरा करा।

शाम सामने बैठ सभी के, प्रदर्शनी करनी पड़ी।
पारात में घिरती मोहर, पकड़नी शीघ्र ही पड़ी।

खुल एक हाथ न पाया, छुड़वा दूसरा भी लिया।
चाहत से रहे दूर, बुलवा कहीं ओर उन्हें लिया।

थकान उतर न पायी, जगह देखी और ज़रा।
गर्मी, वर्षा, तत्पश्चात, न सर्दी में भी मन भरा।

समय इतना न पास, एक प्लेन दूसरा ट्रेन में।
समझे न, हुआ क्या, माईंड़ या उनके ब्रेन में।

कई मास लगे समझाने, खुद और खुद्दार को।
अंत में हुए इकट्ठे, दोनों, पाने अपने प्यार को।

सिल्वर जुबली मना चुके, गोल्ड़न भी पास है।
बोले नौकर, मालिक समझे, उनका हर दास है।

न कर पाते भावना प्रकट, पावन उस शाम की।
बजा नहीं पाए 'भगवान' वीणा, उसके नाम की।

पढ़ते पढ़ाते

पसीने में, गर्मी का मौसम, नहाते रहे।
बिन विद्युत के, बनाते और खाते रहे।

भंवरे, मच्छर, मक्खियां, सताते हमें रहे।
हम रहे पढ़ते 'भगवन', पढ़ाते फिर रहे।

मरजे दिल

दे न पाऊं कोई दिलासा मैं दिल के मरीजों को।
काश दे पाता जाम उन्हें सोने चांदी के बर्तन में।

इश्क़ की बीमारी से दूर रहते तो ही अच्छा था।
उम्र निकली सारी, विश्वामित्र की समज आने में।

इस जान लेवा बीमारी का, अगर इलाज़ निकले।
नहीं दिल कभी टूटेगा, किसी का, इस ज़माने में।

प्यार से गुजारिश है, सब दिल तोड़ देने वालों से।
'भगवान' देख रहा सब बैठा अपने आशियाने में।

खोने लगे

कभी खुश प्यार में, वोही रोने लगे।
दुःख अश्रुओं से देखा, वे धोने लगे।

हुआ क्या और क्यों बात आगे बड़ी?
दुश्मन जान, एक दूसरे के होने लगे।

समझते या समझा लेते ग़र वे कहीं?
थे जो लगते कभी न मनमोहन लगे।

कसूर किस का था, वो तो जाने ख़ुदा।
प्यार पड़ गया कमज़ोर, वे खोने लगे।

नसीहत लेने लगे, ऐसे हितेषियों से वो।
दूरी 'भगवान' से भी, काफी बढ़ाने लगे।

क्या मिला

सोच सोच कर कई इस, जिंदगी में परेशान हुए।
हरेक के कभी न पूरे, सब के सब अरमान हुए।

ज्ञान, शांति और खुशहाली, किस को यहाँ मिली?
हरेक आँगन में सभी फूल नाहीं कली हर खिली।

ढूँढा बहुत उस को, हर दिशा में भ्रमण भी किया।
मिलता किसी मोड़ पर, मौका न कभी उस दिया।

प्रिय को प्यारी और प्यारी को अपना प्रिय मिला।
जिंदगी की कशमकश, मिला शिकवा और गिला।

कहा मायाजाल से भगवे वालों ने, पास उसे देखो।
घट में है तेरे, झाँक करअंदर, इक बार तो देखो।

कोशिश की हर, बल लगा, दिव्य दृष्टि से देखा और।
अहसास हुआ साधु वेश में, कुछ चेले थे काफी चोर।

आसरे उसके अब, हाथ जिस में सदा सब की ड़ोर।
देखे 'भगवन' सब तेरे दृश, पड़ हरेक गया कमज़ोर।

भ्रांति क्षितिज

क्षितिज को देखा तो धरती आसमान मिले।
देखने कहाँ मिले, चलने सोच कर यह लगा।

चलता गया दिन-रात व सफर रहा कटता।
वो ठिकाना, तनिक भी, पारा न लगने लगा।

इसी तरह जीवन की हुई, कहानी प्रतीत कुछ।
नज़दीक हो कर भी, कोई न पास, ऐसा लगा।

मिठास कभी ऊपर जबान, मिर्ची रंगीली पड़ी।
तरीका प्यार करने का, अज़ीब बहुत ही लगा।

मनमुटाव बिन विचारे, एक दूसरे से होते रहे।
क्या गुजरेगी फिर बादा, भेद उसका न लगा।

कौन बदचलन गुनहगार, हरजाई सा हो गया।
करें यत्न समझाने वाले, कोइ मानेगा नहीं लगा।

हर घर ऐसी ही कहानी, क्षितिज से कम कहाँ।
ऊपर ज्ञानी तत्वदर्शी देवें, मत पुठी, ऐसा लगा।

दावा करते ऊपर वाला, बसता उन की जेब में।
लक्ष्मी 'भगवान' छोड़, पहुंचे है, पास उन लगा।

फेर जन्मों का

दूर वर्तमान के दौर में ख़ुशी रहती, फ़िक्र गम नहीं।
सकल पदार्थ यहाँ पड़े, खाने का, हम में दम नहीं।

मांसाहारी, शाका, सर्वाहारी कहीं कोई कम नहीं।
पीने वाली बहुत वस्तुएं, शराबी लिये तो रम सही।

सच्चे नाम के कई पूजारी, कोई भक्ति का रंग नहीं।
सर मुंड़वा, विचित्र प्रदर्शन, आती जरा भी संग नही।

ज़ोरदार एकता शांति की बातें, करते थकते वो नहीं।
मायाजाल से निकालेंगे, निकल जो खुद सकते नहीं।

ईश्वर सद मार्ग का ठेका, और किसी के पास नहीं।
चलना बहुत कठिन है भक्तो, ग़र बनोगे दास नहीं।

पाया किस ने कैसे मोक्ष, कभी ये बताते वे नहीं।
सच रास्ते पे चलते बहुत, हैं पहुँच पाते सभी नहीं।

इस जन्म न पहुँच पाये, तो अगले जन्म ही सही।
ग़र पाया न निर्वाना तो, मिलेगा मनुष्य तन यहीं।

भय दिखा चौरासी लख का, बचना कहेंगे क्या नहीं?
'भगवाने' दलाल से मिलना, बच्चो चाहोगे क्यों नहीं?

रंग कुदरत के

तराश लिया खुद को कुछ इस तरह से।
झड़ फ़साद हर की बने हम ही वजह थे।

कर कसूरवार घोषित लोगों लिए मज़ा थे।
जो तजवीज़ कीनी उन भुगते हम सज़ा थे।

उसी से मिली घृणा जिस को दिया सनेह।
दुःख दर्द दिमाग सदैव झेला हमारी देह।

रंग कुदरत के देखे मोहताज सब लज्जा के।
हिलना असंभव 'भगवन' आगे तेरी रज़ा के।

मौन का विश्लेषण

रूठ के कई बार देखा, कुछ भी हासिल न हुआ।
दवा कोई काम आई कभी नाहीं की थी जो दुआ।

रखा मौन देर कितनी, हिसाबकोई उस का न रहा।
कारण क्या था उसके पीछे, मालूम वो भी नहीं रहा।

हुआ कैसे मौन दोनो का भंग, याद वो भी अब नहीं।
ना जाने सुनी क्या उन, थी ना जाने क्या हम कही।

अभी भी एक दूसरे से, तनिक नहीं सीखा, लगता है।
बारूद पता है हुआ इकट्ठा, फट कभी भी सकता है।

मन में जो विचरे, वोही, अक्सर जबान पर आता है।
मामला पूर्व चेतावनी रहित, कर्म में आ ही जाता है।

तर्क वितर्क अपने ही, यकीनन, होते सब के अंदर।
कचहरी दिल मे लग जाती, नहीं रहता है वो मंदिर।

वक़्त ढलता जाये, सफ़र रंग अनोखे कई दिखाता है।
बारम्बार जिंदगी में 'भगवान', ऐसे दिन ही लाता है।

चेलों के महाराजा

करने की सुमिरन, मिली बाबे से दीक्षा।
की हुक्म तामीली कभी चलाई रिक्शा।

बन आजीवन सेवक, दी बाद में शिक्षा।
महल बनाना मेरे, बेशर्म मांगना भिक्षा।

पूजा दिन व रात, दिल में उन्हें बिठाया।
जरूरत से ज्यादा, हर पल उन दबाया।

विराजे बन वे ईश्वर, चेलों के महाराजा।
पक्का पकाया आया वास्ते उन खाजा।

जीवन का बताया, दे प्रवचन उन राज़।
हुये परिवार में काण्ड, दूर बहुत लाज़।

गद्दी ऊपर हक, सब भाईयों ने जमाया।
बटवारे हुये वाज़िब, रोक कोई न पाया।

हारा कभी जीता, निकला बन जो नेता।
बराबर बिठाये सहयोगी व हरेक बेटा।

साथ बिठायी बीवी और बहुएं सुशील।
बाबे दास 'भगवान', दी उन भी दलील।

पहलू मुहब्बत के

मुहब्बत सीखनी नहीं पड़ती, बस हो ही जाती है।
कई शख्सियतें जिन में, हमेशा, खो ही जाती है।

गुनहगार, कर गुनाह, कोई और बताया जाता है।
बारंबार दोष ना था कभी अपना, सुनाया जाता है।

विभाजित हो जावें सब जो सदा हितेषी होते हैं।
जंगे लकीर आती बीच, खूब ही तकरार होते हैं।

समझ नहीं आती गर्मी की, विचार नाही होता है।
क्या मुहब्बते प्यार में, आज कल व्यापार होता है?

सोचो कि धागे मुहब्बत की, लड़ी जब टूट जाती है।
अगर फिर जुड़ भी जाए, गाँठ तो पड़ ही जाती है।

गाँठें पड़ गयीं अगर बहुत, भटक मंज़िल से जायेगा।
रखना मुंह पड़ेगा बंद और कुछ गा भी नहीं पायेगा।

दुआ करो किसी जिंदगी में ऐसा मुकाम ना आये।
हो कर 'भगवान' सामने प्रत्यक्ष सीधी राह दिखाए।

बाँटना

बाँटना खुशी शौक मेरा, कोशिश पूरी करता हूँ।
ख्याल, देख समय, अपने पेशे खिदमत करता हूँ।

खुशहाली हो कहीं पर या मौका संगीन भी कितना।
हँसी 'भगवाने' करुणा से, सब में तक्सीम करता हूँ।

सच बने झूठ

सब हालातों से गुजरा हूँ, देखा और सुना है।
फिर भी समझ से बाहर, मेरा क्या गुनाह है?

ना जाने और क्या जिंदगी, दिखाएगी यहाँ पर?
बेगाना हो जाता है हर घोंसला, पनाह पाने पर।

हर मौसम में तापमान, बदलता उलट ही रहा।
शिकवा ना गिला, बुरा फिर भी सुनता ही रहा।

दिया सब को जो कुछ भी, मुझ से, बन पड़ा।
परम भगत कभी रावण बन कर हुआ खड़ा।

बदल जाते किस लिए, दुनिया में दुनिया वाले।
कैसे पाठ पढ़ाते हैं मालिक, उच्च पदवी वाले।

सच सच नहीं, झूठ, बन जाता है सच यहाँ।
हों सबूत झूठ पास मुहैया, सच पास कहाँ।

निश्चिंत हो समय गुजारना सीखना ही पड़ेगा।
हिसाब ऊपर 'भगवान' सब छोड़ना ही पड़ेगा।

अटल घड़ी

बिन मुहूर्त सच्ची घड़ी, जब आ ही जाती है।
चारों तरफ अंधेरी सी, तब छा ही जाती है।

ना मिलता एक दिन भी, कभी उस से उधारा।
जनाज़े पर एकत्रित, कुछ भीड़ हो ही जाती है।

चलते साथ प्यारे दोस्त, सम्बधी, दुश्मन भी।
दिखे गर्मी पर्दे पर, पीछे से गुल खिलाती है।

बच न सकता, इस मनहूस घड़ी से कोई भी।
ज़रूरते जीव 'भगवान' को जब पड़ जाती है।

इतना बदलाव

शेर को न खावे शेर, इंसान को क्या हो गया?
इंसान को कैसे इंसान से, इतना ड़र हो गया।

भूखे को खिला न सके, खाते को देख न पावे।
कैसे दिमाग में ये कीड़ा, बड़ा इतना हो गया?

उन्नति अपनी ही चाहे, विचारता रोज़ सो गया।
भजन करता पूजा पाठ, विश्वासी अँधा हो गया।

सोच हो गयी बहुत छोटी, अपना पराया हो गया।
माँ बाप भी लगे दुश्मन, जब से मोहित हो गया।

सीख अच्छी ले न पावे, घमंडी इतना हो गया।
अकड़न हद से ज्यादा, और क्या क्या हो गया?

बोलने से नहीं शर्माता, मन पापी कैसे हो गया?
ऊपर से पूरी सफेदी, क्यों अंदर काला हो गया?

सूरज चंदा हैं वहीं, उथल पुथल फिर भी हो गया।
भयानक महामारी का शिकार, कैसे वो हो गया?

जाने शरीर सिर्फ ढांचा, दिन - रात जिसे सवाँरता।
मिलेगा मिट्टी में जरूर, क्यों मोह फिर भी हो गया?

रहे दिन रात व्यस्त, सूझता और न उसे कुछ।
जो भी आये कुचल देवे, बलवान इतना हो गया।

कड़वी हो गई अब जबान, नहीं देखता आगे पीछे।
जो कहे वही सही, बुद्धिमान सब से ज्यादा हो गया।

पालता स्वर्ग की वो चाहत, नर्क का वासी हो गया।
दिखावे करता बन आस्तिक, नास्तिक कैसे हो गया।

नगद नारायण को ही पूजे, इच्छुक मणि का हो गया।
'भगवान' बनाया था अच्छा, कुछ और कैसे हो गया?

मज़बूरन

साथ हमारे न चलो, फिर भी साथी कह देंगे।
दिल कभी लगाया था, ये सदमा भी सह लेंगे।

हो गये अब हम पुराने, सुनने में जो आता है।
इस छोटी दुनिया में, कौन किसी को भाता है।

लाख सहे सितम जिन के, उनकी बात नहीं।
दिन में अब दिन नहीं और रात में रात नहीं।

शिकवा शिकायत नहीं करते, मस्ती में रहते हैं।
'भगवान' बक्शी जिंदगी, सहारे उसी के रहते हैं।

बनाये दुर्बल

वक्त बनाये दुर्बल नर को, कभी होते बलवान थे।
कर्ज मांगते हम उन को देखा होते जो धनवान थे।

राज पाठ लुटते देखे, महल पास जिन आलीशान थे।
हुआ करती थी हुक्म तामीली, चाहे कई परेशान थे।

समय बदले तकदीर साथ और वर्तमान प्रदान हुआ।
'भगवान' भुला किसी का, कभी नहीं कल्याण हुआ।

अति कठिन

आसान होगा शायद बना लेना, अच्छर में महल।
आसान होगा निकाल लेना, हर कठिनाई का हल।

आसान हो सकता है सब को, उल्लू भी बना देना।
आसान हो सकता है खुद को, लीड़र भी बना लेना।

बड़ा मुश्किल है किसी के, दिल में पूरा समा जाना।
मुश्किल और भी ज्यादा, 'भगवान' के ही हो जाना।

प्यार का संसार

गुज़रे हालात भुलाना ठीक, मगर मुमकिन नहीं होता।
होता भूगोल दूनिया में, इतिहास भी मजबून न होता।

बनते मजहब इतने नाही विकास नफरत का होता।
बिन रोक के घूमते, जरूरते, वीज़ा पासपोर्ट न होता।

सभ्यताएँ होतीं विभिन्न, भाषाएँ न कहीं तकरार होता।
लोग सब खुशहाल दिखते, कभी कोई कहीं ना रोता।

काश ऐसा संसार बनता, सिर्फ प्यार ही जिस में होता।
जब चाहते मिलते 'भगवन', पाखंड़ी दरबार न होता।

क्या सम्भव

ढूँढ रहा हूँ विषय जिस पर, दो अल्फ़ाज़ लिखूं।
नफरत मिटा दे हमेशां की, कोई तो राज़ लिखूं।

सोचूँ काम है मुश्किल, जो कोई न कर पाया है।
कर यत्न कई हारे, अब क्या नंबर मेरा आया है?

इतने धर्म के ठेकेदार और प्रवक्ता भी कम नहीं।
पंक्ति में खड़े भक्तों में भी, श्रद्धा कोई कम नहीं।

घृणा ख़त्म हो न पायी निकाल न घर से उसे सके।
पूजनिये थे जो संभाल हस्ती अपनी भी नहीं सके।

कहते थे और नहीं पूजो, मुझे मिल, प्रभु को पाओगे।
होगा आनंद जीवन में, तर भवसागर से भी जाओगे।

बीता वक्त व्यापार चला, कर सेवा भक्त ग़रीब हुये।
खूब चढ़ाई लक्ष्मी जिस, पूजनीये उसके क़रीब हुये।

प्रतीक्षा लम्बी करवाते, वे कुछ कर कभी न पाते हैं।
प्रेम प्यार पास न भटके, सबक वैसे रोज़ पढ़ाते हैं।

मन अपने में जोत जला, प्रेम घर से भक्तो शुरू करो।
दुखी मिले कहीं कोई तो, दर्द पीड़ा उस की दूर करो।

आचरण अच्छे हर अपनाये, ऐसा कुछ ज़रूर करो।
बचे रहना पाखंड़ियों से, संशय अपने सारे दूर करो।

वास्तविक में हर शख़्स, अगर करने ऐसा लग जावे।
'भगवान' का हाथ सर ऊपर, खुद ब खुद चला आवे।

आया बदलाव

थोड़ी सी उँचाई पर पहुँचे, चीटियाँ दिखने लोग लगे।
थोड़ी लक्ष्मी आई ज्यों ही घर, लगने सब ग़रीब लगे।

भूल गये अपने बेगाने सब, रब भी सोच से गया।
कोई भी नज़र ना आया, हो आगे से जो भी गया।

थोड़ी सी बुलंदी कर गई इतना असर, बताऊं क्या?
'भगवान' पूजा गई साथ, उस का सब ड़र भी गया।

क्या होता है

देखे इंसान ज़बाँ जिन की में मिठास होता है।
देखे मिठास भरे बहुत, दिल न साफ होता है।

दिखावे प्यार ऊपर से, भीतर जो न होता है।
ख़ुशी परायी देख खुश हो, वो इंसान होता है।

उन्नति अपनी में प्रसन्न नहीं तो रोना होता है।
है काटना वही पड़ता, कभी जो बोया होता है।

होवे जयकारा बुलंद, एकत्रित एक झुंड़ होता है।
समय कुछ लिए उनका, एकाग्र मन भी होता है।

रिवाजे जगत करिश्मे, असर कुदरत का होता है।
हंसते ख़ुशी में कुछेक, कोई उस में भी रोता है।

वाह ईश्वर, तेरी लीला बेअंत, आभास हमें होता है।
सर्वव्यापक 'भगवान', मुसीबत में ही पास होता है।

ज्ञान हमारा

पायो ज्ञान हमारा, भक्तो ड़रने की न बात है।
उम्र गुलामी करनी, केवल दिन हरेक रात है।

अस्तित्व अपना मिटाना, भक्तो यह पुकार है।
करना सदा सेवा हमारी, जीवन का जो सार है।

हर घट के वासी हम, भक्तों से हमें प्यार है।
डूबने वाली नैया, भवसागर से करते पार हैं।

पक्षपात नहीं करते हम, सुंदर सा व्यापार है।
'भगवान' का, यहाँ, और कोई न ठेकेदार है।

हो गया

अपने पराये हो गये और दुश्मन जमाना हो गया।
अपनी परायी इस भीड़ में, न जाने कैसे खो गया।

खटखटाक जब सुनी किसी की, उसी का हो गया।
अच्छाई बांटते नहीं थका, मोहित एक दिन हो गया।

प्रभावे कलियुग रखा मौन, पूरा चुप चाप हो गया।
हँसते हँसाते घर में ही था, शुरू अमंगल हो गया।

हुये नाकाम पूजा पाठ, लगा ऊपर वाला सो गया।
हुआ न था जो चाहा, विभिन्न सा ही कुछ हो गया।

भविष्य की भी क्या सोचूँ, मौन वर्तमान हो गया।
ड़ोर छोड़ 'भगवान' हाथ, अब मैं निशांत हो गया।

आजीवन ग़ुलाम

दिन रात करेगा सेवा, तो ही परम पद पायेगा।
स्थान हमारे चरणों में, कोई विरला ही पायेगा।

माया से दूर रहेगा, छूट लाख चौरासी जायेगा।
कृपा होगी हमारी, रख विश्वास पूरा जो पायेगा।

प्रचारक हमारा जो अजीवन भर बन जायेगा।
मरणोपरांत वो अवश्य परम गति को पायेगा?

राज विद्या, ज्ञान गोपनीय, नाम सच्चा ही पायेगा।
सर्वकालेषु भजन करेगा, गुणगान हमारा गाएगा।

मात, पिता, बंधु, सखा, सब हम को ही बनाएगा।
हस्ती अपनी मिटा देगा और हमरी को सराहेगा।

कोई प्रश्न करेगा नाही हम से आँख मिलाएगा।
चरणामृत बना हमारा, भक्त हर को पिलाएगा।

रूखी सूखी जो भी देंगे, प्रसाद समझ वे खायेगा।
माल मता वे कर इकट्ठा, दौलत हमारी बढ़ाएगा।

जब तक चले हाथ पांव, वे जुट सेवा में जायेगा।
हो जावे शिकारे बीमारी, इलाज नहीं करवाएगा।

बुढ़ापे आश्रय कहीं और निकट नज़र ना आएगा।
जो बनेगा उमर गुलाम, तर भव सागर से जायेगा।

मन मति छोड़, हमेशा जो हमारी को अपनाएगा।
निश्चय हर कसौटी से, हो पास, वे मोक्ष को पायेगा।

ऐसा कठिन श्रेष्ठ मार्ग, विरला कोई अपनाएगा।
'भगवान' अवश्य ऐसे जीव पे, तरस ही खायेगा।

क्या कर दिया

था बहुत भोला भाला, क्यों उसे होशियार कर दिया?
एक तंदुरुस्त को न जाने, कितना बीमार कर दिया।

था जानता जो प्यार और नाही मोहब्बत के नाम को।
जादू चलाया कुछ ऐसा, हर जगह बदनाम कर दिया।

हुआ करती खाने पीने की जिसे कभी न कोई प्रवाह।
न जाने ला किस मोड़ कर, दास व गुलाम कर दिया।

पूर्ण होती रहीं चाहतें, छोड़ हमें, आसपास वालों की।
हलचल ऐसी के बीच में, था सब गुमनाम कर दिया।

इच्छा अनुसार गुजरा करते, वक्त अपनी जगह हर।
खत्म उन इच्छाओं का उस नामोनिशान कर दिया।

नहीं रहे हमारे, अहसास कराया अपनों ने बारम्बार।
शायद बन कभी उन अपने, एहसान बड़ा कर दिया।

पूजा, पाठ, नित नेम भी, फिर करना हुआ असंभव।
भुला इबादतें 'भगवान' नाम, उस का, दूर कर दिया।

खूब देता है

मांगे असल कभी नाही वे किसी से सूद लेता है।
बिन मांगे जब भी चाहे, 'भगवान' तो खूब देता है।

बदौलत प्यार

अनमोल खून के रिश्ते, ठुकराये प्यार ने आ कर।
गांठ पे गांठ, स्वार्थ शुरू, भागे दूर दुम दबा कर।

याद आयी अपनो की, आवश्यकता ज्यूं मंड़राई।
याद आये वालदान भी, संग सब बहन और भाई।

थी किस्मत अच्छी, जो साथ उन फिर भी दिया।
अपना माना, दिया प्यार, पराया न कभी किया।

नफ़िट किया जब परायों से अपने पेश लगे आने।
बिन उन हम हुए ठीक, वक्त अपना लगे बिताने।

समय ज्यों ही बीता, अपनापन हो गया, समाप्त।
किये दरवाजे सब बंद, खोलने की रही न ताकत।

अपनो से दूर करना न इतना, मेरे ऊपर वाले दाता।
हो चाहे कोई मियां- बीबी, माँ- बाप, बहन या भ्राता।

अगर नहीं रुक सकता, प्रबल होनी वश जो है ना।
'भगवान' ऐसी हालत में, जीने की तब शक्ति देना।

करना चाहिए

कोइ रहस्य न रहे छुपा, हर मर्म पाना चाहिए।
हों हालात कैसे भी, हमें तो मुस्कराना चाहिए।

हर आए गए दर्द का, इलाज़ करवाना चाहिए।
दुःख आये या गम, हम को गुनगुनाना चाहिए।

रूठे हुए प्यारों को, कर यत्न मनाना चाहिए।
नहीं माने फिर भी तो, न मुँह लगाना चाहिए।

रोटी रोज़ी के लिए, कर कर्म कमाना चाहिए।
पुण्य कर्मों से न अपना, दिल चुराना चाहिए।

इमदाद करने वालों को, नहीं भुलाना चाहिए।
ज़रूरतमंद की हो मदद, धर्म बनाना चाहिए।

आशीष ले सुखमय, जीवन को बनाना चाहिए।
'भगवान' कृपा नादान को नहीं भुलाना चाहिए।

प्रवासी हुये

यहां जिया कैसे जाये, हमें सब सीखा रहे थे।
इस मामले में स्वयं को, विशेषज्ञ बता रहे थे।

चिलाते डांटते घूरते, कभी आँखें दिखा रहे थे।
क्या करेगा बड़ा हो, क्यों इतना घबरा रहे थे?

पढ़ता न लिखता, ये नाही कोई काम करता।
कर सोच विचार ऐसे, वे खुद को सता रहे थे।

क्यों व्याकुल मेरे लिए, होते वे इतने जा रहे थे?
अध्ययन कर बारम्बार, देते मशवरा जा रहे थे।

सुन लिया, कर लिया, प्रमाण पत्र भी पाये कई।
बैठक की लम्बी दीवार पे, अब, सजे जा रहे थे।

कदर कर न पाया उन की, जब अपना ही देश।
'भगवान' आशीष ले तब, सब विदेश जा रहे थे।

हो सके तो

ख़ुशी दे खुश होना सीखो, इस जहान में प्यारे।
बन जाओगे देख लेना, हर मन के आप प्यारे।

चुरा सकते हो तो चुरा लेना, सब के गम सारे।
घूमोगे हुए प्रफुल्लित, देख कुदरत के नज़ारे।

हो सके तो भुलाना कर्म, सब औरों के नकारे।
रगड़ सको तो रगड़ लेना, माथा ईश्वर के द्वारे।

सोच सको तो सोचना, नहीं पराये, हैं सब तुम्हारे।
उड़ाना चाहो, उड़ा देना, सब नफरत के अंगारे।

देने से हमेशां कतराना, जख़्म छोटे हों या भारे।
खर्चना है तो खर्चते रहना, शब्द मधुर व न्यारे।

पाना चाहो तो पाते रहना, ज्ञान दुनिया के सारे।
धर्म कर्म और पूजा पाठ, बच्चे रहना करते चारे।

आना काम जरूरतमंद के, न बोलना बोल करारे।
दुःख माँ बाप कभी न पावें, हैं वे 'भगवान' तुम्हारे।

पराया

पाया क्या खोया, नहीं याद, लगता सब गंवाया।
दिया दिल था 'भगवन', जिसे किया उस पराया।

भरोसे उस

जब आस पास बहार थी, तो सब मेरे साथ थे।
वक़्त ने करवट ली जब, खाली उन के हाथ थे।

बहुत गर्व था अपनो पर, जिन के हम सहारे थे।
दिखते न इर्दगिर्द, नाम जिन के हम पुकारे थे।

स्वार्थ के वे साथी हुये दूर, अब न रहे हमारे थे।
हुए कोसों दूर अब, जिन्हें जान से हम प्यारे थे।

साथ दिया उनका, जो जगत के पालनहारे थे।
हुए वे बेअदब और लगे बोल बोलने करारे थे।

भूल गए वो दिन, जो उन साथ हम ने गुजारे थे।
प्रतिशोध छोड़ा, दिया शुक्रिया, हम मतवाले थे।

कीर्ति गाई, की कृपा उस, हम जिसके दीवाने थे।
छोटे बड़े साथ हमारे और कुछ बुजुर्ग सियाने थे।

पीछे दे साथ चले हमारे, जो दुरुस्त रहने वाले थे।
रहे भरोसे 'भगवान', कैसे ज़ाल में फँसने वाले थे?

कैसे बीती

पाठशाला गए ज्यूं ही, अध्यापक से पड़ा पाला।
स्वागत में झाँपड़ झिड़कें, मुँह भी हुआ काला।

कुछ ने दिखाया रो और कुछ कूदे चिल्लाए।
ढीठ ठहरे हम इतने, जो रो भी कभी न पाए।

युक्ति ऐसी सूझी, न होगा पढ़ाई बिन गुज़ारा।
पढ़ पढ़ फाड़ी सब पोथीयाँ, सोचा ना विचारा।

ड़िग्री पे ड़िग्री पाई, बैठक अपनी खूब सजाई।
मान सम्मान भी पाया, दी आ कर सब बधाई।

विचारा फिर क्या करूँ, पायी उच्च पढ़ाई का।
दिमाग रगड़ बनाई हुई, इस मीठी मलाई का।

सोचियां सोच न आई, कम न कोई सी आंवदा।
चज दा कम नहीं मिलिया, जिस नु सी भाँवदा।

दोषी वक्त या किस्मत, न सिफ़ारश, जिक्र करूँ।
कर्म पुराने शायद ऐसे, फल जिन का अब भरूँ।

होश अभी आई न पूरी, लक्ष्मी धाक जमाई।
बेटे भाई साथ- साथ गया, मैं भी बन जवाईं।

कमाने दूर से लगा तीर, बीच बाबों के पाया।
कष्ट निवारण करने वालों का, पड़ा था साया।

ऊपर बैठने वाले का, जमीं पे बैठना शुरू हुआ।
परिवारे बाबों के दास बना, बाबा बड़ा गुरु हुआ।

वक्त निकाल अपने लिए कर न कोई काम सका।
निंद्रा से रहा वंचित, कर निरंतर सेवा, बहुत थका।

भूमि पर आसन शय्या, प्यारी बहुत जमीं हुई।
जब सोचा आगे क्या होगा, थोड़ी सी गमी हुई।

असरे पुरातन पुण्यों का, एक दिन तो होना था।
दूर हुए बाबे, जिन की कृपा जग इक होना था।

मारी किस्मत पलटी, फिर हुआ वही जो होना था।
रख विश्वास उस चले, पास ख़ुशी भरा बिछोना था।

कठिनाईयाँ आईं, खुद मिटायीं बाबे बाज न आये।
कई भूचाल, बदौलत उन की, हमारे सामने आये।

कर्म बाबों के एक दिन, थे उन के भी समक्ष आये।
'भगवान' रहे पास हमारे, सदैव हमारे बन सहाये।

गुलामी सुख

ज्ञान पाया, उपदेश लिया, नाम सच्चा भी मिला।
बने परम भक्त, दर्शन उन का सुबह शाम मिला।

भूल गए अपने बेगाने, हमें ईश्वर भी न याद रहा।
सर्व इच्छा हुई ख़त्म, किया श्रवण जो उन कहा।

गुलाम की जिंदगी शायद, बेहतर हुआ करती है।
कैद सुख भी, किस्मत से, जनता भोगा करती है।

बाकि भोले लोगों को तो, दासुनदास ही बनना है।
किसी उच्च हस्ती बाबे वास्ते, जीना उन्हें मरना है।

शांति और मोक्ष मिलेगी, ऐसा उन का वादा है।
बिन वेतन गुलाम बनाना, उन का लगे इरादा है।

बाबे दास बन देखो, कैसे आनंदमय हो जाओगे।
कमाई तो क्या करोगे, दिया 'भगवान' गवाओगे।

रख विश्वास

प्रेम से प्यार बड़ा कर, बनता ताकतवर इंसान।
'भगवान' कृपा पाया, सोचे, बिन मांगे कल्याण।

युद्ध से जीत क्या पाया, मिला घृणा से केहर।
प्यार से 'भगवान' पायी जीत, अमृत व मेहर।

ईश्वर मान साक्षात, दिन करे अपने जो व्यतीत।
'भगवान' करे उस की रक्षा, न होने दे भयभीत।

रख विश्वास जो दिल में, बिठा लेता अपरम्पार को।
कृपाये 'भगवान', हो जाता है भवसागर से पार वो।

जो देख उसे सब में, तय सफर अपने को करता।
'भगवान' कृपा, अवश्य, फूलता और वे फलता।

कागज का टुकड़ा

सब को पैसे की जरुरत, समझ जल्दी आ गयी।
लक्ष्मी की कमी ज्यों हुई, खूब उदासी छा गयी।

लक्ष्मी जंग, क्रोध, युद्ध व लड़ाई का कारण बने। कांड़
इस के लिए हर तरफ, रोजाना होते हैं घने।

दिन रात इस वासे हर कोई, यहां माथा फोड़ता।
पाई पाई कर लेता इकट्ठी, है सारी को जोड़ता।

खा न सके, ले जा न सकता, फिर भी मोहताज है।
सदा हर शख्स पर भक्तो, लक्ष्मी का रहता राज है।

गिनता न थकता कोई, रहे सँभालने की फ़िक्र में।
आंकड़ा छिपाये रखे, आवे किसी की न जिक्र में।

कागज का छोटा टुकड़ा, महान इतना हो गया।
'भगवान' ने रची माया, इंसान जिस में खो गया।

निमंत्रण

बन जायो मुरीद हमारे, सब कुछ तुम पाओगे।
भूल कर ऊपर वाले को, गुण हमारे ही गायोगे।

है हर स्वार्थी व बेगाना, जल्द सीख ये जाओगे।
सखे सोधरे हम ही तुम्हारे, सब को ये बताओगे।

संगी न कोई यहाँ साथी, विश्वास जिसे जतायोगे।
कर हमारी सेवा तुम, तर भव सागर पे जाओगे।

दुनिया में और न कोई, जिस से आस लगाओगे।
जियोगे लिये हम और माल भी खूब कमायओगे।

छा जाएँ जो दुनिया में, सारेभजन हमारे गाओगे।
आजीवन दास बन हमारे, औरों को भी बनाओगे।

भाग्यशाली हो तुम बहुत, मानोगे और समझाओगे।
दे हमें आरामदायक जीवन, खुद सुख भी पाओगे।

कल्याण होगा तुम्हारा, जब ज्योति ज्योत समाओगे।
हमारा कर दीदार, प्रति दिन, मोक्ष अवश्य पाओगे।

दिव्य पावन परिवार हमारा, रट दिन रात लगाओगे।
अनिंद्रा में पड़ेगा रहना, कीर्ति तो भी हमारी गाओगे।

मन मत हो जाये जो भी, नज़दीक न उस के जाओगे।
त्याग कर हर पथ भृष्टि का, शरण हमारी में आओगे।

हंस दूध ही पीवे, प्रवृति कौए की न अपनाओगे।
दूर जो हम से हो जावे, रावण उस को बतायोगे।

श्रद्धा, भक्ति व लगा लगन, क्षण हर हमें रिझाओगे।
'भगवान' हम जैसे कहाँ, तुम कलियुग में पाओगे।

न बदले

वो बदले, हम न बदले, जमाना सारा बदल गया।
सूरज और चाँद न बदले, आशियाना बदल गया।

किसे सुनाये अपनी बीती, कौन सुनेगा हमारी बात।
बिताएंगे जिंदगी को ऐसे, चढ़ेगा दिन आएगी रात।

सवेरा आएगा उम्मीद जगाने, सामने होगी निराशा।
ढीठ फिर भी इतने, हम तो, कभी छोड़ेंगे न आशा।

तसल्ली देवें अपने बेगाने, हैं उजले और जो काले।
हम ऊपर जो गुजरे, नहीं जानते राह दिखाने वाले।

घूम फिर के आस पड़ी है, उस ईश्वर पे सिर्फ मेरी।
जिस 'भगवान' जन्म दिया, लाज रखेगा वही मेरी।

गम दूर

गम में भी मुस्कुराने का, कहीं ग़र हुनर आ जावे।
'भगवन' गम सब ले लेवे, लक्ष्मी भी घर आ जावे।

अनेक दलाल

बहुत ढूंढा रब को हम ने, अब तक उसे न पाया।
जिधर भी देखा नज़र सदा, दलाल ही कोई आया।

जिसे न देखा कई वेश में, थी सजी वो सूरत पाई।
विश्वास किया अंगेहली में, गंवाया हाथ जो आया।

व्याख्यान सुनाएँ सब ने, थे सज-धज के जो बैठे।
सुना सब उन दलालों से हम, जो भी उन सुनाया।

भूला नहीं पाया एक शब्द भी, है याद हर अब भी।
ईश्वर दर्श की अभिलाषा, कर पूर्ण देख उन्हें पाया।

जैसे मृग नाभि में कुण्ड़ल, ढूंढ रहा वो वन माहीं।
घट में बसे ऐसे वे ईश्वर, दिखा उसे कोई न पाया।

होगा युग परिवर्तन कर शांति स्थापित, करते वादा।
वर्षों साथ बिताये फिर भी, बदलाव तनिक न आया।

भोले भाले निशुल्क में बने, वो आजीवन सेवक देखे।
होना था सम्पर्क 'भगवान' से, हो जो कभी नहीं पाया।

प्रकाश में अँधेरा

ठोकरें खायीं, कुछ न सीखा, रहे अनाड़ी थे।
बहुत जिन नचाया, उन्हीं के हम पुजारी थे।

हो सुशोभित वे बैठते, उन के हम दरबारी थे।
माना शुभचिंतक, वे भयानक एक बीमारी थे।

ज्ञान छोड़, हुआ ज्ञान, ज्ञानी, ज्ञान के मारे थे।
ज्ञान देना, क्या उन देना, ले ज्ञान हम हारे थे।

दिये तले पूर्ण अँधेरा, वे कथा सुनाने वाले थे।
ले दीया वे हर घर घूमें, आग लगाने वाले थे।

हर दिशा चर्चे इतने, कई शोर मचाने वाले थे।
माया जाल में फंसे हुओं को निकालने वाले थे।

माया चैन एकाग्रता सहित, सब उड़ाने वाले थे।
'भगवान' नाम हटा, वे, खुद का लगाने वाले थे।

बनना नवाब

अनिंद्रा अवस्था का, क्या हाल सुनाऊँ?
उठा मुश्किल से यार, मैं तड़के तड़के।

हालत बुरी थी इतनी कि मैं ना जानू।
चला थोड़ा, दीवार, पकड़ पकड़ के।

सुनाई दिया, नाही, पहचान कुछ पाया।
चला कर आँखें नीचे, झुक के, झुक के।

था रब ने ऐसा, मुझे, उस वक्त घुमाया।
दिल पास, पर जाता था, फड़के फड़के।

पड़ती गर्मी इतनी, थी बरदाश्त से बाहर।
पसीना पोछा बार- बार व मुड़के मुड़के।

स्कूले जा, होना था, पढ़ ज्ञान में माहिर।
रास्ता लंबा, चला पैदल, सड़के सड़के।

जब कभी देर से पहुँचा, होश वहाँ आई।
सुनने पड़े लफाज़ हमें थे कढ़के कढ़के।

नाटक वहां रोज़ाना नये, समझ न आये।
नवाब न बनना था मुझे, पढ़ के पढ़ के।

वक़्त गुज़ारा किये काम, वही कई बारा।
अंत में खुशी मनाई, सर चढ़ के चढ़ के।

उसे पुकारा किया गुज़ारा, कभी ना हारा।
मास्टर बना 'भगवान', सिर्फ ड़र से ड़र से।

हुआ प्यार में

प्रेम प्यार कर सनम, तेरे ही हो गए थे हम।
अपना तुझे हम को बनाना, गजब हो गया।
क्या करूँ, क्या बताऊँ, अब रो कर किसे।
रहा प्यार न प्यार, वोह तो मजहब हो गया।

कैसे नफरत में बदलूँ, उस किये प्यार को।
चलता चलता अब बंद, मेरा नजब हो गया।

संभाला प्यार को कैसे, नहीं करता जिक्र।
था अन्दर से लाल, ऊपर से सब्ज हो गया।

दोस्तों और दुश्मनो को, न लेना था कुछ।
होना जरूर था इक दिन, जो अब हो गया।

रोज पूजा पाठ कर, रहे गुजारते हर दिन।
प्यार, प्यार न था, शायद वो रब हो गया।

कभी न प्यार ने चैन किसी को लेने दिया।
'भगवान' दिया, खत्म अब वो सब हो गया।

सब सीखा

इबादत बंदगी पूजा पाठ सारी करनी सीख ली।
खिदमतें दलालों की ही हमेशां करनी सीख ली।

आदर, सम्मान, इज्जत उनकी करनी सीख ली।
बुरा छोड़ अच्छाई, उनसे, कैसे करनी सीख ली।

आज्ञा अन्तर्गत झिड़कें, उन की, खानी सीख लीं।
मिला रूखा-सूखा वो खा, भूख मिटानी सीख ली।

आरती नींद, विश्राम छोड़ उन की, करनी सीख ली।
चरनी दलालों में मिले सुख, आस लगानी सीख ली।

तोड़ लिये सब नाते, धुन उन की बजानी सीख ली।
हम तुच्छ वे मालिक, ये मुनियादी करनी सीख ली।

पार उतारेगी प्रसादे झूठन, उनकी, खानी सीख ली।
'भगवान' छोड़ हम जिंदगी, ऐसे बितानी सीख ली।

टूटा विश्वास

कभी बने थे अपने ख़ास, रहना चाहते थे वे पास।
बने मालिक बनाया दास, ऐसा होने लगा आभास।

गुजरे पल, बीते मास, गायब हो गई वो चास।
टूटा जब विश्वास रखी, 'भगवान' ऊपर आस।

उन की अदाएं

हमेशा शके निगाह से, मुझे क्यों देखती है वोह?
सत्य बोलता हूँ, कर सिद्ध, क्यों बोलती है वोह?

हर प्यार की अदा को, तराजू में तोलती है वोह।
होगा जरूर कोई तो स्वार्थ, ऐसा सोचती है वोह।

नखरे उस के ऐसे, रुख हवा के मोड़ती है वोह।
गिन सितम सहे कितने, बैठ के, जोड़ती है वोह।

देखने को है परी न कोई और उस जैसी यहाँ।
समाई दिल जिस में, क्यों, वही तोड़ती है वोह।

कैसी किस्मत ले, दिलवर के पास आई वोह।
व्यस्त 'भगवान' से भी अधिक, रहती है वोह।

दिल का हाल

कैसे सुनाऊ दिल का हाल, पूरा सुन न पाओगे।
गाथा होगी इतनी लम्बी, सुनते थक ही जाओगे।

शुरू न कोई अंत, नहीं मध्यांतर भी हुआ अभी।
दिल न रहा अपना, हुआ पराया, पवित्र था कभी।

लाली युक्त, दोषों से मुक्त, होता था जब अपना।
हकीकत दिखी, जां न मेरी, सभी था कभी सपना।

क्या मैं बोलूँ, बोल न कोल, है मामला सारा गोल।
ड़ावांड़ोल, हौल पे हौल, प्रेम का चुकाया ऐसे मोल।

बीते दिन साथ, कभी उसके बिन, ये कैसे हो गया।
'भगवान' छोड़ मायावी मोड़, पड़ जिस में खो गया।

क्या हुआ

बाबों के उत्तम विचार, सुन दिमाग ही न रहा।
लकीर के बने फ़क़ीर, किया जो भी उन कहा।

तन, मन, धन, हुआ सब उनका, अपना न रहा।
सब की छोड़, अब उनकी ही, करनी थी वफ़ा।

कैसा धोया, कैसा मांजा, सब को बाबों ने यहाँ।
सोच आगे न पीछे की, न जानू चले गई कहाँ।

रब नहीं, उन्ही की, इबादत में ही मगन हुआ।
फिर न चैन, ख़त्म आराम, ऐसी कृपा, हुई दया।

देखे बाबे भी फंसे, कुदरती शिकंजे में इक दिन।
पागल हुए कई भक्त, थे रह सकते न जो उन बिन।

किसी के अनुभव से कोई सीख न पाता है कभी।
फ़रियाद 'भगवान' दूर रखना ऐसे बाबों से सभी।

हैलो न बाई

गिरा प्यार में ऐसे, कोई हैलो न बाई।
भूकंप आया ऐसा, धरती जिस हिलाई।

मलबे में फंसे ऐसे, निकलते कैसे भाई।
रहे जिंदा, 'भगवन', थी मौत भी नआई।

तख्ते महान

एक करना था संसार, पर घर एक ना रहा।
सच का करते थे व्यापार, सच, सच ना रहा।

मार्ग दिखाते सद, खुद चल उस पे ना सके।
भंड़ार ज्ञान के थे, माया से निकल ना सके।

सारी दुनिया में चर्चा, था जिन का कभी हुआ।
आई अँधेरी, साथ टूटा, बाद फिर संग न हुआ।

हुई हालत बेचारों की, रहे जो बन के मुरीद थे।
दिया जिन्होंने कभी मन, दिल के हुए मरीज़ थे।

कहावत है कि सब झुकते, झुकाने वाला चाहिए।
इस कलियुग में, कोई तो, तख्ते निशाना चाहिए।

चारों तरफ़ दिखें तख्त, जो बहुत ही विख्यात हैं।
विराजे 'भगवान' कोइ मुखिया, वाह क्या बात है?

भुलाये गम

सभी लम्हें, कर शुक्र गुजार, थे हम ने बिता दिए।
दीदारे चाहत हो पूरी, कभी सर अपने झुका दिए।

ख़ुशी मिली जब कभी आई, हँस कर चली गई।
बादल आ रोजाना गम के हम पर मंड़रा लिये।

अच्छे आचरण अपनाये सदा, फिर भी न मंजूर।
दुःख अपने छोड़, औरों के हिस्से हमरे आ लिये।

सामना किया, लिया साथ, मिला जिस का भी।
पुण्य समझ जख्म सारे, सब हम ने उठा लिए।

हमारा करना ऐसा, लगा, मन कईयों के न भाया।
बिन वजह, किसी बात, क्यों, कष्ट सब बुला लिए?

मिलती हमें रही शक्ति, कठिनाइयां दूर करने की।
हम कर सुमिरन 'भगवान' का, गम सब भुला दिये।

पाया कर प्यार

प्यार में प्यारे, परिन्दे, कितने ही खो गये।
चोट पे चोट खायी, और वे जख्मी हो गए।

थे झुंडों में उड़ा करते, आज अकेले हो गए।
शिकार करने निकले, शिकार खुद हो गए।

करना था क्या, मगर, पगले ने क्या किया?
मत गई थी मारी, बिन सोचे ही सब किया।

निकल गई वो घड़ी, अपना जब बनाया था।
चला था रोब जमाने, ड़ांट खा कर आया था।

नाजुक मासूम कबूतर, बिल्ली नीचे आ गया।
प्यार करने का लुत्फ़, अच्छा उस को आ गया।

रही कटती जिंदगी, नमक छिड़कते लोग रहे।
मुसीबत खुद उठाई, किसी को अब क्या कहें?

बस न चलता, यादें पुरानी, आ उसे सताती हैं।
छोड़ 'भगवान' क्यों, उल्फत सब को भाती है?

समय बलवान

खजाने भर लिये सिकंदर, दौलत सारी सम्भाल ली।
खोपड़ी फिर भी भर न पाई, असलियत कमाल थी।

न आराम से ही सो पाया, पहुंचा कभी न अम्बर पर।
उसे भी छोड़ा न 'भगवान', ली जान, वक्त आने पर।

होली माला

अच्छे वक्त, थी मिलती, जिन्हें खिदमत कर मेवा।
काफी बाबे मार मत करवाते, बुरे समय भी सेवा।

नहीं आयेगी याद बंदगी, जिन सब झोली में ड़ाला।
याद दिलाएंगे उन्हें हाथ, पकड़ाई थी होली माला।

सुन न सकते अप शब्द, उन बारे कभी किसी से।
रहते जो तैयार, जान न्यौछावर उन पे करने वासे।

उन्हीं का धोयेंगे दिमाग, चेले बाले सारे मिल के।
करेंगे मजबूर, कोसो खुद को, पूजो लगा दिल से।

सर्वत्र ईश्वर व्यापक, घृणा मिटा पायेंगें न मन से।
हो जायेंगे चेले गरीब, बाबे अमीर आप के धन से।

अंध विश्वास से निकालें जो, कलयुग में न मिलेंगे।
'भगवाने' सृष्टि ऐसी, ख़ुश कम, दुखी कई मिलेंगे।

सदा मेहरबान

बन पाए दास किसी के, रखा दास न दासी।
रोज़ पक्का पकाया, हम किन्तु खाया बासी।

काम किया चौबीस घंटे, मास वर्ष के बारह।
मिले हमें कई बाशिंदे, हुए जो नौ दो ग्यारह।

बीती जिंदगी अच्छी, अब बहुत डींगें मैं मारां।
वास्तव में चाही जैसी, कभी आयीं न वो बहारां।

प्रेम किया जिस से, बिगड़ा मिला जब मौका।
जाने दिया अपनी राह पर, हम कभी न रोका।

नियम तोड़े सारे, हम, साथ मिलत हर बढ़ाई।
बन अजनबी पड़ा रहना, पकड़ी जिस कलाई।

ईश्वर संग नाता न तोड़ा, रहा सदा मेहरबान।
बिन मांगे दिया सब, कर कृपा उस 'भगवान'।

संभाले रखा

अब है मेरी बारी, कहो तो कुछ अर्ज करूँ।
कैसे सताया गया था, कैसे सब आगे धरूँ।

बचपन में दूर रहा, सब आनंद और खेल से।
साफ सुथरा रखा तन, लगा साबुन व तेल से।

था आचरण ऐसा कि न शिकायत किसी ने की।
जो भी पास आया, अवश्य आशीष उस ने दी।

बचपन मेरा बीता, पढ़ ख़त पत्र कुछ सखों के ही।
अनिवार्य था बचे हुओं को, बिलकुल भुलाना ही।

और भी थे बहुत किन्तु बेगानों का मिला साथ।
हमें ईश्वर कायम रखा, सदा दे के सर पर हाथ।

हमें उस की मेहर ने, पहुंचा कहाँ से कहाँ दिया।
पायी संतुष्टि न पूरी, अमन चैन, किसी तरह लिया।

जलन, ईर्षा और दवेष से भी, दूर रह न पाए सभी।
व्यवहारे चुपचपाहट भी, कर पाए न सहन कभी।

वक्त गुजरा जीवन बीता, इस्तेमाल गए होते हम।
ज्यों ही अपना सोचा, कई हम को पड़े देखने गम।

विश्वासघात, षड़यंत्र, आदि के भी थे हुए शिकार।
कर सेवा पूजनियों की भी, बड़े हुए थे हम बीमार।

जो किया वो सब कम, कोइ प्रशंसा उन से न मिली।
रहे सूखे फूल की बन पंखुड़ी, थी न जो कभी खिली।

शुक्र ऊपर वाले तेरा, जिस ऐसा अनुभव मुझे दिया।
उस 'भगवान' कभी यकीनन होने मोहताज न दिया।

अच्छा कर्म

रोना धोना त्याग दे बंदे, हो प्रसन्न गुजारा कर।
कर्म जो देवे संतुष्टि, लगा मन उसे दुबारा कर।

भाग्य में दुःख बहुत, भुला दे उन्हें बिसारा कर।
प्यार बाँट बीच सभी के, घृणा दूर भगाया कर।

नफरते पुजारी मिलें, जो भी, उन्हें भुलाया कर।
दायें बायें देख ऊपर- नीचे, झूमा और गाया कर।

आलस छोड़ पा फुर्ती, दुष्कर्म पास न जाया कर।
पाप नहीं कमा पुण्य, हक की बैठ के खाया कर।

गलत नहीं हो जैसे भी, सही मार्ग अपनाया कर।
'भगवान' नाम देवे शक्ति, ये पैगाम फैलाया कर।

क्या होता

अगर प्यार ना होता, तो दुनिया में क्या होता?
लेता नींदचैन की, उदास कभी कोइ न होता।

बनते किस्से प्यार के, हिसाब नाहीं कोई होता।
आकर्षित करती लैला, न बन कोई मजनू रोता।

पेट पूर्ती, करना प्यार, उस क्या खेल रच ड़ाला?
मोह माया का 'भगवन', कोई उपचार न होता।

ऐसा प्यार

बदलना पड़ता, माँ- बाप को भी अपना प्यार।
ज्यों ही उनके बच्चे, ज्यादा, हो जाते होशियार।

दिल से बद दुआ दे नहीं सकते, सपने में भी वो।
माँगे रब से सलामती, दिन- रात ही उन की वो।

दुख ले भी माँगे खुशी, है कैसा यह प्यार होता?
है देखने वालों को सदा, इस का इज़हार होता।

रहें सलामत उन के फूल, ऐसी पुकार करें वो।
ज़रूरत पर भी ना माँगे, खून अपने से भी जो।

कुछ ही ऐसे वायलदान का सदा सत्कार होता है।
करता 'भगवान' न मतभेद, मेहरबान वो होता है।

मार्ग ढूँढू

पास रहूँ तो क्या बताऊँ, दूर जाऊँ तो पछताऊँ।
बात कोई कर ना पाऊँ, जाऊँ तो किधर मैं जाऊँ।

हाल अपना किसे सुनाऊँ, दुविधा में पड़ता जाऊँ।
बोलूं कैसे बोल ना पाऊँ, चुपचाप भी रह ना पाऊँ।

बिन साज़ मैं कैसे गाऊं, पढूं नहीं लिखता ही जाऊँ।
करना बहुत करना चाहूँ, क्यों कुछ मैं कर ना पाऊँ?

सुनु बहुत जवाब दे ना पाऊँ, उदासी कैसे दूर भगाऊं।
खुद हंसु सब को हंसाओं, 'भगवाने' दर्शन कैसे पाऊँ?

कैसे हुआ

छापा पड़ने वाला था, रफा दफा सब हो गया।
रिश्वत दी, कर को बिन दिए, गुजारा हो गया।

मुसीबत सर पर आई, चली गई, तब सो गया।
कर्तव्य छोड़ अफसर सरकारी मोमन हो गया।

तत्पश्चात पाने को तरक्की, आगे को वे हो गया।
दी रक़म उस ने खासी, अफसर बड़ा हो गया।

काम नावां कर इकट्ठा, बांटने वाला हो गया।
दिन रात हुई लालच पूर्ती, मालोमाल हो गया।

आये कर वालों भी लिया भाग, थोड़ा खो गया।
'भगवान' धार्मिक देश में, कैसे ये सब हो गया।

याद आया

थी चांदनी चार दिन की और दर्द उम्र भर का।
छोड़ दिया जिस लिए, उसे कहाँ मेरा कदर था।

न समझ व मासूम, बिन तजुर्बे के, अति नर्म था।
ढिंढोरा मिजाजे उस पीटा, खुदगर्ज और गर्म था।

था अदब से पेश आया, नहीं उस के अंदाज से।
पास रहा, समझ न पाया, रुख उस आवाज का।

ला खड़ा किया प्यार, ऐसे मोड़ और मुकाम पे।
बिन यत्न, याद आ गया, 'भगवन' तेरा नाम था।

चोटें बारम्बार

पूर्व के घाव भरे न थे, चोट पर चोट लगती रही।
हर सुबह, दोपहर, शाम सताती बारम्बार रही।

सप्ताह बीते, गुजरे मास, वर्षण गिनती न रही।
पराये नहीं अपने सब, चोटें जिन से हम सहीं।

पाया उस से ऐसा दिल, है प्रतिशोध भावना दूर।
दिया 'भगवान' बहुत कुछ, है वो सब हमें मंजूर।

मिला सुकून

कैसे मुर्झाया फूल, सदा रहता था खिला।
बदले प्यार में प्यार को, ऐसा कुछ मिला।

बिन वजह के ही शक, शिकवा और गिला।
मेहरबानी ईश्वर की, भाग्य में था जो मिला।

घर भीतर ही छावनी, और जाता बन किला।
तरकश में तेज तीर कई, चढ़ाए प्यार चिला।

बिन ज्वर तापमान, तरफे ऊपर हिला।
ठंड़ा करता पानी, दिया न किसी पिला।

इलाज़ ढूँढा, परन्तु कहीं पर वो न मिला।
'भगवाने' कृपा, तनिक तो सुकून मिला।

आचरण

आदर्श हमारे राम, कृष्ण, नरसिंह अवतार हैं।
भूल जाता मानव अब जिसकी तेज रफ़्तार है।

लक्ष्मी की करे पूजा, सरस्वती का बने दास है।
माया में जकड़े रहता, दिन, वर्ष, हर मास है।

लाल- पीला होवे, सुन कोई अपशब्द सकता नहीं।
है खो बैठा स्वयं को, जिसे ढूंढ अब सकता नहीं।

खोपड़ी बनाई उस छोटी, भर न सकता है जिसे।
दुखड़ों से छुटकारा न मिले, बतावे भी तो किसे।

ईश से विश्वासे आशा हटती, उसकी जा रही।
समझ भी न पाता कि है क्या गलत क्या सही?

आदर सम्मान भूला, वे अकड़न में ही रहता है।
केक्ल सर्वश्रेष्ठ वही, बिन कुछ सुने ही कहता है।

ऐसी लीला उसकी, मजबूर हुई सारी खलखत।
ले 'भगवान' की दुनिया में, तनिक कोई न मत।

सफर कुछ शेष

कर चुके बहुत सोचते हैं, अब केवल रह गया नाम।
काट चुके सफर हम तो काफी, बचा कोई न काम।

किसी तरफ देख न पाऊं, नज़र कुछ धुंधला आता है।
कौन किये कर्मों की सजा, रब आगे और सुनाता है।

बहुत मंड़राए अंधविश्वासी, जिन का हम से नाता है।
अच्छे भले माहौल बदल, प्रभु, हरेक बहुत सताता है।

हुआ कठिन जागना, दिने निद्रा, रात में न आती है।
इस 'भगवान' की दुनिया में, आंधियाँ चली आती हैं।

गया गुलाम

जीवन भर की जिस सेवा, किसी और का हो गया।
क्या छोड़ कर मिला उसे, लगे अनाथ सा हो गया।

बदले में पा चाहवान, सुन बातें, गूंगा कैसे हो गया।
देखे होंगे अजीब नज़ारे, शायद उन्ही में खो गया।

मानी जिस आज्ञा मेरी, वो बुरा अब क्यों हो गया?
आशा छोड़, पा निराशा, था हंस, कौआ हो गया।

औरों तरह परम भक्त भी, रावण दुष्ट हो गया।
जगाया था हम 'भगवन', माया जाल में सो गया।

धन दौलत से भरे महल, नज़र बाबों के आते हैं।
कांड़ उनके वर्तमान में, चले अक्सर आगे आते हैं।

रुके भेड़ चाल न अंध विश्वास, भक्त फैलाते हैं।
'भगवान' छोड़, कई नामी बाबों पर मरे जाते हैं।

अपना नहीं उन का

कर बाबे की सेवा हम ने किया काम महान।
अपना नहीं 'भगवन' हुआ उन का कल्याण।

खेल

खेला, हर वो खेल, जिसे खेलना न चाहा।
शांति हो सर्वत्र, किया हवन बोल स्वाहा।

लीला, कभी माना, जो हुआ उसे माया।
शरीर पाये दुःख जब पीड़ित हुई काया।

भागे गये हर पास जिस भी हमें बुलाया।
हाथ जोड़ के बैठे, गुण 'भगवाने' गाया।

तराशेंगे पत्थर

खता बताते अगर हमें, अवश्य रफा उसे करते।
दुःखी रहने और रोने के, कोई लम्हे कभी न देते।

इतनी दूर हो गया जाना, मजबूरन क्यों प्यार मेरे?
चाहते तो बिन संकोच कैद, तुम बाहों में कर लेते।

बिन भुलाये सदा रखेंगे, तुम्हें दिल में हम सजा के।
रखेंगे तराशा पत्थर, 'भगवान' जैसा मंदिर बना के।

अजीब रोग

घर में बुजुर्ग भूखे पड़े, बच्चों को काम हजार।
उतारें बाबे की आरती, लगा दीपों की कतार।

दे न सकें गिलास पानी, चाहे बूढ़े हों बीमार।
क्या क्या नहीं करते, वो जा बाबे के दरबार?

सब कुछ बाबों का ही है, साधो करो विचार।
आजीवन सेवा कर उनकी, ही होगा उद्धार।

हृष्ट पुष्ट सेवकों की हो, हर पल जहाँ पुकार।
वृद्ध हुए तो पड़ने लगती, वहीं से ही दुत्कार।

अंध विश्वासी, भेड़ चाल में, चलते जाते लोग।
अनोखी 'भगवान' की दुनिया, लगे ऐसा रोग।

काश ऐसा होता

अच्छा होता ग़र प्रमुख एक विद्यालय के हम होते।
बच्चे प्रेम से पड़ते, खाते मार नाही कभी वो रोते।

क्रोध से वंचित वो रहते, गाली गलोच भी न करते।
जिंदगी खुश हो बिताते व वक़्त पर ख़ुशी से मरते।

सहन शक्ति को पाते, मुसीबत से न कभी घबराते।
दुखी ग़र कोई उन्हें दिखता, पास शीघ्र उसके जाते।

नफ़रतें रख कोसों दूर, खुशबु प्यार की वो फैलाते।
समझ हर को अपना, आदर सत्कार सहित बिठाते।

कारनामे ऐसे करते जग में, दंग दुश्मन भी रह जाते।
निकालते हल दुविधा हर का, दुःख दूर सब हो जाते।

बनते न वे अंधविश्वासी, सारी मंजिलें स्वयं पा जाते।
नेकी करते 'भगवन' सदा, हमें दिल से नहीं भुलाते।

सब उस पास

दूरी बढ़ती जाए तो हो जाता भूलना बड़ा आसान।
चुपचापहट रख पाते वही, मुँह जिन के भी ज़बान।

व्यस्त हो अगर आप तो, खालीपन में भी इक शान।
मत सोचो कि हैं आप खुश और हर कोई परेशान।

दिमाग, बुद्धि व स्वास्थ्य, कायम रखे कृपा नादान।
घमंड़ हो सकता तब तक ही, जब तक तन में प्राण।

विरला ही समझ पाए हकीकत, होती सब में आन।
'भगवान' पास, सब जानते, है सब की सदा कमान।

शोंके हँसाना

हँसाने में माहिर हम, हर वक़्त, सब ऐसा कहते हैं।
कुछ न आता चुटकले की, जब सिफारिश करते हैं।

संगत में जो भी कभी आए, उसे खूब हँसाता हूँ।
बख्शे एक दो ईश्वर, कभी हार उन्हीं से जाता हूँ।

छोड़ता फिर भी नहीं अपना, शौक हँसने हँसाने का।
अपने और ओरन के फ़िकर, चिंता, गम भुलाने का।

उस की याद दिन - रात कर, हरेक को रिझाता हूँ।
'भगवान' देवे साधु बुद्धि, सब को ये ही चाहता हूँ।

प्रार्थना

शक्ति दे उदासी कर दूर, खिल खिलाना परमात्मा।
खुशहाली में कर्म अच्छे करें, संग हो सभी धर्मात्मा।

तेरी कृपा से शक्ति सदा, नसीब में हमारे पास हो।
गुणगाण तेरे गा गुजरे जीवन, शेष कोई न आस हो।

दुःख आते ही भाग जावे, किसी पीड़ा का न नाम हो।
इबादत से दिन शुरू होवे, और ऐसे ही हर शाम हो।

हँसते जाएँ इस जहान से, कोई पीछे न उदास हो।
सर पे तेरा रहे हाथ सदा, हमें ऐसा ही आभास हो।

विद्या व ज्ञान से, भरपूर करते रहना मालिक मेरे।
दिल से लगा रखना 'भगवन' बालक छोटे हम तेरे।

परिणाम स्वरूप

घृणा नफरत से लड़, प्यार जिसे करना आ गया।
उसे दुनिया में जीने का, सही सलीका आ गया।

औरों को तरक्की पाता, दिल जिस को भा गया।
तृप्ति, धैर्य और संतोष, ऊपर उस के छा गया।

मानो शुभकामना का, घर उस संदेशा आ गया।
पूर्ण रूप से वो दिल, 'भगवान' साथ समा गया।

अंदर भगवान

कुछ लफ़ाज में कहा मुझे, एक बुजुर्ग ने।
मैं खुद को, नहीं औरों की तरह रखता हूँ।

लोग तो समय निकाल कर, ढूंढें हैं उसे।
मैं तो अपने अंदर, वोह ख़ुदा रखता हूँ।

यह बात सुन कर, मैं बोला मान्यवर।
चुप रहना, बताना न किसी को यहाँ।

भीड़ लग जाएगी, आगे पीछे जल्द ही।
ले जायेंगे भक्त, ख़ुदा को निकाल कर।

अकेला हो नहीं सकता मैं, बुजुर्ग बोला।
दलदल में फँसने वाले, क्या ले जायेंगे?

माया में व्यस्त, खुद का उन्हें पता नहीं।
'भगवान' अंदर उन भी, समझते ही नहीं।

चाहत

पाया जिसे हमने, हमारा उसको ही न होना था।
साथ में हँसना खेलना हुआ नाही कभी रोना था।

गुज़री थी जो भी हम पर, बयां दूर तक होना था।
कर 'भगवान' याद , फिर तो, अश्रु हमें धोना था।

निराशा

वो बदले, हम भी बदले, जमाना सारा बदल गया।
सूरज व चंदा न बदले, आशियाना था बदल गया।

किसे सुनाये अपनी बीती, कौन सुनेगा हमरी बात।
बिताएंगे जिंदगी को ऐसे, चढ़ेगा दिन आएगी रात।

सवेरा आएगा उम्मीद जगाने, सामने होगी निराशा।
ढीठ फिर भी इतने हम तो कभी छोड़ेंगे नहीं आशा।

तसल्ली दें अपने बेगाने, हैं उजले और कई काले।
हम पर जो गुजर रही, नहीं जाने दिखाने राह वाले।

घूम फिर के आस पड़ी है, सिर्फ उस ईश्वर पे मेरी।
जिस 'भगवान' जन्म दिया, लाज रखेगा वही मेरी।

मिली विरासत

बैठे एक दिन बेरोजगार, अपने जैसों की संगत में।
मुमकिन न कोई आशा किरण, पड़े थे उल्झन में।

इतने में बरसी वर्षा व धड़कने विद्युत हिला दिया।
थे हम बिन किसी व्यवसाय, सब को ये भुला दिया।

कुदरती करिश्मा, भागे, चरण कुट्टिया में पड़ गए।
ऊपर जाते बाबे अपना, सब नाम हमारे कर गए।

बड़ी श्रद्धा प्रेम से दाह संस्कार फिर हम ने करा।
भगत जन बहुत ही आये, कोष जिन्होंने था भरा।

चालीस दिन पाठ ग्रंथ का, निरंतर हम फिर किया।
जो आया बिठाया कुटिया में, नाम उसे सच्चा दिया।

तत्पश्चात भजन, कीर्तन, सत्संग में भी निपुण हुए।
बाबे प्रतिमा नीचे बैठे, उत्तराधिकारी घोषित हुए।

पुराने नए भगतों का हमें, यथा शक्ति साथ मिला।
तन, मन, धन से करी सेवा, कोई उन न की गिला।

वो गरीब, हम हुए अमीर, बन ईश्वर अवतार गए।
सन्देश हमारे अलौकिक, थे पहुँच बीच संसार गए।

हुआ बहुत ही अच्छा, भगतों पर हमारी कृपा थी।
हुई जब उलटी सीधी, हम कहा कर्मो की नीति थी।

चर्चे हुए हर तरफ कितने, अभी भी हमें यकीं नहीं।
'भगवान' ये विरासत हम से छीन न लेना कभी कहीं।

अच्छा फल

पड़ प्यार में होश गंवाया, लगे कुछ न पाया।
बाबाओं के चक्कर काटे, वे बोले सब माया।

दी दक्षिणा टेका माथा, अच्छा फल पाया।
ज़र गया, यारी भी 'भगवन', सब गंवाया।

अजमा प्यार

मोहब्बते कारनामों ने, इंसा कैसा हमें बना दिया।
हुआ करते थे जो अपने, बेगाना उन्हें बना दिया।

इधर जाऊँ या उधर, समझाएं सब, समझ न आवे।
एक हाथ से ताली न बजती, हर कोई मुझे बतावे।

शोर आगे कम है जो जरुरत ताली की पड़ जावे।
सता हूँ क्या थोड़ा जो औरन को आनंद न आवे?

कैसी वृत्ति दुनिया की जो आग में तेल को ड़ालें।
मरहम तो क्या लगायेंगे, वे नमक घाव पर ड़ालें।

निभानी मोहब्बत तो बच्चो सीख लो आ मुझ से।
करने से बाज न आओगे, देख लेना अजमा के।

भूल कर बल व रास्ता, तय अकड़न का कर लेना।
ऊँची को सुनते रहना, न जवाब में जोर से कहना।

कभी हँसना उस पे नाही अतीत की याद दिलाना।
रूखी सूखी मिले जो भी, हो प्रसन्न ख़ुशी से खाना।

वंश काम, वश हो चलता, मस्त कमाने में ही रहना।
कमाना माया दिन - रात, बन मनखटु कभी न रहना।

छोड़ तलाश प्रशंसा की, गुस्से को पी कर ही जीना।
मेहनत परिश्रम हर पल करना बहाना खून पसीना।

करोगे सब, ताजुब्ब, तो भी खुश उसे देख न पाओगे।
रखोगे साफ़ दिल अपना पर दिखा कभी न पाओगे।

करोगे कर्म कितने भी, सही उतरोगे न कसोटी पे।
सोच विचार आएगी दिमाग नाही तुम्हारी चोटी में।

ये प्यार के मसले भईया मेरे, पेचीदे बड़े ही होते हैं।
सामने 'भगवान' के देख ले, नारद ऋषि भी रोते हैं।

चोंचले प्यार के

यह प्यार के चोंचले, सब को तंग करते हैं।
विश्वामित्र की तपस्या को भी भंग करते हैं।

करायी लंका से लड़ाई, रावण राज भी गया।
महाभारत थी हुई ऐसी, कृष्ण वंश तक गया।

दास्ताने लैला मजनूँ की भी सुनने में आती है।
शिरीन फरहाद कहानी, बहुत गायी जाती है।

था हीर का रांझा देखो, कैसे साधु बन गया।
सस्सी का पन्नू सुनो, काम से था कैसे गया।

मिर्ज़ा की देख लो, गत आशिक की क्या हुई।
हर घर में कोई कहानी, ऐसी व्यापक नयी हुई।

ईश से लोह लगाई, कईयों ने किये सजदे भी।
हर मजहब के कई भटके, दीदार पाने के लिए।

कहाँ तक पहुंचा प्यार, कौन हकीकत जानता।
कहें सदैव है 'भगवान' एक, नहीं कोई मानता।

अक्ल न आई

जैसी अब तक बीती और अच्छी कुछ निभा लेगा।
कर्मन फल पिछला अपना, औखा सोखा पा लेगा।

दिल से चाहा अपना बनाया, स्वार्थीयों से भेंट हुई।
तत्पर सब किया वापिस, विभिषण से भी देर हुई।

समझा सब को अपना, न जाने अक्ल कब आएगी।
मतलबी इस दुनिया में, 'भगवाने' याद ही आएगी।

कैसा मुकाम

हम तो दिल साफ़ रख, जो बना सब किया।
क्या बताऊँ जवाब में, औरन हमें क्या दिया।

हर बात का सही अर्थ, थे निकाल सके न वे।
वासे जिन की ख़ुशी, दिन- रात था एक किया।

बेराम हुए जिन के लिए, अब करें शांति भंग।
मुआवजा चाहत का छोड़, था ऐसा उन दिया।

क्रोध नहीं आता, घृणा से भी रहूँ अति दूर।
बाहर समझ से हमारी, ऐसा उन क्यों किया?

कैसे भूले, रह न बिन हम, सकते थे वो कभी।
ला जिंदगी ने मुकाम ऐसे पर था खड़ा किया।

नहीं चाहिए उन से कुछ, हैं दे सकते वे क्या?
जो करना था किया, अहसान न कोई किया।

हिसाब उस पास सब, लेगा खाता खोल कभी।
झोली 'भगवान' जो ड़ाला जानता हूँ कम नहीं।

वचन पुराने

अच्छे वक्त, पल सब, सुहाने लगते हैं।
हो जाती शर्म दूर सब दीवाने लगते हैं।

दिखें चींटियां, लोग आजमाने लगते हैं।
बुद्धिमान बड़े खुद ही सियाने लगते हैं।

निचोड़ खून, पराया धन कमाने लगते हैं।
डरना 'भगवान' से, वचन पुराने लगते हैं।

हमारे बाबे

बाबे हमारे अति पूजनिये, अमृत सरोवर की खान हैं।
अनगनित भगत कृतार्थ होते, वो करते जब प्रणाम हैं।

गावें मंगल संगठित हो कर, चर्चे लीला सरेआम है।
सर्वव्यापक वे अंतरजामी, परचलित उन का नाम है।

कतार में लग जाते सारे, दर्श पाना नहीं आसान है।
बिन रज़ा इक कण न हिले, विश्वास बिन प्रमाण है।

गुलामों की बड़े संख्या, होवे हर उन पर कुर्बान है।
जाएंगे खाक में मिल सारे, नाम रहना न निशान है।

बाबे परिवार का बने मंदिर जो होता आलीशान है।
नामे 'भगवान' से चलता धंधा, होता गुण व गान है।

मौका मिल गया

बनाया था जिन्हें अपना, हम से दूर हो गए।
हम भी उन के इरादे समझ, मजबूर हो गए।

दुःख न कोई उन की दूरी का, ज़रा भी हुआ।
न जान पाए कि, क्यों, किस्से मशहूर हो गए?

सीख लिया रहना, इत्मिनान से हम ने भी।
हमें देखा उन्होंने खुश, चकनाचूर हो गए।

कोशिश उन्होंने की, फिर उल्लू बनाने की।
थे दरखास्ती सुनेहे, उन के न मंजूर हो गए।

इस पर खफा होने का, मौका मिल गया।
थे गिले शिकवे उन्हें, बड़े, जरुर हो गए।

सही वो थे, समज उन की, हैं आजाद वे।
पैगाम हर तरफ से आने के दस्तूर हो गए।

खुश रहें सब, प्रभु, नहीं मांग सकते हम बुरा।
'भगवान' कृपा दिखे, कर्म चश्मे नूर हो गए।

नाह सुन पाते

कह पाते हम न हाँ, नाह सुन पाते न तुम।
जाती जिधर भी नज़र, खड़े दिखते थे गुम।

नहीं पास, करी कोशिश हम, कोसों दूर रहे।
करो याद, पीछा न छोड़ा, चले आते थे तुम।

ख़ामोशी हमारी की वजह, पूछो कभी दिल से।
जो बस्ती कली कांटो में, वो समझ बैठे थे तुम।

फँसे दलदल में खुद, शिकवा करते हो क्यों?
छोड़ 'भगवान', और का, करते सजदा हो तुम।

दोस्ती

दोस्ती बिकती नहीं, न वो खरीदी जाती है।
किस्मत से आप जैसों से, हो ही जाती है।

बरकरार रहे हमेशा, दुआ करते रहो उस से।
'भगवान' न करे, ऐसा कुछ, खो भी जाती है।

मुश्किल नज़रें

प्यारे यार की दो आँखों का, क्या करूँ जिक्र।
बंद हो जाएँ तत्काल, मिलाऊँ ज्यों ही नजर।

विद्युत सी रखे तासीर, पैदा स्पन्दन जब स्पर्श।
वंचित फिकर धन चिंता से, चाहे हो जैसे खर्च।

बाल ढके, अनोखा मुखड़ा, उससे बद चश्मे दूर।
मिलाये राम योग ऐसे, सुना हमेशा, हो चुप हुजूर।

लब उस तीर निकाले ऐसे, लक्ष्य चूक सकते नहीं।
उत्तर में शब्द दक्षिण से भी, कर वार सकते नहीं।

चमक धमक विद्यमान रहे, बुद्धि अति कमाल है।
'भगवान' दी लक्ष्मी, चाहें उनकी, बड़ी विशाल हैं।

पहुंचना अर्श

खुश था अपनी मौज में, सब बच्चा कहते थे।
न भूला वो क्षण, जब झूठों को सच्चा कहते थे।

न था असर गर्मी का, वर्षा भी अच्छी लगती थी।
हरेक शरारत करने की, कभी न इच्छा हटती थी।

जिद्दी भी था इतना कि रो कर सब मनवाता था।
जुल्मे सितम किसी के भी, सह कभी न पाता था।

मेंढक देख खुश होता, जुगनू कभी हाथ न आया।
कोयल को सुनता कभी, मोर नज़र टहलता आया।

एक बार दर्शन देने, घर नाग देवता भी आये थे।
बहुत ढूँढा सारे मुहल्ले, पर सफल हो न पाए थे।

संकेत कौए का सुबह, बनेरे बैठ बोलना करता था।
सफाई बिन वजह होनी, कर्म करना मुझे पड़ता था।

था बिल्ली से दूध बचा, माखन, घी को बनाना होता।
रह के कुत्तों से काफी दूर, था गली में चलना होता।

कई हर तरफ लड़ने वाले, लड़ाई को ढूंढते रहते।
पीछे हम हटते कैसे, कटु वचन जो सह न सकते।

सिखाई स्कूल न सहनशीलता, ड़ंड़े रोज थे पड़ते।
शत प्रतिशत अंक न आते, थे जीते न हम मरते।

उमर खेल कूद की, साथ पुस्तकों ही हम खेला।
विद्यालय, महाविद्यालय, था लगता हमारा मेला।

दौर जो बीत गया, क्या उत्तरदायित्व उस का था?
फाड़ जला पढ़ी पोथियां ड़ालीं, रहा नहीं महत्व था।

हुई कभी निंद्रा पूरी, नाही, पूरा कभी विश्राम मिला।
चलता रहा मुरझाया फूल, कभी जो था नहीं खिला।

मेरी तो किसी तरह बीत गई, औरों का क्या होगा?
अर्श पहुंचाएगा 'भगवान', परिश्रम तो करना होगा।

सच्ची तार

जो सोचा किया औरों ने, हम वहीं के वहीं रहे।
जुल्मो सितम सारे, थे न जाने हम ने क्यों सहे?

बिन मांगे उस सब दिया, लगा माथे अपनाया।
शुक्र गुज़ार हो जीवन, था सारा हम ने बिताया।

जरुरत पर जो काम न आएं, हमरे हिस्से में आये।
प्रभु कृपा हम ने उन को, बहुत ही सबक़ सिखाये।

सज्जन कम, दुश्मन अधिक, आस पास मंड़राए।
तेज यंत्र रखें जो बगल में, साधु भी उस ने मिलाये।

हुई कृपा उस की जब, हम ने पीछा छुड़वाया।
शायद सब ने उस का, पूरा मरहम नहीं पाया।

रोके वो पर रुक न सके, पाखंड़ियो के वार।
सद्ध बुद्धि बिन 'भगवान', सच्ची जुड़े न तार।

ख़ुशी गमी

मुहब्बत ढूँढी, नफरत साथ बन दीदी आई।
रखा 'भगवान' दोनों के साथ, ख़ुशी गमी पाई।

प्यार कैसे हुआ

आती है सोच अक्सर, प्यार कैसे हुआ था।
थी वो हसीन बहुत, शायद मैं भी युवा था।

समय गर्मी का, अजब दिल की धड़कन।
बनी जोड़ी अच्छी, ये सब का कथन था।

सितारे देखे नक्षत्र, गुण भी कई मिलाए।
पढ़ पंड़ित, सब श्लोक, निभाया धर्म था।

थीं धूम धाम से, गई रस्में सब निभाईं।
जुड़ा माला में मोती, जो होता नर्म था।

समय साथ बीता, सीखा कुछ सिखाया।
विनम्र पुजारी बोला, पड़ा खोना शर्म था।

हुई उसकी इच्छा, प्यार बड़ कर बढ़ाया।
दिल खोला व किया, जो करना कर्म था।

धीरे से जीवन की ही, चली गाड़ी आधी।
तूफ़ान भी आये खूब, मिट गया भरम था।

खड़ी भंवर में कश्ती, सब कुछ प्राप्त है।
रहा वंचित 'भगवान', पा न सका मर्म था।

इलाज रहित

सुलभ न था प्यार से होना मिलन प्यार का।
कठिनाइयां आईं बहुत, प्यार हो ही गया।

भरोसा बिन सोच समझ, किया प्यार का।
जो होना था इक दिन, देखा हो ही गया।

कैसे बीते दिन पश्चात, रातें साथ में कटीं।
मिलन होना जब तलक, वो होता ही गया।

आकर्षण कायम रहा, जब तक दूरी न हटी।
समय अनुकूल था और काम होता ही गया।

हुआ अनुभव अब बताऊँ कैसे खोल कर।
अटका था कमान पर, निकल तीर वो गया।

निशाने लगा, दिया घाव, हम थे न सावधान।
मिलना हमें था जो दर्द, मिला, सहा वो गया।

अब वर्तमान, हमें सोच अर्वाचीन की पड़ी।
कैसे गुजरेगा वक़्त, था क्या गजब हो गया?

हर मुसीबत एक पे एक, आगे दिखी खड़ी।
छुटकारा मिलना कठिन, भ्रम हमें हो गया।

प्यार की कीमत पड़ती इतनी बड़ी चुकानी।
चुकाने वाले पर था कर्ज, बहुत सा हो गया।

असम्भव मुकाबले से हासिल कर लेना हक़।
लगा 'भगवान' ये मर्ज़, रहित इलाज हो गया।

भक्त उपासक

थे नटखट हम बच्चे, करते मन मानी थे।
अकस्मात बाबे श्री बना दिए महा ज्ञानी थे।

सिवा उन के नज़र कोई और न आता था।
शरीर में हमें लगता वोही एक विधाता था।

हम जैसे भक्त उपासक कई होते चेले थे।
अक्सर कुछ से मिलते, जब लगते मेले थे।

गाथा, पहने सफ़ेद कोई भगवे में सुनाते थे।
परिवार बाबे का पावन, जयकार लगाते थे।

त्रुटि रहित दरबार बाबे का, सदा बताते थे।
उतारा करते आरती, भजन उन के गाते थे।

था सब कुछ अस्थाई, बिखेर ईश्वर दिया था।
समय शीघ्र लाया 'भगवान', न देर किया था।

खवईया

मुहब्बत को चाँद समझा, नसीब गर्मी सूर्य की हुई।
नहीं बीता ख़ुशी संग जीवन, करीब मजूसी थी हुई।

भर रखे थे खजाने, सोचा, दूर रहेगी हर कठिनाई।
संभाल लेगी लक्ष्मी, होगी कभी प्यार से न रुसवाई।

भोलापन पहचान नहीं पाया, थी आग उस जलाई।
कभी कर न सका ठंड़ा, थी संग मोम दियासिलाई।

पिघल सारी गयी मोम , राख धागा भी जल हुआ।
चानन रहा कुछ ही देर, काम न आई कोई दुआ।

अकड़न दूर, मलिया सब, उस जो चाहा वही हुआ।
गायब अपनी हस्ती, कभी लगा जो वाज़िब न हुआ।

जालम खिताब से सुशोभित, कसूरवार ठहरा था।
सुनने को कोई न राज़ी, हो गया हर सुन बहरा था।

सब को प्यारा स्वार्थ अपना, हद से वद बथेरा था।
दुविधा किसी की से न मतलब मेरा करता मेरा था।

मझदार में पड़ी थी नैया, पास न कोई खवईया था।
'भगवान' संभाला तब सब हमारा, बना रखवईया था।

पागलपन

बाबे चेलों का साथ मिला और पागलपन सवार हुआ।
सुन उन की अलाही बोली, समझा, मेरा उद्धार हुआ।

उनकी श्रेणी में हुआ दाखिल और खूब प्रचार किया।
जो भी बोला गया मुझे, हरेक उसका उपचार किया।

तन की सेवा, मन से इबादत, हुआ धन उन के नाम।
आरती गाई मोहनी मूरत की, था और न कोई काम।

जब भी आये बाबे, लगायी पहुँच चेलों खूब जयकार।
जाने कैसे बन गए मालिक और मेरी सच्ची सरकार।

रीझ मेरी सेवा से, हुआ यकीन, देगा आश्रय दरबार।
लेगा दासुनदास बना, थी निकलती अन्दर से पुकार।

जेब किसी समय होती खाली, लेना पड़ता था उधार।
बाबे संस्था सोचा करती, हुई कमाई, पैसे सिर्फ चार।

इतना कुछ है घर में, फिर भी, लगता थोड़ा माल।
राज भोज मिले परोसा, सब्जी, रोटी, कटोरी दाल।

आंख पर पर्दा, कान बंद मुंह, न आया आगे कुछ।
वोह थे अवतार ईश के, केवल मैं मानव एक तुच्छ।

वर्षों चला सिलसिला, आखिर, परम बन गया भगत।
निरंतर मगन सेवा में, रहा सूखाता अपना सारा रक्त।

जब छोड़ा तो बन गया रावण, क्या विचित्र खेल था?
हुआ कौआ रहा न हंस, तनिक न तिलों में तेल था।

दूर हुए प्रभु की कृपा से, यकीनन उन को खेद है।
'भगवान' दलाल याद रखते, धर्म, ग्रन्थ, सब वेद वे।

हटा विश्वास

था जिसे बनाया अपना, अब भी उसे शक है।
प्यार दे, पा लेना प्यार, विरले की ही लक है।

खुश रखना जिसे चाहा, वोह ख़ुशी से दूर थी।
हँसा कभी उसे न सका, वोह अति मजबूर थी।

सुनती कम, कही वे मेरी नजरअंदाज करती थी।
आस्मां ले जाना था चाहता, उसे प्यारी धरती थी।

विश्वास हटाया मुझ से, वो पहले भी न करती थी।
'भगवान' नहीं, सदा उसके, दलालों पे मरती थी।

इंसान में रब

इंसान, इंसान में ग़र देखे रब, जीवन सफल होगा।
नियम कुदरती, 'भगवान' मेहरबां ऐसों पर ही होगा।

लक्ष्मी आकर्षण

क्या हुआ उन्हें, जिन्हें अपना समझ के पाला था?
दिन रात सलामती मांगी, हर दुःख में सम्भाला था।

आज उनके तेवर बदले, गुल अच्छे से खिलते हैं।
लालच सवार हो गया उन पे, न आते न मिलते हैं।

फ़ोन पे उन के टेप लगी है, व्यस्त सदा ही रहते हैं।
कैसे कहाँ से मिलेगी लक्ष्मी, साधन वे ढूढ़ते रहते हैं।

लक्ष्मी शक्ति इतनी ज्यादा, आकर्षित क्यों करती है?
हर प्रान्त की सारी जनता, लगे, ऐसों पर ही मरती है।

ले जायेंगे सब अपने साथ ये इच्छा शायद रखते हैं।
हर तरह के शब्द बोलते व करते जो कर सकते हैं।

फ़िक्र नाहीं खौफ किसी का, दृष्टि कैसी हो जाती है।
दुश्मन बन जाते कैसे, नज़र ऐसी क्यों हो जाती है?

बड़े छोटे का मान छोड़, खुद को सर्वोच्च बताते हैं।
अच्छे भले अपने चाहने वालों को भी बड़ा सताते है।

अंत में कुछ निकलेगा अच्छा, उम्मीद रह जाती है।
'भगवान' तेरी कैसी माया, सर चढ़ जो मंड़राती है।

लक्ष्य दूर रहा

चला था उसे पाने, मजूसी दूर करने को।
दीदार होगा उसका, लक्ष्य ज्ञान मिलेगा।

बाबा जी मिले हमें, राह सच्ची दिखाने को।
निरंतर कर सेवा मेरी, बोले जरूर मिलेगा।

मुझ में रही 'मैं', दीदारे ईश न कभी हुए।
दूर स्वस्थ रहना, आराम कभी न मिला।

मुंह से हंसी गायब, बाबा जी खुश हुए।
नींद उड़ी सब की, कभी चैन न मिला।

दिन रात गाए भजन, रहे उतारते आरती।
और भी चलें साथ, मशवरा सब को दिया।

किया वही जो सुना, गई मति थी मारी।
'भगवान' छुड़ा पल्ला, इन्साफ था किया।

बिनती

बिनती उस से करूँ कि सब आबाद हों।
बाग़ सब का यहाँ, हमेशा महकता रहे।

फ़ले फूलें ऐसे, जिस का अंत न कोई हो।
जगत में नाम हमेशा रोशन चमकता रहे।

मौजूदगी में आप की, भरपूर सा प्यार हो।
गिला, शिकवा, शिकायत, किसी को न रहे।

मार्ग सदैव सीधा, वे रहे दिखाता आप को।
इच्छाओं की हो पूर्ति, अधूरी कोई न रहे।

सुख दें मिलें जो पथ, किसी पल भी कहीं।
हर क्षण आनंद भी, मिलता आप को रहे।

प्राप्त हो लक्ष्य हर, मन में आये जो, शीघ्र।
दयालु 'भगवान', कृपा करता सदा ही रहे।

खेल उलट पुलट

काम लगा जो छोटा, बन गया वो बड़ा।
कोशिशें कर देखीं टूटा घी का ही घड़ा।

था खेल उल्ट पुलट हर खेलना पड़ा।
मिला दुःख दर्द जो, सब झेलना पड़ा।

कवायद करवाई, कभी, कर दिया खड़ा।
गुस्से का सामना 'भगवन' करना था पड़ा।

पा न सके

गुजर गई उमर अपनी, जग के कार विहारन में।
वर्तमान है बीत रहा, भविष्य की सोच विचारन में।

प्यार में मस्त बहुत व्यस्त, खोये हर पल जाते हैं।
पा न सकते 'भगवान', विमुख उस से हुए जाते हैं।

पाने के साधन

पाना था जिस को हम ने, उस की हमेशा आस रही।
ढूँढा बड़ा, मिला वो न कहीं, हमारी बढ़ती त्रास रही।

हर घट में जो रहे व्यापक, जानते उस को हैं सभी।
क्या किसी की साथ, उस के गुफ्तगू भी हुई कभी?

धना जट ने लगन लगाई, उसे उसका दीदार हुआ।
था प्रह्लाद को भी अनुभव उसका, कई बार हुआ।

कोई कहे कि भगवा पहनो, वो अवश्य मिल जायेगा।
कोई कहे राह सही, केवल, मुर्शद मेरा ही दिखायेगा।

कोई लगावे है बैठ जंगलों में, आसन और भभूति।
कोई आँख बंद कर के बैठा, करता उस की स्तूति।

मंदिर में जा खुश, कोई किसी आश्रम का दीवाना।
हैं दावा कर रहे सारे, उसे जल्द उन्होंने ही पाना।

है मधुर बानी गुरुओं की, कईयों को बड़ी सुहाती।
रहते कई जपते माला, नाम उनकी दिन और राती।

मिल जाये किसी को अगर, मुझ को भी मिलाना।
मिले अमृत जो अमर करे, मुझ को भी पिलाना।

घूम चूका हूँ, बनायीं दुनिया उस की में, कई बारी।
लगा देखी है आधुनिक, कलयुगी बाबों से भी यारी।

चिराग न देखे बड़े जो चानन हर घर में पहुंचाएं।
दिखाई देवे, चारों ओर अंधेरा, बुझा सारा न पाएं।

कैसे अस्थायी दलाल, कई ईश्वर के मिल जाते हैं।
जिन की कर खिदमत, भक्त फूले नहीं समाते है।

ठान ली

प्यार करना खुद सिखा, फिर ऐसी कुछ ठान ली।
जिंदगी में रख कई राज़, मुसीबत हम पे ड़ाल दी।

निंद्रा कर भंग हमारी, राज़ रखने, समझा ठीक थे।
वचन कुछ लोगों के ऐसे, न मिटने वाली लीक थे।

अपना बनाया जिसे वो आज किसी न काम का।
बाबा श्री और उन के चेलों का ही ऊँचा नाम था।

तन मन धन उन पे लुटाते, ख़ुशी उन के पास थी।
बने थे अवतार रब के, जिन की वो अब दास थी।

क्या मिला और क्या गंवाया, शायद सोचा न कभी।
स्पष्ट हुआ आई हकीकत, सामने हमारे उस जभी।

झटके पे खाए झटके, बस तबाही के अहसास थे।
निकट वाले समीप हो कर भी दूर, अपने न पास थे।

कोई भी बीच न आये, रखा ऐसा उस ख्याल था।
ठंड़क में कायम गर्मी अथवा गर्मी में स्याल था।

ऐसे हालातों से गुजरा व जलते विस्फोटों से बचा।
धन्य दलाल 'भगवान' के खोट का जिन्हें धन पचा।

सोचना बेकार

नसीबे प्यार मिल जाए, संभल कर चलना प्यारे।
नफरत से भरी दुनिया, नर नार मतलबी होता है।

मुसीबत से वंचित नहीं, यहाँ होता कोई बाशिन्दा।
समय पर आती अक्ल, कौन सज्जन यार होता है।

तपन फैली जो चारो ओर, कैसे उस से बच पाएं।
मुश्किल यहाँ ड़ंग टपाना, यत्न हर बेकार होता है।

दौड़ धूप इतनी कि समय नहीं पसीना पौछने का।
चाहत से मिले चाहत, सोचना यह बेकार होता है।

किया परहेज खाने- पीने व लोगों से मिलने का।
चाहता स्वस्थ हर रहना, फिर भी बीमार होता है।

रहता नजदीक जो सब के, और नजर नहीं आता।
हमें उसी 'भगवान' का, क्यों दीदार नहीं होता है?

कुदरत की माया

मेहनतकशो ने कर सेवा क्या पाया है?
हृष्ट पुष्ट बाबों ने, चोखा माल कमाया है।

बिन काम व्यस्त, न देखा दायाँ बायां है।
जल बाबों ने कभी खुद को न पिलाया है।

कर दिया, कपड़े धोए, न पोछा लगाया है।
हर समय मनोभाव, अवश्य ही दिखाया है।

अच्छी कारों में बैठे व राज भोज खाया है।
धनी क्या निर्धन, दास अपना बनाया है।

दिमाग धोया कैसे, सोच कोई न पाया है।
घर वाले शत्रु, लगे, बाबा उन्हें सहाया है।

बाबे कीर्ति गा रहा हरेक माँ का जाया है।
निशुल्क सेवा पायी, बाबे लुत्फ़ उठाया है।

सिर्फ बाबे, ऊँचा, सच्चा दरबार बनाया है।
भेड़ चाल में चेलों ने, प्रेम से मंगल गाया है।

न दरबारे दूर आपती, कुदरत की माया है।
'भगवान' छोड़ उसे पाना किस को आया है।

क्या पाया

जीता, क्या पाया, किस ने, इस भरे संसार में?
ठोकरें भी खायीं बहुत, कर किसी ने प्यार में।

शानो शौकत से किस्सा, हरेक का शुरू हुआ।
फिर एक बना था चेला, साथी उस गुरु हुआ।

मर्जी अपनी कहाँ रही, गुस्सा भी न पास था।
बोले एक, सुने दूसरा, माने बना जो दास था।

आमदनी अट्ठनी, ख़र्च रुपईये का दौर चला।
देना पड़ा दान भी, होगा जिस से कभी भला।

अभिनन्दन, बुला महमान मनोरंजन किया।
सुनी उलटी सीधी बातें, नामे निरंजन लिया।

होश आई तो भटके, सब बजे कई साज थे।
समय बीता पर्दा फरोश हुए, सब जो राज़ थे।

भूकम्प वांग झटके, अस्थिरता का नाम था।
याद उस की आई, नाम जिस का शाम था।

माला फेर कर पूजा, मन्त्र उच्चारण भी करे।
किये होंगे पाप पिछले, जिन के थे कर्म भरे।

रोना, धोना, सोना, जागना सभी उस हाथ था।
कर कुछ न पाया, जो नाम से जगन्ननाथ था।
बीत जाती, इसी तरह जिन्दंगी, हर इंसान की।
प्राचीन की ये प्रथा हो, कृपा श्री 'भगवान' की।

हँसा न सका

हँसाने की करी कोशिश, थी सारी रही नाकाम।
ख़ामोशी उन की, उन के पास रही सुबह शाम।

मैं ढूंढता रहा उन को खुश रखने के सलीके।
इबादते 'भगवान' भी, उन के लिए बेनाम रही।

किस्मत थी

फूलों की तरह रखा, काँटों में पड़ी किस्मत थी।
जा पास झेले जख्म, घबराया, ऐसी मेरी मत थी।

चाहा करना बहुत, न किया, सोच विचार में रहा।
देखा कुछ, सुना बुरा, उछला, फिर भी चुप रहा।

ढूंढें हल हर तरह के, पेड़ ऊँचा दिखा खजूर का।
मानने वाले न थे वे, था रुतबा ऐसा मेरे हुजूर का।

संस्कार ऐसे, दुःख दे न सकता, ऐसी थी आदत।
मान 'भगवान' की इच्छा, पड़ी करनी ही इबादत।

नसीब में

इश्क कुआँ दलदल का, गिरे अनेक जिस में लोग।
लगा जो औरों को, क्या नहीं लगेगा तुझे भी रोग?

लग जाता जब, दवा क्या आये नहीं दुआ भी काम।
रटो चाहे जितने भी मंत्र, बेशक जप लो सीता राम।
हो निकलने की ग़र इच्छा, कर दो जल्द उसे त्याग।
धस जायेगा इस में प्यारे, सो और समय पर जाग।

देख ले, बन गया राजा नौकर और कभी फ़क़ीर था।
दौलतमंद क्या बांसुरी, वो बजाने का भी शौक़ीन था।

राधा की भांति मर मिटी, उसकी बांसुरी पे हीर थी।
जमाने जुल्म निड़र ने ड़ाए, साथी जिस की वीर थी।

कबूल हो, दुआ करो, प्यार सच्चा सब को हो नसीब।
'भगवान' करे इस दौलत से, हो न कोइ कभी गरीब।

तुलना

पूर्व पश्चिम की तुलना करना, क्या ये काम जरुरी है।
सोच आगे पीछे की रखना, वास्तव में मजबूरी है।

कुछ निर्भर लैटिन पे, संस्कृत कंप्यूटर लिए जरुरी है।
पहुंच गया ग्रह मंगल पर मानव, बनी क्या मज़बूरी है।

शांति इच्छुक सब, अर्थ व्यस्था दृढ़ रखना जरुरी है।
इसी कारण शायद, परमाणु बम रखना मज़बूरी है।

मरते विद्यार्थी, पूर्व में पढ़ते, खेल कूद न जरुरी है।
पश्चिम समय खेल में गुजरे, पढ़ना तो मज़बूरी है।

बातें करनी, बहस पढ़ लिख, आगे बढ़ना जरुरी है।
पूर्व में बढ़ने वासे, मेहनत करते रहना मज़बूरी है।

प्यार से बोलना, करना प्यार, पाना प्यार जरुरी है।
पूर्व में प्यार से पहले, हाथ पीले करना मज़बूरी है।

सरकार जब आये बुढ़ापा, देनी पेंशन बहुत जरुरी है।
पूर्व में तो बच्चों पर रहना निर्भर, जीने की मज़बूरी है।

वृद्ध आश्रम पूर्व में धनी लोगों के लिए जरुरी है।
पश्चिम में ढूँढ उन्हें रखना, पहले ही मजबूरी है।

पूर्व अहिंसा की बात करे, पश्चिम में बड़ा जरुरी है।
बात से हल नहीं निकले, थप्पड़, पूर्व में मज़बूरी है।

बोली मीठी पश्चिम में व्यापक, जो पूर्व में न जरुरी है।
बोल करखत सब पास होना, बने पूर्व में मज़बूरी है।

हरेक की इज्जत करना, अति पश्चिम में जरुरी है।
ठेस छोटों को लगाते ही रहना, पूर्व की मज़बूरी है।

कर्जे वालों से दूर रहना हमेशा, पूर्व में जरुरी है।
कर्ज ले करना निर्वाह, बने पश्चिम की मज़बूरी है।

'भगवान' दलाल बाबे का सतसंग, पूर्व में जरुरी है।
मन मर्जी सदा ही करना, पश्चिम की मज़बूरी है।

अच्छा सच्चा

बाबा सब से ऊंचा, वोही हमारा सच्चा है।
करने वास्ते गुजारा ख्याल येही अच्छा है।

ईश अवतार वे, और उन का हर बच्चा है।
प्रवचन सुनो भक्तो, शोर बहुत ही मच्चा है।

बनता दासों का दास, कच्चा न जो पक्का है।
उन जैसा न कोइ, शब्द हर रोम में रच्चा है।

दर्श लिए बांवले, हाल भरा यह ख्च्चा है।
मत पूछो 'भगवान', अच्छा क्या सच्चा है?

निभाते

दुश्मन सारे मेरे, सज्जन होने का एलान करते हैं।
शुभ चिंतक वोही मेरे, हर जगह बयान करते हैं।

हैं छुरी मीठी चलाने में माहिर, खुदा बचाए रख।
'भगवान' कसम अधिकतर, ध्यान मेरा रखते हैं।

प्यार का रोग

प्यार की बीमारी ऐसी, बिन चाहे, लग जाती है।
चिल्ला उठता कोई या चुपचपाहट छा जाती है।

हृदय रोग लगा देवे, जान लेवा भी बन जाती है।
बेनामे बीमारी की वजह, अक्सर ये बन जाती है।

जिन के पास रहा सदा, उन से ही दूर भगाती है।
इकट्ठा करना पैसा, ये सब को जल्द सिखाती है।

माया में पड़ जाते सब, सब्जबाज़ कई दिखाती है।
धर्म कर्म सब भुला देवे, माहौल ऐसा ये बनाती है।

वफादारी, प्रेम, प्यार, लगाव, प्रीती भी लगाती है।
आराम से सोने वाले को, यह बारम्बार जगाती है।

कोई इलाज़ नहीं इस का, पा लेती ऐसी ख्याति है।
बिन कमान के लक्ष्य साधने वाले बाण चलाती है।

बिन चिन्ह घाव करे ऐसे, कहाँ किसी को भाती है।
इस कोप से बाबे भी न बचते, ऐसे योग बनाती है।

रामायण कभी विषय बन महाभारत का जाती है।
इस का कोई होता सज्जन, बनाती नाही साथी है।

दिखा चार दिन की चांदनी, अंधकार में बिठाती है।
नर्क स्वर्ग का विनिमय हुआ, कैसे नहीं बताती है।

बच न सकोगे, दावा मेरा, भक्ति करना सिखाती है।
'भगवान' पे लगी आस, पूरी मुश्किल से हो पाती है।

कुछ बाकी

आगे देगी हमें जो जिंदगी, उसके आसार बाकी हैं।
किन्हें क्या कब देना कैसे, उधार अभी वो बाकी है।

होना कितनो ने क्रोधित, सुननी बुशारे ड़ाँट बाकी है।
चढ़ेगा बी पी इक दिन, चले आना ज्वर का बाकी है।

सफ़र कट जाएगा यकीनन, करना इंतजार बाकी है।
होगा पूर्व उस पल से, दीदारे 'भगवान' क्या बाकी है?

देखी लीला

फ़रियाद कर इंतजार किया, ज्यों सब ने कहा मुझे।
देर सिर्फ, अंधेर न दरबारे सच्चे, जल्दी है क्या तुझे?

सूली की सूल कर देगी, बाबों पर विश्वास पूरा कर।
सर तेरा ग़र कभी वे मांगे, तुरंत देना, इंकार न कर।

ईश की बनायी दुनिया में, बाबा ईश्वर का अवतार है।
है केवल मल्लाह नौका का बाबा, ड़ोले जो मजदार है।

पढ़ाई, लिखाई, ज्ञान व शिक्षा, काम न मेरे आ सकी।
आज्ञा पालन कर सदा, गयी लक्ष्मी, जितनी जा सकी।

लीला बाबों की सुनाई, सब देखने को नाटक मिले।
थे एक करने वालों के घर, कुछ और ही गुल खिले।

किसी का नाही अपना, कभी कर कुछ वो पाए थे।
एक पश्चात एक बाबे बाहर घर छोड़ चले आये थे।

श्रद्धालुओं की व्यापक कतारें, लम्बी विद्यमान थीं।
दास खुश पा दर्श, दे दान बढ़ाते कोष की शान थी।

गरीबों को अन्न न हासिल, बाबे करोड़ों में खेले हैं।
बन जाते 'भगवान', कीर्ति, गाते उन के सब चेले हैं।

ख़लास

परिश्रम से न कुल्ली, महल विरासत में किसी पास।
आलस सर्व व्यापक, परिश्रमी निष्ठा वाले बाबे दास।

राजनीति में घुस कर देखा, जब पैदा हुआ उल्लास।
जोड़े हाथ माथा भी टेका, जीत न सके कभी विश्वास।

पूजा पाठ में दिल लगाया, सर्व पापों का हुआ न नाश।
साथ मिला दुःखों का, 'भगवन', हुए न कभी ख़लास।

विचार

अच्छा बतायो युवा माहौल प्यारे में सुख होता है?
तो क्यों 'भगवन', राम, युवा अवस्था में रोता है?

बचपन की शरारतें, अब करने को मन भाता है।
थकता बन पुजारी 'भगवन', कहें सब वे ज्ञाता है।

अपने वाल ज्यों ही, सज धज के निकला जाता है।
क्या 'भगवान' भेजा, जो प्यार के गीत सुनाता है?

वर्षा में पड़े भीगना, हाथ में विशाल सा छाता है।
'भगवान' शक्ति ऐसी छीनी, उठाया न जाता है।

ड़ाक्टरों के लगा चक्कर, कायम खुद को रखा है।
'भगवान' दी लक्ष्मी को ड़ाक्टरों ने केवल चखा है।

अनिंद्रा, दर्द, चिंता, दिल धड़कन ज़रा न भाती है।
'भगवान' भजन कर ले बच्चे, बारम्बार बताती है।

किस्मत वाले कुछेक, सुख घर का पाया करते हैं।
'भगवान' प्यारे, अधिकांश, घर आते भी ड़रते हैं।

किच किच नहीं सुनी तो बधाई के तुम पात्र हो।
'भगवान' ज्ञान कक्षा के, नूतन से तुम छात्र हो।

सास बहु में विवाद का चलना, एक मज़बूरी है।
'भगवाने' दुनिया में होना, ऐसा अति जरुरी है।

माँ खेंचती बेटे को जब, कर देती बहु लाचार है।
'भगवान' भक्ति कर लो सारे उत्तम ये विचार है।

खर्चे बहु बहुत करे, ज्यों ही बन जाती सरदार है।
'भगवाने' मर्जी, ठीक समय, चढ़ता उसे बुखार है।

जीवन में हरेक को, अनगिनत धन की आशा है।
पास 'भगवान' छोड़ जाना, पाना यहां निराशा है।

पढने से है दिल कतराता, आफत सुबह शाम की।
'भगवान' भक्ति भी सोचें, होती है किस काम की।

दिल, दिमाग, मन व बुद्धि काम नहीं फिर आती है।
जब आवश्यकता ऊपर, 'भगवान' को पड़ जाती है।

दिखें मस्त सब संसार में, बन बैठा हरेक मदारी है।
ढोंग 'भगवान' भक्ति का, चड़ी जैसे नाम खुमारी है।

सुनावें प्रवचन बैठ सिंहासन, कभी भजन सुनाते हैं।
बाबे 'भगवान' नाचते मंच पर, मजीरा भी बजाते हैं।

रूठे

पैसा आधार बना लिया अपना, हर तरफ थी चर्चा।
जैसे तैसे कमाया इस को व जहां चाहा वहां खर्चा।

संतुष्ट हुए न कर उसे पाए, पकड़ा जिस का हाथ।
धन लक्ष्मी रूठे माया, 'भगवन', देती सदा न साथ।

कबीर भांति

कबीर के दोहे स्कूल ने, बहुत ही मैनू पढ़ाए।
इस्तेमाल कर बाबेयां, महल अपने सी बनाये।

कबीर जुलाहा गरीब, रब आसरे कट गया दिन।
आजकल दे बाबेयां दियां, फरारियां वेख ते गिन।

कबीर ने मत सब नु दिति, आई किसे न काम।
बाबेयां दी संगत नाम जपे, भुल गई सीता राम।

कबीर अमर हो गया, कर दसा नौवां दी कमाई।
दुश्मन सज्जन उस दा, सी न कोई बहन ते भाई।

कबीर आखिया लोहीये, जप नाम तू मेरे नाल।
लोह लगा सिर्फ ओस नाल सत जेहड़ा करतार।

कबीर इक संत जिहनू, गुर न किता स्वीकार।
इक्लव्य वांगु ओस ने, बाजी फिर वी लई मार।

कबीरा तेरे दोहे पढ़, मन लिता असां वी मार।
बहुत हस पहले वेखिया, कर फिर लिया प्यार।

कबीरा मेनू माफ़ करीं, तेरे नाम ते दोहे बनाये।
सीधा रस्ता 'भगवान', पौन दा एको एक उपाए।

मायावी समुन्दर

दुनिया माया का समुन्दर, भरमे जीव इस के अंदर।
नाशवान देह सजाता, देख सुंदरता भूल सब जाता।

बारम्बार करे प्रयास, ज़ोर लगावे ईतना, न थकता।
करता पाप कभी ठगता, चाहे जो उसे पा न सकता।

रिश्ते नाते अपने हर दम, पड़ें सर पर हमरे भारे।
सोचा 'भगवान' कर नेकी, छोड़ जग के धंधे सारे।

की मोहब्बत

बिन देखे ही मुहब्बत, हम साथ किसी के कर ली।
जोड़े हाथ देख मुस्काया, किसी शर्मा के कर ली।

अन्दर न बाहर, न जाने, ये शेह कहाँ उस ड़ाली।
पकड़ी न जाये, सताए बहुत, छोड़ती ये न खाली।

खायी न जाये, तड़पे और उसारे महल ख्याली।
बिन कीटाणु फ़ैले मर्ज, बना प्रभु ने ऐसी ड़ाली।

देवे दर्द, घाव छुपाये, जाए बिपता ये नहीं टाली।
तुलसी पूतना, ढूँढ़ते दोनो, इक अच्छा सा माली।

हंसना और रोना न वाजिब, गावे कोई कव्वाली।
बिन साज आवाज़ के नगमे, धुन कैसी निकाली।

रास्ता टेढ़ा, तभी पूर्व चोट, हल्दी सब लगा ली।
छोड़ 'भगवान', पा लक्ष्मी, दीवाली तब मना ली।

फ़िक्र व्यर्थ

जिंदगी में कई आरोप हम पर गए लगाए थे।
बोलते रहे खुदगर्ज, हम जिन्हें कभी भाये थे।

जब न रही उन्हें लोड़, तोड़ मोड़ बता दिया।
औरों से कर के निंदा, सब को सता दिया।

याद न है उन्हें अब, लिए उन किया था जो।
एशो आराम सारा, न्यौछावर किया था जो।

सही गलत का कोइ आता नहीं समाचार।
अपने पराये की भी, न होती अब विचार।

सोचूं किन्तु उस पर, क्रोध फिर भी न आता है।
बुरा सोचना छोडो, हम से कुछ कहा न जाता है।

नेकी कर दरिया ड़ाल, कहावत सिद्ध होती है।
दिया 'भगवान' सब, क्यों फ़िक्र फिर होती है?

मिलता देखने को

मेरा धर्म सब से ऊँचा, हरेक बहुत चिलाता है।
'भगवान' प्यारा बने, काम गरीब जो आता है।

पाया धन पाप बड़ा के, फल नाही पच पाता है।
ख़ौफ़े दंड़ 'भगवान' का, भूल हर क्यों जाता है?

आदर, सत्कार, प्यार दे, ले हरेक आगे बढता है।
कहर 'भगवान', जीव नफरत के दीप जलाता है।

प्रेम से मिले खूब प्रसिद्धी, नाम भी हो जाता है।
'भगवान' करे प्रदान ख्याति उसे जो ध्याता है।

मिटा द्वेष भाव, देख अंश ईश, सब में जो पाता है।
भक्त 'भगवान' का सच्चा, केवल वह कहलाता है।

चौबीस घंटे दिन सप्ताह, माह, वर्ष भी बीत जाता है।
है 'भगवान' लक्ष्मी महान, जिस से सब का नाता है।

टक्का कर्म व धर्म वही, गरूर सभी को सिखाता है।
'भगवान' मायावी ये टक्का, अपना पराया बनाता है।

मैं मैं करते सभी हारे, बन हर कोई बकरा जाता है।
छोड़ 'भगवान' जीव हरेक, मगर धन लग जाता है।

छोड़ दीं

छोड़ दिया हम ने भी, सब उलटी सीधी बातें करना।
बस 'भगवान' के आगे झुकना और कछु न करना।

चाहा न था, हुआ

करते थे नफरत जिसे, उसी से प्यार हो गया।
लिखा किस्मत में जो, वही सरकार हो गया।

मिला बदले में जो, उसका जिक्र क्या करूँ।
कुछ देर रहा इकरार, फिर वो इंकार हो गया।

कैसे गुजरता रहा वक्त, अब कोई ख़बर नहीं।
रह मौन, सहे जुल्म व दोषी हर बार हो गया।

शुक्र उस का जिस सहने का मौका तो दिया।
पैदा हर बात पर, 'भगवन', तकरार हो गया।

यहाँ नहीं

बदले वफाई के पा ले वफाई वो इंसान है कहाँ?
आशा रख निराशा स्वीकारे के परिणाम हैं यहाँ।

दीवानगी ग़र हो इक तरफा तो पड़ेगा मानना।
बड़ी कठिनाई से भी 'भगवन' मिलते नहीं यहाँ।

फेरों के बाद

बहुत इच्छा रखते मापे, बेटे का विवाह रचाने की।
राज कुमार बेटे वास्ते, इक राजकुमारी लाने की।

पीटते हैं चारों ओर ढिंढोरा, बहुत हो वे सूंदर सी।
पढ़ी लिखी हद से ज्यादा, चमक दिखावे चन्द्र की।

नम्रता और सादगी, उसके, रोम रोम में बस्ती हो।
धनी परिवार की इकलोती, व थोड़ी सी खस्ती हो।

धर्म कर्म में आगे, करे आ कर, पति की भक्ति जो।
बढ़ा कुल नाम चमकाए, बन ससुराल की शक्ति वो।

दिन रात की मेहनत से, बात ज्यों ही बन जाती है।
दहेज में क्या ले कर आयेगी, बात शुरू हो जाती है।

इबारत लेन देन, गणित जब तय हो जो जाता है।
राजकुमार संग राजकुमारी को चैन आ जाता है।

दोनों घरों में, गीत संगीत, बजता सुनाई देता है।
हर घर में मिठाई पहुंचे, बिन झिझक हर लेता है।

लम्बे चौड़े कई रीती रिवाजों की पालना होती है।
दुल्हा दुल्हन वासे दुविधा, आन ख़ड़ी कई होती है।

शानो शौकत, धूम धाम से, रस्में निभाई जाती हैं।
हंसी संग कहीं अश्रु धारा, देखने में पायी जाती है।

वातावरण परिवर्तन शीघ्र, तत्पश्चात हो जाता है।
वचन प्रशंसा युक्त गायब, नज़र स्वार्थ आता है।

शिकायतें कई, कसूर न मेरा, दोषी जो कहलाता है।
क्षमता श्रवण अलोप, ध्वनी स्वर सुना अति जाता है।

हर गृह में जैसा न चाहा, दृश्य पैदा हो ही जाता है।
'भगवान' भी न बच पाया, सब का जिस से नाता है।

अपने बेगाने

दिन रात काम करना और सुनना उन की बातें।
याद कुछ भी अब नहीं, हुई पुरानी वो मुलाक़ातें।

कौन किस को क्या बताए, केसे अपने हुए पराए।
विश्वास वे कैसे कर न पाएं, बने जिन के थे सहाए।

दल दल की दुनिया में, फिसलने की न कोई जाने।
अजनबी हुये कई 'भगवान', पूर्व अपने, अब बेगाने।

गम

जिस कारण हम, आबाद फिर बरबाद हुए।
उसी जालम ने फिर से, हम को याद किया।

अब भी उस के नाम की, माला है हाथ मेरे।
रहा 'भगवान' चुप, गम जिस ईजाद किया।

कल्याण

मशहूर कलयुगी बाबे, करते अद्‌भुत काम हैं।
दे रहे भक्तों को वे वैसे, पावन सच्चा नाम हैं।

रिहाइशी आश्रम, भांति महल, जिन की शान है।
चढ़ावा चढ़े अधिक सीमा से, चला आता दान है।

वफादार आजीवन सेवक, देते यह प्रमाण हैं।
सेवा करते हुए ही मरें, ये उनके अरमान हैं।

खुश हो बाबे राज करें, गाते गुण सब गान हैं।
आरती उतरवाते, दें दर्श, पुरुष बड़े महान हैं।

आनंदित होते दिखते, भक्तन की पहचान हैं।
दुःख बाबों का हर सतावे, वे तो उनके प्राण हैं।

कैसे भी हों वोही सखे, कर सकते कल्याण हैं।
'भगवान' से ऊपर पद पा, करें कई निर्माण हैं।

खुश हूँ

रहा खुश, रहूंगा खुश, आज भी खुश हूँ।
हकीकत से खुश, छुपे अंदाज से खुश हूँ।

मिल्कियत से खुश, हो मोहताज खुश हूँ।
'भगवान' जो दिया, उसी से ही खुश हूँ।

खुला नहीं निकाब

कर प्यार, हुआ कैसे रहना, क्या बताएं?
निकले न मुंह से बात, हम ने लब दबाये।

चल रहा था सत्याग्रह घर को जब खरीदा।
मार्ग हुआ न सीधा व सफर पश्चात पेचीदा।

हों रुकावटें दूर सारी, थे कई युक्त लड़ाये।
आस बदली निराशा में, सुनी हाय नो बाय।

कबूल किया, रहे जैसे अकेले, रास्ता नापा।
करना क्या कब आगे, युद्ध स्थल को मापा।

अंदर से नहीं शायद ऊपर से पड़ा प्रभाव।
पूरी तौर से 'भगवन' खुला पाया न निकाब।

ख्याल में

दूर देखा उन्हें ज्यों ही, सोचा क्यों न पास हैं?
पास हुए तो न समझा, इतने क्यों उदास हैं?

उदासी पास, करनी दूर, होता कठिन इलाज़ है।
जन्नत हासिल कर न पाते, पास जिन के राज़ है।

राज़ लगे जब ढूंढने, परेशानी आगे खड़ी हुई।
गुजरा वक्त निपटाते, हर छोटी भी बड़ी हुई।

दोनों अगर होते एक, मुश्किलें आतीं न कभी।
तुरंत हट आगे से जातीं, आने से पहले सभी।

करें रूप धारण भीषण, कमी में ग़र इत्तफाक।
एक का यत्न निष्फल, ग़र दूसरे की होवे धाक।

क्यों नहीं सोचते कि मकसद दोनों का एक है?
कमाने वाले एक दो, शायद गवाने को अनेक हैं।

दूसरे जताएं हमदर्दी, जो हो न किसी काम की।
जरुर देवें सलाह, जपने ऊपर वाले के नाम की।

राम ने काटा बनवास कई जंगलों का भ्रमण कर।
हो गए थे पूजनिये, वे ऋषि मुनियों को श्रवण कर।

अब मिले मशवरा सिर्फ, एक के ही लगो मगर।
मरणोपरांत मिले मोक्ष, निरंतर सेवा करो अगर।

दिया जाता प्रमाण यहाँ कभी नाहीं मांगता कोई।
रख विश्वास, भेड़चाल माफिक चल रहा हर कोई।

लकीर के फ़क़ीर बना रहे, फंसे जो माया जाल में।
'भगवान' को प्रत्यक्ष दिखावें, यकीनन ही ख्याल में।

विपरीत समय

मंगल रहे , अमंगल न हो, युक्त हरेक ने यहाँ लड़ाई।
तकरार होती सब में, बहन थे कभी रिश्ते में जो भाई।

समय विपरीत आया ज्यों ही, दिखी हर ओर रुसवाई।
'भगवान' नाम ले समय बिताते तो होती शायद भलाई।

उपचार रहित

मानी न किसी की, बढ़ आगे, करने लगे प्यार।
मीठे स्वादिष्ट कीड़ों का, फिर होने लगा वार।

मिले जो जख्म आसानी से, अगर भर गये होते।
हर हंसता दिखता यहाँ पर, दिखते न कोई रोते।

कठिन इलाज क्यों ऐसे घावों का, परवरदिगार।
'भगवान' संग मैं भी चाहूँ, हो सके नहीं उपचार।

सभ्यता

होते सोने की चिड़िया, अध्यात्म हमारा गहना था।
नजर बुरी रहती ऊपर, लुटाई हम खाते रहना था।

धर्म ग्रन्थ व देवी देवता, हद से ज्यादा पूजे जाते थे।
रक्षा हेतु धनुष बाण, सुदर्शन चक्र काम में आते थे।

हर मिसाल प्यार की, हमारे यहाँ ही पायी जाती थी।
काले गोरे का फर्क मिटाने, बजायी बांसुरी जाती थी।

लेला मजनू श्री फ़रियाद के, किस्से यहीं मशहूर हुए।
थे राणा प्रताप मत भूलो, क्या करने को मजबूर हुए?

सभ्यता हमारी ऐसी, जो आया उसे स्वीकार किया।
करना अगर राज चाहा, मंजूर किया सत्कार किया।

अत्याचार सहने की ताकत, यहाँ ही पायी जाती थी।
शिष्टाचार को निभाने की, सदा रीत निभाई जाती थी।

बहुत अरसा के बाद सीखा, खुद गर्ज़ बन जाने को।
दुश्मन ने सीखा, एक अंधे से, लक्षे तीर लगाने को।

सभ्यता व्यापक महान, गुरु पैदा निशदिन होते हैं।
हरेक के अनुयायी देखो, यहां लाखों झूमते गाते हैं।

नहीं किसी को दिक्कत, कौन कैसे कहाँ रहता है।
सबर अब न होता, जब कटु बचन कोई कहता है।

देश देशांतर हमारे जाये, जा सारे काम चलाते हैं।
दिमाग लगा अब मंगल ग्रह पर अलख जगाते हैं।

महा भारतीय अग्नि शस्त्र, फिर से बनाये जाते हैं।
करे 'भगवान' काम यहाँ, सुस्त बड़े पाए जाते हैं।

क्या माहौल था

सामान्य अधिकार संविधान में, समानता न दिखती।
हर जगह भारत वर्ष में फिर भी, ऊँच नीच है पलती।

अकड़न लगे दिखाने बच्चा, ज्यों ही स्कूल में जाये।
हर पल करे शिकायत, बिन वजह उसे कोई सताये।

हर कार्यालय में कर्मचारी का रवैया अजनबी होता।
मंद आलसी दिमागी मरीज, मुंह पर ही लिखा होता।

काम हेतु हुनर, जेबे गर्म करवाना उन पाला होता।
नहीं तो वहाँ रहना खड़े, स्पार्शी हसता दूसरा रोता।

पुलिस भी ऐसी, पास जिन के कोई काम न होता।
वेतन तो न्यूतम, ऊपर की कमाई से निर्वाह होता।

न्यालय भरे पड़े, तारीख निशदिन मिलनी होती है।
न्यायधीश रुबाब दिखायें, दृष्टि कुरूप क्यों होती है?

प्रेम आदर से मिले हर कोई, आस लगानी होती है।
हस्पतालों में सरेआम गंदगी, कहाँ सफाई होती है।

सरकारी स्कूल कायम, इच्छा भेजने की न होती है।
घूस रसूख से ही मिले नौकरी, सदा निराशा होती है।

पढ़े लिखों की न कमी देश में, सभी को ये ज्ञात है।
जा विदेश हम काम चलायें, क्या अजब सी बात है?

आसान न यहां रोज़ी कमाना, विड़ंबना और दुर्भाग।
करना ग़र कुछ चाहो, अफसर सरकारी मांगे लाग।

लगा सिफ़ारिश, चढ़ा नावां, काम हर यहाँ बनता।
भारत में वैसे 'भगवान', खूब बाबों का धंधा चलता।

करवा उपवास

आने वाली है चौथ करवा, शीघ्र धाक ज़माने के लिए।
मीठी फीकी मठियां, पूर्व प्रभात उठना खाने के लिए।

फ़ियोनिया और फल मिठाई, घर खूब मंगाई जायेंगीं।
जेवरात पोशाक नयी से, सुहागन खुद को सजाएगी।

साथ उस सब परिवार वाले भी, आयी सरगी खायेंगे।
चार बजे सुबह के वक्त उठ, हर सोये को उठाएंगे।

चमक धमक नाना लिबास, पहने घूमेंगी सुहागने।
बिन जल दिन कटेगा, मुश्किल से कुछ पल गिने।

शाम होगी, करवा वाटायेंगी, बैठ दायरे में टोलियाँ।
गीत संगीत होगा, बोली जाएँगी, साथ में बोलियां।

सास ससुर भी शायद, याद बहु रानी को आएंगे।
सरगी जिन से आये थी, बया देने उनको जायेंगे।

होगी प्रतीक्षा चाँद की, देखेंगी आकाश में बीवियां।
अर्क चाँद को दे, विष्णु का देखेंगी मुखड़ा तीवियाँ।

जल पान और काले मांह से, व्रत को तोड़ा जायेगा।
ईद जैसा चाँद ज्यों ही, आसमान में देखा जायेगा।

पेट संतुष्टि से भरेंगी, फिर चिंता सब त्याग कर।
विष्णु देखेगा घर की लक्ष्मी, बन धरती पर नर।

द्रोपदी ये व्रत रख, विजय पांड्वों को दिलाई थी।
बन सारथी 'भगवान' कृष्ण उसकी रथ चलाई थी।

निष्फल

हँसा पाए न कभी रोता देख सके उन्हें।
अदा उन की हर को, कबूल कर लिया।

सोचा किसी दिन, होंगे हम पर वे फ़िदा।
इंतजार में तन अपना, स्थूल कर लिया।

असर ऊपर उन बात किसी का न हुआ।
कर खर्च सारे का सारा धन भी था दिया।

कम न हुईं कभी मांगे, वे बढ़ती ही रहीं।
बिन सोचे समझे मन अस्वस्थ कर लिया।

मामलात सुलझाने के, हुए यत्न भी कई।
सब निष्फल, बंद कान दोनों कर लिया।

पहाड़ आगे तैरती मछली ने देखा जब।
पीछे मुड़, 'भगवान', मन दृढ़ कर लिया।

दुसेहरा

पर्व दुसेहरा जला रावण, मनाते सब नर नारी।
कहते एक दिन विद्वान की बुद्धि गई थी मारी।

बलशाली नरेश बना था भिक्षु, कैसी उस प्रीती थी।
सोना हिरन बनाया मामा, छल करने की नीति थी।

अपना उस ने वंश गंवाया, गाथा बड़ी मशहूर है।
भाई घर भेदी उजाड़े लंका, कहावत भी न दूर है।

हर वेद शास्त्र का ज्ञाता, जग में धाक जमाता था।
काल बंदी था जिस का, जो आगे सीस निवाता था।

नवग्रह जिस नीचे, शिव, विष्णु, ब्रह्मा वरदानी था।
फूटा पाप का भांड़ा, असफलता की निशानी था।

रावण बनें अब भी बथेरे, न राम बनने की आस करें।
कुकर्म करते थकते नहीं, मायवी दुनिया में वास करें।

राम तो बने वनवासी, महल सोने का उन्हें चाहिये।
उलटे सुलटे मंज़ूर काम, जो करवाने शीघ्र बताईये।

बच कर रहना, फँसना न किसी के बिछाये ज़ाल में।
होती सदा सच धर्म की जीत, ये रख लेना ख्याल में।

मुबारक त्यौहार की सब को, गुण अच्छे अपनाईये।
भाँति राम 'भगवान', अमल में, शिक्षा रावण लाईये।

क्या क्या हुआ

देखा न कभी मुस्करा कर, लोग सोचा कहेंगे क्या?
वस्त्र भी उन चाहे पहने, कर सकता और था क्या?

ग्रामीण लिबास शहर देख, कुत्ते मुझ पर भोंके थे।
साथ मेरे नागरिक शहरी, सुन अचानक चौंके थे।

पश्चिम आ पाया पहरावा, अजीबो जो गरीब था।
पूर्व वासी वास्ते मुश्किल, जाना उन करीब था।

ठंड़क व बर्फ सफ़ेद पे, फिसलते हुए चलना था।
भट्ठी चला हमेशां घर, गर्म सारा हमें करना था।

पीने को विलायती सोम रस आगे आ जाता था।
पी न सकता, अचंभा जब पानी माँगा जाता था।

मिठत वचन बोलें सारे, मैं न जिस का आदी था।
सौरी व थैंक यू बोलना, जैसे कथन मुनियादी का।

सीख गया सब दावो पेंच, कलम मार पचाना।
सात्विक भोजन पकाना, तत्पश्चात उसे खाना।

लगभग आदि सदी बादा, याद नहीं क्या पाया है।
'भगवान' इबादत करी व देखी उस की माया है।

बाबे बनो

प्रचार होता है जिन का, रल मिल देश विदेश।
पड़ता देखा हम ने दरबार उनके में भी क्लेश।

गुण तोड़ मरोड़ के गावें, भक्त बचें जो शेष।
बन जाते कुछेक योगी, रख लम्बे सारे केश।

भोली भाली जनता करे आ कर श्री गणेश।
तत्काल अनुवाद प्रवचनो का होवे, लगे रेस।

आनंदमय वातावरण, आश्रम महल प्लेस।
बैकुंठ का आनंद मिले, देख बाबे का फेस।

चेले हजारों साधू सवादु, पावन बाबे परिवार।
करें सारे दंड़वत, दिखता सजा- धजा दरबार।

दें मनोरंजन भजन, साथ में साज आवाज।
बाबे पर वारे जायो, नहीं आवे जिन्हें लाज़।

सेवा करनी सिखाते, सब को, करें खुद राज।
आमदनी दान की अच्छी, उच्चतम होवे काज़।

चेले हजारों साधू सवादु, पावन बाबे परिवार।
करें सारे दंड़वत, दिखता सजा- धजा दरबार।

सरकारी में भक्तन बच्चे, बाबे के उच्च स्कूल।
कामदेव का जब तीर चले, पड़ती सर में धूल।

कुछ छोड़ें कई जुड़ें, तनिक बाबे को न फर्क।
आज्ञाकारी को मोक्ष, बाकि पहुँच जाएंगे नर्क।

मरणोपरांत देते गारंटी, वो भी बिन प्रमाण के।
ऐसे बाबे दिल विराजें, हर छोटे बड़े इंसान के।

काम धंधा न अगर मिले तो बाबे बन जायो।
नौकर कमा कर देने वाले, मिला धन पचायो।

पढ़े लिखे भी आकर कई, दांव पेच सिखायेंगे।
जायदाद बनेगी कितनी, सोच कभी न पायोगे।

हर दिशा में आरती, दिन रात उतारी जाएगी।
दर्श आप का पाने वास्ते, कतार लगाई जाएगी।

इतना मान सम्मान, अर्श पर बिठाये जाओगे।
और कौन सी नौकरी से, धनी आप हो जाओगे।

शैतान अपना छुपा कर, उस के ही गुण गाना।
'भगवान' मेहर सदा रहे, बन ऐसे सयाने जाना।

दुःख दर्द दूर

सुनने सुनाने से ही, दुःख दर्द हर दूर होता है।
सुख भोगना आया दुःख भी, ये दस्तूर होता है।

निकल जावे हर वक्त, ठीक समय जब होता है।
'भगवान' बनायी दुनिया, मिले नसीब जो होता है।

निवारण

उठा आज, देखा पैगाम, मुझे जिस चौंकाया था।
दिशाए पूर्व भूचाल एक, काफी छोर मचाया था।

और देखा इतिहास बताता, २६ तिथि न्यारी है।
शेष नाग के सर पे तब, खुजली होती भारी है।

व्यस्त सब लोग यहाँ, जग के कार विहारन में।
पड़े धर्म, मजहब, श्रेणी, आदि के विचारण में।

दिखा देता जब वो विपदा, बचा उच्चारण होता है।
जातपात खानदान याद न, दुःख निवारण होता है।

धर्मे के ठेकेदार भी न प्रकोप से कभी बच पाते हैं।
जिस बेड़े में बैठें पाखंड़ी, वो बेड़े भी डुब जाते हैं।

जान सब को अपना जीना, जिसे जीवन में आयेगा।
'भगवान' पास, हो निड़र, वो हंसता खिलता जायेगा।

मिला फल

बनने आये थे हमारा, पराया सब को कर दिया।
तर्क वितर्क वजह बिन, सब असफल कर दिया।

वाह ऊपर वाले सब मंजूर है, हमें जो भी किया।
था कौन से कर्म बता, फल जिस का हमें दिया।

गिला शिकवा व शिकायत भी, था हम न किया।
'भगवान' आगे सर झुकाया, सजदा सदा किया।

योजना

पढ़ लिख के जवां हुए, सोच कुछ न पाये हो।
धनी जल्द बनाये, कोई ऐसा तो व्यवसाय हो।

शहंशाही आसन मिले, जय जयकार सुनाई दे।
लक्ष्मी चूमे चरण हमारे, अपनी हरेक कमाई दे।

महल बने हमारे नाम पर, हरेक नगर पास मिले।
हर आजीवन दास बने, ऐसी हम को आस मिले।
काम करें निः शुल्क में सारे, आय से कोष भरे।
इंतकाल सम्पति नाम हमारे, जैसे ही कोई मरे।

खलकत पूजे साँझ सवेरे, बने ऐसा कोई योग।
आज्ञा पालन होवे तुरंत, लगे ऐसा सब को रोग।

दुःख अपना पास रखें सब, हमरे का उपचार करें।
हमारे लिए घर छोड़ें, 'भगवन' हमारे वासे ही मरें।

कुदरती मर्यादा

देख लिया शमा में जल, ख़ाक परवाना हो गया।
दीवानगी दी 'भगवान' ऐसी, मजाक सा हो गया।

करनी पड़ी पढ़ाई, सत्यानास पोथियों का हो गया।
प्रसन्न किया 'भगवान', बच्चा उत्तीर्ण जब हो गया।

शानोशौकत से कर शादी, दूल्हा आबाद हो गया।
पड़ा 'भगवान' मायाजाल में, जब, बर्बाद हो गया।

जेवर, कपड़े, सोना मालोमाल चांदी से भी हो गया।
फिर उड़ी दौलत 'भगवन', कमाल ऐसा ही हो गया।

मौसमे गर्मी, सर्दी, वर्षा, स्याल था कभी हो गया।
इंसान न समझा 'भगवन,' सिर्फ निहाल हो गया।

पायी थोड़ी तरक्की जब, बहुत अभिमानी हो गया।
'भगवान' भी न रहा याद, गुमान उसे इतना हो गया।

रिश्ते भुला दिये उस सारे, विख्यात ज्यों ही हो गया।
'भगवान' कृपा जब हटी, बड़ा पीड़ित देखा हो गया।

हारा

समझ वाला डूबा, नासमझ वाला भी हारा।
मुहब्बत की बाजी जिस खेली, गया वे मारा।

न जाने उस ने यह शेह, थी किस लिए बनाई।
'भगवान' पूजा छोड़ी व मुसीबत सर पे आई।

हनेरा

रहा दूर दुष्कर्म से, किया हर सात्विक कम।
न जाने क्यों, फिर भी, रहे बढ़ते हमरे गम?

जो बना किया, दुःख, दर्द बांटा व हँसाया।
तेरे बाशिंदों ने फिर भी, बुरा हमें बताया।

नाम तेरे ले जिया, देखा रूप सब में तेरा।
खता कब क्या हुई, जो दिखा मुझे हनेरा?

विश्वास टला नहीं, है अब तक वो कायम।
कृपा दृष्टि जरुर, कभी होगी तेरी मुलायम।

रूठे कई, होते दिलो जान से थे जो प्यारे।
खूब नफरत अब फैलाते, बजा ढोल नगारे।

कुछ भी हो, जानू, पाया हमेशा तेरा साथ।
निर्भर हुए न 'भगवन', थे सर पे तेरे हाथ।

पायी संतुष्टि

जिंदगी थोड़ी, फिर भी, होता क्यों घुमा है?
पल भल में उड़ जाता, होता जो धुआँ है।

अपनी मौज में रहता, सरवद भला इच्छुक।
पूजा पाठ भी करता, जैसे होउँ एक भिक्षुक।

प्यार वगैहरा मिला, था जितना भी नसीब।
दूर रह दिल बहलाया, सका न हो करीब।

खुश हो वक्त बिताया, हँसा, सब को हँसाया।
'भगवाने' शुक्र किया, उस दिया जो भी पाया।

अस्थिर लक्ष्मी

व्यय करने की न आदत, होनी थी शादी, हुई।
शानो शौकत का ख़र्चा, शीघ्र पास लक्ष्मी हुई।

हर दिन चर्चा खरीददारी, बिन देखते आरंभ हुई।
कुछेक परिवारे रूहानी की भी खूब रहमत हुई।

वास्ते खुद खर्च कम, अधिक लिए उन, बुरी हुई।
किस्मत वाले शायद हम, कृपा उन की जो हुई।

लक्ष्मी की दृष्टि में आया, शुरू कहानी नई हुई।
एकांत स्वतंत्रता की वकालत, लगा पूर्ण ज़ोर हुई।

बिन यत्न तब्दील सब, नहीं नींद पूरी कभी हुई।
अभी तक नहीं मालूम कि साथ हमारे क्या हुई?

करे खुल कर बातचीत, न जाने कमी क्या हुई?
हो वही जो लक्ष्मी चाहे, बहुत नही तो गमी हुई।

कदम मिला चल न पाए, पास सदा ही नमी हुई।
आवे पीछे, जावे पूर्व, लुप्त जेब से ऐसे मणि हुई।

अंदर क्या उस के समावे, प्रतिमा स्पष्ट नहीं हुई।
पूछूं, दान चुप का देवे, थी कष्ट दोहराऊं तो हुई।

शरीर अस्वस्थ, दूर रखे वैध, पैदा बिपतें कई हुईं।
हितेषी रिश्तेदारों को रोके, चांदनी की सिफ़त हुई।

साफ सुथरा रखे सब, हर सजावट में माहिर हुई।
जब बोले तभी हो पूरा, जाहिर उस की छवि हुई।

हो अफ़सोस समय पे ग़र कोई इच्छा पूरी न हुई।
इच्छाए अंत न दिखे, प्रकट बीमारी नजदीक हुई।

वक्त बिताये रह महफूज, ख़ुशी में न ख़ुशी हुई।
'भगवान' दिया खूब, अस्थिर लक्ष्मी, न धनी हुई।

विचारन

दिखावा, मिला प्यार, न जाने क्या सोचते हैं?
निगाहे शक रख, बिन वजह के ही सोचते हैं।

होंगे कई राज़, सुराख़ जिन के सदा ढूँढ़ते हैं।
कर शांति भंग फिर कहीं 'भगवान' ढूँढ़ते हैं।

प्रौद्योगिकी

दियासिलाई ड़िब्बी के बन फ़ोन से बातें होती थीं।
दोनों ओर धागे की लगाई, लम्बी ड़ोर सी होती थी।

थे उपलब्ध फ़ोन तार वाले भी, किसी किसी के घर।
समझा जाता वे धनी अमीर, बहुत पास जिन के ज़र।

किया करता फ़ोन वहां से, घर किसी मित्र के जब।
सुनती थीं आवाज़ें ऊंची, बुलाते थे उसे घर के सब।

थे घर उसके अध्यापक पढ़ाने आते वन प्लस वन।
बच्चा निकल जाये आगे, पिता जी खर्च रहे थे धन।

फ़ोन का वेरवा अक्सर अध्यापक पूछा करते थे।
होगा घर में उनके कभी, शायद सोचा करते थे।

दुनिया से गये तार वाले, लैस अब दिख रहें है कम।
मोबाइल का युग आया, न होवे पास तो खूब है गम।

फेस टाइम, स्काइप आदि ने जिंदगी है बदल ड़ाली।
क्या विकास प्रौद्योगिकी, हर जीवन की बनी माली।

था कभी दादी नानी पास, इलाज लिए भागा जाता।
इन्टरनेट सलामत अब, कहा कुछ और नहीं जाता।

खरीद फ़रोख्त भी अब, ओन लाइन हुआ करती है।
असर इतना रोज़ी तबाह, कईयों की हुआ करती है।

मजदूरों की जरुरत, उद्योग पतियों को कम रहती।
मशीन काम सब से अच्छा, बिन वेतन ही कर देती।

बन दिखाओ बच्चो कुछ, अगर आराम से रहना है।
मिले फल मेहनत का, 'भगवान' का येही कहना है।

बदल गये

छूट गए वो गाम, दिन रात रहा जहाँ करते थे।
छोड़ गए मेहमान, जिन्हें किया प्रणाम करते थे।

दूर हो गए वे सारे, जान जिन पर दिया करते थे।
एक शब्द न बोलें, मान जो इतना दिया करते थे।

भूल गए सब कुछ, जो लिए उनके किया करते थे।
नज़रें अब हैं चुरा रहे, शान जिन की हुआ करते थे।

अपशब्द भी बोलें, जो कदर कभी किया करते थे।
'भगवान' बचाया उन से, महान जो हुआ करते थे।

बुद्ध और बाबे

छोड़ राज पाठ, घर बार, जो महात्मा बुद्ध बने।
उस भव्य जीवनी का, बाबों को क्या नहीं पता?

परिवार त्याग जिन तलाश प्रभु की स्वयं करी।
रूप अपना उन्हें, था बिन मांगे ही इश्वर दिया।

महल के निवासी जो कलयुग में नामी बाबे बने।
हैं अवतारे विष्णु, ब्रह्मा, कह किसी महेश दिया।

भक्तों की किसी वासे न दिखती कहीं भी कमी।
कुकर्मों का 'भगवान' उन्हें यहीं सब फल दिया।

पाया सुकून

खुद जले हमें जलाया, ये किस्सा बारम्बार दोहराया।
जुल्मो सितम सहे सारे, कयामत आयी सह ना पाया।

असर कयामत हटा कैसे, की कोशिश जान न पाया।
लड़ाई झगड़े के सिलसिले, जैसे कैसे उन्हें निपटाया।

उतार चढ़ाव बड़े आये, हिम्मत रखी नहीं घबराया।
खुशहाल रहे, किए यत्न, फिर भी खुश रख न पाया।

छोड़ी जब सब कोशिश, प्रसन्न स्वयं में उन्हें पाया।
'भगवान' रहमत अब हम, थोड़ा सा सुकून है पाया।

कर भजन

जीना पड़ा उस हाल, उसने जिस में भी रखा हमें।
झेलते रहे सर माथे लगा, दुःख किस्मत जो दिये।

मिलती रही शक्ति हमें, कठिनाइयां दूर करने की।
हम कर सुमिरन 'भगवान' का, गम सब भुला दिये।

प्यार का प्रभाव

बदले प्यार घृणा में, आये तनिक आवाज़ नहीं?
दिलों में बनाता दिवार, देता नफरतें बढ़ा वही।

फिर न कोई सुनता, देखता और माने है कही।
समझ भी काम करती नाही कुछ लगता सही।

ठंड़क मिले मांगे मुंह, काफी, चाय, दारू, दहीं।
कुछ काम न करता, जब दृष्टि, थी जैसी, न रही।

करना सोच कर ही प्यार, कह बुजुर्ग गए सभी।
'भगवान' ने प्रेम सिखाया, सीखा न हम कभी।

कश्ती मेरी

बोल सका न कुछ मैं, मौन व्रत रखना पड़ा।
जब अत्याचार देखा, आ सामने हुआ खड़ा।

अहिंसा में विश्वास, हाथ उस मेरी जान थी।
कारण जिस बदली, कभी मेरी पहचान थी।

कर सकता था जो कुछ, किया, नहीं कहा।
मत समझना, शोर मचाने में असमर्थ रहा।

करना चाहा बहुत, किन्तु किया न कुछ।
हुआ प्रसन्न खुद नाही कर पाया था खुश।

ठंड़ा किया माहौल को, पश्चात पाया विश्राम।
जब भी हुआ प्रेम से, था लिया प्रभु का नाम।

वाकिफ था कमजोरी व घृणा से मैं तेरी।
'भगवान' मार्ग दर्श से, बची कश्ती मेरी।

करते हैं

न जाने अपना दिल, क्यों बेक़रार करते हैं।
वे कुछ तो हमारी याद में, सरकार करते हैं।

चाहतें बहुत, बदनसीबी किस्मत की शायद।
होते खुद वे बर्बाद, क्यों न आबाद करते हैं?

है आता मन में ख्याल, न उन के लिए कभी।
रह कर चुप गहराई, अपनी इज़हार करते हैं।

क्या गुजरे अंदर उन, जानते जरूर वे होंगे।
'भगवान' कसम फिर भी, वे इंकार करते हैं।

कठिन बसना

देखा न था कभी कोई, पानी खरीद के पीता।
लगता अब अजीब, जब कोई नलके से पीता।

गरीबी से भरा हुआ देश, न कहते आज कल।
बहुत बिक्री होती दिखती, दुकानदार है सोता।

यातायात के साधन, उपलब्ध नहीं सब को।
हर सड़क पे हर वक्त, ट्रैफिक जाम है होता।

न्याय व्यवस्था है ठीक ठाक, कहें चल रही।
फिर भी रिश्वत से देखो, सब काम है होता।

बस नहीं सकता वापिस, जा वहां मैं अब।
'भगवान' मेरा बाहर ही, साथ मेरे है होता।

जो था सो था

तैयार था सुनने को सब कुछ, मगर उस ने बोला।
राजा बेगम हुए कौन और केहड़ा बन गया गोला।

पूर्व में रहना होता तो होती अवश्य ही कोई बात।
पश्चिम में लचीले दिन, रंगीली रलमिल हुई न रात।

शोरोगुल हर ओर व्यापक, समझ से था बाहर।
शान शौकत का पागलपन, सवार सब पे जाहिर।

जो था, सो था, समझ गया, किस को क्या हुआ?
रखा 'भगवान' सब ठीक, मानी उस ने थी दुआ।

दूरी

समय बदलता, जरूरत लक्ष्मी सताती।
रहा, लगे, संगी साथी, नाही कोई नाती।

हो माजूस रहना दूर, अच्छा नहीं होता।
प्यारों में खोटा, कोई सिक्का नहीं होता।

दे तकदीर न मिलने, फ़िक्र नहीं प्यारे।
'भगवान' दिल से कभी, जुदा नहीं होता।

अधूरा जीवन

मैं ने दौर वक्त के गुजारे कैसे जो बड़े सुहाने थे।
समझा जिन्हें था अपना, वे अपने नहीं बेगाने थे।

बने हर कण के मालिक, नियंत्रण सब पर पूरा था।
सब कहा करते उन बिन, हर जीवन ही अधूरा था।

हो गई आधे की चौथाई, लेना सांस कठिन हुआ।
निगुरा सगुरा क्या, हर क्षण, उन्हें ही नमन हुआ।

जीवन पावन क्या हुआ, उन के ही गुण गाता था।
वे सखे थे बने मेरे, और मात- पिता न भ्राता था।

ऐसी दलदल में लाखों हैं, मुझ जैसे भी फंस जाते।
छोड़ देते 'भगवान', शेतान सिरे उनके चढ़ जाते।

विचारना

समय को रह खुश गुजारो, ऐसी क्या मजबूरी है?
पूजा पाठ करो, 'भगवान' के दलाल नहीं जरूरी हैं।

खुश रह व रख सब को, जीना जिस ने सीख लिया।
'भगवान' कृपालु, दुःख सारा उस का छीन लिया।

ले साथ बड़ा आगे, परमार्थ का जिस काम किया।
अंधेर 'भगवान' भगाया, प्रकाश सुबह शाम किया।

घृणा त्याग, प्यार प्रेम से, जो यहाँ पुण्य कमाते हैं।
'भगवान' कृपा, पाप उन के सारे ही धुल जाते हैं।

कैसे मिटा घृणा , नफरत, सब का मैं कल्याण करूँ।
निकलूँ 'भगवान' की माया से, आदर सम्मान करूँ।

हर कण में जो व्यापक, कैसे उस का ध्यान करूँ।
रख विश्वास 'भगवान' में, उस का गुण गान करूँ।

बचे रहना

साथ न मुमकिन, बिन उस के ही रहना सीख लिया।
कब मिलेंगे उसे उस का, उसी से ही तारीख लिया।

कैसे बदले मौसम, कैसे तब्दीली सामने आई थी।
कैसे जीवन शुरू किया, सोच विचार न पायी थी।

सब को मर्यादा कैसे भूली, सही गलत नहीं पता।
कैसे हमने इसी जीवन से, इतनी खायी बैठ खता।

बचे रहना ओ दिल वालो, दिल चोट ही खायेगा।
'भगवान' बैठा ऊपर, उपचार भी न कर पायेगा।

झलक जागीर की

देखी जागीरें बाबे की, खड़ा हर मजबूत सितम्ब था।
सुरक्षा परिवार बाबे के वास्ते, होता सख्त प्रबंध था।

परिवार बाबे के रिहाइशे महल में संगीत हर ओर था।
रूहानी वातावरण वहाँ का, कुछ दिखता न ओर था।

एकाग्र मन से सुने जाते प्रवचन, लगता पूरा ज़ोर था।
देते आशीष बाबे, कभी भजन, आरती का शोर था।

जयकार घोष कभी सुनता, बजती तालियाँ जरुर थीं।
पूजो दिव्य विभूतियां, 'भगवन' प्रथा बड़ी मशहूर थी।

दूर रहते

हम भी उन महफ़िलों से, अब दूर रहा करते हैं।
जहाँ 'भगवान' से बाबे बड़े महान हुआ करते हैं।

कर अच्छा

रुख मोड़, कल्पना छोड़, बिन तोड़ मरोड़।
लघु बोल, सब कटु छोड़, टूटे दिल को जोड़।

पुण्य अधिकतम पाप न्यूतम, छल हद से दूर।
सादगी अच्छी, नखरा बुरा, त्याग अपना गरूर।

अच्छाई आरंभ, लिख निबंध, कर स्वच्छ दंद।
मीठी जबान, न कर परेशान, देख चांदनी चंद।

कम कर खास, नफरत न पास, बिता हर मास।
रख आस, बन 'भगवान' दास, मिटा सब त्रास।

शादी समाधान

क्या बताऊँ कैसे हम में, शादी करायी जाती है?
यत्न करे जो खुद, ताड़ी उसे खूब लगाई जाती है।

प्रेम विवाह के खिलाफ सारे, शिक्षा पायी जाती है।
चोबिसों घंटे निरीक्षण वासे, सेना बनायी जाती है।

ढूँढ के देंगे साथी मापे, निर्भर ही रहना पड़ता है।
अनी कानी जो ला दें, उसे सिरे चढ़ाना पड़ता है।

विवाह पहले रस्मे इतनी, खर्च उठाना पड़ता है।
उच्चतम हर वस्तु वास्ते, शोर मचाना पड़ता है।

कितना ढूँगा गिरना, गहरा कुआँ देखना पड़ता है।
खून पसीने का प्रतीक, टीका लगवाना पड़ता है।

घाव से पहले ही, हल्दी मलहम लगाना पड़ता है।
रणभूमि जाने से पहले, तलवार पकड़ना पड़ता है।

रहे अदृश्य मार्ग यात्री का, चेहरा छुपाना पड़ता है।
आस पास हो जाये सचेत, ढोल बजवाना पड़ता है।

चुप चाप रात आध पश्चात, धुआं उड़ाना पड़ता है।
संस्कृत में लेनी शपथें, सब कुछ लुटाना पड़ता है।

त्यागना अपनापन सब, उस का ही बनाना पड़ता है।
भय अंदरूनी छुपा कर, बाहर हँसना हँसाना पड़ता है।

शादी सिक्का दो तरफा, झेल दर्द, चलाना पड़ता है।
गर्दन में पड़ी ढोलक को, बजे जैसे बजाना पड़ता है।

पटरी से उतरे न गाड़ी, सदा ईंधन जुटाना पड़ता है।
'भगवान' बिन कायम न शादी, उसे ध्याना पड़ता है।

दूर दर्शिता

हर तरह से हो मजबूर, जब शादी होगी हुजूर।
वन ऑल्वेज़ विल बी वाइज़, होगा अदर फूल।

होगी कमाई हमेशा कम, रोज़ाना खर्च फजूल।
ॐ शांति 'भगवन' जप कर, रहना पड़ेगा कूल।

दिमाग धुलाई

साथ चाहेंगे सदा आप का, स्वयं काम नहीं आएंगे।
मीठे महानुभाव मिलेंगे ऐसे, जो दिन रात सतायेंगे।

सुख दुःख में रह हमेशा दूर, दिल को ऐसा तोड़ेंगे।
घुमा फिरा सही अर्थ के, अनर्थ निकाल ही छोड़ेंगे।

प्रभु से कर तुम्हें वंचित, कहीं और ही नाता जोड़ेंगे।
अपनों से कर शीघ्र पराया, रस्ते अनुचित पर मोड़ेंगे।

तत्वदर्शी वे खान गुणों की, साफ़ दिमाग कर जायेंगे।
'भगवान' नहीं गुण असंख्य, रोज़ अपने ही सुनाएंगे।

झंड़े

व्यापार अच्छा, लम्बी भक्तन की कतारें।
चारो तरफ से नोट, चरणों में चढ़ाए जाते।

देश विदेश, नाम बाबों के झंड़े, बनन सितारे।
'भगवान' अवतार, बता कर, हैं लहराए जाते।

हकीकत शादी की

शादी बरबादी है प्रचलित, अनिवार्य काम ये करना।
गा सुहाग और खूब घोड़ियां, है सब को आगे बढ़ना।

प्यार मोहब्बत से शुरू हो या बाद प्यार में ही पड़ना।
सुहाग रात के सपने देखना, फिर याद हमेशा करना।

ओखली में सर देना होवे, तो भी इंकार नहीं करना।
ड़ाल लेना खुद जान खतरे में, बाद में शिकवे करना।

पुण्य से योग मिले, घर बनेगा स्वर्ग, आस ये रखना।
जीते ज़ी न सकना ज़ी, श्रदा से धर्म ग्रंथ कोइ पढ़ना।

रह खुश, न कर पाओगे, कभी कोशिश भी न करना।
आज्ञा हर का पालन करना, बहुत पछताओगे वरना।

भूत वर्तमान व भावी कमाई, ला चरनी सब रखना।
कितने भी दुःख आयें, उन का बाहर ज़िक्र न करना।

दो पाटों में पिस जाओगे, देख दूसरी शादी न करना।
शादी अपनी देख चलचित्र, कोई पछतावा मत करना।

आ बैल मार मुझे, सीख कहावत, तकरार नहीं करना।
बेहतर सर फोड़ लेना, यत्न समझने का नहीं करना।

कैसे लुटे जाते देख लेना, कभी ख़ुद खर्च न करना।
लक्ष्मी जो दी 'भगवान', कदर उस की सदा करना।

सीख लेना

सेवा करवानी सीख ले बन्दे, बैठ के आली शान से।
खुद को बना के देख ले बाबा, खूब आयेगा दान रे।

पकी पकाई चल आएगी, छप्पन खाद्य पकवान रे।
ऊंचे नीचे दर्शन पाने, आएंगे निर्धन और धनवान रे।

हाँ में हाँ मिलायें जो, पास रखना उन को जान के।
चरण सेवा जो आये, संभाल लेना बड़े आराम से।

जयकारा बुलाने वालों को बताना अनुभव ज्ञान के।
खुश होना जब कहें, हैं आप अवतार 'भगवान' के।

हुक्म बहिश्त

बोलूं तो देवे न उत्तर, ग़र बोले कहे नाराज हूँ।
काम बहुत थकाता, पड़े सुनना बिन काज़ हूँ।

हुक्म निशानी बहिश्त, उस के हिस्से आई है।
क्या जीवन, उस ने पाया, देती रोज़ दुहाई है।

प्रभु की भगत कहावे, इष्ट देव कोई और है।
इच्छा रखे अति दृढ़, करती कभी न ग़ौर है।

दुःख दर्द

प्यार ने, प्यार से, प्यार को, था कैसे प्यार किया?
जैसे बत्ती तेल जला, काम दीपक को लगा दिया।

मक्खी मधु, दे मधु, आशिक मधु का बना दिया।
खा न पाए कोई ज्यादा, खाया जिस गुनाह किया।

प्यारे ड़ंक बहुत लगे, चुप रह कर ही गिला किया।
समय बीते सब भूल जाये, जादू कैसा यह किया।

होवे प्यार सर्व व्यापक, पैगामे नफरत क्यों दिया?
थे जो सब सखे, उन्हें, अलग उस कैसे शीघ्र किया।

होवे प्यार सच्चे का दावा, दिल से कितनो ने किया।
प्यार 'भगवान' से भी किया, तो दुख दर्द ही लिया।

टली आफत

बचानी पड़ी दीवार, गिरती अपने बल बूते पे।
सब आनंद मगन, थे कर रहे काम कसूते से।

किसी तरह इलाज, आई आफत का हो गया।
मैं 'भगवान' मोहताज मेहरबानी का हो गया।

अटका है

निकाल मुहूर्त गाड़ी हमारी, बड़ाई गयी थी आगे।
हुये सब से प्रोत्साहित, हम चाह कर भी न भागे।

बदल पोशाक, पहन सूट बूट, बोला मुझे गया था।
बुला कुछेक साथ उसे, मेरे आगे किया गया था।

कैसे हुआ इतनी जल्दी, था समझ से भी बाहर।
बिन पूछे नाहं हाँ में बदली, हो रहा था ज़ाहिर।

छुहारे से कुछ रोज़ ही पूर्व, चढ़ बुखार गया था।
पेनीस्लीन के टीके से, ड़ाक्टर ठीक किया था।

हार ड़ाल, लगा तिलक, उस अंगूठी मुझे पहनाई।
ऊँगली उसकी में भी गई ड़ाली, जो मुझे पकड़ाई।

इतने में था काम सामने, सब के तमाम हो गया।
प्यारा घर का लाडला, तत्काल उसका हो गया।

शुभ दिन साथ सब के, था पहुँचा बांद के सेहरे।
ड़ाल बिन झिझक उसे माला, सात लिए थे फेरे।

सीनरी उस दिन की होती अब लुप्त जा रही है।
शर्मीली और चंद्रमुखी, गुल अनोखे खिला रही है।

नहीं पास सहन शीलता और मन घबरा रहा है।
बारम्बार बाप सहित बेटी कभी बेटा बता रहा है।

गणेश रिद्धि सिद्धि वाले से, थी, जिद्दी वाली पाई।
सोहनी कली पा कृपा, उसकी आंगन में सजाई।

तीस दशकों से ऊपर हमारे, साथ में होने वाले हैं।
गिला शिकवा न शिकायत, मुंह में बेहतर ताले हैं।

चाहिए था विश्वास अटूट, निगाहे शक पेश करीं।
दिखाती रही झंड़ी लाल, नहीं दिखाई कभी हरी।

इल्जाम लगे, किये झूठे साबित, फिर भी मैं हारा।
हुआ करता विजयी सदा जो, गया प्यार में मारा।

अगले पिछलों को कर गुजारिश, बीच में लाया था।
यत्न किये हरेक प्रकार के, हो उपचार न पाया था।

चुप रह देख लिया, पड़ा रूठना कभी चिल्लाया भी।
दृश्य चिड़िया चरित्र देखा, अजब उस की माया थी।

चुप रहूँ, मुसीबत, जवाब कोई पूछुं तो न आता है।
अनदेखी दीवारे, ईंटें कायम, गिरा कोई न पाता है।

सुन लिया जब वो सब, इतनी देर जो छुपा रहा।
निपटाया समझदारी से व मन मार के उसे सहा।

क्रिया प्रतिक्रिया में कई बार आपसी हुए तकरार।
हल निकालने में फिर भी, वर्ष लग गए ऊपर चार।

जैसे तैसे सुलझा मसला, था जिस का न आसार।
मिल गया एक और हमें मौका, छूटा उल्ट विचार।

जिस हाल वो रखे उस में, ज़ी उस साथ रहा हूँ।
याचना में कुछ न रखा, खुद को समझा रहा हूँ।

जो मिले किसी तरह संतुष्टि, उसी में पा रहा हूँ।
दिए 'भगवान' सुख दुःख, गले अपने लगा रहा हूँ।

आलस

हर तरह के त्यौहार मनाये, झूमे दुनिया सारी है।
कई तरीकों से हो इबादत, चढ़ती नाम खुमारी है।

बदौलत इन के धंधा चलता, माया बड़ी प्यारी है।
दुश्मनी हो अगर दूर, सुख वास्ते सच्ची यारी है।

चैन सकून मिले तो होती व्यस्था बड़ी न्यारी है।
धनी न हुआ कोई पैसे से, ये तो एक बीमारी है।

ले साथ कुछ कोई गया, न हुई खोज अति भारी है।
दिन रात जोखन कर, नहीं भरी खोपड़ी हमारी है।

वृद्धि करना हर कोई चाहे, आलस तरफे चारी है।
'भगवान' कृपा तेरी बिना, चीनी भी होती खारी है।

वज़नदार

था बात में वजन बहुत और ताकत भी इतनी।
जान मैं न पाया, उस में दिखावट थी कितनी।

लगी न अच्छी, जो कर तरफ हमारी, हुई गुज़ारिश।
रूठे हम पर, फिर लफ़ाज़ रूखे से कर दी बारिश।

आया बाप रे गुस्सा इतना, क्यों क्या थी मजबूरी?
बिन वजूहात 'भगवन' हुई आरम्भ, रखी फिर दूरी।

दिवाली

ख़ुशी संग आई दीवाली, हर घर में है आई दीवाली।
जेब कोई हो न खाली, हर के हो प्रभु ऐसी दीवाली।

दिये जलें प्रकाश हो सारा, सार्थक हो जीवन हमारा।
जगमग होता दिखे नजारा, हर ओर हो दृश्य न्यारा।

समृद्धि व यश भरा हो, उल्लास सहित हर खड़ा हो।
प्रेम प्यार न कम ज़रा हो, हरेक में पूर्ण हर्ष समा हो।

खाएं भोजन सब मजेदार, मन चाहा हर पाए उपहार।
घृणा मिटे साथ हंकार, 'भगवान' स्वप्न करे साकार।

जश्ने दिवाली

आयो मनाएं जश्ने दीवाली, खुशहाली के संग।
कला प्रदर्शन, साथ रंगोली, तरह तरह के रंग।

मोमबत्ती के साथ दिए लगायें, एक कतार में।
पाएं लक्ष्मी आशीर्वाद, इकट्ठे बैठ परिवार में।

हो उजाला हर कोने में, दूर करे अंधकार जो।
चारों तरफ जगमगाती ज्योति अपरम्पार हो।

वातावरण आनंदमय, सब के लिए आसान हो।
ईर्षा, क्रोध बिन नफ़रत भावना आलीशान हो।

मन मंदर में हरि विराजें व आशीष प्रदान हो।
'भगवान' तेरी महिमा, हर घर में गुणगान हो।

सर्वत्र खुशहाली

क्या ले आये जहाँ पर, ले कर क्या जायेंगे?
ईश छोड़ शायद, किसी बाबे के गुण गायेंगे।

अपने तो होंगे दुश्मन, सज्जन उन्हें बनायेंगे।
तन, मन, धन सब, सेवा उन की में लगायेंगे।

ऊपर वाले के नहीं, दर्श उन का अति पाएंगे।
बारम्बार पा उन से शांति, पूर्ण आनंद मनाएंगे।

हम लोहा, वे पारस, हमें अपने जैसा बनायेंगे।
रहे लोहा किन्तु जा हम, चरनी सोना चढाएंगे।

चरणामृत बना दुर्लभ साथ झूठन के खायेंगे।
हम जैसे किस्मत वाले ही श्री बाबा रिजायेंगे।

कृपा होगी इतनी कि भवसागर से तर जायेंगे।
चौरासी से निकल बाहर, मोक्ष निर्वाना पाएंगे।

प्रचार उन का देश देशांतर, हर जगह फैलायेंगे।
लहर देखना हम सर्वत्र, खुशहाली की पहुंचाएंगे।

दिखेंगे कई कांड़ भी होते, भगत नहीं घबराएंगे।
साईं बनाया जिन बाबों को, उन्हें नहीं भुलायेंगे।

परम पूजनिये हैं ये बाबे, दिल में उन्हें बिठाएंगे।
'भगवान' पास कृपालु बाबे, बैकुंठ हमें पहुंचाएंगे।

ओर वित्त

बिन सोचे, करे खर्च ओर वित्त का न ध्यान करे।
कोष रोकड़ा घटाव में, मुश्किल भुगतान करे।

कट रहा फिर भी जीवन, जमीं व आसमान पे।
घुटने करते दर्द, निंद्रा आये न रात आराम से।

रहमत उस की बहुत, दृढ़ विश्वास कायम है।
मर्यादा तेरी, 'भगवान' कठोर न मुलायम है।

लिया आत्म ज्ञान

ख़ुशी से समाते न थे, लिया जब से आत्म ज्ञान।
थे किसी के दास बने, जपते निरंतर सच्चा नाम।

तन, मन, धन हुआ पराया, चरनी बाबे सब कुर्बान।
कतार में लगे फिर खड़ने, दंड़वत करने को प्रणाम।

प्रवचनों से हुआ खुलासा, बाबे सेवा से ही कल्याण।
बजा तालियां सेवक सारे, किया करते थे गुणगान।

लीला वर्णन कर बताते, है उन का परिवार महान।
सेवा आजीवन भर वे करते, दे कमाई उन को दान।

आते जाते सब उन्हें पूजते, महात्मा, बाई, बूढ़े, जवान।
मोक्ष वादा पाते देखे, 'भगवान' से बिछड़े हुए इंसान।

उच्च सीढ़ी

दौलत वाले दिखें दुखी, पर हँसता गरीब मिलता है।
लिपटा काँटों में, गुलाब, पा जैसे ख़ुशी से हिलता है।

जंगल ढूँढा न मिला, किसे घर में ही उसे पाया है।
शिखर पहुंचा जिस आशीष मात पिता से पाया है।

आदर सत्कार से, जिस ने सब को गले लगाया है।
पायी खुशबु प्रेम प्यार की, बहुत नाम कमाया है।

सहन शीलता सदैव, बसी, जिस के आंगन रहती है।
मीठी बोली, उस पर कृपा, सरस्वती माँ की रहती है।

खुले दिमाग व दिल साफ़ से, जो भी आगे बढता है।
सहायक बने 'भगवान', वो उच्च सीढ़ी पर चड़ता है।

भगवान चलावे

मात पिता से पायी नसीहत, कर्म काण्ड अपनाया।
जरुरतमंद के बने सहारे, नहीं सुख में ईश भुलाया।

धनिओं की अकड़न देखी, क्रोध सभी में पाया।
कर्मचारियों का आलस, समझ कभी न आया।

रजिस्ट्री हो अगर पत्र न जावे, तो उत्तर न आवे।
शिकायतें कर थक गया, खुद को कौन खपावे।

ड़ंड़ा पुलिस शान से चलाती, बिन वजह ठकावे।
रहे कार्यालय खिड़की खाली, कौन काम चलावे।

सीधे मुंह कोई बात करे न, अपना रोब जमावे।
इतनी गर्मी, उन मेजों में, न जानू कहाँ से आवे।

हिंसा व्यापक, अहिंसावादी देश भारत में है सारे।
हर दिन विद्यालय में, अध्यापक करें शुरू हमारे।

संसद लोक और राज सभा में, दृश्य बड़े सुहाने।
गाली- गलोच खुले शोर शराबा, देखते हैं दीवाने।

मुस्कान वंचित चलते दिखते, क्रोध मुद्रा में सारे।
शके निगाह से चलते हैं नागरिक, ईश्वर के सहारे।

पुलिस पास जाने की क्यों सोंचें, खुद इन्साफ करेंगे।
मार ड़ालेंगे कटु जो बोला या साथ लड़ते उस मरेंगे।

लगा सिफ़ारिश, दे घूस काम चलाना सीख न पाया।
किस्मत उस की खोटी जन्म, जिस देश ऐसे में पाया।

जिस पास हो माल, महल, जैसा चाहे वो बनवाये।
सरकार इजाजत घर बने छोटा, विरला ही ले पाये।

इतनी जनता भरी ज्ञान से, काम करने की इच्छुक।
फिर भी बिन रोज़गार, हम, बनती दिखती भिक्षुक।

यातायात नियम पालना, कोई करता नज़र न आवे।
'भगवान' आसरे ही सब काम चले, बाबा श्री बतावें।

उधार से

पास हो तो ही कुछ लेना, नहीं कभी उधार से।
लगाना 'भगवान' से नाता और रहना प्यार से।

नशीले प्रवचन

सुना रहे प्रवचन पावन, बहुत ही वो नशीले हैं।
ब्रह्मचारी चेले बाबों के, बड़े उन के कबीले हैं।

चरण कमल छू लेना, रख सेवा कमाई की।
जिंदगी संवर जायेगी भक्ता, तेरी काया भी।

अध्यात्म के विशेषज्ञ, दिखा रहे वे लीला हैं।
बन बैठे कई बाबे, कुछ का कंठ सुरीला है।

कोई बन बाबा, पिता श्री की गद्दी संभाले है।
खिल्ली कोई खुद को कर घोषित उछाले है।

किसी घर में तो बाबे, रोजाना ही बनते हैं।
कमी न चेलों की, नमन उन्हें जो करते है।

पढ़ना पड़े नाही नौकरी ढूँढने की जरुरत है।
बन जायो आप भी बाबे, अच्छा हर मुहूर्त है।

कानून अगर फड़ लेवे तो कोई गरज नहीं।
अंध विश्वासी निभाएंगे अपना वे फर्ज सही।

कमाई सारी प्रचार कर बाबे का उड़ानी है।
'भगवान' नहीं, बाबों से ही लोह लगानी है।

बना वफादार

अच्छा हुआ जां बची, चाहे दिल बेचारा खो गया।
स्वतंत्र आजाद था कभी, मोहित वो भी हो गया।

क्यों कैसे कब के प्रश्न, न पूछ तंग करना कभी?
क़यामत व भूकम्प का, सामना हम से हो गया।

किया फिर जो पसंद उस को, कुछ अपना न रहा।
धोबी के सहायक जैसा, था वफादार बन रह गया।

बदले में जो मिला, उसकी किस्सा कहानी अलग।
'भगवाने' इच्छा कसूरवार, उस का बन के रह गया।

कौन हूँ

दूँ उत्तर, क्यूँ प्रश्नों के, रखे पास हूँ मैं।
आ जाये काबू जो, बनाता दास हूँ मैं।

बढ़ती सल्तनत मेरी, ऐसा नवाब हूँ मैं।
आ प्रार्थना करते सब, ऐसा जनाब हूँ मैं।

कथन मेरे अलौकिक, ऐसी किताब हूँ मैं।
आफत लाने वाला, रखता ख़िताब हूँ मैं।

सर झुक जाते सब के, रखे रुबाब हूँ मैं।
'भगवाने' दर्श मिलेगा, देखे ख्वाब हैं मैं।

पराया सा

रुख बदलता जा रहा है, देखता हूँ ज़माने का।
फिर भी देख न पाऊं, दर्द अपने व बेगाने का।

नाच देखता हूँ हर वक़्त हर, उड़ रहे परवाने का।
खत्म शमा कर देती, जिस का कर्म जलाने का।

मंड़राए फूल पर भंवरा, दीवाना होवे खुशबू का।
आनंद खूब ले लेता अगर फूल न होवे खुश्क सा।

अपनी काट, मिलना मिटी, किस्सा माया का।
'भगवान' बना रखो अपना, न करो पराया सा।

करना

जो मुझे दे न पाये, उस का इजहार मत करना।
थे बड़े प्यार में कभी आगे, कहीं बयाँ न करना।

गुजर जाएगी, जिंदगी तो, एक एक दिन कर के।
अधिक मेरी बदनसीबी पर, गौर कभी न करना।

किस्मत मैं न था, शायद, दिल साथ तेरे लगाना।
सीख लिया है विश्वास, अब 'भगवान' पर करना।

एक नज़र

पूर्व ओर या पश्चिम में, उत्तर हो या दक्षिण में।
नज़र एक सी होती, हर किसी के लक्षण में।

अमीर गरीब हर कोई धन का भूखा होता है।
दिमाग लगाना पड़े उसे, कैसे रहूँ संरक्षण में।

प्यार विश्वास समस्याएं, सभी को तंगी देती हैं।
हर सुखद निंद्रा न पावे, रोज़ अपने कक्षन में।

पढ़ाई लिखाई की महिमा, हर जगह गायी जाती है।
दाखिल होना बड़ा औखा, कट ऑफ सिलेक्शन में।

रोते बच्चे शोर शराबे वाले, हर कोने में पाए जाते हैं।
इच्छाएं उन की बड़ी लम्बी, हैं वक्त गुजारें मेंशन में।

लड़ाई झगड़ा हर जगह, बेवज़ह, ही पाया जाता है।
चारों तरफ ज़ोर बड़ा लगता, दिखे है ड़िटेक्शन में।

चाहतों की लम्बी सूची, बारम्बार तैयार की जाती है।
की जाए पूरी कैसे, उम्र गुजर जाती है रिजेक्शन में।

व्यवसाय हो या नौकरी, अस्थिर सब को रखती है।
होवे सोच विचार बहुत, हल मिलता नहीं टेंशन में।

सपार्श हो या नेटवर्क, आसान काम हो जाता है।
इस्तेमाल करें कैसे, लग जाए समय कलेक्शन में।

रिश्वत और कहीं फाईन्ड़रस फी जुटानी पड़ती है।
किस्मत मेहनत काम आवे, जरुर एक फ्रैक्शन में।

चिंता बच्चे बच्चिओं की, खूब सभी को सताती है।
अक्सर दवा दारू काम आ जाते हैं इन्फेक्शन में।

औलाद पाए अच्छा जीवन, दुआएं मांगी जाती हैं।
प्रभु साथ तार जुड़े, टाईम लगे बड़ा कनेक्शन में।

गंदे कर्म रहें कोस दूर, यह आस लगाई जाती है।
'भगवाने' खलखत दिखती, बलशाली इलेक्शन में।

गम का असर

गम का असर हम पे भी, बारम्बार हुआ था।
उसे पेट भर खाया, ज़रा न इजहार हुआ था।

बादल घनेरे छाये, कई बार सर पर हमारे थे।
वे वक़्त भी हम ने, सब, आसरे उस गुजारे थे।

बहुत निचोड़ा कईओं ने, कभी जो न हारे थे।
सहायता देता भी हमें कौन, वो सब हमारे थे।

ईश्वरे दलाल कई आये, मुंह बोले जो हमारे थे।
बहुत करी सेवा उन की, लगे वो बड़े प्यारे थे।

काम आया प्यार न फल सेवा का मिला था।
'भगवान' बाहँ पकड़ी, रहा कोई न गिला था।

बाबे महान

वर्जित घर हेल्लो बोलना, आगे बाबे सर झुकाते हैं।
सकें स्वयं जो न खा, उन्हें शाही पकवान खिलाते हैं।

माफ़ कर, सुने भिखारी, दो सिक्के पास न होते हैं।
कोष बाबा के भरने को, भक्त सारे ही धनी होते हैं।

कर्ज ले कर भी चढ़ाते लक्ष्मी, लगन ऐसी होती है।
परम भगत बन गए कितने, सूची प्रकाशित होती है।

आये अगर मुसीबत, कहाँ बाबे से निवारण होता है।
एक के बाद हरेक का, कोई छुपा उदाहरण होता है।

दिमागे क्षमता होती कहाँ, कोई प्रश्न न पूछ पाता है।
अगर कोई पूछ भी ले तो अनोखा ही उत्तर आता है।

बाबे बैठें ध्यान मगन जब आरती गुणगान होता है। दे
दर्श बाबा भक्तों को, वाक्य में धनवान होता है।

मुक्ति, मोक्ष, निर्वाण वगेहरा पर व्याख्यान होता है।
'भगवान' की इस धरती पे, बाबा ही महान होता है।

दुर्भाग्य

कर प्रणाम बाबा से पूछा, मंजिल हमारी कहाँ है?
माया से निकल बेटे बोले, मेरे चरणों में जहाँ है।

अर्पित लक्ष्मी कर, चरणों का अमृत पी तू प्यारे।
खा जूठन प्रसाद भोग, आलोकिक देख नजारे।

तेरी किस्मत में सेवा मेरी, जान भगत ये वफ़ा है।
आज्ञा उल्लंघन करने वाले पर, होता ईश खफ़ा है।

सुख चरण कमल मेरे का, हो उपलब्ध नसीब से।
आवाजें अवतार कलयुग के, सुन आतीं करीब से।

भजन और आरती हमारी, सुबह शाम गायी जावे।
दुर्भग्य उस जन का, जो जीवन रह वंचित बितावे।

कैसा धंधा चलता, प्रश्न पूछो तो भी उतर न आवे।
'भगवान' इस दलदल से, सके तो भी बचा न पावे।

हाँ से हाँ

देखना दुश्वार हुआ, अच्छा बंद रखना जबान।
हाँ से हाँ मिलाना, 'भगवन' पा लेना कल्याण।

मेरे नसीब

शौक कुछ थे किन्तु कटे न प्रेम से दिन और रात।
चढ अश्व पर हुआ घायल, बोले सखे कोई न बात।

समय गुजरा करी सवारी साइकिल, माहिर हुआ।
वाहन भी चलाया लगातार, ईश्वर से हम कर दुआ।

हवाई जहाज कभी जल नौका में भी किया सफर।
हमराज़ करीब कोई हमें, मिलता रहा हमसफ़र।

जैसे तैसे काटा वक्त, लगा जो हद से भी वद।
मौन करी वो जबान, जिस से होते सब थे गद्द।

हुनर नहीं भूला अभी तक, एक पर नाकाम है।
क्या करूँ, साया उच्च हस्ती का सुबह शाम है।
हर नीति इस्तेमाल कर देखी, हारा अभी नहीं।
अपनापन केवल यादें, जरूरत दिखावें हैं यहीं।

शुक्र करूं हर पल, मेरे नसीब, मालिक तेरा।
'भगवाने' रहमत, अस्तित्व कायम रहा है मेरा।

बाल अवस्था

आज मुझे बाले अवस्था, याद फिर से आ गई।
झांकी गुजरी आगे से, न जाने क्यों सता गई?

कद का लम्बा रब बनाया, साथी मेरे छोटे थे।
साथ मेरे पतले हम सब, शरीर से हुए न मोटे थे।

सदैव लम्बू पर आँख, अध्यापकों की रहती थी।
निष्पक्ष वाली गंगा जो, पाठशाला में न बहती थी।

कह चिराग तले है अँधेरा, मुझे दूर रखते थे।
साथी भी कुछ ऐसे, वे न जाने, क्या बकते थे?

अहिंसाये शिक्षकों के पास, सारे अच्छे गुण थे।
हिल न पावे कोई पसली, अनुशासने निपुण थे।

बिन वजह बरसाते छड़ी, रहते घूसे तैयार थे।
अपराधी बिन मुक़दमे, रोज़ाना खाते मार थे।

बोलने की इजाजत न थी किसी फ़रियाद की।
वालदान बहुत दूर, जिन की हम औलाद थी।

खेल कूद का समय कहाँ, पढ़ाई भूत सवार थे।
किसी को कोई न मतलब, चाहे हम बीमार थे।

पड़ा पढ़ना दिन रात, छुट्टीयों के सिर्फ नाम थे।
नंबर ग़र सौ से कम आते, हो जाते बदनाम थे।

काट वक़्त छोड़ भारत, नए माहौल के शिकार थे।
वातावरण बिलकुल ही उल्टा, बहुत थोड़े यार थे।

घूम संसार छोटा सारा, भारत भी जाया करते थे।
'भगवान' दी जन्म भूमि के, दर्शन पाया करते थे।

चार चफेरे

चार चफेरे फिरदे कई बाबे, मर्सड़ीज जिन्हां दे हेठ।
कमाई करने की नहीं जरुरत, बिन मेहनत ही सेठ।

प्यार संदेशा सब कोई देवे, होवे पैदा फिर भी हेट।
दुर्लभ दर्शन पाना उन का, बहुत महंगा होता रेट।

आये सुखी दुखिओं को करने, कलयुग के ये राम।
सेवा भक्त करते न थकते, जपा करते सच्चा नाम।

यत्न से सुमिरन करें, सुने अनहद, परम देखें प्रकाश।
काल आगे बस न चलदा, कितना भी करो विकास।

भयभीत करते मौते ड़र से, गाते गीत बजा के साज।
करें गुलामी तुच्छ प्राणी, धनी निड़र हो करते राज।

चंगा चोखा कुछ वास्ते, पका हुआ अलग से आवे।
मेहनत हर पल करने वाला, सदा रूखी सूखी खावे।

अस्वस्थ हुआ, कर गुलामी, कोई पा बाबे का प्रभाव।
ड़ाक्टर दवाई चाहिए, खर्च पैसा करेगा कौन जनाब।

बाबा जी अगर अस्वस्थ दिखें, होगी और ही बात।
चिकित्सक तुरंत उपस्थित होंगे, हो दिन चाहे रात।

बाबे पे जान वारने वाला, पहुँच बैकुंठ में जायेगा।
मोह माया में लिपटा मानव, समझ नहीं पायेगा।

जय जय करते चेले व बाबे छोड़ चले सब जायेंगे।
किसी को लेने कलयुग में, न जनक विमाने आयेंगे।

सुना पूजनीये बाबे का संग कर ही जीवन बिताना है।
इस जीवन में, 'भगवान', क्या और नहीं कुछ पाना है?

खुशबू फैलाओ

हँस के देख लो रहना, खुशबू फैलाएगा।
नहीं हँसे ग़र मजबूरी, रोना ही आएगा।

ख़ुशी पाना हँस कर, अपने जीवन में।
आनंद आएगा इतना, हर मुस्कुराएगा।

सुख पाने का है तरीका, आसान यह।
ख़ुशी बाँट जीना, दुःख भाग जायेगा।

ख़ुशी गम भगा दे, कितना गहरा हो।
खुश जीवों के पास, दुःख न आयेगा।

आराधना भी खुश हो ही करना प्यारे।
'भगवान' अनुभव भागा पास आयेगा।

कुरबानियां

भागे धन के पीछे, सुन्दरता पर मर मिटे कभी।
क्या शौंक इंसान ने पाया, लुटे जा रहे हैं सभी।
परखा न बस चाहा, बिन किसी समझ सोच के।
देखते ही लट्टू, लगा झटका, लगे चलने मोच से।

टीका टिप्पणी भी करी, बहुत उसे पाने के लिए।
बड़ा चढ़ा बताया, धाक अपनी जमाने के लिए।

दीं कुरबानियां बहुत और किया खुद को तबाह।
शायद सोचा, बनी रहेगी, हर बात, ज्यों की त्यों।

इतनी मेहनत कर अगर, उस को पा भी लिया।
भविष्य में बताना, उस क्या इस का सिला दिया?

समझते हो जिसे सोना, शायद पीतल भी नहीं।
चांदी जिसे समझते हो, तुम्हे पहुंचाएगी कहीं।

जानू पहचानू, अनुभव है, हर घर की कहानी।
'भगवान' जाने जो भी आए, होगी बड़ी सयानी।

सही किया

जमीन पर जो दिखे, वो आसमा पर स्थित नहीं।
शुक्र 'भगवान' जो पैदाइश हमारी की उस यहीं।

प्रसन्न रहो

हाल जिस में राखे, खुश उस में रहना चाहिए।
'भगवान' छोड़, न शरण और की जाना चाहिए।

भूल जाओ सब, न भूलो नेकी के करने काम को।
और न कभी भूलना, 'भगवान' के सच्चे नाम को।

उस की इच्छा बिन, न होता कुछ कभी संसार में।
'भगवान' बिन, पार न लगे फसी नैया मजदार में।

विश्वास है सब का उस ऊपर, जो कभी न ड़ोलता।
'भगवान' आगे करो प्रार्थना, दुविधा में हर बोलता।

उस से लड़ाई कैसी, अगर माँगा उस नहीं दिया।
'भगवान' अनजान नही, था जो चाहिए उस दिया।

दिन बुरे तो क्या, त्याग दे चिंता, अच्छे भी आएंगे।
कर्म भोग समाप्त हों, 'भगवान' भी आ मुस्कायेंगे।

सहन शीलता जिस में समाई, चरम सीमा उस पाई।
'भगवान' उस की मदद करने, न ज़रा करे कुताई।

जो तुझ को सब में पा, मान आदर दे कर ज़ीया।
'भगवान' उसे बिन मांगे, सुख परमार्थ का दिया।

कुछ लम्हें

रहा खुश प्रसन्न, कुछ ही अरसे के लिए।
आ गया आज गुस्सा, क्यों फिर देर बाद?

वर्षों से मांगी कभी, उस से थी नहीं मुराद।
बीत रहे थे क्षण सब, संग अपनी औलाद।

आनंदमय जीवन रहता, कायम क्यों नहीं?
आ जाता गुस्सा देखने, बेइन्साफ़ी के बाद।

दिन रात सोच समझ, मेहनत के पश्चात।
पल्ले पड़ जाता है कोई, पुराना ढोंगी साध।

है जीने देता, क्यों चैन से, हमें वो नहीं?
षड़ यंत्र जब उस के, सब होते हैं बर्बाद।

कैसे असर पड़ा, ज़रा भी, है अब न याद।
क्या कमाऊं पुण्य व किस का करूं श्राद्ध?

नियंत्रण पूरा जिंदगी में, है रहता अब नहीं।
'भगवाने' इबादत इतनी, करने के भी बाद।

आत्म निर्भर

तोड़ा उन ही एतबार, जिन पर सब लुटाया था।
नींद चैन करी कुर्बान व हर दर्द सर उठाया था।

रावण बनाया गया वो, भक्त परम जिसे माना था।
प्रवाह जिस की दिन-रात, काम सदैव आना था।

भूल जाते, भूलने देते, धैर्य से आत्म निर्भर रहता।
किस हाल से गुजरा, मौन रहता कुछ न कहता।

नामंजूर किया, अस्थिर हस्ती, वारे पीठ किया कैसा।
'भगवान' बन सामने आया, निकला वो कंस जैसा।

खुदा से जुदा

सिकंदर खोपड़ी, धन दौलत से भर न सका खुदा।
माना जिन उस का भाना, वे प्रभु से हुए नहीं जुदा।

ईर्षा द्वेष हटा, सद्ध भावना ड़ाल देना प्रभु हम में।
ऊपर वाले से करें, आओ रलमिल हम सब दुआ।

प्रेम भाव की धारणा कर दे बीच में वो सब के पैदा।
एक दूसरे में नूर आप का, देखे हरेक, चढ़ती सुबह।

न बाँट सकें भाषा, मुल्क और दीवारें मजहब की।
मिल करें सब सजदा, बिठा उस को दिल में सदा।

हर कर्म, सच्चा ऊँचा और निस्वार्थ हो मेरे दाता।
रहमते 'भगवान' की पा, सब जिएँ करें शुक्र अदा।

छोड़ा भगवान

बनते हम धर्म पालक, उस की कृपा को पा के।
गये, काश बन श्रोता हम, पास औरों के न होते।

प्रेम प्यार से हर मिलता, सताये कभी न जाते।
साथ देता नसीब ग़र बनाये ग़ैर अपने न होते।

रखता ध्यान हमारा ईश्वर, धन्य हम भी होते।
ग़र रख विश्वास भजन, गाऐ औरों के न होते।

तन, मन व धन अर्पण कर, हम कभी न रोते।
हर हाँ उन की में हाँ, ग़र हम मिलाये न होते।

किये कर्म सब अपने, काश प्रभु लिए वे होते।
काश वे सब नाम, किसी और लगाये न होते।

स्वतंत्र चाल चलते, अपनी खुद राह बन जाते।
'भगवान' भगा हर दुख को सुख सारे ले आते।

इरादा कूद

मापी न थी कभी गहराई, इरादा कूद कर लिया।
प्यार सोचा न विचारा, बिन वजूहात कर लिया।

कुआं प्यार का कितना गहरा, था न कोई अंदाज़।
डूबे, तैरते कैसे, खाये गोते, न फिर भी आये बाज़।

दिखाना था जो उल्फत ने, रंग जल्द दिखा दिया।
ख़ुशी एक रात दिन की, को जल्द ही भुला दिया।

इबादत कर उस की रोज़, हम गुजारी थी जिंदगी।
लग गया था ऐसा ताला, कठिन हो गयी थी बंदगी।

मायावी प्यार में कायम, होता बड़ा जादू है हुजूर।
नजदीक अपने सब रहने वाले, किये जाते हैं दूर।

ज्ञान की बातें, दिल मान, राज़ी हो जाता मजबूर।
चर्चे फिर खलखत सारी में, हो जाते सब मशहूर।

वाह मेरे दाता बता, रची कैसी विचित्र ये माया।
जिस 'भगवान' बनाया, क्यों मानव उसे भुलाया?

ख़ुशी तकसीम

जो रोज़ हँस कर, औरों को हँसा रहा है।
ख़ुशी की नदियाँ, तरफ हर बहा रहा है।

औरों को छोड़, दर्द अपनी भी मिटा दे।
करे दूर दुःख, साथ हर गम भी हटा दे।

ऐसे से रावता तोड़, होना खुद से जुदा।
इबादत उस की, करे कबूल कैसे खुदा।

है खुश तो कर ख़ुशी तकसीम, बंदे प्यारे।
पा रहमत 'भगवान' की, सब अपने द्वारे।

गंगाए स्नान

गजले सूफ़ी, ज्ञाने पंड़ित, शब्दे रागी, गंगाए स्नान।
ले प्रेरणा सब से, कर मन उज्ज्वल और लगा ध्यान।

रख दृढ विश्वास जो करे खोज़, यकीनन वो न हारे।
पढ़ महात्मा बुध की जीवनी, करती मार्ग दर्श हमारे।

पहुँच गहराई में जिन पाया, हैं कायम नाम वे सारे।
जीवन सफल बना, देख उस के बिन दलाल नज़ारे।

श्री बाबों की संख्या बड़ी, वर्तमान काल में हो गई।
दुष्कर्म 'भगवान' आये सामने, कीर्ति सारी खो गई।

कांटे

दिए उत्तर किसी प्रश्न के न कभी उन्होंने जवाब थे।
क्या वाक्य में, लिये उन के, हम हुए इतने खराब थे?

पड़ते, अंदर या बाहर से, उन पे शायद दबाव थे।
पीड़ा देते कांटे 'भगवन', जब होते पेश गुलाब थे।

सहारे लक्ष्मी

नज़ारा हो जलवा फिरोश, पेशे खिदमत जो किया।
बना प्यार ने प्यार से, प्यारे को, कर प्यारा ही दिया।

बहुत लज्जा से भरपूर, बोलना भी न आसान था।
जानवर वृति जाग्रत हुई, तन फिर भी इंसान का।

सहज चुपके से, अगले पिछले का सब जान कर।
पग धीमे से बढ गए, धड़कन हृदय पहचान कर।

हुआ होना था जो, आश्रम गृहस्थ में पूरा हो गया।
था संगीत मन रोचक बजा, फिर बेसुरा हो गया।

कुछ देर बीती ऐसे, बहार फिर और भी आई थी।
लायी ख़ुशी कई बार, गमी कभी सर पे छाई थी।

रहा कायम बदौलत उस, लेता जिस का नाम हूँ।
विचारूं लक्ष्मी है मेरे साथ, जिस का 'भगवान' हूँ।

नेक मशवरा

बिन सोच बढ जा आगे, पा सब ज्ञान को।
अपनाये रखना सदा, अपने 'भगवान' को।

चतुराई करो वही, जिस में हित मानव का हो।
'भगवान' करवाए पुण्य व हर पाप वर्जित हो।

ब्रह्मा, विष्णु, महेश के हैं मात पिता प्रतीक।
'भगवान' रास्ता सरल है, सतगुरु की सीख।

धार्मिक संस्कार, पायें बच्चे, काम तुम्हारा है।
कृपा 'भगवान' पाता, कर्म का जो न मारा है।

मानवता की कर भलाई, ईश्वर को पाना है।
बसें 'भगवान' हर जन में, विश्वास दिलाना है।

मांगे तो देना नसीहत पूर्ण, हर हालत में प्यार।
भर देता ख़ुशी से, है 'भगवान' जो पालनहार।

मददमंद की कर देना मदद, बिन सोच विचार।
तेरी दुविधाओं का, 'भगवान' कर देगा उपचार।

पद पाया दौलत मिली, टहल बदल लिया यार।
दिया 'भगवान' जिस भुला, खायी उस ने मार।

निस्वार्थ कर्म करना सदा, कर ले जो स्वीकार।
सारथी 'भगवान' स्वयं बन, देता उस को तार।

अटका भटका

संगीत प्यार का आरम्भ, स से जा रे पर अटका।
सुना बोला जिस मुसाफिर, बेचारा देखा भटका।

सरगम पूरी न हुई, स स रे ग रे, रहा सदा करता।
कभी हुई न उस की पूरी, इंतज़ार रहा वो करता।

बैठ अकेला तन्हा, लगाए ग ग रे म रे की धूनी।
खा खा चोटें, पुरुष महान बना पूरा सिद्ध मुनि।

मिलाये सुर, ग म से तो पाए, बहुत उस ने गम।
नहीं मिले जब हो उदास, थी हाथ में पकड़ी रम।

बहुत हठीला, म प म प करता, बढ़ा कुछ आगे।
पुण्य त्यागे, उस ने भरा घड़ा, पाप से ऐसा लागे।

प द नि प द नि पे लगा लिखने, कुछ वो पद।
सुने जनता ने जब, 'भगवन' कर दिये थे रद्द।

लक्ष्मी बाहर

आ हलचल जिस मचाई और बेघर कर ड़ाला था।
पाँव सज धज कर ड़ाले, नाम तो बेगमे आला था।

खूब आ कर बीन बजाई, टब्बर भी सारा पाला था।
कठोर जबान लम्बी, क़द छोटा, किया कमाला था।

रह गंभीर, दिखा दिन में तारे, मुंह लगाया ताला था।
बन ठन रहना पसंद, दिया मालकिन का हवाला था।

आस्तिक क्या नास्तिक, गर्मी में होता स्याला था।
भरी ज्ञान से 'भगवन' लक्ष्मी, बाहर ऐसा चाला था।

हंसी के साथ

दर्द हमेशां छुपाया अपना, हँस कर उमर गुजारी थी।
हर विपदा का किया मुकाबला, हंसी सदा प्यारी थी।

जब हंसा, साथ हँसे सब, फितरत ऐसी हमारी थी।
कभी होती हंसी इतनी, चढ़ी जैसे नाम खुमारी थी।

साथ हँसी का दे हम ने, हर ख़ुशी झोले ड़ाली थी।
नवाबे रुबाब था हमारा, जेब भरी कभी खाली थी।

जरुरत अपनी थी न ज्यादा, पकी पकाई रोटी थी।
भोजन अंदर कम था जाता, गोगड़ थोड़ी छोटी थी।

कई बार याद है हम को, किस्मत हमारी फूटी थी।
'भगवान' वंदना कई बार, बिन वजह ही छूटी थी।

होता है ऐसा

दिल खायी चोट कोई बात नहीं, हो जाता ऐसा।
दुःख हुआ जब न पूछा, होता जख्म यह कैसा।

जाननी चाही वजह, न कोई प्रकट किया रोष।
विश्राम मुद्रा में बैठ शायद, मुझे रही थी कोस।

इंतजार हो रहा था, जख्मी आएगा लेने मलहम।
घायल को उठाना, मनाना, उस का था न धर्म।

जख्में सुगंध देखा जब, हर क्षण बढ़ती ही गई।
संभव याद आया, है दिखाना झंड़ा सफ़ेद सही।

क्या प्यार में बाजी खेलते, थकते नहीं हैं प्रेमी।
'भगवान' के वैसे तो जरुर, होते हैं नित नेमी।

जरूरत नहीं

प्यार में सुरमे काजल की, जरुरत न पड़ती है।
पौड़र दूर, लगानी लिपस्टिक भी न पड़ती है।

जैसे कैसे भी साथ, हर घड़ी बितानी पड़ती है।
चाहत हर कर दूर, मन मार निभानी पड़ती है।

उठानी रोजाना सर पे टोकरी बोझे की पड़ती है।
'भगवान' बख्शी हर अदा, सदा सराहनी पड़ती है।

ड़ावांड़ोल

महफ़िल का न्योता था, हो न सके शरीक।
क्या करते इतने व्यस्त थे, भूल गए तारीख?

मेज़बान गुस्सा हुए, किया हम पे अत्याचार।
कैसे हमें भूल गए, छोटे घर के राजकुमार।

राज माता भी अति दुखी, बोली सोच विचार।
सांत्वना उसे क्या देती, छोड़े आग भरे अंगार।

तब से अब तक धुआं है उड़ता, रोज अँधेरे।
मिलते तर्क वितर्क विभिन्न, सुनने को बथेरे।

क्यों नैया अस्थिर दिखे, हिलती ड़ावांड़ोल?
'भगवान' कृपा दृष्टि तेरी, क्यों नहीं है कोल?

बन जाते हैं

घर नौकर रखने वाले, बाबे गुलाम बन जाते हैं।
ईश्वर छोड़ ऊंचा ईश से, बाबा अपना बताते हैं।

श्रद्धा विश्वास बढ़ जाता, प्रचारक बन जाते हैं।
चाबी रब, बाबे पास, आश्वासन दिए जाते हैं।

मोक्ष लिए कृपा चाहिए, बाबे सेवा करवाते हैं।
सच्चा सुख बाबे चरणी, गा गा भगत सुनाते हैं।

अनगिनित भक्त, फँस, बाबे जाल में जाते हैं।
प्रश्न दूर, मान आज्ञा, उमर फ़कीर हो जाते हैं।

हर चैनल पे कई बाबे, तत्वदर्शी बन आते हैं।
ज्ञान भंड़ार पास उन के, जिसे बांटते जाते हैं।

परम भक्त कल था, उसे मन मत कह बुलाते हैं।
वे, पथ भ्रष्ट ख़िताब कभी रावण का पकड़ाते हैं।

बचे खुचे चेलों से, सुबह शाम आरती उतरवाते हैं।
'भगवान' नाम देते, फिर, खुद ही वो बन जाते हैं।

हवाले उस

मंजिल थी कोई और, था न जिस का मुझे पता।
देर से ही सही शुक्र, जो याद दिला तो हमें दिया।

दुःख है अब भी उन बतायी, कभी हमारी न खता।
विवरण दिया नहीं छुपाया, तरह अच्छी ढक दिया।

तब समझ सोच कर अगर, हम उठाते न कदम।
बिखर जाता, रहता न पास, सब था जो उस दिया।

बड़ी मुश्किल से विचार धारा, कर अपनी को नर्म।
विश्वास तरफ उस बढ़ाया, घर फिर उस भर दिया।

पूरे तौर से, अब भी, खबर नहीं मुझ को मेरे सनम।
व्यवहार के था न काबिल, साथ हम जो उन किया।

खुश रखता जो हर हाल में सब को बिन भर्म।
उस 'भगवान' के हवाले सब अपना कर दिया।

ऐसा पारस

परिचय दिया बाबा जी ने, बोले पारस हूँ मैं ऐसा।
जो शिष्य अपने हर को, है बना देता अपने जैसा।

मेरी चुम्बकिये शक्ति ऐसी, दीवाना कर देती है।
चेला जो लोहा बने पारस, पास ऐसी कसोटी है।

चेला फिर से बना जो लोहा, जंग उसे लग जायेगा।
दिन रात करेगा सेवा व सिर धुन धुन पछतायेगा।

गुरु शिष्य दोनों के सिद्धांत, दिखे न थे एक समान।
एक समेटे माया, दूजा सोंपे कर इकट्ठा चरनी दान।

शिष्य मिटा दे हस्ती, बाबा जी की जयकार बुलावे।
खाने पीने को न छूवे, जब तक बाबा उसे न खावे।

परम पूजनिये परिवार बाबे का, आ हर सीस झुकावे।
आनंदमय हो जावे, हर कोई, जो दर्शन उन का पावे।

अनुयायी लगा जोर सब, अपनी, हर पाई आगे चढ़ावे।
बाबा सब कर एकत्रित महल, अपने ऊँचे कई बनावे।

कोई बाबा, बदकिस्मती से, सीधा कारागार में जावे।
कोई सिधारे परलोक, पूँजी इतनी, गिनती में न आवे।

अवतारे परमात्मा, जिन्हें, कोई विमान लेने न आवे।
पड़े उन को भी दफनाना अथवा शरीर जलाया जावे।

हर घट साईं बसता, जिन्द क्यों व कैसे धोखा खावे?
चंगा चोखा वास्ते बाबे, हथ चेले रुखी मिसी ही आवे।

इलाज़ पावे बाबा आला, अगर छींक उसे भी आवे।
गंभीर बीमारी वाले चेलों का, इलाज न कोई करावे।

विराजे उच्च सिहांसन बाबा, कैसे, न जाने, थक जावे।
लगातार श्रदालु जनता, चरण कमल उन के है दबावे।

अंध विश्वास में पड़ी जनता, पीछे भेड़ चाल जब देखे।
'भगवान' नहीं बाबा जी के, जिन्द अपनी लगावे लेखे।

आशकी

करते मधपान, हो मस्त, न सोचा होगा।
बुरा आशकी पर भी, असर कहीं होगा।

जब होंगी साथ उस के, प्यार की बातें।
चेला देवदास पी घुट, पड़ा कहीं होगा।

रोयेगा ज़ी भर, हालत देख के उस की।
जिस साथ, पड़ा, रावता उस का होगा।

जीवन नष्ट कर देवे , साथ मदिरा का।
विचार अवश्य, दिमाग पड़ा उस होगा।

जीने की तमन्ना, छोड़ देता है आशिक।
सब, आशकी में छोड़, पड़ा जो भी होगा।

आशकी एकतरफा या हो दोने ओर से।
मुश्किलें अनेक, पहाड़ चढ़ा जो होगा।

दिल लगा, आशक, परवर दिगार से।
'भगवान', लिए तेरे, सदा खड़ा होगा।

अच्छी आदत

पहले सोचो फिर बोलो, इक आदत सी ड़ाल लो।
कर प्राप्त सर्व-ज्ञान, बनो ऐसे, जग में कमाल हो।

रह जाएँ दंग, सब पूछें, कैसे हैं आप, सवाल हो।
चाहें मेहमान आप को बनाना, सब में ख्याल हो।

कुछ और उन्हें सूझे नाहीं कोई दूसरी मिसाल हो।
भुला सब करें आ श्रवण, उन पर आप दयाल हों।

सुन रचनायें करें प्रशंसा, खूब आप भी निहाल हों।
दीवाने सभी हस्ताक्षर मांगे, चाहे गर्मी स्याल हो।

हर तरफ चर्चा होवे, चले दौर, सब पास माल हो।
करे 'भगवान' धन की वृद्धि, दूर कटू हर चाल हो।

हुआ हजम

पहले मिलाप, फिर चाहत बड़ी, प्रेम भी हो गया।
जब भूख लगी, खाना पका, खाया और सो गया।

प्रेम बढ़ाया आगे, फिर यारी और प्यार हो गया।
दर्द हुई सर में, ड़ाली मुंह में गोली और सो गया।

दी करवटें प्यार, खायीं चोटें व जख्मी हो गया।
रहा चुप बिलकुल, कुछ न कहा और सो गया।

लगा न अच्छा, जब सुना, मेंटले टार्चर हो गया।
हुआ दुःखी, जुरत कहने की कहाँ, सुन्न सो गया।

पास थे मगर दूर, वातावरण गुस्से का हो गया।
मेहर 'भगवान' करी, लगा समय, हजम हो गया।

सही वक्त

आखिर मिटी प्यास थी, वक्त पर अपने पास।
रखा रंग लाया उपवास, था वो भी अपने पास।

चीज़ बहुत थी ख़ास, दूरी मिटी वो आई रास।
ऋतु ग्रीष्म का मास, लगी अपनी भी क्लास।

चाय पानी कई पचास, जैसे तैसे हुआ विकास।
कर 'भगवान' पूर्ण विश्वास, बना देव कभी दास।

हरेक जैसा साध

मांगी गरीब भीख़, कह माफ़ कर निकला बंदा।
अमीर किया आग्रह, साथ ख़ुशी से पाया चंदा।

दान ड़ोनेशन सेवा, सब्सिड़ी, माँगा किसी कर्ज।
दे जितना सका कोई, उस निभाया अपना फर्ज़।

बने आत्म निर्भर हर चाहा, रहे दूर बड़े वे दिन।
पाप पुण्य में फर्क न जाना और किये कई सिन।

प्यार में पड़ हर पछताया, रहा चुप कभी मौन।
नेता हर घर घूमता पाया, थे आये ज्यों ही चोन।

दौलत पास, यार बथेरे, न जाने अन्यथा कोई।
वक्त बुरा तो क्या बताऊं, दुर्गति कितनी होई।

दिखे माया तो बनाया, बाबे दरबार ने भक्त।
वरना तेवर वहाँ पाये, सब के हम ने सख्त।

सुख में भूले जिसे, उसे दुःख में किया याद।
श्रेणी विभिन्न, 'भगवन', हरेक बने तब साध।

कैसे हो गया

करी पढ़ाई न लिखाई, फिर भी विद्वान हो गया।
बिन परिश्रम धनी, मशहूर बहुत महान हो गया।

जिधर भी जाऊं मिले सलाम, कल्याण हो गया।
शक्ति शाली पैदा, नाम भी, आलिशान हो गया।

पालनहार, अन्न दाता, इतना बलवान हो गया।
बोले कई लिए उन के, मैं ही 'भगवान' हो गया।

सहायक बनो

हर धर्म स्थान पर, धन खूब चढ़े, भूखे बाहर मरें।
संतुष्ट हो रहे श्रद्धालु कितने, कभी जाहिर न करें।

होवे देख दुःख, प्रवाह उनकी, समाज न क्यों करे?
देखे जो निकल जावे, पुलिस खुद करे ड़ंड़े से परे।

जन महान देश के, छत सर पर, न जमीं पैरों तले।
रहे शिक्षा से कैसे वे वंचित, नेता ऐसी चाल चलें।

जनता रोज़गार में लगे कैसे, कोई कोशिश न करे।
धार्मिक भक्त हैं वैसे सब, कोई हिफ़ाजत न करे।

काश हो दायित्व हर स्थान का, निर्धन योग्य बने।
पाये शिक्षा, अधिकारी हर लियाकत अनुसार बने।

वातावरण सामान्य स्थापित, बेरोजगारी भी न हो।
मारा जाये न हक किसी का, खड़ा हरेक आगे हो।

विचार धारा न बदलेगी, माया में धर्मार्थी भी फसे।
तिजोरी लिये फेरी प्रभात, भिखारी पर सभी हसें।

दान दक्षिणा आती इतनी, कहाँ पर फिर वे जाती।
हर दुखी की 'भगवन' क्यों, सहायता कर न पाती।

आसरा भगवान

किसी से प्यार मत करना, घर वालों ने रोका था।
हालात बदले, हुआ अकेला, क्यों तब टोका था?

क्यों रोकने वालों को, अब शादी की जल्दी थी?
हाथ पीले करने वाली, बैचैन हो गई हल्दी थी।

चाहे बिन चाहे तरोपा, किसी तरह भर दिया गया।
बोला कुछ, सुना कुछ, जाने वो, गया कहाँ चला।

बच्चों ने आ कर फिर प्यार से, जिंदगी सवार दी।
बाजा बजाएँ लगातार तो कभी खुशबुए बहार थी।

हिदायतें आने लगीं की, कैसे परवरिश उन की हो।
लगे बताने रलमिल सब, क्या और कैसे करना हो।

एक दिन आया ऐसा, जब नियंत्रण उन के पास था।
थे शब्द अति कठोर, उन के, जब मेरा उपवास था।

विड़म्बना, मरे प्यार में जिस, उस ने क्या दिया?
आसरा 'भगवान' तेरे प्यार का, क्यों न हर लिया?

जन्म भूमि

समझे फिर भूले, समझाते वो रह गए।
याद नहीं अब हमें, क्या वो कह गए।

थी चिंता उन्हें, व्यवसाय की रात-दिन।
वैसे बोलते जिंदगी, न कटे पढ़ाई बिन।

जिंदगी में बदलाव, इक दिन आएगा।
पढ़ा लिखा ही, कमा के, रोटी खायेगा।

सुनी बातें पढ़े खूब, प्रमाण पत्र पा लिए।
चिपका कर सब कमरे, हम सजा लिए।

बहुत आईं बधाई, कभी काम आयेंगे।
शौहरत हो धनी, कभी हम भी पाएंगे।

देखा अनपढ़ अधिकतर, मालोमाल थे।
पढ़े लिख कर सब, हुए हम कंगाल थे।

जन्म भूमी छोड़ घूमते, मुल्क कई रहे।
जा वहां दुःख न जाने, कितने हम सहे।

निकल न सके जो, उन्हें रही प्रतीक्षा थी।
करो उन के लिये कुछ, आती शिक्षा थी।

न कर सके तो गिले शिकवे कई हो गए।
किया जिन का, हमारे, दुश्मन वे हो गए।

संस्कृति दूर, मार्ग दर्शन, कैसे, कौन करे?
दुःख आये, आराधे 'भगवान', हर याद करे।

भुला देती

वास्ते प्यार मुहब्बत, कोई होती नहीं वजह।
पाता जो भी, मिले उसे, अजनबी की तरह।

चांदनी दिखे इस की, जीवन में दिन चार।
चानने में तत्पश्चात दिखे अंधेर, बारम्बार।

भुला देती सभी, थे सज्जन कभी जो यार।
कैसी चुम्बकिये शक्ति, व्यापक पूरे संसार।

मत मिले, लत पड़े, दें बाबे उपदेश बड़े।
ज्ञान लिया, ध्यान किया, तो भी दिल सड़े।

शिक्षा, शादी, आबादी, अब ठंड़े पड़ी घड़े।
निकट पूँजी अंत, नग जब हारों में जड़े।

आगे की पड़े सोचनी, वर्तमान ड़ावांड़ोल।
आशा सब त्याग, वचन मीठे क्यों न बोल?

कैसे हर जीवन में इतनी हलचल होती है।
छोड़ 'भगवान' दुनिया, वास्ते माया रोती है।

बंदगी कठिन

कोई शादी पहले, प्यार की, देता न मंजूरी था।
पश्चात करना, न जाने क्यों, हो जाता जरुरी था।

मिला जो भी स्वीकारा, लिया मान सौभाग्य था।
ख़ुशी से निभाना साथ, किसी का ही भाग्य था।

वफा करना और पा लेना, विश्वास विद्वान का।
मेरे सिवा कौन अपनाता, उसका अभिमान था।

क्या बीते एक पर, दूसरे को लेना न देना था।
रिहाईशे घोंसले में भी, कहाँ मिलना चैना था?

हर बात पर बिन वजह, बन बतंगड़ जाना था।
मर्म कर मालूम भी, कर कहाँ कुछ पाना था।

मैं सही, बिन तर्क वितर्क, उन का विचार था।
सदा एक की ही चलेगी, जिस का आधार था।

प्यार मुहब्बत गई कहाँ, जिस बिन न रहना था।
अब तो सही कथनी को भी, किसी न सहना था।

कैसे बदला, परे सब कुछ, इतनी जल्दी होना था।
'भगवान' बंदगी कर लेते, कठिन वो भी होना था।

अगर होता

जिंदगी में अगर, गए हम, सताए न होते।
ख़ुशी से भरपूर बाहर और अंदर से होते।

अगर प्यार से, सब, पेश साथ हमरे आते।
नफरते मिजाज हम भी, किसी में न पाते।

गीत सुहाने, गाया करते, सुनते और सुनाते।
हम बख़्शी मोहब्बत का, लुफ्त भी उठाते।

हमें जान जाते और न कुछ वो छुपाते।
स्वस्थ दिल को रखते, दूर रहते सन्नाटे।

होती ईद रोज़ाना, प्रति दिन हम मनाते।
भाग्यशाली ऐसे, बन मिसाल एक जाते।

दिल चोट खाता, न दिमाग हम लगाते।
रूठने की नौबत नाही बीच और आते।

संचार हम में रहता, अनुवाद न कराते।
'भगवान' कृपा रहती, जश्न हम मनाते।

दर्श दुर्लभ

कृपा दृष्टि आप की, सदा रहे बनी गुरुदेव।
धन्य वे लोग सब जिन्हें प्राप्त आप की सेव।

निगुरा बन सगुरा कहे, गुप्त पाया उच्च ज्ञान।
'भगवान' दर्श रहा दुर्लभ, था सरल व्याख्यान।

लम्बी कहानी

क्या लिखूं प्रेम ऊपर, लम्बी बहुत कहानी है।
था कल सीखा जिसे, आज याद मुंह जबानी है।

मेहनत कर, पढ़ जरुर, ड़िग्रियां तुझे पानी हैं।
बुजुर्गों की इच्छा सुनी, पूँजी जिन लुटानी है।

किस्से पूर्व में सुने, जिन्दगी कैसे निभानी है।
वक्त ने भुला दिया, जवानी कैसे बितानी है।

पकड़ी हम रफ्तार, भागे, हुई बात पुरानी है।
मूर्ख तो स्वयें निकले, सारी दुनिया सयानी है।

जिस लिए छोड़ा सब, नानी उस याद दिलानी है।
बता 'भगवान' कैसे, दीवार नफ़रत की गिरानी है।

राहे प्यार

दिया प्यार मोहब्बत, जान उसे अपनी कहते हैं।
देख चांदनी दिन चार फिर नखरे उसके सहते हैं।

शिकायत, गिले, शिकवे, सब बारम्बार करते हैं।
अच्छे भलों को भी, न जाने, बीमार कैसे करते हैं।

सहानुभूति दिखा उपहार वचन मीठों का रखते हैं।
तसल्ली देते लोग सब कर और कुछ न सकते हैं।

पढे लिखे हों चाहे अनपढ़, उपचार कर न पाते हैं।
खोये ख्यालों में रह कर, पानी मंजिल भूल जाते हैं।

क्यों नहीं कोई अच्छी कहानी लोग हमें सुनाते हैं।
'भगवान' के पथ प्रदर्शक, क्या दिखा उसे पाते हैं?

सीखा

कूट नीति से वंचित, तो भी जगत गुरु कहलाता है।
आये लोग राज कर गये, समझ ज़रा नहीं आता है।

युद्ध हुए, कर नियमों का पालन, क्या सब लड़ते थे?
होती ज्यों ही विजय समीप, दुश्मन प्यारे लगते थे।

भूल जाते सब दुश्मनी, शायद नर संहार बचाते थे।
दुश्मन इस के अधर्मी, पीछे पीठ हथियार चलाते थे।

एक हो रह न पाए, ये हमारी अपनी कमजोरी थी।
एक दूसरे को साथ न देना, क्यों इतनी मजबूरी थी?

सिहांसन शौकीनों के घर में परिवारी झगड़े होते थे।
सौंप सब अजनबियों को, रह सकते खुश न रोते थे।

विभाजित हुए कई तरह से, एक हो रहना न आया।
अनेक भाषाएँ बोली, हमें धर्म मजहब ने भी सताया।

तबाह हुए स्वीकारा सब, था हिंसा को भी रखा दूर।
ज्ञान अजीबो गरीब, अपनी रक्षा न करना, था दस्तूर।

जुल्म सहे कई नस्लों से, है बाद अरसे चेतना आई।
आखिर में हम सब भी, हाथ अपने तलवार उठाई।

समय लगा और सीखा, शांति युद्ध तैयारी चाहती।
झुका लेगा वो दुनिया, युद्ध नीति जिस को आती।

गर्व से अब सीमाओं पर हम ने नियंत्रण करना सीखा।
पूरे तौर से की तयारी, शत्रु देख आतिशबाजी चीखा।

राजनीति अभी सुधरी नहीं, वो रोजाना हम को बांटे।
दल बदलते नेता रोज़ाना, भ्रष्टाचार भी हम को काटे।

आबादी में हम कम नहीं, रात-दिन तरक्की करते हैं।
वास्ते 'भगवान' हम लड़ते और कभी उसी से ड़रते हैं।

पुराना अनुभव

प्राचीन अनुभव से वर्तमान व अर्वाचीन सजाया।
था न जिन के पास काम, बजुर्गो का उन्हें आया।

था दुर्भाग्य उन का, जो तजुर्बे किसी से रहे वंचिंत।
रहे गलतियां ही करते, वे पश्चात बहुत हुए चिंतित।

ये नहीं कि सूझ बूझ से, काम करना न आता था।
किन्तु 'भगवान' व सद्‌बुद्धि से, दूर रहता नाता था।

आन रखना

थी बनी जो हमारी जान, उस की शान देखना।
थे किये जो उस कमाल, वो सब आन देखना।

गुल जो यहाँ खिलाये, उन के निशान देखना।
स्वर अम्बर में जो गूंजे, वो गुणगान देखना।

मनोदशा क्यों अप्रसन्न, उस पर गौर करना।
स्वयं पूछ लेना जरूर, तनिक न शोर करना।

दिखे जो सताता, बेशक, लगा दौड़ पकड़ना।
आगे पीछे रखना ध्यान, उसे न चौड़ करना।

मिलाना हाँ में उनकी हाँ और दम पूरा भरना।
लगाना पूरा अपना यत्न, दूर गम सारे करना।

सहानुभूति दिखाना पूरी, क्रोध भी कम करना।
रखना 'भगवान' को पास, श्रम अच्छा करना।

त्यागना

चाहे बिन चाहे कदम, प्यार में बड़ ही जाता है।
ऐसा जादू चलता, नज़र कुछ और न आता है।

नजदीकियां जल्द दूर हो जातीं, बनता नाता है।
सब छोड़ गीत सुहाने, प्यार के ही हर गाता है।

पुर्व, पश्चिम, उत्तर, दक्षिण में भी सर्वव्यापक है।
हर कोई विशेषज्ञ होता, बन जाता अध्यापक है।

प्यार खेल इतना न्यारा, मात हर कोई खाता है।
त्यागना फिर भी 'भगवान', कठिन हो जाता है।

रोशनी

ले कर साथ अपने, चांदनी थी कभी जो आई।
लगा हर ओर से अँधेरा, उस ने दूर कर दिया।

बिन विद्‌युत कर प्रकाश दिखाई ईतनी रोशनी।
हमारी निद्रा ने भी पास आने से मना कर दिया।

रातें छोटी हुईं और दिन लम्बे बहुत ही मगर।
योजनायें रोज़ बनाना, उसने आरंभ कर दिया।

हुआ कीमती हर क्षण, पड़ा जल्द आना घर।
हुई जब भी देर, शुरू करना भरम कर दिया।

अमावसे रात, दूर चाँद और कई मंड़राते तारे।
जागे रहना, फ़िक्र करना, सोना बंद कर दिया।

बिन चाँद काटें कैसे रात, थे कर न पाये इजाद।
बेशक रलमिल तारों ने, था सारा अर्श भर दिया।

रहा बढ़ता चाँद, देखा चांदनी ने बिन कहे कुछ।
था आगे आँखों के पड़ा पर्दा, परे उसे कर दिया।

चला रहा चक्र 'भगवान', ऐसे वे शायद हो खुश।
भटकना चाँद ने व भटकाना भी, बंद कर दिया।

खुश रहें

सदा बड़े ज्ञान और हो, सच्ची ऊंची सोच भी।
जमे धाक हरेक दिशा में व प्रभावित हों सभी।

वाणी सुने जो भी, हों मुग्ध, राग में वे गाते रहें।
अमृत वर्षा करें आप, जिस में नहाते सब रहें।

वृद्धि पाएं आप जैसी और अहंकार से दूर हों।
कर्म बुरे करने के वास्ते, कभी न मजबूर हों।

आदर, सत्कार, करनी इज्जत का दस्तूर हो।
लक्ष्मी तेरी कृपा, दया संग, सदा भरपूर हो।

खुश हो करें खुश, खुशहाली चारों ओर हो।
शांति आनंद माने, बिन वजह के न शोर हो।

सर्वदा भला हो मालिक, शुक्र तेरा हर करे।
सर झुके 'भगवान' के आगे और हों सब परे।

प्यार का दर्द

दे प्रेम छुड़वा गद्दी, राज जब सर पर मंड़राता है।
दुश्मन होवे चाहे ज़माना, कहाँ कर कुछ पाता है।

छूट जाये मिला प्रेम, तब कुछ समझ न आता है।
अनिंद्रा अवस्था प्राप्त होती, चक्कर भी आता है।

करे सुने कहे क्या कहाँ जाये, आता हर सताता है।
दर्द होता अनदेखी चोट का, वो सहा नहीं जाता है।

हैं होते बड़े हमदर्दी, देना उपदेश जिन्हें आता है।
अनुभव उन का इतना, जो काम ज़रा न आता है।

सुलझ जाये खुद ब खुद, समझना भाग्य अच्छा है।
नहीं तो पड़ेगा सुनते रहना, झूठा कौन सच्चा है।

कैसी प्रेम प्यार मोहब्बत, हर दिल में जग जाती है।
'भगवान' भुला आदत, खर्चनी माया, पड़ जाती है।

सब में भगवान

पूरे दिल से करना, आदर और सत्कार जी।
भगाना नफरत दूर व रहना बांटते प्यार जी।

अतिथि ईश्वर रूप समझना अपनी जान जी।
पा आशीष उन की, बढाना अपनी शान जी।

मुसीबतों से बचावे, गरीब को दिया दान जी।
दुआ उसकी बुलंद, करती सारा ही ज्ञान जी।

धीरे से कदम बढ़ाना, रख स्थिर स्थान जी।
तीव्र बढ़ने की कोशिश, करती परेशान जी।

आंखे खोल के देखना, रखना खुले कान जी।
हर चमकती ढेरी, सोने की नही चट्टान जी।

भूलना नहीं करना सदैव, उस का ध्यान जी।
परिणाम स्वरूप हो जाएगा, सब आसान जी।

करना लाड़ छोटों को व पुरखों को प्रणाम जी।
दुखाना दिल न कोई, है कार्य बड़ा महान जी।

लालच, मजबूरी, अक्सर तेज लगे कृपाण जी।
नतीजा वक्त भावी देता, कई ऐसे प्रमाण जी।

पाखंड़ी, धर्मार्थी सदा रह सकते न बलवान जी।
पोल खुलते ही देखे बंद, हो जाते, गुणगान जी।

समय भावी बड़ा प्रबल, होगा कैसे कल्याण जी।
झुक जाते अटूट जिन के पास, थे तीर कमान जी।

सुनी अनसुनी करने वाला, अजनबी है इंसान जी।
परम पूजनिये केवल वही, जो अवतार 'भगवान' जी।

विड़ंबना

जिन के लिए मिटाया, था अपना अस्तित्व।
था न अच्छा शायद, उन वे रद्द कर दिया।

हंसी देख न पाये, ऊपर मुखारबिंद कभी।
हमारी चाहत का भी, खात्मा उन कर दिया।

ऐसी लगाई थी हम ने, कभी उन से लगन।
प्यार वास्तविक जो था, कर नाम का दिया।

कैसे चुपके से रह वे छुप, बढ़े, हुए आगे।
विश्वास रखा था जो, क्यों घात कर दिया?

शायद आत्म निर्भरता का, पड़ा उन्हें शौक।
ले आजादी का लाभ, अमन भंग कर दिया।

जिन के नाम से भी, थी होती घृणा उन्हें कभी।
फिर से उन का शुरू, उन्होंने संग कर दिया।

थी चोटी प्यार की ऐसी, अब प्रशंसा कैसे करें।
जो चढ़ा होगा उस सोचा, प्यार क्यों कर लिया।

समय मजबूरी, किये समझौते, फिर काट कर।
कभी 'भगवान' कोसा कभी मुंह बंद कर लिया।

बाबा श्रेष्ठ

राम ने लिया वनवास, क्या भाग्य था?
बुद्ध, गौतम, रब ढूँढा, राज त्यागा था।

ईसा को तन भी, न अच्छा लागा था।
बाबा 'भगवन' श्रेष्ठ, चेला न जागा था।

बहुत हैं

जिंदगी छोटी इतनी, रास्ते गुजारने के बहुत हैं।
पक्के हमसफर बने हमराज़ भी रुलाते बहुत हैं।

क्या उम्मीद लगायें किस से और वो भी कैसे?
हँसाते कम, हो आशाजनक, सताते बहुत हैं।

न जानू हम पे उपेक्षा का, इल्जाम क्यों लगाते?
जिन पर अपना सब कुछ, लुटाते हम बहुत हैं।

प्रसन्नता साथ हमारे, जिन्होंने रहना था सदा।
वोही दुखी, उदास-सा चेहरा, दिखाते बहुत हैं।

पागल हम खुशी उन की, बेक़रार करने के लिए।
जो झोके में जान अपनी, हमेशा ड़ालते बहुत हैं।

प्यार, मिले विश्राम, रहे ज़ाम दूर व नफरती काम।
ऐसी आशीष सब हितेषियों से, हम पाते बहुत हैं।

हम अंजान, बिन शांति ज्ञान, चार दिन मेहमान।
हमें ऐसा उपदेश दिन-रात, कई सुनाते बहुत हैं।

जीवन सार, जाना पार, पा उदार, ऐसी उपकार।
बन 'भगवान' लगाने वाले, सामने आते बहुत हैं।

उम्र गवाई

हम ने मान ली तकदीर, जो उस ने बनायी थी।
राह वो ही ली अपना, हरेक जो उस दिखाई थी।

अच्छा होता अगर, ठोकरें खानी न पड़तीं।
लगता अब उन्हीं से, अक्ल सारी आई थी।

क्या अच्छा होता, अगर, स्कूल न जाना होता?
मगर वहीं से ही तो कुछेक, ड़िग्रीयां पायी थीं।

जरुर ठीक होता, ग़र करना काम न पड़ता।
मगर काम करने से ही, घर लक्ष्मी आई थी।

क्या ही अच्छा होता, अगर धोखे से वंचित रहते?
कैसे पता चलता, ढेर रखी, किस पाल बुराई थी।

बिस्तरे आराम फरमाए, समझे हराम जिसे कोई।
हिस्से में मौज मुफ्त, कौन जाने किस के आई थी।

अन्य करें पुण्य, कोई पाप, बिन वजह यहाँ पर।
कर्म कुकर्म कर सब ने, जिंदगी यहाँ बिताई थी।

गीत उस के, आ गावें सब, धर्मार्थी बन के आगे।
पा सके 'भगवान' कहीं न, उम्र अपनी गवाँई थी।

शुभ कामना

गत वर्ष था जैसा, अब का भी वैसा ही रहा।
संतुष्ट हो सके न पूर्ण, माना सब ने जो कहा।

दुआ करते हैं मालिक, अर्वाचीन बेहतर हो।
चारों ओर हरियाली, खुशहाली का क्षेत्र हो।

गिले शिकवे हों दूर, सब को सुकून मिले।
हे ईश्वर मेरे दाता, फूल बगीचे हर खिले।

पा सब तेरी कृपा दृष्टि, जय जयकार करें।
संयम में हो रहना, दूर हरेक विकार करें।

गुणगान सुन सब को, अच्छा ही ज्ञान मिले।
दूर चश्मे बद, शिकवे, शिकायत और गिले।

बल- बुद्धि, ज्ञान- ध्यान, प्रत्यक्ष प्रमाण मिले।
'भगवान' कृपा शान और पूरा सम्मान मिले।

मौके सफ़ाई

आये हमारे आंगन, खुश हाल करने को।
हम ने लगा बगीचा, था उनके लिए दिया।

तोड़ फेंके फूल उन्होंने, एक एक कर जब।
हम ने पिरोया गजरा, लिए उन पिरोये दिया।

उन्होंने शके निगाह से, हमें देखा हर क्षण।
हम अपना अंग, फिर भी बनाये उन्हें लिया।

रंग उन्होंने बदले, हरेक मौसम आई बहार पे।
बेरंगी रह हम खुद, सीने में उसे बसाये लिया।

प्यार नहीं, रूप आये सामने हमारे नफरत के।
उन को भी गले अपने, था हम ने लगाये लिया।

करते रहे सितम कई, न्यौछावर हम पे रोज़ाना।
कितने भी बेतर्क, ऊपर सर उन्हें बिठाये लिया।

किया बहुत उन बलिदान, सुना हम ने प्यारों से।
किया उन के लिए जो हम, उन सब भुलाये दिया।

खुद बने वे गवाह, अदालत अपनी, जज भी वो।
ताजुब्ब उन्होंने मौका कभी सफाई का न दिया।

होंसले प्यार किस मुकाम पर ले आये थे हमें।
चक्कर 'भगवन' ऐसा, कुछ चलाये था दिया।

बना सहारा

पंजाबी मुंह में सरूना, साथ उस कनक की रोटी।
बैठे हाथ न कभी नचला और टिडी भी होती मोटी।

पूर्व वाला तो रहे मस्त, रज़ दाल भात को खाऐ।
पंजाबी जैसी ताकत, हर शरीर में कहाँ से लाये।

दक्षिण में गिरी तेल, प्रति दिन वरतने में आवे।
सांबर साथ मसाला ड़ोसा, हर के पेट में जावे।

गुजू ढोकला वगेहरा से ही, अपना काम चलावे।
दुबला पतला हृष्ट पुष्ट रहे, जीवन अपना बितावे।

बंगाली कबाब बिरयानी देवे, भाप अच्छा बनावे।
जो खाये भोजन ऐसा, लगता बुद्धिमान हो जावे।

जोश पंजाबी साथ दिमाग बंगाली ये मिल जावे।
संसार जानता आगे किसी, भारत झुक न पावे।

मिठास शब्दावली हर में, अगर कहीं भर जावे।
हर में, हर को, हर दिखे, अमन शांति हो जावे।

यत्न किये कईयों ने, हारा सफ़ेद हर भगवे वाला।
किसी बांग लगाई उठ कर, जपि किसी ने माला।

दिन आया जब जाने का, तो छूट गया जग सारा।
दे कंधा सब किया पराया, बना 'भगवान' सहारा।

जिंदगी

जिंदगी में जिन्दादिली और उसी से दग़ा मिली।
थे दिखाए जिस सपने, संग नज़ारों फूल कली।

चल रहा था शांति पथ पे, जबान थी ऐसी सिली।
आज वो क्रोधित है, सूरत अब न दिखती खिली।
कैसे शोरोगुल का वातावरण, था हिस्से मेरे गया।
अनिवार्य तबदीली, समझ, मर्म जिस का पा गया।

बिन वजह के होवें झगड़े, हकीकत सब दबा गया।
चुप रह विश्राम करना, हर हालते बद में आ गया।

सीख लेता हर कोई प्रेम के ग़र ढाई अक्षर के अर्थ।
हो जाता चरित्र आदर्श, होता कोई जीवन न व्यर्थ।

प्रशंसा पात्र सब बनते, मधुर होती बोली उपयोग।
जरूरते उपचार कम पड़ती, दूर काफी रहते रोग।

सांप की वृति न रखते, प्रदान करते अमृत सभी।
रहते 'भगवान' से प्रसन्न, परेशान होते न कभी।

बने शिकार

गुजारा वक्त वास्ते जिन, खुद को सजाने के लिए।
वो मिले आखिर में जरुर पर हमें सताने के लिए।

मर मिटते थे जिनकी एक हलकी सी मुस्कान पे।
चुभोते हैं हर पल कांटे शरीर हमारे सुर्खे गुलाब के।

लुटा दिया जिन पे अपना, अस्तित्व बिन सोच के।
हटा दिया क्यों, समझ कचरा, अगूंठे से खरोच के।

रह न पाते थे जो, हमारे बिन पल भर संसार में।
चल रहे हैं आज कल, भूल सब अपने गुमान में।

अमृत बरसाते थे हमेशा, जो अपने मुखारबिंद से।
विष के शिकार बन गए, आज 'भगवान' छोड़ के।

निहाल किया

नगद पास कोई कार्ड क्रेड़िट न हम उधार लिया।
पक्की पकाई हमेशां आई, खा हम उपकार किया।

पूर्व, पश्चिम, उत्तर, दक्षिण, भ्रमण सरेआम किया।
चेले बाले बड़े हमारे, जिन्होंने हमें स्वीकार किया।

देश विदेश दूत भेजे खूब हमारा जिन प्रचार किया।
ईश्वर रूप हमें बताया, हर जन का कल्याण किया।

दर्श अभिलाषी हैं क़तार में, धंधा हमें करतार दिया।
'भगवान' कृपा लक्ष्मी पाई, हमें जिस निहाल किया।

मनाने का ढंग

मनाया किसी साल नया, सोम रस के पैमाने से।
हम तो ठहरे धर्मार्थी, दूर कोसों रहे महखाने से।

किसी पी कर किया शोर, उम्र गवाँ दी पीने में।
हम ने मेहनत खूब करी नहाये और पसीने में।

किया किसी बहुत प्यार, हुए बदनाम ज़माने में।
प्रभु के आशिक हम, भक्ति लगे रहे कमाने में।

किसी माला लक्ष्मी जप, अपने भरे खजाने थे।
पापड़ बेले इतने किसी, तीर न लगे निशाने पे।

किसी ने बेचा खून अपना, रोटी रोज़ी पाने को।
फैंक पके पकवान, किसी ने क्रोध दिखाने को।

पा किसी ली ख्याति, बिन कोई उधम उठाने से।
जबान खुली वो भी, थी बंद जो कभी शर्माने से।

आवाज आखिर हुई बुलंद, मौन न रही दबाने से।
कठिन पूर्वक खुली किसी की, बारम्बार बुलाने से।

किसी को गाने की शोहरत, मिल पायी बिन शिक्षा।
किसी गले को फाड़ा, पायी मुश्किल से ही भिक्षा।

उमंगे नये वर्ष की, रहेगें शौक भी शायद अधूरे।
अवतारे 'भगवान' कई मिलेंगे, चेले कहेंगे हैं पूरे।

बदल कर देखो

आप खपा न करो, हम बिखर जायेंगे।
रह पास, दूर बहुत, आप से हो जायेंगे।

खुश हो कर रहो, चेहरा खिल जायेगा।
दिल हमारा तुम्हारा, भी बहल जायेगा।

रख आस, आगे कदम को बढ़ाया करो।
हमारे कंधे से, अपना भी मिलाया करो।

रूखा सूखा था बचपन, वो ढ़ल जायेगा।
पौधा नफरत का बोया जो, जल जायेगा।

देख हमें लोगों की भी, आ जायेगी मति।
उन्नति कर पाएंगे सब, नहीं होगी क्षति।

महल अपना अवश्य, शीघ्र बन जायेगा।
'भगवाने' होगी कृपा, खूब धन आएगा।

संभाला उस

बनाई दुनिया तेरी, रहे आबाद पूरी यहाँ।
अब हम खुद को, सब से जुदा कर लिया।

शायद तुझे, कहीं मुझ से, तसल्ली मिले।
अपना जो था, अर्पण कर तुझे सब दिया।

कैसे जानू कि दिल में, कैसी हल चल चले?
यत्न सारे का सारा, प्रत्येक दिन कर लिया।

चिड़चिड़ाहट ऐसी हुई, बोल समझ न सका।
अनुचित कथनो का, उपयोग कर था लिया।

चुप रहूँ, बात बड़े, ध्वनी से धमाका निकट।
सूरत कोई न दिखे, उपचार कर सब लिया।

आवाज दबी, इक दिन, पहुंची चारों ओर।
मन भोला अस्थिर, झटका व भटक लिया।

विचित्र कुदरते कारीगिरी ने करवट सी ली।
'भगवान' संभाला सब, था बिखार जो दिया।

वो रात थी

वो हसीन रात थी, राज़ की बात थी।
चूल्हे पर आग थी, दूध लगी जाग थी।

वातावरण अनुकूल, किया सब कबूल।
फिर भी आगा भूल, गई आँख में धूल।

त्याग ब्याज व मूल, याद किया स्कूल।
दुराहे सारे थे रूल, लगे सारे वे कूल।

नाम शहर दिल्ली, हथेली खूब मली।
कली क्या खिली, आंख भी न मिली।

गर्मी बड़ी कड़क की, दिले धड़क थी।
तनिक न भड़क थी, लम्बी सड़क थी।

सहाई दवा न दुआ और कुछ न हुआ।
वक्त पर ही 'भगवान' चाहा, वो हुआ।

मालूम न था

था न पता, जाने के बाद, अपना ही खून।
पेश किस तरह, साथ अपनों के आएगा।

जिन्दा जी न जीने दिया, रल मिल के जिस।
क्या बाद बारम्बार, बिन वजह तड़पाएगा?

लगा दी जिंदगी अपनी, जिन्हें उठाते ऊपर।
वोही क्या कभी मार्ग, अच्छे पर चल पायेगा?

ज़र में होगी ताकत इतनी, था न जानता।
शांतिपूर्वक फूल भी, न जा गंगा बहायेगा।

वाजिब बंटवारे की होगी, सिर्फ जिसे तड़प।
ले कर क्या वो ही सब साथ, अपने जायेगा?

होगा लक्ष्मी से ही प्यार, जिस को ज्यादातर।
पास उस को वो भी रख, हमेशा नहीं पायेगा।

जबान अपनी को गन्दी, कर लेगा वो तत्पश्चात।
उसे 'भगवान' भी गले अपने, कैसे लगा पायेगा।

नूतन वर्ष

पिछला तो अब गया चला, अगले का इंतजार है।
जीवन हमारा और घटाने को, नूतन वर्ष तैयार है।

कल हम को प्यार था, बरकरार आज भी प्यार है।
मिलेगा वर्ष आने वाले में, अब उस का इंतजार है।

हवन पूजा में भेंट लिये, स्वागत में कई हजार हैं।
ठंड़क में ख़ुशी ढूँढते, जैसे होने ईश्वर के दीदार हैं।

आराधना करें हाथ जोड़, आगे सच्चा जो दरबार है।
'भगवान' कृपा सब पे हो, पास तेरे जो अपरम्पार है।

नर नारायण

वक्त बदला ऐसा, अब कैसा आ गया।
सर्वत्र घृणा दिखे, गायब हो गई दया।

पाप छोड़ जुल्म भी, आने लगे नजर।
कोमल हृदय, अपना भी हुआ बज़र।

है दोष सब में, हर पाने कोई लगा।
उड़ा विश्वास लगा मिलने और दगा।

पाना असंभव न्याय हुआ आज कल।
वकीले मुंह बड़ा, करे अगर कोई गल।

सड़क पे चलना भी कठिन बड़ा हुआ।
सुरक्षित पहुँच जाएँ, सब कर रहे दुआ।

दर्द बाँट ले, इच्छा किसी में न रही।
सुनता बच्चा भी न किसी की कही।

महिमा धर्म दलालों की अपरम्पार है।
सिवाए उन के यहाँ नहीं कोई सार है।

बंदा घबराए, गाये गीत, हाथ जोड़ कर।
सेवा उन की करे, अपने सब छोड़ कर।

मिलेगा स्वर्ग अवश्य, गारंटी मरण बाद।
क्या जाने बादा, उसे ये रहेगा भी याद?

कैसे बंदा कलियुग में, है लुटा जा रहा।
नर 'भगवान' नारायण, है बहला रहा।

दिमागी धुलाई

स्वयें में मस्त हुए, चाहते जताई का इंकार किया।
ज्ञान था पावन मिला, रोजाना उसका प्रचार किया।

रहस्य जीवन जनाने वाले, हम पर उपकार किया।
परिवार उस दिव्य सच्चे सारे का सत्कार किया।

ड़ाल रंग में, रंगे दिल से, उन का सत्कार किया।
पढ़ाई लिखाई छोड़ी, उन पर सब न्यौछार किया।

दिमागी धुलाई करवाई, दर्श दुर्लभ, साकार किया।
ईश्वर उन्हें माना झुके और दंड़वत बारम्बार किया।

पश्चात जो हुये किस्से, मानी लीला, प्यार किया।
दलदल में फंसे ऐसे, शरीर स्वस्थ बीमार किया।

हद से हुई बेहद, बदले वातावरण, लाचार किया।
सहाई 'भगवान' ही बना, बेड़ा जिस ने पार किया।

सखा उन्हें पाया

कमाया, की बचत, क्या आनन्द पाया?
तरस तरस, जीवन काटा, सुख पाया।

रूखा मिसा ड़ाल पेट, जीवन बीताया।
करी बाबों की सेवा, समझ नहीं पाया।

कैसे सखे हुए बेगाने, सखा उन्हें पाया।
वो बन गए हकीकत, बाकि सब माया।

छोड़ ईश्वर वन्दना, उन्हीं को अपनाया।
और भी साथ में आयें, उन्हें उकसाया।

चल रास्ते इस, दुःख बहुत ही पाया।
रूहानियत, सिर्फ सुन नाम ही पाया।

अंत में बचा किन्तु सब को बचा न पाया।
जाना 'भगवान', हर कण में उसे पाया।

उल्लेखना

तोफाये ईश और बरकते, अब लक्ष्मी आप हो।
क्या चाहिए उसे जिस के, आस पास आप हो?

मिटायेंगे अपना अस्तित्व, आजमा लेंगे देखना।
पायेंगे 'भगवान' भी व होगी हमारी उल्लेखना।

अपना हाल

हो न सके हम इकट्ठे, राज हम पे सब किया।
धर्म स्थान पुराने खरोंच, उन अपमान किया।

एकता में भरपूर शक्ति, सब गुरु सिखाते थे।
तोता रटन हम लगाते, अमल कर न पाते थे।

सर्व उत्तम ज्ञान, मालिक, हरेक कण में जो बसे।
फिर भी हमारी जिंदगी चलाने को थे और खड़े।

देश छोड़ो, परिवार कोई हो इकठ्ठा न रह सके।
ईश्वर अवतार बाबे आवाज एक में न कह सकें।

प्रचार अहिंसा का करते जो सब हिंसा में मस्त हैं।
हमारे अध्यापक पाठशाला में ज्यादातर सख्त हैं।

बेईमानी इतनी कि बिन रिश्वत के नहीं गुजारा।
बिन इस आमदनी रह सकें, हो ऐसा नहीं गवाँरा।

बाड़ खेत खाती जाती, कानून सिर्फ है नाम का।
सूर्य देव को माथा टेकें, वक्त कटता आराम सा।

गरीबी व अमीरी में अंतर होता बहुत है हुजूर।
एक खड़ा रहता हाथ जोड़े, दूसरे में भरा गरूर।

जनता में दिमाग बहुत फिर भी पीछे रहते हैं।
करो अच्छे दिनो का अब इंतजार, सब कहते हैं।

धर्मार्थी सारे के सारे पर बाबों पे लोट पोट हैं।
प्रश्न तक पूछ न पाते, कहीं कोई तो खोट है।

चल रहा है सिलसिला, हैं विभाजित जीव सब।
'भगवान' के बैठे आसरे, उठेंगे उठाएगा जब।

ईश्वर ही सहारा

जीवन ऊपर जिन के लगाया, उन क्या किया?
अँधेरे में बैठा, प्रतीक्षा में जला, कुछ न दिया।

मुझ से बात करने की रही फुरसत न उन्हें।
दिल लगाया जिनसे, जला उन ही था दिया।

जख्म दिन-रात हम पर, किये उन्होंने क्यों?
जिन को बिन मांगे ही, दे सब कुछ था दिया।

कैसी माया रची प्रभु, इस दुनिया में अजीब।
देता सुख जिसे रहा, दुःख क्यों उस ही दिया?

दूर रखा जिन को, वक्त हर दुविधा से सदा।
नजरअंदाज मेरी मुसीबतों को, उन किया।

फिर भी आवे प्यार ही, कभी गुस्सा न मुझे।
मुझे मेरे ही घर से, जिन्होंने कर बेघर दिया।

इतना कमजोर व दुर्लभ, कैसे समझ बैठे वो।
नाम अपना जिन्हें मैं, ख़ुशी बड़ी से था दिया।

ऐसा नहीं जाने कि आयेगा उन का भी समय।
'भगवान' खोल द्वार, सब मुहैया कर दिया।

जरूरते बहार

उदासी भरी जिंदगी, हँस गुजार ली।
नफरत से दूर, आस करी प्यार की।

ईर्ष्या नज़र-न-दाज, बढ़े कर के आगे।
रुकावटों को भी, ठोकर हम मार दी।

बिन प्यार मोहब्बत ही रहते रहे यहाँ।
जरुरत नहीं पड़ी हमें, होशे यार की।

विश्वास करना दुश्मन पर गए सीख।
इच्छा रखी दोस्तों ने, पैसे उधार की।

अपनों ने भी सबक, सिखाये बहुत से।
कीमत चुका न पाए, किये इंकार की।

करना आसान, करवाना अहसान हुआ।
बात समझ आई, जब जरूरते बहार थी।

बिन मतलब, इबादत करनी ली सीख।
बिन देखे छवि, 'भगवान' की उतार ली।

निर्देशिक सिद्धांत

हमें कर भलाई सब, भूल जाना चाहिए।
जिंदगी में ऐसा तजुर्बा भी पाना चाहिए।

नाखुन दस से कर कमाई खाना चाहिए।
स्वच्छ त्वचा रख, जीवन बिताना चाहिए।

भजन में मन एकाग्र कर लगाना चाहिए।
करना सद्ध कर्म, नहीं कतराना चाहिए।

ईर्षा द्वेष को तो दूर, कोसों भगाना चाहिए।
प्रेम से हमेशा पेश, सब साथ आना चाहिए।

बीती हुई बात पे न कभी पछताना चाहिए।
सामने लाना, दिल लगी न छुपाना चाहिए।

दुखी को और दुख देना, नहीं सताना चाहिए।
घमंड़ रहित रहना व सुख चैन पाना चाहिए।

प्रेम प्यार सहित जीवन को चलाना चाहिए।
जुटा यत्न सारे हरेक दिल बहलाना चाहिए।

हड़ बीती जो पूर्व, सीख उस से पाना चाहिए।
हुई पुरानी भूल जो, उसे न दुहराना चाहिए।

नाम अपना सर्वत्र, अदब से मंड़राना चाहिए।
रखना 'भगवान' याद, सदा न भुलाना चाहिए।

क्या होगा

देख लेना हो कर कभी दूर, याद हमारी ही पाओगे।
मिले थे पथ भटकाऊ बहुत, सोच कर पछताओगे।

दूर की हरियाली लगी जो, वहां दलदल ही पाओगे।
भूत सवार हुआ जो सिर पर, उतार उसे न पाओगे।

कभी लगा दिमाग अपने को, समझोगे समझाओगे।
नहीं तो पूर्व, पश्चिम, उत्तर, दक्षिण में ढूँढ न पाओगे।

दो नौका सवार करी तो, किस दिशा को जाओगे।
मंजिल लक्ष्य छोड़, गुण किस 'भगवान' के गाओगे।

नफरते शौक़ीन

गर्मी में आया पसीना, ठंड़ी ठंड़क में लगी।
छुप के उन को देखा, लोग बोले दिल लगी।

बिन मौसम लगे गर्मी, कभी ठंड़क आ पड़े।
बैठे कभी बैठ न पायें, होवें बिन वजह खड़े।

ऐसा यह मुकद्रे मुकाम, आया था एक दिन।
कैसे रहूँ बगैर उस, जो सके रह न मेरे बिन।

इतनी चाहतें लगाव, था किसी से नहीं हुआ।
रहे कायम ये शौंक मुहैया, करने लगा दुआ।

अब प्यार मुहब्बत, नफरते शौक़ीन हो गई।
नास्तिक से आस्तिक, गलत से हो गया सही।

शिकवे, शिकायत हुए पैदा, श्रोता गण कहाँ?
स्वार्थी मशवरा देने वाले, मिले थे कई यहाँ।

शोरोगुल बहुत हुआ, विस्फोट होना शेष रहा।
समझ न आया, नहीं मालूम, क्या, किस कहा?

इसी तरह दौर जिंदगी, कट धीरे से जाएगा।
'भगवान' बुला लेगा ऊपर, धन बट जायेगा।

कैसी तुलना

हमारे आगे रोजाना आ रहे, कई तरह के ख्याल।
मांस सस्ता बिक रहा, बहुत महंगी यहाँ है दाल।

बस गर्मी ख़त्म हो गई, ठंड़ लायेगा अब स्याल।
भूकंप तबाही मचाये, काम आये न जोड़ा माल।

फ़िक्र चिंता में बीते समय, कैसी अपनाएँ चाल।
आया यहां सद्ध कर्म को, घेरे रखा मायाज़ाल।

धर्म कर्म निभाने लगे, काट या लम्बे रख बाल।
'भगवान' तेरी कुदरत, निशदिन नए कमाल।

बाबा श्री महान

हमारे बाबा श्री महान, उच्चतम उन की शान है।
सिवा उन कोई न जग में, सर्व गुणों की खान हैं।

हल हर दुविधा का निकालें, लोग यहाँ परेशान हैं।
मालिक राज विद्या के, देते अति गोपनीय ज्ञान हैं।

*करिश्मा इस दुनिया में, परम पूजनीय इंसान है।
पावन परिवार उन का, अनुयायी करते प्रणाम हैं।*

*अवतार ले ईश्वर का आये, करते वे कल्याण हैं।
आस्तिक को बना नास्तिक, करते पुण्य काम हैं।*

*सही राह से न कोई भटके, वे देते होली नाम हैं।
पढ़ाई लिखाई उन की सिमित, वैसे वे विद्वान हैं।*

*सुमरन करना सिखाते, लगवा देते वे ध्यान हैं।
सेवक गा भजन सुनायें, बाबा श्री 'भगवान' हैं।*

ठुकराया वादा

*प्यार करा कभी ठुकराया, वादा क्या सच्चा किया?
ड़ोर बड़ी अटूट, धागा बहुत कठोर, कच्चा किया।*

*कई बहानों से ड़राया, जो मन आया वोही किया।
दिखा काम न सूत, कैसे मानू, सब अच्छा किया।*

*राहे अजनबी अपनाई, लगे बिन सोचे ही सब किया।
बिन दिए कदापि दोष, खामोश रह कर सबर किया।*

*खुद का मकसद आगे, ग़ौर न और पर कभी किया।
नज़दीकी कोई पास न लागे, हर भगा खाली किया।*

*कहे सुनने में आया, सही रास्ता सदा ही दूर किया।
वार्तालाप लिए समय नहीं, खुद को न शरीक किया।*

*कैसे माने है तेरा रब, न्यौछावर जिस पे सब किया।
जोर लगा बहुत तड़पा, लावा फट जाये प्रबंध किया।*

*रोजाना वजह बिन सता, बेगाना हर अपना किया।
बिन ताल किसी के 'भगवन', हजम कर सब किया।*

किया मुकाबला

*जिंदगी में पाए, हम कई गम।
फिर भी रही दूर, सदा ही रम।*

*हँस कर किया, उन सब को कम।
था प्रभु ने प्रदान किया ऐसा दम।*

*आँखें दोनों हुईं, कई बार थीं नम।
कायम हिम्मत, हारे कभी न हम।*

*साफ, सुथरा, स्वच्छ रखा था चम।
'भगवान' से ड़रे, किया सदकर्म।*

खामोश मजबूर

*होना पड़ता उन्हें खामोश, मजबूर बहुत जो होते हैं।
शिष्टाचार बेचारे निभाते, गम से भरपूर भी होते हैं।*

*सिसकियाँ भरते, अकेले रोते, दूर मंजिल से होते हैं।
वक्त बदलता जब उन का, मशहूर बहुत वे होते हैं।*

*पूछगिश से रहते वंचित, परिश्रमी अवश्य वे होते हैं।
प्यारो भाँति सब के नूर, 'भगवान' के वे भी होते हैं।*

क्या बदलेंगे

*कभी बात कर न पाते, हुज़ूर चुप चाप रहते हैं।
जूँ कान में न सिरके, खोये ख्यालों में रहते हैं।*

*उन्हें फ़िक्र होगी हमारी, इंतजार करते रहते हैं।
लगा वे दिल, सजदा, किया किसी का करते हैं।*

*प्यार में छोड़ इकरार, इंकार अब करते रहते हैं।
वे बदलेंगे कभी 'भगवान', विश्वास करते रहते हैं।*

रहमत होती

*अगर मेरी जां, मेहरबां मुझ पे होती।
मुश्किलें सारी सदा, दूर हम से होतीं।*

*अगर देख पाता खुश मुखड़ा उसका।
और कुछ पाने की जरुरत न होती।*

*अगर साथ देती सुख-दुःख में मेरा।
चिंताएं सारी पास दुश्मनो के होतीं।*

*अगर भरोसा कभी रख हम पे पाती।
सुख, धन, समृद्धि पास क्यों न होती?*

*अगर पेश आती वे बन अटूट अंग मेरा।
हर दिल की धड़कन नाम उस के होती।*

*अगर देख पाती मेरी आँखों से भी।
किसी को कभी भनक तक न होती।*

*चलती अगर प्यार भरी बातें रहतीं।
एक दुसरे से कभी नफरत न होती।*

*अगर संग बैठ खाते, उस को ध्याते।
रहमते 'भगवान' सदा हम पे होती।*

होता लिखा

प्रेम, प्यार, हमदर्दी, इश्क, मोहब्बत कहाँ।
पढ़ लेना उन बारे में, पुस्तकालय हों जहाँ।

हकीकत में चीज, है हर को तोला जाता।
सच को छुपाया, है बोला झूठ भी जाता।

रहस्य छुप न पाते, है खोला उन्हें जाता।
दम किस में कितना, टटोला उसे जाता।

बाँवरे करना ग़र चाहे तो कर के तो देख।
किस पैदाईश से पहले ही लिखे तेरे लेख।

शायद मिल जाये कहीं व जीवन संवार दे।
कर सारे दुःख दूर, कोइ अनोखी बहार दे।

ढिंढोरा नाम उस का, यहां पीट रहे हैं सब।
कुछ बतावें बिन अपती, खुद को ही रब।

है जो उन से भी दूर, कैसे हम को मिलेगा।
फितरत फूल मुरझाना, खिला कैसे रहेगा?

मिलेगा ईश लगा लारा, सब बाबों ने जोया।
छुड़वाया हर, दिमाग अच्छी तरह से धोया।

धर्म कर्म निभा सारे, नर्म प्रेम भाव से प्यारे।
कर दीदारे 'भगवान', देख अद्‌भुत नज़ारे।

आत्म ज्ञान दो

हद न पाया पहुँच, लोग तो आगे निकल गए।
मुसीबतें आईं अनेक, मिल कुछ के हल गए।

मिले कई दर्द भी हमें, सीखने का सबक मिला।
आये हमदर्दी बहुत काम, नहीं विरले की गिला।

इस्तेमाल हुए, बने सहायक, बदले में ये पाया।
दुष्ट भांति रावण, नहीं आजीवन साथ निभाया।

जो किया कैसे इक क्षण में, भुला देते हैं सब।
भूतकाले भिखारी, वर्तमानी बन जाते हैं रब।

चिंता के झुंड़ों से, कई बार गुजरना हमें पड़ा।
गिरना और उठ कर, पश्चात होना पड़ा खड़ा।

हँसा और किया प्रसन्न, दिखाई सब मुस्कान।
दर्श 'भगवान' का दूर, पाया वैसे आत्म ज्ञान।

कल्याणी हुई

शुरू रोज़ाना, नई एक कहानी थी हुई।
ख़ुशी हमरी नहीं, दीवानी औरों की हुई।

रही हालत खस्ता, कभी पुरानी न हुई।
मौसम बदले किन्तु रुत सुहानी न हुई।

स्वीकारा सब हम, नादानी बहुत थी हुई।
कृपा 'भगवान' की रही, कल्याणी जो हुई।

अजब पहेली

दौड़ धूप में जब व्यस्त, सब पच जाता था।
जरुरत खाने की न थी, खिलाया जाता था।

प्यारी निंद्रा रानी कृपालु जब नहीं आती थी।
हाथ माँ बाप के सिर, लोरी सुनाई जाती थी।

उत्सुकता से हर वर्ष, परिणामे पढ़ाई आता था।
कैसे खुशियों के संग, हमरा घर भर जाता था।

विदेश, बड़े हुए जान पड़ा, भाग्य में लिखा था।
वहां हर किस्म का ज्ञान, लगा हमें तीखा था।

किसी तरह सीख, सब बाद उन्हें सिखाया था।
ली पाई हर जोड़, विवाह शुभ भी रचाया था।

तूफान आंधी जब जो आई, हर वो झेली थी।
जिंदगी गुजर कैसे करना, सरल अकेली थी।

कैसे सुलझा हर मसला, अजब बनी पहेली थी।
साथ ईबादत कर न पाये, विपदा हर झेली थी।

है किसी तरह गाड़ी, जीवन की, चलती जा रही।
कृपाये 'भगवान' दुविधायें सब, हैं टलती जा रहीं।

कैसे ऊंचाई

पास जिन रोजी कमाने का था न साधन।
वोही आज बाबे कैसे, सर्वोत्तम से हो गए।

इतनी भेड़ चाल, लगी पीछे चलने उनके।
वे विराज सिहांसन, हो ऊपर सब के गए।

भोजन अलग से लगा बन उन का आने।
खा बिन व्यायाम, थे पतले, मोटे हो गए।

लगी चरण वंदना दिन-रात होने उन की।
आँखें मीच कर दिखें, मग्न जैसे वे हो गए।

भजन बारम्बार भक्त, लगे उनके गाने ।
खुश सुन सुन कर उन्हें, प्रसन्न वे हो गए।

आरती सब भगत उन की, लगे उतारने।
लगे वास्तिव में समझने कि वे रब हो गए।

लोक लाज उन पास, फिर न कोई रही।
कुछ ऐसे फिर उन से थे कुकर्म हो गए।

था सही क्या गलत, खबर ही न रही।
शिकारे क्रोध हुए बहुत, वे गर्म हो गए।

महल उनके हुए सुशोभित चारों ओर से।
देख राज नेता जिन्हें विशाल दंग हो गए।

जयकार सब उन की, थे लगाने लगे मिल।
दर्श इच्छुक रहे खड़े, वो ईदे चंद हो गए।

यहाँ गये स्वागत उन का, भव्य ही हुआ।
पुलिस वाले भी जुटे, प्रबंध सब हो गए।

कहीं पत्रकारों की भी हुई कभी न कमी।
समझे कितने ख़त्म, उन के गम हो गए।

बिन छुए ही लिया, गरीब भी देते थे रहे।
हुईं पूरी न जरूरते, गायब धन हो गए।

किया नाम पैदा, मिली बदनामी भी साथ।
जपा 'भगवान', अखियां बंद कन्न हो गए।

प्यार की धुन

रहे मौन, बोला जो, लिया उसे सुन।
मत पूछो बजी कैसे, प्यार की धुन।

हम में नहीं समाये, उन्हीं में थे गुण।
बुद्धि भ्रष्ट थी शायद, लिया जो चुन।

जब चाहा लिया उन, सिर को मुन।
दूर राम 'भगवन' रहे, हुई जेब शुन।

लकीरे पत्थर

किया वादा, आ करना था आबाद।
भूल गए, उन्हें न कुछ भी रहा याद।

कहा बहुत, मगर रहा कानो से दूर।
सुनने की न आदत, बहुत मजबूर।

कुछ अरसा बाद, क्यों दुहराते हैं?
वोही सुना अनसुना, क्यों बताते हैं?

मानने की नहीं तबियत, रखा राज़।
मनाने का पास, था अजीब मिजाज।

बीते कल की सोचूं, आगे की विचार।
चाहतें पूरी न होवें, सर पे चढ़े उदार।

बिन फ़िक्र फाके, जीवन कटता जाये।
खुद समझदार, आ कोई न समझाये।

जो कहूँ, है लकीरे पत्थर जान लेना।
हर तर्क वितर्क से हमेशा दूर रहना।
ऐसे सम्बन्ध बनाना और ख़ुशी पाना।
रखना काबू में, जुल्मे सितम उठाना।

बर्दाश्त करना सब, बचन सत कहना।
देना हो प्रसन्न, कभी कुछ नहीं लैना।

जो बीते अन्दर, बाहर कभी वो न जाये।
ऐसे जीवकों के हों 'भगवन' ही सहाए।

आँखों से दूर

भूल गए, किया दिल आँखों से दूर।
लाड़ था जिन में, भरा अब गरूर।

मिर्चीली जबाँ, हुई अजनबी चाल।
दूर सही-गलत का रहता है ख्याल।

कर्मम टका, हुआ धर्म्म पर्मम पदम।
मीठी बानी त्याग, हुआ बोलना गर्म।

ढूंढना शायद हमदर्द, कोई मिल जाये।
खोये हकूक, कर कोशिश मुझे दिलाये।

इतनी देर वाजिब दूर रहे सब अपने।
अच्छे दिन आएंगे, दिखाते रहे सपने।

कक्षे दुविधा बैठे, लक्ष्य पहुँच से बाहर।
आवश्यकता विश्लेषण, होवे न जाहिर।

ज़र, जोरू, जमीं में, शक्ति अपरम्पार।
बना देवे दुश्मन, थे होते जो कभी यार।

क्या पूछें, किन्हें बताये, पड़ती वक्ते मार?
हृष्ट-पुष्ट, सभी दिमागी, हो जाते बीमार।

प्रभु संतुष्टि देवे, होवे उन का उपचार।
अर्ज 'भगवान', लगा सब को देना पार।

ज़र घर छोड़

आदर सहित प्रणाम, सुबह, दोपहर व शाम।
जपा सांचा नाम, लिया चरणामृत का ज़ाम।

प्रणाम हर शाम, नाम जाम का नशा हो गया।
क्या साथ में हँसने वालों को, था अब हो गया?

दिन रात कार्य कर, इकट्ठा खूब किया ज़र।
बना लिया इक घर, बोले 'भगवान' तूही हर।

आखिर में ज़र, छोड़ घर, हर का हो गया।
क्या साथ हँसने वालों को, था अब हो गया?

किस्सा-ए-उल्फ़त

किस्सा-ए-उल्फ़त जीवन में, हलचल की निशानी।
मात खाऐ हर कोई, फिर भी, यह दुनिया दीवानी।

खुद करे कोई शुरू, दिया धकेल किसी को जाता।
सब्जबाग एक जैसा क्यों, 'भगवान' नहीं दिखाता।

तरकीब बताई

जमीं पे बैठ समझे आसमां में उड़ रहे हैं।
अछर पे सोचें हैं चूहे जो खोद रुड़ रहे हैं।

आदम खोर शेर, धागे जाल में फँस जाता।
खौफ ऐसा जो छा बिन किसी वजह जाता।

न गुजर संग चिंता, बिन लक्ष्मी पेट खाली।
अंधेर घौर तो सन्नाटा, प्रकाशे दूर दीवाली।

लेना न देना किसी को, सब मुस्कराये जाते।
परिंदों की तरह नहीं जो सबको बुला के खाते।

कीर्तन, भांग, मधुर बानी, सब जरुर यहाँ भाई।
न सामने ऊपर वाला, हर तरकीब हमें बताई।

नक्षत्र देख कोई, हिसाबे जन्म पत्रिका लगाये।
'भगवान' तेरी महिमा, समझ विरला ही पाए।

आदते सच

सच बोलने की, थी आदत जो हमारी।
अजनबी मोड़ पे, उस खड़ा कर दिया।

पूछा गया अगर, हम से कभी कुछ।
उगल जबां हमारी, जल्द सब दिया।

छल कपट से भी, जो किसी ने कहा।
स्वीकार कहा उस का था कर लिया।

कर विश्वास सदा, हम लेते रहे गम।
बहुत जिंदगी में सारा दम भर लिया।

भावना बदले की, न कभी प्रगट हुई।
हवाले ईश्वर अपना, सब कर दिया।

दिखाया प्रभु सारा, बुरा उनका हाल।
जिन से न चाहा, उन कर्म कर दिया।

कहा किसी हमें पूजो, दिन-रात हर।
जुट गऐ निरंतर, दूर भ्रम कर लिया।

जब नजर, खोट उनके, थे आने लगे।
खुद 'भगवन' राह, अलग कर लिया।

शैतान वृति

निकालेंगे रिश्ते, बहुत ही सुहाने।
लिए जरुरतमंद चलाने काम वाले।

घर के बनेंगे, वे उपहार भी देंगे।
प्रेम संग दास, दबाने पांव वाले।

दिन-रात करेंगे, बैठ ऐसी चर्चा।
बना देंगे देवता, वे सराहने वाले।

क्या अंदर उन के, मालूम न होगा?
हमदर्दी बनेंगे, वे, दर्द बटाने वाले।

इक दिन जब, तीर लगेगा निशाने।
हो जायेंगे अलोप, नजर आने वाले।

धर्म का अर्थ, फिर न याद उन्हें रहेगा।
नास्तिक वे होंगे, आस्तिक बताने वाले।

भुलाओगे तो भी, न भुला उन्हें सकोगे।
याद आते रहेंगे, वे, न याद आने वाले।

देखा सुना अनुभव मेरे अंदाज मे

बतायोगे किसी को, अगर हड़ बीती।
जख्मे लगायेंगे नमक, वे, लगाने वाले।

महल जैसे आश्रमों में मिलेंगे श्री बाबा।
अलौकिक दर्श खुद का दिखाने वाले।

छोड़ ईश जो कोई भी, कभी भटका।
मिलेंगे बहुत उसे, यहाँ, भटकाने वाले।

गिरफ्त ऐसों की में, आ कई मासूम जाते।
बना लेते गुलाम 'भगवन', शैतान वृति वाले।

हर प्रकार के

बच्चे बूढ़े निपुण, धर्म कर्म में सब जवान।
करते बाबे की सेवा, मान उन्हें 'भगवान'।

गृहस्थ आश्रम

ईंटों साथ लगा लोहा, दीवारें सीमेंट की खड़ीं।
ऊँचाई उनकी अपनी, थी कद से कुछ बड़ी।

बगीचे और गैराज का भी, भव्य ही निर्माण था।
प्रशंसा करते आते जाते, हमारा ऐसा मान था।

करी हर उपलब्ध सुविधा, हुआ पूरा गौर था।
लगाया सामान महंगा, रहा चल इक दौर था।

विधुत प्रकाश उत्पन्न, आधुनिक हर चीज थी।
दिखे हरेक जगह उम्दा, हमारी ऐसी रीज थी।

बना मकान उत्तम, आश्रम कैसे गृहस्थ बने।
अपने दूर मौन सारे, बादल निराशा के घने।

अभिमान से भरपूर, प्रेम हमारे न पास था।
मालिक महल आलीशान तो भी उदास था।

सेवा में नौकर चाकर, कोई भी न साथ था।
जो धन से मालोमाल, वास्तव मैं अनाथ था।

दुविधा आन पड़ती, बिन विचारे बिगाड़ता।
'भगवान' से भी होता, पास जिस उदारता।

कहाँ हँसने वाले

कर याद रब, साथ संग ले अपने सब।
मिले नयन जब, समीप आ गए थे तब।

उस रब, सब, जब, तब में क्या हो गया?
क्या साथ, हँसने वालों को अब हो गया?

तहज़ीबे शर्म प्रमाण, कर प्रभु का ध्यान।
कर न पाऊं बयान, धड़की कैसे थी जान।

ध्यान, प्रमाण, बयान, जान क्या हो गया?
क्या साथ हँसने वालों को, अब हो गया?

पढ़े वेद और पुराण, प्राचीन धर्म ग्रंथ महान।
कर त्रिवेणी में स्नान, दिए हर तरह के दान।

पुराण महान दान, स्नान, फल खो गया।
क्या साथ हँसने वालों को, अब हो गया?

गाये गीत बड़े, बैठे, दौड़े, लेटे, हुए खड़े।
हीरे और मोती जड़े, ठंड़े हुए कभी सड़े।

खड़े, बड़े, जड़े, सड़े जैसा मन हो गया।
क्या साथ हँसने वालों, को अब हो गया?

समाप्त सब विचार, ली, त्वचा हम निहार।
सूट-बूट में होशियार, जताया प्रेम व प्यार।

विचारे निहार होशियार, प्रेम प्यार खो गया।
क्या साथ हँसने वालों को 'भगवान' हो गया?

कृपालु बाबा

तात्पर्य जीवन का केवल बाबा बतायेंगे।
अनन्त कृपा होगी, चेला तो ही बनायेंगे।

मालिक तन, मन और हो धन के जायेंगे।
करवा सेवा निरंतर, आप की सुध भुलाएँगे।

जागत पावत, सबक पढ़ा, नींद उड़ायेंगे।
सोवत सब खोवत, कह वंदना करवाएंगे।

परम धाम, मोक्ष, निरवाना, आस दिलाएंगे।
पा चुके हैं कितने अंक, सामने वो न आएंगे।

मन मत, पथ भ्रष्ट, रावण, कंस बनाएंगे।
छोड़े जो सेवा, अलग उस से हो जाएंगे।

हो जीवन सार्थक, गुण जो उन के गायेंगे।
व्यस्त प्रचार करने में, जो भी लग जायेंगे।

अजीवन दास, छुड़वा सब वे अपने बनायेंगे।
'भगवान' नहीं ईष्ट सबके, वे खुद बन जाएंगे।

जीना आया

प्यार को प्यार, अब है लगता बुरा।
आगे बढ़ने में खतरा, दिखता छुरा।

कैसे तब्दीली इतनी आ गई जल्द।
क्यों प्यारा भी लगने लगा है बलद?

पूछने पर भी जवाब कोई न मिले।
जो मुरझा चुका, कैसे अब वो खिले?

है दूर रह कर जीना अब आ गया।
मर्म शिकारे हालात का भी पा गया।

अवसर पास, आग मिले अगर कहीं।
तभी पिघल जाऊं, बिन सोचे ही वहीं।

कैसे मोड़ पर, अब ला, खड़ा कर दिया।
अंधकार चारों तरफ, जल सके न दीया।

ओर आशा किरण, खींचा जाता है जो।
टाल मटोल में कभी वो जाता है खो।

आदत पड़ गई अब, बहलाने की दिल।
हो उचित समय जब, तब ही, उसे मिल।

नफरत और नाराजगी, है कायम इधर।
दिखे आसरा 'भगवान', जा चला उधर।

लकीरें प्यार

दुःख, दर्द उन हमारा पूछा न कभी।
वास्ते जिन, सब कष्ट हम उठाते रहे।

क्या प्यार का हमें, उन, तगमा दिया?
खुद जाग कर जिन्हें हम सुलाते रहे।

कैसी लकीरें प्यार ड़ाली, उस हाथ में।
दिन-रात जिस को, दिल से ध्याते रहे।

वक्त बदलेगा जल्द, लगा आस रख।
हम मन अंदर ही, उस को बुलाते रहे।

जिन्हें चाहा, हुआ गरूर उन्हें बहुत।
रह कर चुप हम, अंदर चिल्लाते रहे।

गलती से अगर गया, मुंह खुल कभी।
अश्रु धारा निकली, जिस में नहाते रहे।

कुछ ऐसी प्रकार की, मिली जिंदगी।
गोल मटोल को, हमेशा सहलाते रहे।

साथ चलेंगे वे हमारे, कन्धा मिला।
नज़र दृश ऐसे, ख्यालों में, आते रहे।

प्यार दे सके वे, करी नफरत भी न।
यत्न बहुत किये, हार हम खाते रहे।

दिल लिया जो कभी, उसे दिया ठुकरा।
थे मज़बूर वे, 'भगवान,' सब छुपाते रहे।

महंगाई

रह घर में कामचोर और सुस्त हो गया।
स्कूल जा एक दिन, था, दुरुस्त हो गया।

काम मिला, साथ ड़ंड़ा वहां करारा उसे।
वह भोला सा लौंड़ा, बड़ा खस्त हो गया।

भूल जाने की आदत, पास खूब थी जिसे।
न फिर भुला पाया, वे, ऐसा मस्त हो गया।

खेल कूद का चाव, पाल रखा था जिस ने।
स्लेट तख्ती का गहना, उस हस्त हो गया।

पढ़ लिख गया ज्यादा, अध्यापकों से भी वो।
साधन रोज़ी ढूँढने में, बहुत व्यस्त हो गया।

निराशा से बारम्बार उस भेंट, करी दिन-रात।
विदेश जाना वाजिब, आरामे परस्त खो गया।

पड़ी दुविधा से गुजरे, हर धन कमाने वास्ते।
'भगवाने' दुनिया में महंगा, बड़ा रस्त हो गया।

गुजरा जीवन

बेक़दरों की कदर, हम करते रहे।
सब नखरे मिजाज, भी सहते रहे।

सर उन के, लगा, घमंड़ चढ़ गया।
उतार वो न सके, घाव करते रहे।

सिला सेवा का, बुरा मिल गया।
लिए जिन सदा जल भरते रहे।

एक दिन जब मुंह खुल ही गया।
सुन न पाए, जुल्म जो करते रहे।

हर पल अपने आप, कट ही गया।
समय हर को अनुकूल करते रहे।

कैसे चुपचाप, गुजर जीवन गया।
भरोसे 'भगवान' के ही चलते रहे।

पाँव पर खड़ा

कर भाग दौड़ समय निकालना पड़ा।
बुजुर्गों कहा, बेटा, हो पाँव पर खड़ा।

हो न पाया खड़ा, रिश्ते आने लगे।
क्या आएगा साथ, सूची लाने लगे।

खड़े होने का अवसर, न पूरा दिया।
ड़ाल पांव संगली, कर लंगड़ा दिया।

रेंगने लगा बच्चों को, ले पीठ पर।
बैठ पाया न फिर कभी सीट पर।

सुबह से शाम आई, क्रमानुसार।
रात बेचैनी से गुजरी हर मेरे यार।

मशवरे हरेक ने, थे मुझ को दिए।
सबर के, न चाहे घुट सब मैं पिए।

परिवार बढ़ा, चढ़ा सिर पर कर्ज।
क्या करता निभाया, अपना फर्ज।

तकलीफें पास, साथ अधूरा रहा।
आवाज अनसुनी, जब पूरा कहा।

खाना पका जरूर, हिस्से चूर रहा।
कर पाया न कुछ, मजबूर ही रहा।

पढ़ाई बच्चों की भी, सताने लगी।
शुल्के तिथियां भी याद आने लगीं।

जुकाम, ज्वर, खांसी, हुई पीड़ा कभी।
दवाएं अशुद्ध मिलीं, थीं बज़ार से सभी।

पास वैध के भी, स्वयं ही, जाना हुआ।
याद आया 'भगवान', हुई करनी दुआ।

बंदना जरूरी

सुख दे खुश जो करता, दुःख दूर भगाता है।
ऐसे प्रभु आगे क्यों न प्राणी सीस झुकाता है?

टेड़े मार्ग करे सीधे, जरूरतें पूरी कराता है।
ईश्वर ऐसे की बंदना करता नर कतराता है।

तन सुन्दर दिया जिस, निरंतर सांस चलाता है।
जीभ अपनी से, भजन उस के क्यों न गाता है?

मात पिता, बंधू, सखा, वो, हर अलख जगाता है।
शुक्र करना उस का, क्यों मन को नहीं भाता है?

संतुलित संसार जिस का, अनेक खेल खिलाता है।
उस प्रभु की पाना कृपा, क्यों तुझे नहीं आता है?

चौरासी लाख से निकाल, जो देह मनुष्य बनाता है।
ऐसे ऊपर वाले के बंदे, तू, गुण क्यों नहीं गाता है?

कर भजन बंदगी उस की, असली तेरा निर्माता है।
दर उस का न छोड़ीं, 'भगवान' ही साथ निभाता है।

स्वप्न एकता

गीत तेरे, मैं सारे, गुनगुना रहा हूँ।
गाथाएं तेरी सारी पढ़ सुना रहा हूँ।

आसरे तेरे केवल, जीवन बिता रहा हूँ।
तू ही मालिक मेरा, बताये जा रहा हूँ।

पा मैं कृपा तेरी, ख़ुशी मना रहा हूँ।
जिंदगी का हर पल, जिए जा रहा हूँ।

हँसता हूँ खुद, सब को हँसा रहा हूँ।
दूर रख चिंता, जीना सिखा रहा हूँ।

कीर्ति महान तेरी, देख दिखा रहा हूँ।
रहें पाप सदा दूर, पुण्य कमा रहा हूँ।

हों एक जीव सारे, आशा जगा रहा हूँ।
'भगवान' सीस आगे तेरे झुका रहा हूँ।

रहते हैं दूर

पास हो कर भी, रहते हैं दूर।
ऐसी रखते, अदा हैं मेरे हुजूर।

क्या अन्दर उन के घूम रहा?
प्रतीत बाहर, जिन के न हो।

वार्ता वक्त, दें चुप्पी का दान।
हैं करते प्रस्तुत, ऐसे वे गुण।

हैं धर्मार्थी किन्तु कर्मणे छुन।
बजा रहे जैसी चाहते वे धुन।

आता हर बार है फिर भी तरस।
गिरे बिजली, जाएँ बादल बरस।

है मौला बता कैसा ये प्यार?
कर स्वस्थ को दे जो बीमार।

पड़े जरूरत, मिले, कहीं न दवा।
करूँ दुआ, वो भी आये काम न।

चुप रहूँ तो संतुलन पाऊं कहाँ?
बोलूं अगर तो उड़ती हंसी यहाँ।

खड़ा जिंदगी के, हूँ, उस मोड़ पे।
हाथ आगे 'भगवान', तेरे जोड़ के।

खोया

राज़ सारा ही हमेशा छुपाया गया।
ख़ास को आम शीघ्र बनाया गया।

हर काम, उम्दा करवाया गया।
मार ताने हम को, सताया गया।

सह सका न और, हो बागी गया।
बैण्ड़ उन का खूब, बजाया गया।

प्यार बीच उथल-पुथल हो गया।
घावे इलाज भी न करवाया गया।

प्यार से कर प्यार, खो कैसे गया।
नहीं बतावे 'भगवान', क्या हो गया?

जाना निश्चित

पांच तत्व शरीर, काट दिन सोना है।
जिस ने भेजा यहाँ, उसी का होना है।

जग सराए, मेहमान बन यहाँ रहना है।
साथी सुख दुःख, बना हमारा गहना है।

आये बुलावा, तत्काल जाना निश्चित है।
जाना सब छोड़, गाथा यह विकसित है।

फिर भी लड़ाई, जंग, शांति भंग होती है।
'भगवान' देता सब, दुनिया क्यों रोती है?

मारी मत

वक्ते बदलाव आया, गई मारी जब मत।
शायद जुल्म सहने की थी पड़ गई लत।

करना कुछ था बहुत, कर सके न हम।
मत समझना कि पास था न ज़रा दम।

उजाड़ देना दुनिया, कभी सीखा न था।
कूद युद्ध में जाना, हुआ वाजिब न था।

उपचार हर अपनाना, सोचें रहीं हमारी।
अदाएँ उन की अति, लगती, रहीं न्यारी।

ईश्वरे खौफ से ड़रना, उसे आता न था।
बात सुलझा ली जाये, उसे भाता न था।

कुछ न कहना, लगा उन की तबियत थी।
हूँ सही मैं हमेशा, उन पाली नसीहत थी।

हलचल इतनी, पहाड़ भी गिरने वाला था।
अंधविश्वास में लीन, मन जपता माला था।

यत्न हर कर चुका, बचा न कोई चारा था।
ठीक हो जायेगा सब, बैठ सोचे बेचारा था।

निष्पक्ष दिखा गया, कपट जो अनोखा था।
पूजनिये हस्तियों में, रहा कायम धोखा था।

बगल में छुरी और स्वांस में सच्चा नाम था।
जगत करता सदा आगे जिन के प्रणाम था।

अभिलाषी लक्ष्मी सब गुलामों के खोजी थे।
भरे दिल में कई खोट, दिखने में मौजी थे।

हुई पूरी पूजा न इबादत, अति दूर है अभी।
देना शांति किसी को होता सम्भव न कभी।

ख़ुशी से क्षण अपने, अब बिताये जा रहा हूँ।
गुण साक्षी 'भगवाने', मुंह से गाये जा रहा हूँ।

चाहत बड़ी

हो आशाजनिक पास, जिस के भी गए।
उस प्रस्ताव, हमारा, हर रद्द कर दिया।

आशा फिर भी न त्यागी, हम ने कभी।
द्वार और खुलेंगे, लम्बा कद कर लिया।

पाए बंद और, तो भी, हारी न हिम्मत।
इरादा अपना और मजबूत कर लिया।

जब खुले तो दिखे, हमें, वो थे अनेक।
पाया सुकून व दूर गम हर कर लिया।

जिन को बेहतर मिले थे, हम से कभी।
सताया इतना, नाक में दम कर दिया।

सही वक्त देखी, उस की दरिया दिली।
न चाहा जिन, उन्हें चाहवान कर दिया।

मांग इतनी कि हुआ, नाह करने में दर्द।
था जब हमें पूरा, उस आबाद कर दिया।

ऊंच नीच जिंदगी की, थी देखी हम बड़ी।
दुःख कर दूर 'भगवान', हर फल दे दिया।

जुदाई

मौसमे बरसात, रोमांचित बात थी।
ख़ुशी भरा दिन, व सुहानी रात थी।

पहली बार की, कैसी मुलाकात थी।
बिन विधुत झटके, खायी घात थी।

सोच ज्यादा, मुंह बंद, खोये थे कहीं।
वास्तव में साथ, मालूम, थी वो वहीं।

पास हो भी, न जाने, दूरी वहाँ थी।
सरक होते क़रीब, हिम्मत कहाँ थी।

सामने स्थिति ऐसी, हमारे आई थी।
मर्जी 'भगवान', फिर जुदाई पायी थी।

करती चपाट

निपुण हर कर्म में, ढूंढी त्रुटि उस और छाँट ली।
रही उदासी हर पल, ख़ुशी उस क्यों न बाँट ली?

सब को कोस के जिया, जिंदगी अपनी काट ली।
बहुत फिर भी हाट, प्यारे, लगी उस की लाठ थी।

ख़ुद को पाया जब अकेला, आसमाँ नीचे खाट थी।
अँधा प्यार या उस की किस्मत, कोई तो बात थी।

चांदनी कम, देखने में आई, घोर अँधेरी रात थी।
बहस में जीतना मुश्किल, देती सब को मात थी।

क्रोधित रहना फितरत, वक्त सारा लेती काट थी।
पढ़ी लिखी भी न कम वो, पैन हाथ पास दवात थी।

नख़रे उस के सब से ज्यादा, अच्छी खासी ठाठ थी।
धार्मिक 'भगवन' भरी गुणों से, कर देती चपाट थी।

कर ले शादी

कर ले बेटे शादी, बोले माँ बाप व दादी।
जा युवराज हमारे, ले घर आ शहजादी।

होगी शहर वाली, वे शायद कोई देहाती।
क्या होगा उसका, थी सोच उन्हें न आती?

तर्क वितर्क भगा, चल दिए ले बाराती।
चढ़ जा घोड़ी बेटे, कर के चौड़ी छाती।

संग सखे सहोदरे, थे और मेरे कुछ नाती।
खबर फ़ैल गई सारे, मिली हमें ख्याति।

बादल नम्बर नौ पर, अब बैठे पंक्षी दो।
भुला पिछला, दूर रख आगा, रहे थे सो।

समय बीता, गई बदल विचार की धारा।
हुआ बेटे क्या, था तू राजकुमार हमारा।

पास तेवर चुड़ैल, बन जो लक्ष्मी आयी थी।
फितरत उसकी में केवल चंड़ी समाई थी।

उपचार असंभव, रोना धोना ही हुआ शुरू।
प्रभु छोड़ बन बैठे, थे अब, चेले जगत गुरु।

कहाँ गए माँ बाप और उन के संगी साथी।
चूहे से ड़रने वाला, कैसे बन गया था हाथी।

गऊ होती थी जो, किस ने शेरनी उसे बनाया।
ड़ाल कैसा रस मुंह मे, जबाँ को गन्दा बनाया।

प्रश्नों के उतर उसे, आ बच्चे उस समझायेंगे।
चैन उड़ेगा तेरा बच्चू, ऐसा सबक सिखायेंगे।

हमारे तो दिन बीत चुके, कभी तेरे भी आएंगे।
है जो बीजा तूने अब , फल वैसे हिस्से आयेंगे।

हर घर बीते ये कहानी, चक्र चलता जाता है।
'भगवान' छोड़ प्राणी, फँस माया में जाता है।

निंद्रा आना

नींद रही थी दूर, रात भर न सोये।
उठे प्रातःकाल, लगे थे खोये खोये।

दिन बीता कैसे, किस को बताएं।
दुःख कैसे इतने, आ हमें सताएं।

की कोशिश, कुछ कर न पाए।
करते भी कैसे, समझ न आये।

भुलाया सब, याद भी न किया।
की नेकी, व ड़ाल नदी में दिया।

संतुष्ट हो, अपने, दिन बिता रहे।
फिर भी हमें, गवारा वो बता रहे।

कट चुका दिन, रात आ रही है।
कृपा 'भगवान', नींद आ रही है।

बल का इजहार

हो के पास भी, दिल से दूर रहते हैं।
व्यस्त बहुत हमेशा, हम से कहते हैं।

दावा करें कि हर कण में व्यापक हैं।
विश्वास नहीं, रहे हम भी अध्यापक हैं।

कृपा, दया बहुत, ऊपर वाले करते हैं।
इबादत में जिस, सब सजदा करते हैं।

पास न समय, वास्ते हम जो रखते हैं।
हर ख़ुशी की क्यों, आस वो करते हैं?

वो भी जिन से, अधिकतर एलर्जी है।
चुपचाप सहे जाते, खुदा की मर्जी है।

फट, क्यों न विचारें, लावा सकता है।
अवहेलना सदा नहीं अच्छा लगता है।

प्रेम प्यार में बल का इजहार होता है।
न जाने कैसे 'भगवाने' दीदार होता है।

बचाना कठिन

गायब हुई शर्म, संग जो उस के आई थी।
छोड़ आई जा कहीं, वो नज़र न आई थी।

समाप्त अपनी कर दी आस, धीरे से सब।
उम्र भर जो हम ने, बाबत उस लगाई थी।

खर्चे बड़े, चढ़े कर्जे, टप वे गए उम्मीदों से।
खाता खाली, ड़ाली हरेक जिस में पाई थी।

निवृत्ती कर्ज से पानी, लगे ज़ोर रोजाना अब।
खर्चे कम हों उस के, कमी कभी न आई थी।

आ गए कई, हिस्सेदार, जीवन हमारे में और।
सपरेटा दूध, बनावटी ऊपर उस मलाई थी।

शोरोगुल होने लगा, फिर घर के हर कोने में।
आवाज मेरी फिर, किसी को सुन न पायी थी।

बाबे इबादत करनी, उसे शोक फिर से चढ़ा।
फूटी कोड़ी भी न दिखी, कभी जो कमाई थी।

ढूँढ लेते हमें सब, रहते लापता मगर देने वाले।
इस तरह लक्ष्मी विदा, हो घर हमारे से पायी थी।

शिकायत सुनी हर तरह की, सब दिशाओं से।
अर्ध अंग जीवन मेरे का, बन जो कभी आई थी।

हिसाब किताब कमजोर, उसे न कोई ताल्लुक।
हस्त में बचत करने की लकीर, प्रभु न पायी थी।

पूरे हो पाते न शौंक, उस के, अनगिनित रहे जो।
किस्मत उस 'भगवान' से हम, ऐसी ही पायी थी।

प्रशासन का अंत

शर्मीले मीठे स्वर, कभी, गूंजते थे कान में।
लगता उस प्रशासन का पूर्ण अंत हो गया।

खिदमत करनी, और, इतबार हर इंसान पे।
रख सका न कायम, भ्रम था बड़ा हो गया।

जमा कराया था प्यार, सारा इक जान में।
पड़ा हिफाजित में था, बहुत कम हो गया।

वाड़ खाने लग गई घुस, अपने ही खेत को।
फसल का होना व काटना कठिन हो गया।

बिन आवाज टूटा दिल, मन डूबा ख्याल में।
समझ समझाना, सुनना सुनाना बंद हो गया।

थे सवार कश्ती पे, गयी दलदल में जो फँस।
बल निकालने में लगा, करना श्रम हो गया।

ड़ाल दिया मुसीबतों ने, व्यवस्था ऐसी में हमें।
पूछें 'भगवान' से हम कैसे कि क्या हो गया?

उमड़ेगा प्यार

कर प्यार, पायेगा प्यार, होगा जो लकी।
तपन प्यार की शीत, विरला पहुंचाएगा।

प्रकट कर न खुल के, इच्छा प्यार की।
समय आने पर प्यार, मिल ही जायेगा।

घृणा प्यापक, दुश्मनी भी हो गई सखी।
जागा जो प्यार, उमड़ क्या वो पायेगा?

हुए दूर इतने, मिल आँखें भी न सकीं।
प्यार ग़र सच्चा, मिल अवश्य जायेगा।

मिर्ची लगी इतनी, चख जुबान न सकी।
फल किया जो कर्म, मिल जल्द जायेगा।

गर्मी, अधिक सर्दी भी सहन हो न सकी।
खुद को बचाते रहना, टल वक्त जायेगा।

संतान एक दुसरे को, सदा जर न सकी।
पैदा हुआ प्यार, कायम रह क्या पायेगा?

बाबे आ टपके, इबादते ईश, हो न सकी।
कैसे रिझा 'भगवान', कोई भक्त पायेगा।

हम हम न रहे

हम, हम न रहे, पास वो दम न रहे।
उन से मुलाकात होने थी, हो के रही।
पास फिर अपने, जो थे वो दम न रहे।
हम, हम न रहे, पास वो दम न रहे।

कैसी सुंदर थी काया, घुंघराले वाल थे।
व्यर्थ खर्च से बचे, क्या मालोमाल थे?

रखा घर लक्ष्मी कदम, हम, हम न रहे।
पास धन न रहे, और हम, हम न रहे।

कैसा आया बदलाव, भुला सब दिया।
ख़ुशी कायम रहे, सब हम ने किया।
सज्जन दूर कर दिए, हम, हम न रहे।
गायब हो गये श्रम, हम, हम न रहे।

बारम्बार कई तमाशे, देखने को मिले।
आपत्ति जताई, की न कभी कोई गिला।
हद सबर की दिखी, पार जब हो गई।
होने लगी उछल कूद , हम, हम न रहे।

साजिशें चक्रव्यूह, सामने आने लगीं।
याद अगली पिछली भी, सब आ गई।
रण में निकलना पड़ा, महाभारत शुरु।
देख द्रोणाचार्य धर्म, हम, हम न रहे।

कैसी अँधेरी से करना पड़ा सामना।
चटान बन रुख, मोड़ा हो कर खड़ा।
तेज बहुत चली, दम तोड़ ही दिया।
गम भूतकाल भेज, हम, हम न रहे।

क्या समझूँ, हो गया, सब खात्मा?
पाप कर खत्म, हुए, सब धर्मात्मा।
सोच कभी किसी की कम न हुई।
वार चुपके से, पीछे से कम न हुए।

खेल छुपा छुपी का, अब भी चले।
लक्ष्मी बिन अड़चन, होवे अदृश्य।
घर मैं बैठे हुए, हम सब हाथ मलें।
कृपा 'भगवान', निर्मल मन न हुए।

समझौता करना

नफरत करनी न आई, प्यार से दूर था।
आखिर करना पड़ा, न जाने मजबूर था।

शीघ्र ही बदल जायेगी, शक्ति सोच की।
वो भी उस से, पास जिस, अति गरूर था।

हर तरह से कर्म, हमारे अनेक थे विरुद्ध।
समझौता कर रहना, वास्तविक में दूर था।

फिर विज्ञान की सब, शिक्षा गई याद आ।
आपस उलटों का पास, जाना हो जरुर था।

हाँ में हाँ मिलाने वालों की जग में न कमी।
नाह और हाँ में ही बस्ता, 'भगवाने' नूर था।

अध्यात्म की ओर

बांटते रहे थे हमेशा, कभी सब को मशवरा।
अब त्याग दिया, हम ने भी, मोह माया को।

लगाव लगा जब, दरुस्त हटाना जग से पड़ा।
हैं ढूंढते जगह, दुःख दर्द जहां समाया न हो।

जिंदगी शेष अब गुजरेगी, कर उस का भजन।
अपना कर मार्ग, सद्ध व शुभ, अब करेंगे कर्म।

विश्वास अटूट, दिल मजबूत और रख के नर्म।
त्याग दुरूपयोग, नशा, निभाएंगे हम हर धर्म।

आएंगी रुकावटें बहुत, उन को भी लेंगे सुलझा।
पूरी श्रद्धा व लगन से, उस को भी हम लेंगे रिझा।

हो सकी जितनी भी, जिस से, ली हम थी निभा।
त्याग उगाहना, रह बाबों से दूर, जिंदगी न गवा।

गिले शिकवे शिकायत, कभी जो न होते थे कम।
रखेंगे कोसो उन्हें दूर, पास नहीं होगा कोई गम।

दुनिया के सब झंझटों से, छुटकारा पा लेंगे हम।
रहेंगे इबादत करते उस की, जब तक होगा दम।

स्वार्थी प्यार को छुड़वा ही देगा अच्छा नसीब।
होंगे माया से निवृत्त, और ईश्वर के हम करीब।

विषय विकारों में जो फसे, उन्हें लगेगा अजीब।
कृपा 'भगवान', अध्यात्म में, रहेंगे हम न ग़रीब।

दिल का खेल

था जिस दिल को कभी स्वीकार किया।
था बारम्बार उसी ने तिरस्कार किया।

था वही दिल बड़ा, जिस पर नाज़ किया।
आबाद, फिर बर्बाद कर उसी को दिया।

कर जिस पर कब्ज़ा, थी हकुमत चलाई।
उसी से फिर झगड़ा व ताजुब्ब रुस्वाई।

था जो दिल चुपके से, बिन मांगे ही लिया।
खफा उसी पर, हर पल, खुद को किया।

उसी दिल लिये धड़कन, कहाँ अब गई।
लुप्त प्रेम, प्यार संग सूझ बूझ सारी भई।

वापिस माँगा दिल, सोचा, अच्छा किया।
हमारा न पास रखा, फैंक उसे भी दिया।

दिल की बीमारी ऐसी जो करे ऐसी तैसी।
इलाज़ मिले न कोई, दुविधा होसी ऐसी।

चुपके से दिल तोड़, मुंह बंद, न बोलना।
लगा फाटक को कुण्ड़ी, उसे न खोलना।

बाढ़ जितनी भी आये, मुंह को न मोड़ना।
तोड़ फुर्ती से देना, फिर नहीं उसे जोड़ना।

दिल का व्यापार ऐसा, करे हर पैसा पैसा।
हों लाखों 'भगवान' यत्न मिले न इस जैसा।

दूरियां

नजर दूरियां आने लगीं, कर तन्हा रुलाने लगीं।
घड़ी अच्छी, वक्त बुरा रहे दूर, करो सारे दुआ।

करना इंतजार देख लो, निकालो चुभी मेख को।
घाव मिटाए खुदा, सब मिलजुल रहें, हों न जुदा।

बिन उलझन के काम हो, सुबह सुहानी शाम हो।
कटे हर क्षण प्यार से, रूठे अपने न कोई यार से।

कदम गलत उठाना नहीं, बिगड़ न जाए बात कहीं।
जितना हो बिता लेना, जरूर त्याग सब देना गरूर।

आफत आ पड़े जो पल्ले, लगा अपने उसे लेना गले।
हो उपचार जायेगा, पार कृपालु 'भगवान' लगाएगा।

होंगे सफल

कर कृपा उस, सब कुछ दिया।
कैसे बन्दे शुक्र, उस का किया।

हिम्मत करी, मदद उस की पाई।
होता दिल तोड़ना, सुन पाप भाई।

हो सके, अच्छा, कर कुछ देना।
कटु वचन, मुंह से, नहीं कहना।

क्षमा याचना, सुधारे है गलती।
शीतल जल, शमा नहीं जलती।

भूत सवार, सरे होने न देना।
मीठत से, मोह हर को लेना।

ध्यान रहे पहुंचे, न किसे क्षति।
मारी जाये न अपनी कभी मति।

हर कदम पे कांटे, सामने आयेंगे।
खून पसीना बहा, सफलता लाएंगे।

जिंदगी में आयेंगे, बहुत ही मोड़।
नाता रखना सदा, ईश्वर से जोड़।

उन्हें मंजिल जरुर मिले इक दिन।
रह न सके जो 'भगवान' के बिन।

निभाना पड़ेगा

नहीं मालूम, क्या मिलाया गया?
प्यार किस कदर, निभाया गया।

न्यौछावर कर दिया, किसी सब।
किसी पाया, कहीं और ही रब।

प्यार आनंद, जीवन में लायेगा।
था न सुना, तारे दिने दिखायेगा।

प्यार, प्रेम, यार सच्चा होवे जरुर।
पेश आता कभी, बन अर्शे गरूर।

प्यार में शिकस्त, सदा मिलती रहे।
प्यार निभाना पड़ेगा, सभी हैं कहे।

प्यार नहीं तो दूर, उस की अनायत।
प्यार मिला, हुए, शिकवे शिकायत।

प्यार विख्यात, साथ नफरत पले।
प्यार पर बस, न कभी कोई चले।

प्यार जब सर, ग़र हो जाये सवार।
भूल जाए दुनिया, हर नारी व नार।

प्यार में प्रभु ऐसी, क्यों शक्ति भरी?
प्यार से शायद, उस की भक्ति खरी।

प्यार के झंझट, रोजाना बड़ते रहें।
'भगवान' नाम ले, सब लड़ते रहें।

उपचार कहाँ

बताया उन्होंने, बहुत उन पास था।
मालूम हो गया, पश्चात न खास था।

जो भी था लुत्फ़, उन के इंतजार में।
लुत्फ़, वो पाए उस दीदार में न था।

आदत हो गई थी, इंकार सुनने की।
दम उन से मिले इकरार में न था।

शर्मीली सी वो अदा, कहाँ खो गई।
सबक सारा, अब तकरार में ही था।

पहलवान भी अब कमज़ोर पड़ गया।
घाव जो पाया, दिया सरकार ने ही था।

न दिखने वाले वार, होते गए तीर से।
वक्त मिला किसी पुकार का न था।

हालत होगी ऐसी, था पहले न पता।
ढूँढा 'भगवान', मिला न उपचार था।

शांति ग़ायब

कबीलदारी में ऐसा जरुर होता है।
मुस्कान आलोप, हर कोई रोता है।

बाएं जाएँ या दायें, मजबूर होता है।
चिंताएं इतनी, नहीं चैन से सोता है।

प्यारी दलदल में, हर खाता गोता है।
दादे से दूर पापा, होता हैरां पोता है।

वातावरण ऐसा, हरेक ठीक होता है।
शांति ग़ायब, शोरोगुल बहुत होता है।

निर्धन कोइ धनी, घर भक्त होता है।
शरणागत 'भगवान', अंत हर होता है।

जिंदगी झंझट

रिश्ताए खून में, सफेदी आ गई।
अभिलाषा लक्ष्मी, कैसे भा गई।

प्रेम से रहना न फिर भा गया।
फितूर सर पे ऐसा था छा गया।

आवश्यकता, लक्ष्मी की आ पड़ी।
सोचे कैसे हाथ न आये हर घड़ी।

जानते लक्ष्मी हो न किसी की रही।
फूटे दूध का, क्या बन सके है दही?

कैसी विड़ंबना, है पैदा प्रभु ने करी।
खाना जिस को नहीं पचे, पेटी भरी।

खून बेचे रोटी खातिर, बेचारे शख्स।
पाते मुफ्त पकवान, कई अपने कक्ष।

खोपड़ी दौलत से, किसी की न भरी।
सिकंदर की सूखी बगीची रही न हरी।

गुमान कर फैसला, सब करते यहाँ।
विश्वास किसी पर होवे अब है कहाँ?

चाहते हैं शांति, पर पा सकते नहीं।
सद्ब बुद्धि पायें, सुखी हो जाये कहीं।

ईश्वरे पे रख विश्वास भी खो जाते हैं।
युद्ध उस के नाम से ही छिड़ जाते हैं।

होवे ख़त्म जिंदगी, झंझट चलते रहें।
'भगवान' जी पास, दूर फिर भी रहें।

कोष भर गया

सोचते कुछ, कवेला कर दिया।
करवटे वक्त, अकेला कर दिया।

किस्मे किस, झमेला कर दिया।
बन हरेक गुरु, चेला कर दिया।

प्रदान हुई, मालिक की दया।
वस बंजरे धरती, नगर गया।

आकर्षण चुम्बकिये ऐसा भया।
खाली था कोष, भर पूरा गया।

आनंद पाया, शामिल हो सब।
गुण उमर भर, गायेंगे अब।

लीला व्याख्यान, करेंगे तब।
प्रेमी हाले सफ़र, पूछेंगे जब।

दुःख दर्द भूल सब जायेंगे।
गाथा दिल पूरे से सुनायेंगे।

अति स्मरणीय था, बताएँगे।
मिला 'भगवान' से न पायेंगे।

क्या था

आंसू थे ठन्ड़े, पर जलवा बुरा था।
देख न पाया, जो न देखा कभी था।

आज तक भी, वह याद है सताती।
देखना बुरा 'भगवान' या मैं बुरा था।

लेता हूँ

मुसीबतों से पड़े जब पाला, हंसी ढूँढ ही लेता हूँ।
चिंताएं भगा सारी, फ़िक्र सारे जला ही देता हूँ।

जुल्मो सितम सहने की, है हो गई कुछ आदत।
सामना न हो कभी तो उन्हें कहीं पा ही लेता हूँ।

होती जा रही नफरत से, मेरी अब तो ऐसी यारी।
प्यार रहे मु झ से अति दूर, घृणा पा ही लेता हूँ।

सबर व धैर्य से व्यतीत, करी है जिंदगी अपनी।
'भगवान' से जो भी चाहिए, सब पा ही लेता हूँ।

प्रसादे भगवान

अंधी प्यार में हुई थी, समझ एक दिन पाऊँगी।
छोड़ सब हुई उस की, कारण बता न पाऊँगी।

जिस लिए वैभव छोड़ा, समझा उसे न पाऊँगी।
प्रेम गीत जो उस लिखा, फिर सुन क्या पाऊँगी?

शर्मीले स्वभाव सहित आई थी, भूल न पाऊँगी।
अत्याचार कोइ सह न पाई, मैं कैसे बताऊँगी।

हर समय साथ दिया, क्या दासन बन रह जाउंगी?
मुतालबा जो कबूल किया था, क्या उसे जताऊँगी?

मानेगा सिर्फ मेरी, करेगा वही, उसे जो सुनाऊँगी।
लक्ष्मी इच्छा वो रखे, प्रसादे 'भगवान' खिलाऊंगी।

वैसा न दिखा

हर चाहे हो भविष्य उज्ज्वल, दिन रात लगावे ज़ोर।
महंगाई का आया जमाना और चापलूसी का दौर।

अभाव सहन शीलता का फैला, हर तरफ बड़ा शोर।
जैसी की उपेक्षा 'भगवन', दिखा वैसा कभी न तौर।

भूल बैठे

हमारे हितेषी बहुत प्यारे, कुछ हम को लूट बैठे हैं।
अपने नजदीकी के दोस्त, कुछ हम से रूठ बैठे हैं।

पथ प्रदर्शक बड़े मशहूर, कुछ हमें न सूट बैठे हैं।
बड़े नेता दुविधा हरने वाले, 'भगवान' भूल बेठे हैं।

घर खुशहाली

रोज़ाना ईद मनाना, चांदनी और हो दीवाली।
भजन, आरती, ग़ज़ल, सुनना कभी कव्वाली।

होगा हर सेवक, रसोईया, धोबी और माली।
कृपा 'भगवन' से होगी, घर सदा खुशहाली।

पैसा ताकतवर

जिस से प्यार था अपना, है बीते समय का सपना।
क्यों भूलीं सब कसमें, किस घोला जहर न समझे?

अर्श पर बैठ रहा खुद सोच, लगे पैसे का है जोश।
बहुत लालच अब आता, आदर स्वभाव भी न भाता।

सच बोला न जाता, चाहे बेचारा, हाथ कछु न आता।
पैसे में बहुत है ताकत, 'भगवान' की भुला दे इबादत।

मालोमाला

देखी आदत कईयों में, याद जरुरत पर ही करना।
सीखा फिर भी हमने, बिन वजह किसी पे मरना।

परलोक चलाना होगा, कह श्री बाबे किसी ड़राया।
और कहा कर सेवा मेरी, माल भी अत्यंत कमाया।

मेरे ईश्वर यक़ीनन, नाम दुःख भंजन तेरा निराला।
धंधा करदा 'भगवान' जो तेरा, ओ हुँदा मालोमाला।

गरीबों के सहारे

बनते जो गरीबों के सहारे, खुद धनी हो जाते हैं।
करुणामयी वृति वाले देखे जो बहुत चिल्लाते हैं।

कृपा निधान दिखते, जान सब की बन जाते हैं।
घर छोड़ सब उम्र सेवक, चले उन के आते हैं।

पेट भर फिर खा सकते, न आराम कर पाते है।
बीमार पड़ें वे जब, इलाज न अपना करवाते हैं।

गरीब ऊपर उठ न पाते, रोजाना बढ़ते जाते हैं।
बन अवतारे 'भगवान,' कई धंधा खूब चलाते हैं।

चूना लगाया

किस किस तरह के फूल, जीवन में खिलते हैं।
अपने संयोग, न जाने, किन किन से मिलते हैं।

कोई आया मसके साथ, किसी चूना लगा दिया।
जिस पर किया विश्वास, उस भी दगा ही दिया।

किसी लूटा अपना बन, किसी बेगाना बना दिया।
याद आते थे जिसे हर पल, उस कैसे भुला दिया।

स्वार्थ के पल निकलते जा रहे हैं, अब भी कई।
जानते बिलकुल गलत, समझते फिर भी सही।

उन्हें नहीं मालूम मेहनते फल अच्छा आता है।
बिन श्रम के पाया धन, केवल गंवाया जाता है।

समझने या समझ पाने की, जरुरत किसे क्या?
दे कैसे पावे 'भगवान', सद्ध बुद्धि, अक्ल, दया।

स्वच्छता

सफाई इच्छुक बीबी, खलेरे से घबराती है।
इधर उधर पड़ा सब, ठिकाने वे लगाती है।

गायब दवा-दारू व पेंसिल भी हो जाती है।
बिन तर्क वितर्क, हुकूमत शुरू हो जाती है।

पतिव्रता पति परमेश्वर की रानी बन जाती है।
भोजन मन चाहा बना, ड़ांट साथ खिलाती है।

क्रोध भरपूर इतना कि न कभी मुस्काती है।
फ्यूज अक्सर उड़ता, ऐसे हालात बनाती है।

कुसक न सके कोई, सबक ऐसा सिखाती है।
सर्वव्यापक 'भगवान', नजरे बीवी आती है।

पड़ा दबाव

थी भाग्य में राजकुमारी, मैं नाहीं नवाब था।
अचानक हुई शादी, ज्यों ही पड़ा दबाव था।

सीखा, कर लिया प्यार, कभी जो ख्वाब था।
कली हस्त में गेंदा, कभी होता गुलाब था।

आई जब संतान, हुआ, संग उस लगाव था।
बहुत आलसी 'भगवन', मिलता जवाब था।

अमन भंग

प्यार जिंदगी में आया और अमन भंग हो गया।
हालात शीघ्र ऐसे बदले कि सफ़ेद रंग हो गया।

किसी तरह समय बाद, उसका संग हो गया।
सूना पड़ा कभी अस्थिर, हरेक अंग हो गया।

देख एक दूसरे को साथ, हर कोई दंग हो गया।
खर्च बिन वजह ही लगा बढ़ने, हथ तंग हो गया।

प्रत्यक्ष हंसी, मस्त दीवाना, प्यार दबंग हो गया।
शांतिपूर्वक वातावरण, संगीन फिर जंग हो गया।

मौसम रहे बदलते, आरंभ कभी खंग हो गया।
'भगवाने' कृपा ऐसी, घर में स्नाने गंग हो गया।

मंजिल कठिन

कुछ बोला, न बेरंग ही रहे।
सुख आस, दुःख भोगते रहे।

अंदर से निराश, प्रसन्न दिखे थे।
भेजे न कभी, जो खत लिखे थे।

मर्यादा कायम, करी भक्ति थी।
भक्तों की भीड़, बहुत बड़ी थी।

भक्त भी अनेक, क्रोध वाले थे।
बाहर सफ़ेद, अंदरूनी काले थे।

मुखिया बहुत उन के सियाने थे।
धन लेते खैंच, भरते खजाने थे।

सभी वैसे आये, वैसे ही जायेंगे।
मेहनती या आलसी, कहलायेंगे।

दुविधाएं आ अवश्य सताएंगी।
अच्छे पल, बिलकुल भुलायेंगी।

मार्ग दर्शकों की, होगी न कमी।
सोच में ड़ाल, पैदा करेंगे गमी।

रास्ते मंजिल कठिन, होगी दूर।
योगी जैसी वृति पाओगे जरुर।

गा, बजा कर मन, बहलाओगे।
गुण अंतः 'भगवान' के गाओगे।

बदल जाती

प्रेम प्यार कितना, दिखाते थे जो।
हुए पैसे अब, आँख दिखाते हैं वो।

आदर न सम्मान, है सूजन मुखड़े।
दुखी करते व सुनावें अपने दुखड़े।

मुंह से बात करनी, गए कैसे भूल।
आँखों में ड़ालने अब लगे हैं वे धूल।

समय का चक्र

दोपहर बीती, बाद शाम रात हुई।
गर्मी, सर्दी और कभी बरसात हुई।

था सुहावना वक्त, जब वो बात हुई।
बोल भी न पाए, जब मुलाकात हुई।

नजर उठाते, अच्छी खासी घात हुई।
बिन चेतावनी के ही, अकस्मात हुई।

बिन पंख के परिंदे, वास्ते दात हुई।
आरंभ निगरानी शुरू, दिन सात हुई।

कैसी कैसे कहाँ, पूछो मत पात हुई?
दुःख से भरे समुंदर की प्रभात हुई।

लम्बे क्षण, दुःखी मन और मात हुई।
'भगवान' कृपा, हम पर भी तात हुई।

चुपके चुपके से

हँसाता कभी रुलाता है, प्यार तप ऐसा होता है।
शुरू धीरे- धीमे से होता है, पूरे विश्वास से होता है।

चुपके - चुपके से होता है, न जाने क्यों ये होता है?
समय अनुकूल होता है, सब जब खोना होता है।

आकर्षण इतना होता है, बचना मुश्किल होता है।
दर्दनाशक सा होता है, दर्दनाक साबित होता है।

भरा खुशबु से होता है, स्वाद से मीठा होता है।
हालात हर में होता है, कभी तो धोखा होता है।

तैरना इस में होता है, व पड़ता खाना गोता है।
फलना फूलना होता है, 'भगवान' सर पे होता है।

पूरा स्वांग

अर्पण कर हर समस्या, अलोप वे हो जाते थे।
प्राण प्यारे व न्यारे, सहारे बन औरों के जाते थे।

उन से पूछे क्यों न कोई, कहाँ कहाँ मंड़राते थे?
समर्थन उन का करने, कई भागे दूर से आते थे।

चुप हुए हम भी न कभी, ऐसा सबक सिखाते थे।
'भगवान' पूजा करने का, पूरा हम स्वांग रचाते थे।

हर व्यस्त

फितरत बक्शी उस, उसे पेश खामोशी में आने की।
बहुत किया इंतजार, जरुरत अब नहीं समझाने की।

करते रहे परवाह हम, बड़ी, इस व्यस्त ज़माने की।
करनी कड़ी मेहनत पड़ी, हमें भी रोज़ी कमाने की।

आदत देखी व्यापक, यहाँ सब को उल्लू बनाने की।
पा शिक्षा हम ढूंढे लक्ष, तरकश के तीर चलाने की।

बहुत सहा जीवन भर, है न बात कोई बताने की।
घड़ियां सदुपयोग करीं, हमें अपनों ने सताने की।

राम नाम कई जपते, जिन में ताकत दबाने की।
थी न क्षमता उन में, श्री 'भगवान' को पाने की।

सज्जन न यार

सुने बच्चों का शोरोगुल, भरा संसार होता है।
चाहिए उड़ने को पर बहुत इन्तजार होता है।

बढ़ना आगे, लगाना दिल, यही प्यार होता है।
ख्याल जाएँ अगर मिल, सुखी परिवार होता है।

शांत बोलें, कहें हो चिल, सातों वार होता है।
प्रेम का चुकाना पड़े बिल, बारम्बार होता है।

स्कूल रिपोर्ट, जब निल, रोना धोना होता है।
जब उतरेगी छील, सज्जन नाही यार होता है।

आशाएं हों फिल, किस्मे हर उपचार होता है।
कर सेवा 'भगवान', न हिल, ये प्रचार होता है।

भाग्यशाली होगा

राज विधा राज गुहा, सचे नाम को पाना है।
छोड़ अपना प्रभु, सिर्फ बाबा ही रीझाना है।

कर आजीवन सेवा, परम धाम को जाना है।
पा हम उन की कृपा, चौरासी भी मिटाना है।

ऐसा आश्वासन, कई, सेवकों ने दिलाना है।
निरंतर करना सुमरिन, जिन्होंने बताना है।

हर दुविधा से छुटकारा, बाबे श्री कराना है।
लगा कमाई सारी, प्रचार उन का बढ़ाना है।

दर्शन दुर्लभ, साकार व निराकार सुहाना है।
होते भाग्यशाली, वो भक्त, जिन्होंने पाना है।

भेड़चाल, जनता एकत्रित अवश्य हो जाना है।
हर बार उन्होंने मालूम प्रवचन वही सुनाना है।

त्याग आलस, मोह माया, उन्हें अपनाना है।
मान आज्ञा, हर वेले, समय हाथ न आना है।

वो नहीं तो आगे चित्र, सर अपना झुकाना है।
मंगल श्रद्धा व प्रेम सहित, उन का ही गाना है।

नेक कमाई कर बन्दे, रोके चाहे जमाना है।
मिलवायेंगे वे 'भगवान', सभी को समझाना है।

आश्चर्य हुआ

बड़ा जालिम निकला, जैसा सोचा, वो न निकला।
शीतल वादे वाला, तबीयत गर्म, तन्दूर सा निकला।

गिले शिकवे करता, मन भरमाने वाला निकला।
बुरा उस सोच न सकूं, मीठा तेज खंजर निकला।

दिए दर्द, किये बर्दाश्त, फिर भी वे बेचारा निकला।
क्रोध 'भगवान', आवे जावे, कृपा का मारा निकला।

हिम्मत दी

दर्द दिया, उस ने, हिम्मत साथ झेलने की।
थे वेहले, पड़ी जरूरत, पापड़ वेलने की।

कर आराम, रह प्रसन्न, वक्त काटा था।
दिखा शोरोगुल बड़ा व कभी सन्नाटा था।

पढ़ने की अपेक्षा, की हम से सब क्यों?
गिनती शुरू शून्य से, की समाप्ती नौ।

अक्षर वर्ण माला के, पैंतीस सीखे थे।
उन्हीं से उस ने लेख, हमारे लिखे थे।

पढ़ी हिंदी, पंजाबी, अंग्रेजी, संस्कृत भी।
हरेक यही पूछा, गणित आता कि नहीं।

विज्ञान, भूगोल, इतिहास मंड़राता था।
रटा सामाजिक शिक्षा भी लगाता था।

गणित रेखा व बीज फिर त्रिकोणमिति।
पायी शिक्षा हरेक, निपुण सिर्फ श्रीमती।

बाद में सर्वश्रेष्ठ, बच्चों का दौर आया।
चिंता उन की पड़ गयी, समझ न पाया।

कैसे बीत गया जीवन, विचार अब आवे।
बैठा हर बहलावे दिल, कई गीत भी गावे।

कलियुग में करनी मेहनत बड़ी पड़ती है।
मुसीबत पास एक, आन दूसरी खड़ती है।

धंधे ख़त्म न होते, गाडी चलती जाती है।
पाने की 'भगवान' इच्छा टलती जाती है।

अग्नि दान

उम्र लगाईं जिन पर, दिल उन से परेशान है।
कैसे जिंदगी बीतती, हर समझे वह महान है।

बच्चे लगें अति प्यारे, परिवार की जो शान हैं।
गुस्सा आता उन पर, फिर भी अपनी जान हैं।

जिन के लिए जीवन सारा, करते अपना दान हैं।
है परिणाम अंत का एक, देख हो जाते हैरान हैं।

खुशिओं से सवारते, बड़ा जिन पे करते मान हैं।
एक दिन दिखा पीठ, अपरिचित बनते इंसान हैं।

आती याद फिर उन्हीं की, रोज़ मिलते प्रमाण है।
'भगवान' पाने वासे, उन से, मांगते अग्नि दान हैं।

काटा

उत्तर किसी प्रश्न के दिए उन्होंने न कभी जवाब थे।
क्या वाक्य में लिये उन के, हो गए हम इतने खराब थे?

पड़ते अंदर या बाहर से, शायद उन पर दबाव थे।
चुबा देते कांटे 'भगवन', जब पेश करते गुलाब थे।

प्रमाण पत्र

पढ़ा इतना हम कि सब पोथियां फाड़ दीं।
ड़िग्री बाद ड़िग्री पा तिजोरियाँ उजाड़ दीं।

कागज के टुकड़ों ने, नीयत बिगाड़ दी।
जलन उन की सारी, मिर्ची से साड़ दी।

ऊँगली दांत नीचे, कभी ऊपर दाड़ थी।
सर्द ऋतु आई, कभी गर्मी आषाढ़ की।

किसी सुनी बात हमारी, किसी झाड़ दी।
हम ने हर तमन्ना, तरह खम्बे गाड़ दी।

बिताया हर पल, छोटी गोलाई नाड़ की।
आई आगे जो बाधा, हम ने उखाड़ दी।

बड़े ढीठ हम, दूर सौदेबाजी कबाड़ की।
'भगवान' ढूँढा कभी वृक्ष ऊपर ताड़ पी।

उठाये नखरे

खाक में मिल गये जिन के नखरे उठाते हम।
क्या दिया शुकराना, गये सौंप ढेर सारे गम।

खिदमत कर उन की, अर्श पे उन्हे बिठाते थे।
याद नहीं अब उन को, क्या हम को बुलाते थे?

आज कल तो रुख उन का बदला दिखता है।
मुँह उन के से कहाँ लफ़्ज, एक निकलता है।

सज्जन जिन्हे था समझा, दुश्मन हो गये वो।
क्या थे समझे, हो गए क्या, इसी जन्म मे वो?

भाग भूत, भविष्य, वर्तमान का ले गये हमारा।
आख़िरकार 'भगवान' बचाया व बना सहारा।

कर लो

आस पास बैठ के विचार कर लो।
ज्यादा नहीं बातें, दो चार कर लो।

रह नफरत से दूर, प्यार कर लो।
जेब हो खाली तो उधार कर लो।

बोली बोल मीठी इकरार कर लो।
करना हो पुण्य, तुरंत यार कर लो।

दुःख, सुख बाँट, दूर खार कर लो।
दयालु 'भगवान', बेड़ा पार कर लो।

विमनस्कता

चाहत थी जिन्हें हमारी, कभी रात-दिन।
रहने लगे इस दुनिया में, अब हमारे बिन।

नाम हमारे से घृणा, अब उन्हें हो गई।
दूर हैं ऐसे कि हम हों जैसे कोई जिन।

चुम्बकीय आकर्षण, होता था कभी।
विमनस्कता विद्यमान, रहते हैं खिन्न।

अजीब वातावरण, है सामने आ गया।
कृपा 'भगवान' तेरी, उतारूँ कैसे ऋण।

उड़ने के पंख

बहुत हम ने उसे ढूंढा, रास्ते में बाबा मिल गए।
सब पंखुड़ियों वाले फूल, लगा हम को खिल गए।

कभी आराम से जमीं पर बैठ आराम करते थे।
लिया ज्ञान, लगा ऐसा, उड़ने के पंख मिल गए।

अनहद की अवाज़, बोले रोज़ाना, अब पाओगे सुन।
अनसुने ढोल, नगारे, वीणा, बाँसुरी, संख मिल गए।

परम ज्योति हो रोशनी जैसे हजारों सूर्य का प्रकाश।
दिखाने वाले ऋषि, मुनि, संत, तत्वदर्शी थे मिल गए।

होंगे ज्ञान लेने के बाद, खुशहाल घर के सारे लोग।
पता वर्षों बाद चला, बताने वाले, धनी थे मिल गए।

तीन लोक के रचयिता, थे हर चीज के, वे मालिक।
समर्थन उन का करने वाले, हमें चेले भी मिल गए।

ज़र गया रही न यारी, सेवा उन की हर पल कर।
हुये 'भगवान' से कोसों दूर, अचानक हिल गए।

क्या निकली

हमारी किस्मत कुछ ऐसी, बनायी थी उसने।
जैसी चाही थी हम, विपरीत उस के निकली।

प्रश्न का मिले न कोई उत्तर, मैं हँसाऊँ कैसे।
देवी देवता की तलाश, दिखी बला निकली।

हर बात का अर्थ में दिखा, उल्टा ही मतलब।
लड़ाई छोटी को बड़ी करने की दवा निकली।

हो गये कोसों दूर सब, बिन हिचकिचाहट के।
सजी कलियों से चाही, कृपाण तेज निकली।

कसूरवार केवल हम, किस्मत मारे, मान लिया।
मुकद्दर बनाया जिसे अपना, वो परायी निकली।

वक़्त फिर भी गुजारा, हम कर सहन सब कुछ।
देन 'भगवान' की, जो, सप्रेटे की मलाई निकली।

पावन बाबे

ईश्वर के संसार में कायम, बाबे कई हजार।
'भगवान' नाम जपांवदे, सज्जन न ओ यार।

दर्श बाबियां दे पावन दा अलौकिक अनुभव।
'भगवान' अवतार होवन, ओ नाले बनदे रब।

बाबियां दे हथ विच होवे, सब भगतन की ड़ोर।
'भगवान' जपो दान दियो, भगत लगावन जोर।

बाबियां दी जयकार करो, हर पल करो प्रणाम।
'भगवान' छड़ उतारो आरती सुबह अते शाम।

बाबियां दे बच्चे वी, उचियाँ गद्दियाँ उते बहन।
'भगवान' मानो सानु वी, बारम्बार ओह कहन।

ड़र मत, आगे बढ़

प्यार हो गया जब किसी से, सोच न पायेगा।
प्यार खिली उस कल्ली को देख न पायेगा।

रहेगी शर्मीली वोह न, आँखें देख ड़र जायेगा।
रहेगी जीभ नाही ध्वनि मधुर, सुन कैसे पायेगा।

सेवक लगा दिल व मन, गुलाम उस हो जायेगा।
कभी कर खुश तन, मन व धन से भी न पायेगा।

छोड़ा सब को था उस, ज़माना तुझे बतायेगा।
बनेगा सहायक नाहीं काम कोई तेरे आएगा।

गाथा विषय मनोरंजन का ही बेटे बन जाएगा।
हार कर लगन अपनी 'भगवान' से ही लगाएगा।

बिन मलहम

सहे सदा हम ने, जख्म जो देते वो रहे।
उपचार बिन मलहम के ही होता गया।

उन की हर इच्छा, हो पूरी, करते यत्न रहे।
उन को फिर भी क्यों होता, गिला ही गया?

क्या करते न समझ को, बनाते उल्लू रहे।
आस अमृत की करी, वो जहर बन गया।

पूजा, पाठ व आराधना, करते अलग से रहे।
'भगवान' हमारा, उन का भी, अलग हो गया।

पत्थर होते

पत्थर होते, तो शायद, प्रति दिन पूजे जाते।
अफसोस नहीं उनको जो चोट लगाये जाते।

कह के घायल करते कुछ रह चुप सताते।
खा रहा है क्या घुन उन्हें कभी नहीं बताते?

याद नहीं वो समय, भूल कैसे दिन वो जाते।
फ़िक्र न आगे पीछे का, खोये नज़र हैं आते।

उन जैसा नहीं कोई जग में, कहते न शर्माते।
बैठे 'भगवान' मन में रख मौन शायद मुस्काते।

दौलत फरमान

पूजा, पाठ व नित नेम ने, शुद्धी कर ड़ाली थी।
किया किस्मत खड़ा, वो जहाँ करने वाली थी।

जुआ खेलना, पीते रहना, आदि एबों से दूर रहे।
बड़े चरित्रवान धर्मार्थी, हम को आ कर हर कहे।

ऐसी परवरिश और संस्कृति हमारे हिस्से आई थी।
हर कुकर्म से बचते रहना, नसीहत खीसे पायी थी।

मेहनत करना, साधा रहना, बजुर्गों का फरमान था।
सर्वेषु कालेषु सुमिरन प्रभु का करते रहना ध्यान था।

ध्यान मग्न हो कई युद्ध देखे, गोलाबारी अच्छी थी।
उच्च विद्या जो भी सीखी, क्या वास्तव में सच्ची थी?

सीखने वाले भाग गए, दिया जिहोने नाम पावन था।
प्रवचन जिन के अमृत वर्षा, जैसे बरसता सावन था।

उन घर भी लड़ाई देखी, चाहे परिवार बड़ा महान था।
समझ गया कि घर उन के भी, केवल वस्ता इंसान था।

एक पत्ता भी मर्जी उन न हिले, मालिक थे वे ज्ञान के।
उम्र गुलाम चाहवान करोड़ों, इकट्ठा करते दान थे।

दुखी जनता सुख ढूँढने, असीमित मार्ग अपनाती है।
छोड़ देती ईष्ट 'भगवान', गुण बाबे किसी के गाती है।

भगवान से दूर

ज्ञान की चर्चा न बदली, बहार कैसी आ गई।
सुन हर बार वही बातें, नमी दिल में छा गई।

ज्ञानियों ने नाम दिया, बोले जीवन शुद्ध हो।
हमारी कोई बात नहीं, पैदा तुझ में बुद्ध हो।

नाम जपना, सेवा करना, भक्ति करना आ गया।
प्रभाव अंतर्गत सभी भक्तो को रहना आ गया।

आराम से वो रहें, भक्त उपस्थित चारों और थे।
कमाई अर्पण करने वाले, जुड़े उन की ड़ोर से।

क्रोध से प्यार सिखाने वाले, बिलकुल भरपूर थे।
भक्त उन के दर्श अभिलाषी, रहते खड़े जरुर थे।

हर बात उनकी अलौकिक, इलाही फरमान था।
सेवा की हो उपलब्धि, दिया जाता उन्हें दान था।

प्रभु से मिलना होगा संभव, थे अवतार वे ईश के।
कृपा पाते केवल, जो अर्पण करते अपने शीश थे।

कैसी विड़म्बना मानुष, सोचने से बड़ा मजबूर है।
होना निकट 'भगवान' था, हो गया वो इतना दूर है।

आशा किरण

उम्मीद आशा किरण, बन गई एक दिन।
समय बीतने लगा, चढ़ सर पे गया ऋण।

साथ आई अभिलाषा, लगी देने थी घिन।
तब्बदीली आई जल्द, लगे चुबने थे पिन।

रब के नुमाइंदे हो गए, भूत और जिन।
कर्म हुए कुकर्म और आने लगी थी खिन्न।

आस से विनाश, पड़ा रहना उस बिन।
'भगवान' कृपा तेरी, कहीं जाये न छिन।

आशाएं दूर

कदम चूमे ख़ुशी जब आशाएं दूर हों।
आ जाता दुःख, इंसान जब मजबूर हो।

समय ऐसे, करना इंतजार ही जरुर हो।
बने कारण पतन, जब बन्दे पे गरूर हो।

कहें सुने बातें लाख जब सामने हूर हो।
लोह 'भगवान' से लागे, ग़र पास नूर हो।

चेला बनाएंगे

सुन, बन चेला हमरा, हुक्म हम खूब चलाएंगे।
स्वयं बन बैठ गुरु रूहानी, सेवा खूब करवाएंगे।

पालन आज्ञा करनी हमारी, परम धर्म बताएँगे।
गा भजन सुनाना हमारे, आरती भी उतरवाएँगे।

चेले सब भक्त, लक्ष्मी हमारे लिए ही कमाएंगे।
ड़ालेंगे पश्चात निवाला, पूर्व हमें भोग लगायेंगे।

पाने को दर्श हमारे, हर जगह से भागे वे आयेंगे।
देख हमारी अद्‌भुत लीला, नतमस्तक हो जायेंगे।

हम जैसा मनुष्य शरीर में, कहीं वे ढूँढ न पाएंगे।
वे प्रचार हमारा करने वास्ते, देश देशांतर जायेंगे।

ऐसी दिमाग धुलाई करेंगे, कभी वे सोच न पाएंगे।
अंत दम तक 'भगवान' नहीं, गुण हमारे वे गाएंगे।

कम न थी

अपनी हो गई जब शादी, मुस्कान भरी शक्ल थी।
करना कैसे था प्यार, तनिक उस की न अक्ल थी।

घंटे बिताये उस के साथ, कीं बातें इधर उधर की।
विद्या आदि कोई न पास, करनी कैसे कदर थी।

बादा इत्मीनान से विवरण सम्बन्धियों का लिया।
हाथ अपने से लिख अपना भी सब उसे दिया।

अजनबी थी जो दिन पहले, बनी मेरी जान थी।
इतनी शीघ्रता से दोनों की, हो गई पहचान थी।

अभी भी शर्म की दोनों को पड़ रही मार थी।
सोलह किये हुए सिंगार, इक दम तैयार थी।

अंदाजा न था किसी को, एक दूसरे का तनिक।
अपनी फिर भी वो मुलाकात, स्मरणीय हुई थी।

होना था एक दूसरे से दूर, कुछ मास वास्ते।
दिन बिताने लगे दोनों, कहीं अज्ञात वास में।

इक दिन आ गया दिवस, होना मिलाप था।
थी बंदिश रही न कोई, सब मैदान साफ़ था।

हुई बातें लम्बी चौड़ी, जम कर ख़रीदारी भी।
'भगवान' बनाई ये जोड़ी, किसी से कम न थी।

राह सुलभ

बुद्धिमान ठहरे हम, निकले वे सियाने थे।
पाया ज्ञान था सारा, रहे फिर भी न्याने थे।

पढ़ा न था पोथी में, सिखाया जो जमाने ने।
नामुराद किस्से सब, लगा हो गये पुराने थे।

वार हुए दिल पर, नहीं चूके कोई निशाने थे।
आह निकली न हमारी, पूरा ज़ोर लगाने से।

फ़टी कभी न पूरी, रहे हम व्यस्त कमाने में।
थे निपुण वे हम को, बात हरेक समझाने में।

व्याख्यान श्री बाबों के, चुटकुले वोही सुहाने थे।
राहे 'भगवान' सुलभ, कुंजी उन की घुमाने से।

दीये जले

मिलाई हम से नज़र, पकड़ा नाही हाथ।
किस्मत में लिखा, मिला उसी का साथ।

कठिन न आसान, संग निभाने थे लगे।
लगा समय 'भगवान', दिल के दीये जले।

खेली बाज़ी

थी न तमन्ना, खेली फिर भी बाज़ी प्यार की।
खड़े बहुत थे दर्शक, शर्मीली वो भी तैयार थी।

बिन सोचे समझे, बढ़ आगे गए सरकार के।
हो गए थे उस के, वो बन गई हमारी नार थी।

ग्रीष्म ऋतु में थे हम, पसीने से लथ पथ हुए।
रोक थाम खर्च पर लगी नाही कोई बार थी।

बहुत देर तक हरेक ने, लगाया बहुत ही जोर।
हर चलाई अपनी ही, किसी मानी न हार थी।

प प्यार का आधा भी, शेष न पाया यार से।
गाडी हिल न पायी, चाहे टीसी सिटी मार दी।

निरीक्षण किया जब, पाया इंधन मौजूद था।
दियासिलाई कहाँ, लगानी जिस चिंगार थी।

चल न पायी कोई, रहे बचे न दोनों भाप से।
फिर भी लगन लगी थी पहुँचने उस पार की।

छोड़ सारे अपने कदम आगे को बढ़ाना था।
रास्ता लम्बा व मौन, व्यवस्था की दीवार थी।

समय बीता किसी तरह, तय हो गया रास्ता।
किया सब 'भगवान' सुलभ शांत पुकार थी।

व्यापारी सतनाम

मिले थे एक बाबा हमें, व्यापारी सतनाम जी।
बोलने लगे उचित नहीं, मुंह से लेना नाम जी।

मुंह बंद कर कहने लगे, लेना होली नाम जी।
प्रभु नहीं, आरती करना मेरी सुबह शाम जी।

ज्योति स्वरूप प्रभु का, दर्शन होगा आम जी।
चड़ेगी नाम खुमारी, होगी जरूरत न जाम की।

जीवन अपना कर देना, सारा मेरे नाम जी।
मैं नहीं तो मूर्त आगे ही करना प्रणाम जी।

कमल चरणो में हमारे, सुख बड़ा महान जी।
सेवा करनी, हर पल, रहना देते दान जी।

मिल जाएगी मोक्ष, क्या जरूरत प्रमाण की?
नीचे हमारे होती हस्ती, भक्तो 'भगवान' की।

ऐसी टूकड़

कीमती कागज से, सब को प्यार है।
जय नारायण नगद, न जहाँ उधार है।

लक्ष्मी, ड़ो, ब्रेड़, वगेहरा से विख्यात है।
ज़र से होना हरेक चाहता मालोमाल है।

ड़ालर, रूबल, दिनार, यूरो नाम से चले।
पास हो तो लगावे, अपने प्यार से हर गले।

पाना इसे जरूर, यत्न हर कई करे।
इकट्ठा उम्र सारी, हर करता ही मरे।

मजहब तक टूकड़ ऐसी भुला देती है।
अनावश्यक, 'भगवान' भी बना देती है।

आह वाह

मिली नज़र जब, निकली दिल से आह।
लिखे गीत उन पर, मिली कभी न वाह।

थी मर्ज लगी ऐसी, मिली दारू न दवा।
आगे 'भगवन' के ही, करनी पड़ी दुआ।

तसल्ली

वोही देगा तुझ को तसल्ली, गम आज जिस दिया।
सुबह से पहले 'भगवान', सदा अँधेरा घना किया।

चाहते दुरुस्त

खावे कोई चटपटे खाने, साधी कोई दाल है।
'भगवान' दुनिया चलती, जेबे अगर माल है।

अनपढ़ भी धनी, कोई पढ़ा लिखा कंगाल है।
'भगवान' अवतार कई, अदभुत ये कमाल है।

औलाद को तरसे, करनी बंद, कोई परेशान है।
रंग 'भगवान' अनेक, पुरोहित कोई यजमान है।

बिन खाए चढ़े चर्बी, पास किसी नहीं सामान है।
अलग 'भगवान' काया, कलंकित कोई महान है।

काम, क्रोध लोभ, मोह, हंकार शत्रु सब के पास हैं।
'भगवान' छोड़ मानव, बन रहा, औरों का दास है।

दस इन्द्रियां कर्म, ज्ञान, मन ग्यारहवाँ, बुद्धि दूर।
'भगवान' मिलना संभव, मिले तो मिलवाना जरुर।

दिन रात चल मार्ग, मंजिल अपनी जो पा जाता है।
'भगवान' को ऐसा हठी, अवश्य बहुत ही भाता है।

आगे, बसे हर कण में, जो अपना शीश झुकाता है।
लगा ध्यान, हो मगन 'भगवान', से तार मिलाता है।

हर हस्ती प्रसिद्ध उस की, गा कीर्ति हो जाती है।
भय दिखा 'भगवान' यहां निड़र खुद हो जाती है।

सबक प्यार पढ़ाएं जो, संभाले घृणा को फिरते हैं।
'भगवाने' हैसियत वाले भी, सिहांसन से गिरते हैं।

बाबे पूजे जाते

पंड़ितों लिए गुरुकुल कांगड़ी, भूषण रतन प्रभाकर हैं।
पादरिओं के लिए स्कूल, जहाँ बनाये जाते ड़ाक्टर हैं।

भाई ज्ञानी विद्या, विश्व विद्यालय में पढ़ कर पाते हैं।
न जाने 'भगवान' कैसे, हर जगह बाबे पूजे जाते हैं।

मधुर प्यार

भेजा उस ईश, बना मुसाफिर हमें यहाँ।
पक्का हम ने, अपना मुकाम कर लिया।

याद आया वो, हम को कभी न कभी।
नाक दम, जब मुसीबत ने कर दिया।

अपनाया कोई तरीका रिझाने का भी।
खुशियों ने हमारा, घर जब भर दिया।

ढूँढा बहुत, दर बदर, भटक कर उसे।
मिला नहीं, गुजर, लक्ष्मी से कर लिया।

मिल जायेगा अवश्य, किसी सोच कर।
भगवा पहना, मुंड़न सिर का कर लिया।

श्लोक किसी संग, उच्चारण हमारे हुए।
था चंचल, मन शांत, अपना कर लिया।

रोज़े रख उपवास भी तसल्ली न हुई।
राज़ी ऐसे हम ने, था खुदा कर लिया।

पावन पढ़े ग्रन्थ, हर ने, बड़े शौक से।
भेद बिन जाने, तय सफर कर लिया।

डुबकी नदी सरोवर में, दी हम लगा।
छुटकारा पाप हर से, खुद कर लिया।

लगे समझाने बाबे, कई शॉर्टकट हमें।
सोचा न समझा, हम कबूल कर लिया।

त्याग सब ली किसी, जंगल में पनाह।
छोड़ा संसार और सद्ध कर्म कर लिया।

गाये किसी मधुर, प्यार के भी गीत।
संगीत का 'भगवान', संग कर लिया।

क्रोध व अभिमान

कलयुगी बाबों को भी, क्रोध व अभिमान होता है।
अच्छी खासी करनी एकत्रित भीड़, ऐलान होता है।

देवें दर्श सिहांसान बैठ, स्वागत आलीशान होता है।
आनन्दित होते भगत जन, अमृत जिन्हें पान होता है।

रहें सेवा में व्यस्त, थकान न कोई ख़ास होता है।
धनियों के संग, निर्धनो का भी ज़ेबा सॉफ होता है।

दर्शन बाबों के अति दुर्लभ, उन्हें अहसास होता है।
दुख दर्द रहेगा कोसों दूर, पूर्णता विश्वास होता है।

दर्दे सर, बुखार आदि का घर उपचार होता है।
न देन बाबों की, फल कर्मों का विचार होता है।

प्रेम बाबों पर करें इतना, सब से तकरार होता है।
'भगवान' से हो जाते वे इतने दूर जो पास होता है।

सीढ़ी चढ़ा

प्यार से प्यार को, प्यार करना पड़ा।
कितनी गर्माईश थी, अब ठंड़ा घड़ा।

कितनी शर्मीली अदा, थी, प्यार की।
क्रोधित अब दिखता, क्यों बूथा सड़ा?

कदर प्यार की, क्यों, खो देवे प्यार?
निरंतरे सेवा का दण्ड़, मिलता कड़ा।

ख्वाईशें बढ़तीं ही जावें, हैं प्यार कीं।
आमदन नीचे खर्च, कहीं उस से बड़ा।

यत्न कर सब लिए, प्यार उड़ने लगा।
तमाशा देख रहा, प्यार भी हो खड़ा।

प्यार क्यों न कभी, उसे भी किया?
बिन 'भगवान' सीढ़ी कोई न चढ़ा।

मिले दर्द

मिलते प्यार से हमें, दर्द हर तरह के रहे।
नफ़रत कर न सके, जिसे प्यार था दिया।

कैसे जुल्मो सितम सब, उस के सहते रहे।
जिस सुनना न चाहा, और सब कह दिया।

क्यों हर बात हमारी पर करते शक वे रहे?
प्रमाण जो भी दिया, उसे रद्द कर दिया।

करने को कुछ, होते मजबूर, हम भी रहे।
व्रत मौन शास्त्र का, इस्तेमाल कर लिया।

समय बीता हर बार व टूटते व्रत भी रहे।
'भगवान' को भी, अलग कर उस लिया।

खफा बिन खता

खता बताते ग़र आप, खफा होने ही न देते।
हम कभी रोने के उन्हें, कोई लम्हे न देते।

दूर था जाना, मजबूरन, हम को प्यार मेरे।
चाहते तो अवश्य हमें, कर कैद आप लेते।

दिल में रखेंगे सदा, आप को हम सजा कर।
तरह 'भगवान' मंदिर, भव्य कोई बना कर।

भूलतीं यादें

भूले से भी नहीं भूलतीं, यादें बारंबार आती हैं।
तोड़ दें दिल आते ही, क्या वजूहात बनाती हैं?

पागल करने में माहिर, बीमारी ऐसी लगाती हैं।
बस रोना ही तब सूझे, 'भगवान' भी भुलाती हैं।

सुंदर कहानी

सुंदर कहानी सुंदरी, सुंदर से सुंदर कहा।
हक्का बक्का हुआ, प्यारे उसे जभी कहा।

बात बढ़ तब न पाई, वार्ता से वंचित रहा।
स्वप्न में आ उस, था कई और कुछ कहा।

सुंदर चुप, सोचे बोल, कुछ न किसे कहा।
जुल्म पश्चात प्रत्यक्ष, स्वप्नों में होता रहा।

बात बड़ी काफी, न जाने उस कैसे सहा।
रखे आस मिले फिर, इंतज़ार करता रहा।

रब करनी फिर मिली, मुंह उस बंद रहा।
बोल वे उकसाये, फिर भी न कुछ कहा।

बना लिए उस चुनौती व शर्माता वो रहा।
इस जैसा शिकार, मिलने से तो उसे रहा।

विचोले आये, बात अब पक्की, उन कहा।
बात करेंगे कैसे, पूछता 'भगवान' से रहा।

बेहतरे तलाश

प्यार ने प्यार से, प्यार की दशा ऐसी करी।
सबूत न दफा, जुलम सही, हो न पाया बरी।

एटम बम का प्रयोग, शत्रु करने में माहिर।
विकिरण बिन विस्फोट, वास्तव में जाहिर।

सबर कर लेना इस में, चिकित्सा हु ई प्रमुख।
उम्मीदे सुख त्याग कर, परवान करना दुःख।

ख्याल रखना बाहर, आवाज़ न जबां से हो।
हुए एक, थे इक दिन, हो कहीं जायें न दो।

संबंध ऐसा, हर नौकर और मालिक में रहे।
सुनने की आदत, शायद, बीच दोनों के रहे।

एक अगर गर्म तो दूसरा ठंड़ा मिजाज हो।
एक लेवे सह चुप, दूजा आता न बाज़ हो।

अनुचित व्यवहार, ऐसा ही प्रचलित यहाँ।
बेहतर तलाश और कोई कर पायोगे कहाँ।

पाया प्यार दूर हो, ऐसी व्यवस्था न कर।
कर 'भगवान' सुमिरन व प्यार की कदर।

सच्चा दरबार

हर बाबे का कलियुग में, सच्चा दरबार होता है।
सेवा जहाँ भक्त जन करते, बाबे परिवार सोता है।

उठने की जरुररत न लक्ष्मी की कभी चिंता है।
धन बिना श्रम चला आता, व्यापार ऐसा होता है।

कहने को सद मार्ग अपनाना, अति अनिवार्य है।
सच्चा इस लिए ज्ञान, वैरागी को ही लेना होता है।

जगत शांती का बीड़ा, बाबे परिवार उठाता है।
घर अशांति व्यापक रहे, बड़ा शोरोगुल होता है।

भेदभाव को दूर रखने की, दी शिक्षा जाती है।
कभी न पालन इस का, उसी दरबार में होता है।

हर राजनीतिक नेता, मगर उन के लग जाता है।
अवसर वाह वाह का, नेता, कोई भी न खोता है।

हर दुविधा दूर करनी, उपचार बाबा जी करते हैं।
आश्रम में पड़े भक्त, इलाज़ उन का नहीं होता है।

दुर्लभ दर्श देवता तरसें, भाग्य से ही मिल पाता है।
पा ले जो एक बार, सफल वोह जीवन हो जाता है।

चाहें बाबे हर कोई, उनका, आजीवन दास बन जाये।
कमाई करे और चढ़ाए चरणी, तभी सत्कार होता है।

सुमिरन दवा हर मर्ज की, विश्वास दिलाया जाता है।
थके टूटे अनुयाई से भईया, सुमिरन वो कैसे होता है।

दरबारे कर सेवा खा मेवा, कहावत सिद्ध न होती है।
पड़ा सेवक उन का बीमार, लिए दवाई भी रोता है।

सब से सुरक्षित आमदन का, एक ये ही तरीका है।
'भगवान' मिलाने का वादा, बाबे कल्याण होता है।

नस्लें बाबों की

नस्लें बाबों की रोजाना, यहाँ पर तैयार होती हैं।
संगत जिन की ज्यादा, सब से वफादार होती है।

गुणगान उन का घर बार, कंठ से गाया जाता है।
साज साथ में बजते और बानी आलीशान होती है।

पवित्र चरणामृत उन का, घर में ले जाया जाता है।
ग़र भोग प्रसाद मिल जाये, सेवकी निहाल होती है।

दर्श अगर बाबे मिल जावे, ईश की क्या जरुरत है?
प्रम सुख दे सेवा उन, डुबकी गंगा लगानी होती है।

उन की आज्ञा में रहना, धर्म का पहला पहलु हैं।
दंड़वत प्रणाम करने से, जीवनी महान होती है।

करना प्रचार उनका, आसानी से पुण्य कमाना है।
'भगवाने' कृपा बनी रहती, व्याख्या आम होती है।

खुश कोई उदास

किसी को सतावे चिंता, फिर भी मुस्करा रहा है।
जिस पास उपलब्ध सब, क्यों मरता जा रहा है?

बिन लक्ष्मी बैठा, लंगर कोई निरंतर चला रहा है।
दौलत से जो लथ पथ, कंजूसपना दिखा रहा है।

जो पास अपने संभाल न पावे, खर्चे बता रहा है।
कोई पास रखे औरों के, बहुत पुण्य कमा रहा है।

करे कदर लक्ष्मी की कोई पायी दौलत उड़ा रहा है।
हर पायी दमड़ी को जोड़े फिर छोड़ यहीं जा रहा है।

परिश्रम से खुद पर निर्भर, काम कोई चला रहा है।
कोई कर भरोसा किसी पे, पूँजी अपनी लुटा रहा है।

कोई दिल से करता पूजा, भजन आनंद पा रहा है।
विराज सिहांसन कोई, इबादत अपनी करवा रहा है।

रंग कोई अपने बदले और धाक अत्यंत जमा रहा है।
दबाया कोई सीधा, बेचारा, साधा यकीनन जा रहा है।

भीख नसीबे किसी नाहीं पीता पानी, हवा खा रहा है।
कोई गौगड़ अपनी फैलाता, चरण सेवा करवा रहा है।

कर मेहनती देश को देवे, कर्तव्य अपने निभा रहा है।
बन बहुत बड़ा कोई बाबा, आय का टैक्स बचा रहा है।

वास्ते कोई निर्वाह करने, दोहरी नौकरी पे जा रहा है।
हर हाल में रह प्रसन्न, 'भगवान' का शुक्र मना रहा है।

हमारा हो गया

उन्हें कहते क्या, हम कान जिन के बंद।
उत्तर हमें न देना, उन्हें, गवारा हो गया।
प्यार उन से कभी, था, हमारा हो गया।

शर्म के मालिक, थे न नाबालिक वो।
वार्तालाप एकतरफा, हमारा हो गया।
प्यार उन से कभी, था, हमारा हो गया।

मिले हमें थे कभी, फुर्ती आई न तभी।
बड़े काम का था जो, नाकारा हो गया।
प्यार उन से कभी, था, हमारा हो गया।

कई मिले आन के, नमक ड़ाले जान के।
सज्जन समझा, दुश्मन हमारा हो गया।
प्यार उन से कभी, था, हमारा हो गया।

असंतुलित ड़ोले हम, बोले मुंह से कम।
अदभुत अजनबी, पैदा, नज़रा हो गया।
प्यार उन से कभी, था, हमारा हो गया।

घृणा करते कहाँ दम, हँस छुपाया गम।
भरपूर बलशक्ति पास, लाचारा हो गया।
प्यार उन से कभी, था, हमारा हो गया।

धर्मार्थी उम्र भर रहे, बोल करारे भी सहे।
व्रत मौन रखा, अपना गुजारा हो गया।
प्यार उन से कभी, था, हमारा हो गया।

अच्छा चाहते, करते अपेक्षा भी हम।
स्वच्छ रखना, हैं जानते, अपना चम।
तेरा केवल 'भगवान', सहारा हो गया।

समनाम शेर

शायर की शायरी पे, शायर ने ज़रिए शेर कहा।
वो शेर ही क्या, जो किसी को दे दर्द न सका।

शेर को देख कर कांपते, दुनिया में हैं हज़ारों।
आप के शेर से कभी, कोई घायल हुआ क्या?

दिल खोल छोड़ शेर, हम शायरी पर जाते हैं।
तेरे जैसे शायरों पर, गीत हम गुन गुनाते हैं।

हमें मिलते रहें तेरे शेर, उम्मीद ऐसी करते हैं।
'भगवान' दर तेरे पर जा, हम सजदा करते हैं।

साथ न भाया

अस्तित्व वास्ते जिन, अपना लुटाया था।
साथ शायद उन्हें, हमारा नहीं भाया था?

अपना हरेक छोड़, जिन को बनाया था।
तरस तक भी उन्हें, हम पर न आया था।

हर इच्छा हमारे लिए, फरमान होता था।
क्यों तैरने न दिया, पड़ा खाना गोता था।

मुस्कराहट लब पे देखें, इंतजार ही रहा।
समझने का न यत्न, जो भी कभी कहा।

क्यों इतनी सी तामश, उन में थी भरी?
क्या प्यार में हम, थी सुनायी उन्हें खरी?

साथ उस हमारे लिए, कोई ऐसा चुना था।
निभाया अपना दायित्व, जो न गुनाह था।

हम से बारम्बार, तकरार उन किया।
क्या था जो हम ने, कभी उन्हें न दिया?

बहार बन था आना, आंधी छुप न पायी।
स्थिर रही न हालत उत्थल पुत्थल ही पायी।

विचार परामर्श, बैठ साथ, नसीब न हुआ।
पास फिर भी दूरियां, कोई करीब न हुआ।

ऐसी हर घर कहानी, है सुनने में आती।
है 'भगवाने' याद, आ तब जाया करती।

हँसाता रहा

खुद हँसा और सब को हँसाता रहा।
कदम खुशियों की ओर बढ़ाता रहा।

थी देने वाले ने, हमें, उलझने कम न दीं।
उन से निपटता और मुस्कुराता था रहा।

थे बहन और भाई, परमात्मा बड़े ही दिए।
झिड़कें खा, भूख, अपनी मिटाता था रहा।

था दिमाग अपना, किसी से भी न कम।
व्यर्थ में, लिए औरों के, लगाता था रहा।

रहा करता सेवा, रखी मेवे की न आशा।
रूखी सूखी को खा, ढंग टपाता था रहा।

हमारे कर्म कार्य से, मौज औरों को मिली।
प्रसन्न देख कर उन्हें, ज़ी बहलाता था रहा।

अंतर सुख-दुःख, का कभी हुआ न मालूम।
दुःख जो आया, गले अपने लगाता था रहा।

आवश्यक वस्तु, हर, बिन मांगे ही मिली।
'भगवाने' गुण, सदा बैठ के गाता था रहा।

बहुत दिखाया

भगवे ने बहुत दिखाया हम को, इस संसार में।
भगवे ने था कभी डुबाया, रावण को मझधार में।

रांजे को मिला था भगवा, अंतिम में प्यार से।
संत बन जाने की सोचे, जब रूठे कोई यार से।

महिमा इस भगवे की तो हर पल गायी जाती है।
भगवे से आश्रम सुसज्जित, सेवकी आती जाती है।

आकर्षण भगवे का, चरण स्पर्श मन चाहता है।
विराग पैदा कर देता, धन दौलत हर लुटाता है।

भगवे सेवा वास्ते तो परिवार छोड़ना अच्छा है।
झूठे बनावे घर वाले, सिर्फ भगवे वाला सच्चा है।

भगवा सेवा जरुरी, कई परिवार उजड़ते देखे हैं।
आखरी दम तक दास रहें मिलते, ऐसे लेखे हैं।

करामात भगवे, हरीश चंदर जल्लाद बनाया था।
भगवे में नारद ने, सबक कंस को क्या पढ़ाया था?

भगवा अग्नि की निशानी, तापमान को बढ़ाता है।
परशुराम पहन जिसे, क्रोधित कैसा हो जाता है।

कलियुग में भगवे के चर्चे, देखने में आम हैं।
दर्श पाने भगवे के, लग जाते कितने याम हैं।

भगवा पहने चेले, बने कई उन के सरदार हैं।
हर दुःख दूर करने वाले, क्यों होते बीमार हैं?

चमत्कार भगवे का, सूत जिसे कर जाता है।
लक्ष्मी साथ वे 'भगवाने' अवतार कहलाता है।

होशियार बच्चा

होशियार हुआ बच्चा, सजी बैठक में उसे देख लो।
लटकें प्रमाण दीवार पे, मेहनत के रंग भी देख लो।

माहौल ख़ुशी बार हर, सफलता जब उस पायी थी।
हर चूम माथा उस का, साथ शगुन के दी बधाई थी।

वो हर तरह की बोले बोली, कर ली इतनी पढ़ाई है।
बारम्बार अब बताने लगा, बहुत अक्ल उसे आयी है।

जरूरत अब न किसी की उसे, है स्वयें पर ही निर्भर।
घर माँ बाप का पड़ा छोटा, बेटा करेगा क्या उम्र भर?

छोड़ूँ घर, कब आये अवसर, बेसब्र, इंतज़ार कर रहा।
नौकरी मिले कोई अच्छी, है अर्जी, प्रति दिन भर रहा।

मां बाप ढूंढें सिफ़ारिशें, चक्कर पंड़ितों के भी लगा रहे।
किसी तरह बने जिंदगी, हैं, हर बुरी नजर को हटा रहे।

पूजा पाठ रखें, बच्चे वास्ते, पूँजी खर्च, समय लगा रहे।
जपें मन्त्र, हैं मग्न पूजा-पाठ में, ईश्वर को मनाते जा रहे।

जैसे तैसे बदौलत हर यत्न, कहीं टांग बच्चे गई अड़।
कामयाबी सीढ़ी चढ़ा तो सर, उस के दौलत गई चढ़।

दौलत फिर लक्ष्मी का आना, होना था, शीघ्र हो गया।
भरी दुनिया में बेटा, बिन वजूहात, अचानक खो गया।

कहाँ बसा, क्या शौहरत गाथा उस की, न मालूम थी।
क़ाबलियत सारी उस की काफ़ी, रही मचा धूम थी।

नाम काम गायब अक्ल, शक्ल बदल चुका था सब।
माँ बाप से न ताल्लुक, प्रसिद्धी उस, बनी थी रब।
एक दिन अकस्मात घर, उस कुछ अँधेरा छा गया।
संभाल सका न अश्रु धारा, क्यों, न जाने घबरा गया?

याद आये मापे तत्काल, स्वार्थी ने बुला उन्हें लिया।
कुपुत्र को उन फिर बन न कमापे, लगा गले लिया।

प्यार का टूटा धागा वो, हो पायेगा, क्या सीधा कभी?
राम रावण 'भगवान', भक्त शिव सके न भुला कभी।

कभी नहीं

तीवीं शोहर ग़र न मिलें, कोई बात नहीं।
बाबे कभी न रूठें, सब ने बात यह कही।

ऊट पटांग उन की बातें, न चाहे भी सही।
अर्थ निकाला जो भी, लगे, था न वो सही।

ईश्वर न मिले तो भी कोई भक्तो बात नहीं।
भूलना न, पाना दर्श, बाबे का, चेलो कहीं।

नाशवान घर वाले, छोड़ेंगे इक दिन यहीं।
सिवाए श्रीबाबे, न मिलती कृपा और कहीं।

वेतन ले कर काम तो सारे करें हैं यहीं।
दे दान सेवा करे जो, भाग्यशाली है वही।

ऐसी शिक्षा के शिकार कई हो जाते हैं यहीं।
गुण बाबे के गाते, 'भगवान' के कभी नहीं।

चुप नीम रज़ा

दोंनो प्यार में थे चुप, समझ हाँ बैठे सब।
गठबंधन हो गया पूरा, कैसे, जाने रब।

किसी तरह वाहने जिंदगी आगे बड़ी थी।
हर दिन मुसीबत, हुई नई आन खड़ी थी।

विश्वास करना किन्तु संदेह सरेआम था।
बातचीत कम, कुछ ज्यादा ही काम था।

मोहब्बत में मोम हम, मोह हुआ कम था।
बट बिन गर्माईश, पिघलना ही संभव था।

हुए अवश्य एक, सोच क्यों रही अलग थी?
फिर भी आई कभी, वो घड़ी जो सुलभ थी।

कर न सके कुछ, जब करने को बहुत था।
पसीने से लथ पथ, मौसम काफी होट था।

ऐसे होते हैं हालात, निकल जाता हर पल।
बिन औजार देखते ही, उतर जाती है खल।

फिर गाथा लिख, सुनाना अच्छा काम है।
'भगवान' कृपा, मशहूर हो जाता नाम है।

यत्न करते रहे

आपत्ति हो न उन्हें कोई, यत्न करते रहे।
प्रदर्शन, घृणा विसार, प्यार करते रहे।

कदर हमारी भावना की, उन्हें न हुयी।
जैसे तैसे निर्वाह, साथ उन, करते रहे।

बीती क्या ऊपर हम कोई उन्हें न खबर।
जख्म हर अवसर, दिल पर वे करते रहे।

नजदीक होने की चाहत, उन में न रही।
ख्याल उलटे सुलटे, हम में वे भरते रहे।

भीड़ भड़के में भी, एकांत उन की प्रदान।
सत्कार उन की चाहत का, हम करते रहे।

खरीददारी न रुकी, था घर चलाना कठिन।
बिन बोले, न कुछ कहे, सबर सब करते रहे।

बीते वर्ष कई, लक्ष्य अधूरा, हुआ न मिलाप।
हालात सुधार न पाए, गुजर हम करते रहे।

संप्रेषण एक दुसरे से हो, तमन्ना ही रही।
कान उन रेंगी न जूं, फजूल हम बकते रहे।

स्वार्थ अपने से ही, हितेषियों को ताल्लुक।
हुआ निष्फल हर रोना, छुप कर हँसते रहे।

प्यार कर प्यार नहीं मिला तो भी क्या बात?
दिल से 'भगवान' फिर भी प्यार करते रहे।

दस्तक दी

दस्तक उन्होंने दिल को दी, हँसना फिर कम हुआ।
बताना कठिन कितना, हालात उस में था गम हुआ।

मंजिल प्यार की पायी कैसी, कहने का दम न हुआ।
बताना कठिन, कितना हालात उस में था गम हुआ।

बिन वजूहात रूठे, अश्रु धारा से पैदा, था नम हुआ।
बताना कठिन, कितना हालात उस में था गम हुआ।

पूछा तो वे मौन रहे, था इसी लिए शायद जन्म हुआ।
बताना कठिन, कितना हालात उस में था गम हुआ।

बेकसूरवार दोषी उस का, जख्मी फिर भी चम हुआ।
बताना कठिन, कितना हालात उस में था गम हुआ।

वार्तालाप से निकले हल कोई, था हर पल श्रम हुआ।
बताना कठिन, कितना हालात उस में था गम हुआ।

'भगवान' ऊपर सब छोड़, धर्म निभाया, कर्म हुआ।
बताना कठिन, कितना हालात उस में था गम हुआ।

ढूँढता है

मिलेगी निराशा, फिर भी आशा ढूँढता है।
प्यार में हर प्यारा, क्यों इतना झूमता है?

प्यार के लिए बोल ऊंचे, जाऐ लग सुनाने।
व्यस्त बहुत ज्यादा, लगाने शुरू करे बहाने।

मंजिले प्यार की, जो देखी न भाली, है कहाँ?
इतिहास पढ़ के देखा, यहाँ पर नाहीं ये वहाँ।

फिर भी प्यार वास्ते, खर्च आमदनी से ऊपर।
मेहनत इतनी, झेली वर्षा कभी धूप सर पर।

है आगे न कभी कोई, पीछे की ही सोचता।
जिज्ञासे पश्चाताप तो 'भगवान' को खोजता।

करने लगे

पा बिताना था, जीवन साथ जिस का।
वो मिला और फिर, दिन गुजरने लगे।

दस्तक कायनात ने, आ बारम्बार दी।
अनोखे झटके, विचलित हमें करने लगे।

ज़ी के देखा, मौत को, इतनी नजदीक से।
रही देह जिन्दा जरुर, रोजाना मरने लगे।

परिभाषाये प्यार और नफरत रद्द हो गई।
गए थे डूब प्यार में, वो नफरत करने लगे।

मुनासिब समझा जो दिया बेहिसाब का।
संतुष्ट होंगे कभी न कभी, यत्न करने लगे।

उन की उपेक्षा क्यों हम से बढ़ती ही गई?
पूर्णता में देर न हो, वो सर पर चढ़ने लगे।

उन्हें समझाने का कोई रहा मतलब न था।
बोल बोलने पड़े, वो कान बंद करने लगे।

कैसी पारिस्थतियों का करना पड़ा सामना।
माथे को आगे 'भगवान', फिर रगड़ने लगे।

ठन्ड़े व गर्म

प्यार में ठन्ड़े व गर्म, थे होने अचानक लगे हम।
समझ ज्यों ही आने लगा, सुना, कि दिया दगा।

आदर सम्मान व गम, मिला, सहा जितना था दम।
घमंड़ देखा आने लगा, चने ड़ाल मुंह चबाने लगा।

ज्यादा निः शुल्क, आय कम, जलाते अपना रहे चम।
तरस जब हमें आने लगा, फायदा हरेक उठाने लगा।

फ़रिश्ते माना, निकले यम, छुप फोड़े जिन्होंने बम।
फिर याद आने लगा, गुण 'भगवान' के ही गाने लगा।

गुण गा रहा हूँ

बिन चाहत जिसे पाया, जरूरत न, मगर रिझाया।

किस्मत ऐसी उस से पायी, जोड़ी पूँजी सब गवाई।

अर्थ व्यर्थ समय बिताया, पाप नहीं, पुण्य कमाया।

रोका सभी, हम न माने, तीर उन के लगे निशाने।

घायल हम खुशनसीब, दर्द और पीड़ा रही करीब।

माने हम शरीर नास्तिक, हम जैसा कहाँ आस्तिक।

क्या उद्यम चलता देखा, अजनबी चाहे सारा लेखा।

बड़ी मुशकिल कुछ छूटी, बाकी लिए हाथ में खूटी।

सुमिरन जाप कर रहा हूँ, 'भगवाने' गुण गा रहा हूँ।

चिड़िया चरित्र

बचना चिड़िया चरित्र से, सब बुजुर्ग बताते थे।
अपना हर बीता तजुर्बा, रोते वे और सुनाते थे।

शिक्षा होते ही जवां, सब भूल उन की जाते थे।
छोड़ बूढ़े अकेले, वक्त कहीं और बिताते थे।

वृद्ध बैठे घर तन्हा, ख़ैर उन की ही मनाते थे।
सन्तान लापरवाह के आगे, बोल न पाते थे।

आये जब कभी बिगड़ा, शुक्र वे बहुत मनाते थे।
इक तरफे प्यार को वे कभी समझ न पाते थे।

पढ़ लिख के बन जाये कुछ, धन खूब लुटाते थे।
क्या पाले शौक निराले जो आगे बढ़ न पाते थे।

वापरे हर घर कुछ ऐसा, चुप सब हो जाते थे।
पार लगाऐगा 'भगवान' ही नाव, सर झुकाते थे।

झोंपड़ी कबीर

किसी पत्रकार बाबत, झोंपड़ी कबीर लिखा इक बार।
बेचारे को क्या पता, पास था गल कटियन का बाज़ार।

बिन हुए उदास, पाया जवाबे उत्तर, उस बड़ा कमाल।
भरेंगे जरुर अपनी करनी इक दिन, मैं क्यों बदलूं चाल?

दलाली कोयले की छोड़ क्यों कि हो जाते काले गाल।
हीरा बना कोयले से ही, जानते सब, कर देता निहाल।

लोही संग बैठ, हैं कहते, कबीरे सदा जपा हरी नाम।
शिकायत मुझे 'भगवान' से क्या उस को दिया ईनाम?

संगे मरमर

शा काला दिल संगे मरमर के बीच।
कैसे किस्मत पास, लाई उसे खीच।

मजबूरन ईंधन से, गाड़ी क्या चली?
खुशबू शामिल, कहाँ फूल व कलि।

भंवरे आस पास मंड़राते बहुत रहे।
आवाज अपनी से सताते बेहद रहे।

मौसम धीरे से, कुछ बदलता रहा।
सुनाने वाले कई, सुना न जो कहा।

मन मर्जी से, मार्ग, अलग से दिखे।
विचार आये रोजाना, गए जो लिखे।

गंभीर व्यवस्था, शिखर पर भी गई।
समाधान करने की, थी आई न घड़ी।

रुख न मालूम कैसे, कुदरत ने था मोड़ा।
भूत से अर्वाचीन, था सब उस ने जोड़ा।

उसकी इच्छा से, कायम हुआ सब।
पुकारा 'भगवान' व झुके आगे रब।

बारूद से भरा

प्यास प्यार की, पय से पा ली यार से।
पय पीने को मिला, कुछ देर हार के।

प्यार शीतल न निकला, बारूद से भरा।
खत्म फिर भी कहाँ, था खोटे साथ खरा।

ताली बोले सभी, हाथ एक से न बजे।
नहीं सीख कभी पाया, लड़ाई के मजे।

निंद्रा हराम, गमे आम हर पल हुआ।
दवा काम आई, नाही करी जो दुआ।

वक्ते इन्तजार, बिन चाहे करना पड़ा।
बैठा पूजा पाठ में, हुआ कभी खड़ा।

देर जरूर, अंधेर नहीं, दर, उस के सुना।
बिन घाव के मिला दर्द, था जो कई गुणा।

प्यार की नाह में, मिलता दर्द हद से वद।
छोटा लम्बू का, जल्द कर देता था कद।

फिर भी चर्चे प्यार के, वाह होती है यार।
'भगवान' माया तेरी, है अति अपरम्पार।

लो आत्म ज्ञान

आत्म ज्ञान पास बाबों के, क्यों काम न आवे?
लड़ाई झगड़ा और कलेश, हर घर में जो पावे।

शांति क्या देनी उन्होंने, खुद शांत रह न पावें।
काम, क्रोध, लोभ, मोह, हंकार कर दूर न पावें।

प्यार से रहो बोलें, अमल स्वयें कर न पावें।
कृष्ण गोपनीय देते ज्ञान, हर लेने को आवे।

उन की कृपा दृष्टि, जिस के ऊपर पड़ जावे।
दिखे उम्र गुलामी करता, उनके लिए कमावे।

और जरूरत न पड़ती, जिसे बाबा मिल जावे।
बना लेवे खुद को खाक और बाबे चरण दबावे।

करे जयकार बाबे की, वह ऊँची हाक लगावे।
'भगवान' से क्या मतलब, ग़र बाबा मिल जावे।

प्यास रख

मिल जायेगा ईश्वर, उस की प्यास रख।
कर्म स्वयें कर बेबसी से, आस न रख।

सेवा कर गरीबों की, देंगे दुआएं ज़ी भर।
क्या करेगा चरणामृत, बाबे का पी कर?

स्वतंत्र बनाया उस, गुलाम बाबे ने घर।
'भगवान' से उंच बाबा, नादानी न कर।

बजा नाद

यादें हुईं ताज़ा, कोई तीस साल बाद।
किस्मत खेल खेला, करने को आबाद।

निर्भर थे प्राणी, अचानक हुये आज़ाद।
गये बन मम्मी ड़ैड़ी, पायी जब औलाद।

संकट ढेरों आये, हुए पैदा कई विवाद।
निकले हल कैसे, अब ज़रा भी न याद।

धन खाते में देखा, जरुरत से भी आद।
बदौलते समर्थन रहे, बचे हुये न बर्बाद।

नियंत्रण न पूरा, सदा बजता रहा नाद।
फसल रंग लाये, थी चाहिए उसे खाद।

हमें कसनी पड़ी पेटी, हलचलों के बाद।
वक्त बनाया हमें, घर अपने में ही साध।

गृहस्थी जीवन अपना, ताजे फल सलाद।
शतरंज के हर मोहरे से मिली हमें मात।

सप्ताह में तो दिन, था मालूम होते सात।
बिताने में कठिन, नींद आये जब न रात।

कभी अमन चैन पूरा, मिल न पाया पात।
मिली धूप में ठंड़ी, और सर्दी में बरसात।

शिकवा न शिकायत, सब उसके हाथ।
हमें सदैव संभाला, 'भगवान' जगन्ननाथ।

जयकार मेरी

घर जयकार उसकी न कर, मेरी करते जाओगे।
जीवन अपने में आनंद, पूर्ण, अवश्य ही पाओगे।

चरणामृत छोड़ उस का, मेरा ग़र पीते जाओगे।
जीवन की जद्दोजहद से जल्द छुटकारा पाओगे।

उस का नहीं नाम हमारा, ग़र रोज़ धियाओगे।
अजमा देखना आप भी एक दिन पूजे जाओगे।

चरण धूल आप माथे, अपने ग़र मेरी लगाओगे।
हर दिशा में यकीनन, उन्नति, आप ही पाओगे।

मात, पिता, बंधु, सखा ग़र मुझे आप बनाओगे।
प्रेमी से उठ ऊपर, परम भक्त कहलाओगे।

हमारी ग़र गा कीर्ति, सब लोगों को सुनाओगे।
परमगति मरणोपरांत, देखना आप ही पाओगे।

दिया नाम हमारा जप, ग़र औरों को जपवायोगे।
कृपा हमारी पा मुक्ति, अमर आप हो जाओगे।

मेरी बातें सीधी साधी, समझ शायद ही पाओगे।
अन्यथा 'भगवान', फँस किसी ज़ाल में जाओगे।

होशियार हो गए

निकले घर छोड़ दिन, सोम बुधवार हो गए।
तय किया रास्ता लम्बा, थक बीमार हो गए।

पाने जिसे थे निकले, उस के दीदार हो गए।
इकट्ठे, देखते ही वहां, लोग बेशुमार हो गए।

छोड़ बिमारी, बन सेवक शुद्ध, तैयार हो गए।
आज्ञा पालन करने वास्ते होशियार हो गए।

निद्रा मिली न पूरी, गायब आराम हो गए।
ग्रीष्म ऋतु ऊपर वर्षा, नज़ारे आम हो गए।

आकाश नीचे जंगल, पानी से स्नान हो गए।
श्रवण भजन किये प्रवचन, कल्याण हो गए।

खर्च कर इतनी पूँजी, कौन विद्वान हो गए।
कर्ज कईयों के सर चढ़े, वो लाचार हो गए।

घर शांति ले आये, सब की पहचान हो गए।
हुआ खाट पर उपचार, घर मेहमान हो गए।

महीनो मेहनत कड़ी, करते परेशान हो गए।
याद 'भगवान' रहा आता, दूर ज्ञान हो गए।

चाहा उत्तर

किस वजह से मजबूर, कैसे क्यों बदले हुजूर?
इन प्रश्नों का चाहा उत्तर, जो कभी न मिला।
महकने वाला था जो फूल, वो फिर न खिला।

घमंड़ सारा कर चूर, क्यों हुए अचानक दूर?
इन प्रश्नों का चाहा उत्तर, जो कभी न मिला।
महकने वाला था जो फूल, वो फिर न खिला।

रंगीली आँखों में नूर, परी समझें खुद को हूर।
इन प्रश्नों का चाहा उत्तर, जो कभी न मिला?
महकने वाला था जो फूल, वो फिर न खिला।

आवाजे गर्जन उत्पन्न, खत्म हुआ शर्मीलापन।
चाहा इन प्रश्नों का उत्तर, जो कभी न मिला।
महकने वाला जो था फूल, वो फिर न खिला।

किस्मत माड़ी, न जगी, भूली, दिल की लगी।
चाहा इन प्रश्नों का उत्तर, जो कभी न मिला।
महकने वाला जो था फूल, वो फिर न खिला।

युक्ति बैठ कब बनी, अब कड़वा मीठा हनी।
चाहा इन प्रश्नों का उत्तर, जो कभी न मिला।
महकने वाला जो था फूल, वो फिर न खिला।

गमे विपत हुई खड़ी, पहाड़ी राई बनी बड़ी।
चाहा इन प्रश्नों का उत्तर, जो कभी न मिला।
महकने वाला जो था फूल, वो फिर न खिला।

ऋतु बदली का प्रभाव, स्वार्थ का पड़ा दबाव।
चाहा इन प्रश्नों का उत्तर, जो कभी न मिला।
महकने वाला जो था फूल, वो फिर न खिला।

सोचें तमश आये क्यों, है याद, ज्यों की त्यों।
चाहा इन प्रश्नों का उत्तर, जो कभी न मिला।
महकने वाला जो था फूल, वो फिर न खिला।

दें शिक्षा, न करें अमल, चरण हैं कहें कमल।
चाहा इन प्रश्नों का उत्तर, जो कभी न मिला।
महकने वाला जो था फूल, वो फिर न खिला।

संभलेगी नैया 'भगवान', बने अगर खवईया।
चाहा इन प्रश्नों का उत्तर, जो कभी न मिला।
महकने वाला जो था फूल, वो फिर न खिला।

विरासते मिला

क्या शरीर दिया प्रभु वरदान में?
मुसीबत भरा हर दिन आ मिला।

रात भी आई ले अन्धकार को।
नींदे मुलाकात पल इक मिला।

सोये कभी जागे, करवटें भी लीं।
कभी सुख चैन, हमें पूरा न मिला।

सुबह उठना पड़ा रोज, मजबूरी थी।
निपटाया काम, विरासते जो मिला।

बालपन गुजरा, ऋतु यौवन दिखी।
मुंह ऊपर ड़ेरा मुहांसों का मिला।

थक गए, उपचार हजारों थे किये।
खर्ची पूँजी, था कुछ और न मिला।

दबाव पढ़ाई व कमाने की गर्ज।
व्यवसाय कोई, ढंग का न मिला।

किया कर्म, रूचि जिस में न थी।
करना पड़ा और कुछ न मिला।

धीरे से वर्ष, होने लगे व्यतीत।
अर्थ ढूँढा, कहीं मगर न मिला।

लोग सोचें कि हम हो गए बड़े।
वास्तव में हमें मोटापा ही मिला।

आमदन बड़ी और खर्च अधिक।
बचा कर रखते, हमें कुछ न मिला।

ज्यों ही तरोपा भर किसी दिया।
सोचा था न जो, वोही हमें मिला।

स्वतंत्र पांवों में आ पड़ी जंजीर।
था जो नसीब में वोही हमें मिला।

शुक्र गुजार हूँ, प्रभु अपने का।
सका 'भगवान' से कर न गिला।

जिन्दा कमाल

बचपन गया, जवान भी न रहे, कई हुये बवाल।
तथापि परेशानियां, 'भगवन', हैं जिन्दा कमाल।

बाबे मोहताज़

विरला कोई करे तरक्की, हो बाबे मोहताज़।
शेष सब गुलाम उन के, वे करते जिन पे राज।

लगन, श्रद्धा, प्रीत, प्रेम, प्यार कर देते अर्पित।
कितने समझाएँ उनको, भक्त आते नहीं बाज।

गाथा सुनाते वे न थकते, बाबे जैसा न कोई।
मधुर बानी में भजन, उन साथ बजे है साज।

ध्यायें उन्हें हर पल, आगे चित्र निवाएं माथा।
और छोटे बड़े उन के, करते बहुत हैं नाज़।

मुक्ति की गारंटी ऐसी, बाबे से उन्होंने पाई।
बस बिन सेवा उन की, सूझता कोई न काज।

लड़ भिड़ेंगे दुनिया से, जोश दिखाएँ ऐसा।
भूतकाल का बाबे धंधा, बढ़ रहा है आज।

नेता लोग आशीष चाहें, जाएँ उन के दरबार।
'भगवान' बन रहे बाबे, नहीं आवे उन्हें लाज।

दुःख से सीखा

सुख नहीं दुःख, हमें कई कुछ सिखा गया।
सब नकली हितेषियों का पता बता गया।

मतलबी थे जो उन से, फिर सम्पर्क न रहा।
द्वार उन्होंने खटखटाए, सहा हम से न गया।

तब से वास्ता हमारा, था उनसे कोई न रहा।
आयी उन्हें हम में दिलचस्पी, हो क्या गया?

थे निराले प्रभु खेल, हमें कई देखने को मिले।
नाह जिन से सुनी, वैसा हमें मौका भी दिया।

दूर हुए हम से जो, कुछ लक्ष्मी हासिल कर।
उनसे भी अधिक धन, उस प्रदान कर किया।

भुला चुके थे जो कभी, हम को अनजान बन।
था उन्हें उस अपना सब अस्तित्व बता दिया।

हँस कर पेश आते, जो केवल स्वार्थ के लिए।
इच्छा 'भगवान' पूरी कर, उन को भगा दिया।

कबीर जैसे

कबीर बोला जग हँसा हम रोये जब आये।
लक्ष्मी लिए उमर गई, जागे कभी न सोये।

भाग दौड़ इतनी करी, क्रोध भी अपरम्पार।
लड़ाई झगड़े में व्यस्त, कभी न मानी हार।

बचपन में तंग माँ बाप, जवानी लाई बहार।
आगे पीछे का सूझा था नाही किया विचार।

नया प्यार, सब न्यौछावर, कैसा चढ़ा बुखार।
सब समझाया, समझ न आई, कोई मेरे यार।

आमदन से ख़र्चा ज्यादा, सर पे चड़ा उधार।
मूल साथ ब्याज देने का करना पड़ा इकरार।

मकान कार बिन नहीं गुजारा बोले नर व नार।
नौकरी से निर्वाह किया, विचारा बाबे देंगे तार।

नसीब में था, मिला सब, ज़र यार और प्यार।
त्रुटी हर न मिटी, कटे किसी तरह दिन चार।

अंत में याद उसी की आई, अपने परवरदिगार।
'भगवान' की महिमा भारी, लगा सकता जो पार।

दूर रहा

न जाने, क्यों, उसे इतना गरूर रहा।
करना चाहा, कुछ करने से दूर रहा।

न जाने कैसी अनोखी पहचान मिली।
लगा लगने, सर्वगुणों, की खान मिली।

न जाने कैसे उस में, थी जान मिली।
ईश्वर कृपा से, होनहार संतान मिली।

न जाने उत्तर दक्षिण, पास होंगे कब।
चुम्बकिये आकर्षण, पैदा हो जावे जब।

दूर उत्तरी दो व दो दक्षिणी भगाते हैं।
रगड़ लोहे को, अपने जैसा बनाते हैं।

कृपा, मालूम, ईश्वर, सब पे करता है।
नहीं दुराचारी कभी उस से ड़रता है।

अर्पण सब आगे, जो उस करता है।
आसरे उस जीता व फिर मरता है।

बड़ी प्रचलित रही, यहाँ कहानी है।
कहते सब यह, संतो की बानी है।

वाजिब करनी कोई न नादानी है।
पुण्य कमा लो, रैना बीत जानी है।

प्रभु जग मैं मिली, बड़ी निराशा है।
बस तुझ से, मिलन की, आशा है।

मानव तेरा तोला, कभी माशा है।
'भगवान' दर्श, सिर्फ अभिलाषा है।

रल मिल खाते

पंछी रल मिल खाते, मानव कहाँ कर पाता है।
वैसे सभी योनियों से, सर्व श्रेष्ठ कहलाता है।

धर्मार्थी होने का करता दावा, पाप कमाता है।
एक प्रभु, फिर क्यों, अपना मजहब चलाता है?

खून खराबे से न हटे, बड़ी वीरता दिखाता है।
प्यार करे अति सुंदर, बदल क्षण में जाता है।

भगवा पहने जो भी, सर आगे उस झुकाता है।
इकट्ठा कर दस बारह, पूजा खुद करवाता है।

याद रखना ईश्वर को, खूब प्रवचन सुनाता है।
न मालूम ज्यादातर, भूल उसे क्यों जाता है?

भूलाता जिन्हें सुख में, दुःख में उन्हें बुलाता है।
शर्म नाम बीमारी का, जल्द इलाज़ कराता है।

बड़ी प्यारी लक्ष्मी, जिस लिए मरता जाता है।
'भगवान' छोड़, कोई और ही, इष्ट बनाता है।

बने धर्मार्थी

दया घर सीखी, धर्मार्थी बन दिखलाया।
सहा हर जुल्म, कोई बदलाव न आया।

वृति प्रभु सोंपी ऐसी, बुरा हर भुलाया।
मौन व्रत रखा, समझ किसे न आया।

आदत न थी, कर वार हम संतुष्टि पाते।
हिसाब करेगा वोह, उधम नहीं मचाते।

देखा जीवन में हर, जिस हमें सताया।
प्रभु फल उचित दिया, सन्देशा आया।

उस से ड़र उस की, ख़ूब स्तुति गाई।
छवि उस हमेशा, दिल अपने समाई।

हर दुःख में साँस, सुख उस थी पहुंचाई।
दवा साथ दुआ भी, हमारी बनी सहाई।

जो मिला, ख़ुशी हम ने उस में ही पायी।
तरीके से अपने, कीर्ती उस की गाई।

वार्तालाप खेद उस से हो न पाया।
भेद 'भगवान' तेरा किस ने पाया।

महारथी वोही

हर विशेषज्ञ हमें बताया, महारथी जग में वोही है।
परमात्मा तक पहुँचाने वाला और यहाँ न कोई है।

शोर दावे ऐसे करने वालों का, हर चप्पे समाया है।
तकरीबन अपना ड़ेरा, हरेक देश विदेश लगाया है।

खूब चलता उन का धंधा, खलकत पीछे चलती है।
कुछेक धनी हो जाते, हाथ बाकि सेवकी मलती है।

अगर ईश्वर से किसी एक का, वार्तालाप होता है।
क्यों न कृपा से खात्मा, हर समस्या का होता है?

हर बाबे को ईश, मिला अपने में शामिल कर ले।
सरदार बन सारों का, शांति जग स्थापित कर दे।

हो न पाता सब देखते, जीवन समाप्त हो जाता है।
कई बार, स्वयें कोई चेला भी, बाबा बन जाता है।

एकता का पाठ पढ़ाते, कभी बाबे थक न पाते हैं।
विभाजन घर उन भी होता, कई और बन जाते हैं।

घर से दुखी हर व्यक्ति, दुःख को मिटाने जाता है।
क्या बाबे सेवा से दुःख निवारण कभी हो पाता है?

कैसे बारम्बार बातें वोही सुन वो मोहित होता है।
यकीनन दान दक्षिणा दे, मन में ही खुश होता है।

घर जिसे विश्राम की आदत, बाबे चरण दबाता है।
रख पूर्ण विश्वास, क्या जीवन सार्थक हो जाता है?

काण्ड़ पर काण्ड़, घर बाबों के रोजाना होते हैं।
अन्धविश्वासी वफादार, क्या नींद चैन की सोते हैं?

ईश्वर बाबे पास ग़र होता तो आफत उन पे न पड़ती।
करता मेहरबानी 'भगवान', रहती गुड़ी सदा चढ़ती।

घड़ी आती है

होती मस्तिक में दर्द, गूड़ी कभी नींद आती है।
प्यारी प्यार में प्यारे, प्यार की तस्वीर भाती है।

कटे रात कभी जाग और दिन में थकान आती है।
प्यारे प्यार की समझ, कभी किसी को न आती है।

घबराहट दिन रात होवे, दिल जो उचाट करती है।
आंगन हरेक के प्यारे, तकदीर आती व सताती है।

प्यार, प्यार से हो दूर, प्यार को बदनाम करती है।
हलचल होती बहुत, आला कभी विश्राम कराती है।

प्यार में प्यार की कीमत, कम हो जाया करती है।
करना 'भगवान' से प्यार, घड़ी वो आ ही जाती है।

सहनी हो गायब

फुर्सत पा ईश देखना, क्या जमीन पे होता है?
रोता हंस नहीं पाता, हंसने वाला भी रोता है।

सहनी हो गई गायब, काटने को हर भाता है।
हक़ मार किसी का, यहाँ कोई कैसे सोता है?

नाम ईश का ले कर, बटवारा सर्वत्र होता है।
उसी की रक्षा करने को, खून खराबा होता है।

आराम की पचे नहीं रोटी, पेट ख़राब होता है।
मेहनत कशों का गुजारा मुश्किल से होता है।

पढ़े बैठे बेरोजगार, अनपढ़ का शासन होता है।
गुण गान जगह हर पर, किसी बाबे का होता है।

ठोस न कुछ मालूम, हल्ला फिर भी होता है।
नाशवान धन के वास्ते, क़त्ल रोजाना होता है।

प्यास मिटी, रही न आस, मन उचाट होता है।
तरक्की करने वाला, नजर में छोटा होता है।

धन से मालोमाल, पास लोटा किसी होता है।
करुणा दृष्टि 'भगवान', प्रभाव ऐसा होता है।

हल चल बहुत

हल चल बहुत, जीवन में आ जाती है।
कितना मिले, भर खोपड़ी कहाँ पाती है।

सिकंदर भर न सका, हूँ ख़ुदा बोला था।
नसीहते छोड़ी, वो भी, गया अकेला था।

करोपे ईश बताते, वे खुद न कभी ड़रते हैं।
खोफ़े मौत, पानी चेले उन का कई भरते हैं।

मुनि सुखदेव को जनक भयभीत किया था।
धागे साथ छत पर उस बाँध कृपाण दिया था।

अजब वृत्ति जन्म से, क्या पैदा ऐसी हुई?
पेट भर खा सका कभी न आसा कम हुई।

लिए कागज टुकड़े, रिश्ते ठुकराए जाते हैं।
त्याग सखे अपरिचित अपने बनाये जाते हैं।

समझना, समझाना भी रद्द फिर होता है।
हर असलियत का वद, अच्छा सा होता है।

दोनों तरफ बेचारे, अपना पूरा रोना रोते हैं।
आराम से बैठ सकते, और नाही वे सोते हैं।

हितेषी दावा करने वाले, काम कहाँ आते हैं।
'भगवान' कृपा से ही, संभल विरले पाते हैं।

फूटे कर्म

प्यार में गिर गए, कैसे फूटे कर्म।
ठंड़े उस के मजाज, हुए कैसे गर्म।

शर्मीली होती सूरत, व्रत मौन की।
अब जानू भी न, वो तब कौन थी।

उस की हर अदा से वाकिफ हुए।
किया नजरअंदाज, कभी खफा हुए।

असर उस पे कभी हमारा न हुआ।
कमाई करी मगर गुजारा न हुआ।

विशेष कुछ दिख, उसे जाता रहा।
कैसे क्यों, क्या, समझ आता रहा?

समझ लेते सही, था ऐसा न नसीब।
दिखने में अमीर, किन्तु, रहे गरीब।

चहल पहल हमारी, बदली न कभी।
सूर्य उदय होते, किया सलाम सभी।

उस की कृपा दृष्टि, देती साथ रही।
काम सारे 'भगवान' करवाए सही।

तमन्नायेँ अपूर्ण

तमन्नायेँ हो सकीं न पूरी, वे बढ़ती ही गईं।
न जाने सिर पे हमारे, दर्द क्यों चढ़ती भई?

संभलो, आग्रह, प्रेम पूर्वक था किया गया।
हुये रद्द सब सुझाव, उत्तर न किसी दिया।

खरीदा फ़रोख्त की जरुरत, क्यों सदा रही?
आरामपूर्वक से रहते, ग़र मानी जाती कही।

श्रवण कर रोजाना, ख्याल शायद आ गया।
विचारा हम गणित, सब मेजे में पा लिया।

धन पड़ा खर्चना जो अपने पास नहीं था।
समय पुकारा, मामला कोइ ख़ास नहीं था।

खुद कोई न जोड़े, हैं करते खाली हम को ही।
दी नसीहत कब कैसी, किसी हमें न जाने की।

कर्ज ले कर खरीदना, नहीं शौक हमारा था।
बिन लिए कोई तब, शायद और न चारा था।

ईश्वर इच्छा, दौर जीवन का चलता जा रहा।
ईश्वर पूजन, केवल, शांति पथ सब ने कहा।

तसल्ली ऐसी, रहमत उसकी, देती रहती है।
'भगवान' आसरे चलती, गाड़ी हमरी रहती है।

ऐसा नफा

बाजी प्यार की, हमें, ऐसा नफा दे गई।
मिला साथ वफा का, वोही जफ़ा दे गई।

जिस लिए संसार में, था छोड़ सब दिया।
कदर तनिक न उसे, हमारी कभी भई।

कैसे दिन में ही तारे, दिखाती वो रही।
मुतालबे हुए न पूरे, पेदा हुए और कई।

क्या उन्हें, सदा, हम से शिकवा रहा?
नसीहत नयी हर दम, सुनाती थी रही।

विश्वास उस में, निपुण होने को था।
कभी हमरी सुन लेती जरुरत न भई।

उत्तर उस के पास सब प्रशनो का था।
कहने की कभी उस में हिम्मत न भई।

सहानुभूति उस पर, हरेक को हुई।
जो भी हम पर गुजरी, सब हम सही।

धर्म कर्म अचानक, अलग कर दिए।
बटवारे 'भगवान', के भी हो गये यहीं।

गम बांटे

दुःख दर्द में किस का सहारा होता है।
वर्षों का अपना, जल्द पराया होता है।

चाहा मिला, जो कुछ चाहा उस जब।
कृपा करता रहा, हम पे हमारा रब।

लाखों मुसीबतें, थीं कर दीं उस दूर।
दुश्मनों का भी मिलाया मिटी में गरूर।

आँखें चढ़ा, थे जो कभी दिखाने लगे।
प्रभु होश समय आया, ठिकाने लगे।

दुःख पाया था, जब किसी ने दिया।
इच्छा उस, सबरे घूंट था तब पिया।

वक्त आया, वे सभी थे सराहने लगे।
अंगारे अंदरूनी, अपने छुपाने लगे।

अब तो हमें उन का, सब था पता।
दिलचस्पी न थी, कैसे सुनते कथा।

सदा प्रभु हमारे, हमारी हिफाजत करी।
'भगवान' हमारे, झोली बिन मांगे भरी।

विश्व में विष

कर लेते प्यार, नसीब थे कहाँ।
जो मिला, हुए पा संतुष्ट यहाँ।

बड़ा विश्व में विष, दिखे शव थे।
कत्लेआम हर ओर, पास रब थे।

कम लाभ, हानि अधिक, गम था।
प्यारा हर को, कोई लगता चम था।

बाबे संगत से सुख कोई पा गया।
जीवन अपना, नाम उस लगा गया।

अत्याचार किसे, पुनः रास आ गया।
दास बन बाबे, झूठन कोई खा गया।

बोली प्यार, आदर, सत्कार की सुनी।
सफ़ेद भूषा में बैठे कई दिखे थे मुनि।

वाह वाह सुनी जब, आनंद था आ गया।
'भगवान' जैसे बैकुंठ से नीचे आ गया।

भक्ति में शक्ति

जो पसंद कभी था, अब न रहा।
नहीं चाहिए कुछ, उन्होंने कहा।

चाहें अब, हमें दिलचस्पी न रही।
आग्रह से हटें, न मानें कभी कही।

शौक उन के हटने का नाम न लें।
बारम्बार मांगें किन्तु कौन उन्हें दे।

कितना बदलाव समय में आ गया।
चिड़चिड़ापन, कहाँ प्रेम और दया?

मजबूरी होगी जरुर, बताते तक नहीं।
साथ अपनी छुट्टियाँ, बिताते भी नहीं।

अब सब लगे गलत, न होवे है सही।
क्यों बात याद, दिलाते रहते हैं वही?

ड़र नहीं कि बात बिगड़ भी सकती है।
'भगवान' की भक्ति में इतनी शक्ति है?

हर मुकाम पे

जेंटल से मेंटल दिया बना, उस मेहरबान ने।
चंगे गुणों से भरी हमें, जो सिर्फ मिली दान में।

दो लफ्ज पेश हैं अब उसकी अनोखी शान में।
फर्क नजर अब न आता, उस या मेरी जान में।

विदुषी गठबंधन में बंदी, थी निपुण पूर्ण ज्ञान में।
फ़िक्र न कोई फाका, रहा करती, मग्न, ध्यान में।

छवि सज धज जलवा फिरोश हुई सुनसान में।
बैठे उत्सुक सब संग, शोरोगुल रहित वीरान में।

हर कहानी आरंभ से अंत तक बीते गुलस्तान में।
जरूरते 'भगवान' पड़ती, फिर भी हर मुकाम पे।

प्यार निभाना

खिचड़ी पक्के, हो न खबर बड़ें दूरियाँ।
प्यार में सब से अधिक, हों मजबूरियां।

दिल बहलायें कभी आपस में, न वक्त।
प्यार में प्यार भी देखा, बहुत ही सख्त।

कोमल शीलता, नम्रता, नाम में ही रहे।
प्यार में अनुभव, दुःख, दर्द सब ने सहे।

किया प्यार, निभाना शायद आया नहीं।
लिखा गीत, साथ प्यार गुनगुनाया नहीं।
साँसे लम्बी न तेज, सके छोड़ प्यार में।
संतुष्टि पायी प्यारों ने, थी बहुत खार में।

हटना पीछे उस से हुआ, बहुत चाहा जिसे।
करेगा कृपा 'भगवान', होती जल्द न दिसे।

याद दिलाती

फर पहने हुए मालकिन, कई हुक्म देती है।
क्यों हीन भावना पैदा, भर नफ़रत में देती है?

खुद को क्या मालूम, मेहनत कैसे होती है।
फिर भी उसे होता शक, खफ़ा भी होती है।

पैसे कमाने की जरुरत, जिसे पड़ा करती है।
आवाज़ मुंह उस की बंद हो जाया करती है।

कर मान पैसों का, चला दुनिया में करती है।
न जानती, हर घर में, लक्ष्मी घूमा करती है।

ज्यों ही करे प्रस्थान, बिगड़ हालत जाती है।
जब हो जाए दूर तो बनता कोई न साथी है।

हो जब पास, बहुत ऐश व आराम कराती है।
मुश्किल से ही कमी, सही इस की जाती है।

निर्वाह ठीक तरह नहीं होता, चिंता सताती है।
सब को 'भगवान' की याद, दिला ही जाती है।

मखमली शैया

सब ने पिया जल व ली उसी हवा में सांस।
बीमारियाँ पाईं एक सीं, एक जैसी ही खांस।

खाद्ध पदार्थ थे वोही, ढंग बनाने के अलग।
खाए कोई बैठ भूमि पर, नीचे किसी के रग।

सोया पत्थर पर आराम से, कोई रेते मरुस्थल।
मखमली शैया किसी की, खराब करे है खल।

किसी को बिन दवाई ही इलाज़ आ रहा रास।
कोई देश देशांतर फिरे, ढूंढें उपचार है खास।

कोई गरीबी में भी दिखे, खुश व बहुत प्रसन्न।
कोई दुखी बैचेन, जब, भरपूर किस्मत में धन।

अत्यंत माया, सर दर्द, अनिंद्रा कईयों के पास।
पूजनीये बाबे भी दुखी, सेवा करते इतने दास।

औलाद लिए कोई दुखी, मगर बाबों के जावे।
कोई औलाद न चाहे घर में, गर्भ पात करवावे।

कोई बासी, सूखी रोटी, अचार से संतुष्टि पावे।
सूखे चने व अशुद्ध पानी से भूख कोई मिटावे।

किसी को देसी घी के आहारों से स्वाद न आवे।
बोतल भरा पानी भी, पच कईयों को नहीं पावे।

कोई गावे ईश्वर के भजन, रीझे और रीझावे।
कोई लिखे गीत हजारों, पढ़े खुद, नहीं सुनावे।

लड़ती रहे फौज, हमेशा यश सरदार को जावे।
नेता युद्ध को छेड़े, क्यों स्वयं घायल हो न पावे?

बांटते सच्चा ज्ञान बाबे, ईश्वर अवतार जो होते।
दासुनदास बनाते 'भगवन', भक्त हंसते न रोते।

नई बसाई दुनिया

आया जाया करते, रहा वे करते दूर।
असरे प्यार से हुए, शायद वे मजबूर।

प्यार वर्षों भर का रहा न उन पास।
बदले बदले नज़र वे आते थे हुज़ूर।

भुला दिया उन्हें, जिन पर था फक्र।
खून सफ़ेद, प्यार किया होगा जरुर।

छोड़ अपने सारे, नई बसाई दुनिया।
कर लिया वंचित, थे पाते जो भरपूर।

प्रसंता दिखाई खूब बजा कर ढोल।
बेहतर लगे बताने अपना वे गरूर।

रख पाये न कभी तनिक भी लगाव।
'भगवान' खुश नर और उस की हूर।

गुफाये इश्क

गुफा इश्क की ऐसी, अन्धकार जहां घोर वाला है।
क्या होता इस में, रहती चुप्पी हर मुंह पर ताला है।

किसी हाथ हार फूलों का, जपे कोई वहां माला है।
संसार सारे में इस का दिखता, बड़ा बोल बाला है।

विरला ही बचे कोई, जब वार जीवन में होता है।
हंसी ख़ुशी के दिन कुछ, फिर इतबार खोता है।

बदल जाते सब, आस रखी जिन पर जाती थी।
बोली नाह में बदले, कभी, हाँ में हाँ मिलाती थी।

मुश्किल से कटे वक्त, जिम्मेदारी निभाई न जाती।
पूरे दिल से आराधना, 'भगवान' की हो नहीं पाती।

रास्ता मुश्किल

तापमान बढ़ गया इतना, सड़क पिघल गई है।
क्यों सब लोगन पर, क्रोपी आ उस की पड़ी है?

पानी की कमी हो गई, अब मिटायें प्यास कैसे।
दूध भी मिलना बंद, अब बन पाता न दहीं है।

क्या गलत या कर्म बुरे, किस ने कब किये?
क्या सजा उन की, मिलनी सब को सही है?

घर में बैठें कैसे खाएं, मेहनत करनी जरुरी।
बिन परिश्रम रोज़ी पानी, हर भाग्य में नहीं है।

बारिश जब मूसलाधार, रास्ता मिले मुश्किल।
आसानी से पानी मंजिल, हो पाता यहाँ नहीं है।

कीचड़, दलदल, भीगते वस्त्र, खड्डे में गिरना।
बंदा असमर्थ, मर्जी जो 'भगवान' होता वही है।

सीख लिया

चल नहीं सकता बिन प्यार, ये सिखाया जाता है।
करना अति आवश्यक, लगा जोर बताया जाता है।
भर जाये जल्द तरोपा, हर स्वांग रचाया जाता है।
पहुँच करेंगे पक्की बात, हर शहर घुमाया जाता है।

जात-पात रुतबा, धर्म, पत्री, रोकड़ा बताया जाता है।
होगा अव्वल भविष्य इन का, बैठ समझाया जाता है।

कद, भार, नैन-नक्श साथ में, चम सराहा जाता है।
कमियों को छुपाया, फुर्ती से ध्यान हटाया जाता है।

होनहार बच्चा कमाउ व चरित्रवान बताया जाता है।
तिले की बेटी बनेगी नारी, आगे से सुनाया जाता है।

हो अच्छा तो लेन देन का, हिसाब लगाया जाता है।
पूरा हो जावे सब ख़र्चा, कर्ज़ा बहुत उठाया जाता है।

हो सब यादगार, धूमधाम से जश्न मनाया जाता है।
'भगवान' को कर प्रणाम, वंश आगे बढ़ाया जाता है।

हद हर पार

हो पागल हद हर पार, की प्यार में जाती है।
अगला पिछला छोड़, देखी सूरत न जाती है।

शक्ल सीरत कोई विचार भी किये न जाते हैं।
सुन बोल हर के अजीब, अर्थ निकाले जाते हैं।

कैसे करतब, न जाने, प्यार में दिखाए जाते हैं।
घर वाले कर पराये, ग़ैर ही सखे बनाये जाते हैं।

होती हालत खस्ता, कई स्वांग रचाए जाते हैं।
भूल जा सब, कर प्यार, कथन सुनाये जाते हैं।

प्यार दीवानगी होवे ऐसी, प्राण चढ़ाये जाते हैं।
सूरदास कई राँझे प्यार में, संत बनाये जाते हैं।

ज्वर प्यार का ऐसा, राज पाठ लुटाये जाते हैं।
घर बाबों घर छिड़ें युद्ध, वो भी बच न पाते हैं।

भूख पेट में और प्यार, हर जीव में पाए जाते हैं।
ठोकर लगे तो गुण 'भगवान' के ही गाये जाते हैं।

सजा थाल

पेशकश होने को सम्पूर्ण, रखी थी संभाल।
जीवन व्यर्थ में गुज़रा, जकड़ा मायाजाल।

काले थे, सफेद हुए, फिर उड़े सर के वाल।
साथ लबों के, अपने, लाल होते रहे थे गाल।

महंगाई का जमाना, बदलती रही थी चाल।
कमाया, माँगा, लिया, उजाड़ा, किसी माल।

हँसे, रोए, बैठे अकेले, पूछा किसी न हाल।
रोटी का संशय, 'भगवन', आया सजा थाल।

मानी न हार

दिल टूटता रहा, मानी न हार थी।
उस प्रभु भी, न सुननी पुकार थी।

बिन शोर किये टूटा, गांठें पड़ गईं।
मुसीबतें बिन बुलाई, आ खड़ गईं।

सहानुभूती जताने वाले, थे न कम।
क्या वास्तव में, थे न जानते वो गम?

ऊठ ऊपर पहाड़, बाजु में नदी थी।
घुटता दम, तैरने की रहती कमी थी।

किस अवस्था में, हो रही थी गुजर।
चुपचाप रहना, बिन किसी उज्जर।

दुनिया जीने देती, न कोई आस थी।
'भगवान' हर कुंजी, रखी पास थी।

मत कम

मस्तक में उन्हें होता दर्द, नींद भी खूब आती है।
प्यारी, प्यार में प्यारे, प्यार की तस्वीर बनाती है।

नींद ले पाते रात न पूरी, थकान दिन में आती है।
प्यारे, प्यार की समझ, कहाँ से किस को आती है।

होती घबराहट दिन रात, दिल जो उचाट करती है।
आंगन हरेक के प्यारे, तकदीर आ कर सताती है।

प्यारी, प्यार से हो दूर, प्यार को बदनाम करती है।
मचाये हलचल अति आला, कभी विश्राम करती है।

प्यार में, प्यार की कीमत, कम हो जाया करती है।
तब 'भगवन' से प्यार करने की घड़ी आ ही जाती है।

इम्यून हुये

कुछेक ने पायी तरक्की, वे हम से दूर हो गए।
रुख बदल भुलाने को, हम भी मजबूर हो गए।

दिखाई चाल उन्होंने, चल कुछ ऐसी धरती पर।
दिमाग आसमा पर समझ, वे चश्मे नूर हो गए।

लगे पंख बिन उड़ने, हवा में दिखावा करने को।
बुरे वक्त ने सबक सिखाया, हम इम्यून हो गए।

मिल गए कई साथी, उन्हें मन बहलाने के लिए।
वे स्वयं को समझ बैठे कि आला हुजूर हो गए।

वक्त ली ज्यों ही करवट और आंधी आई सामने।
अभिमान सब उन के, इक दम, चक्नाचूर हो गए।

रफ्तार उस की आगे, स्थिर रहना, था बड़ा कठिन।
खड़े 'भगवान' आगे, जोड़ हाथ, वे शूर वीर हो गए।

घर बुला लिया

जो वो फरमाते रहे, वो हम सब सुन लिया।
उतर में पास कई शब्द, न कोई चुन लिया।

बड़ी समस्या गंभीर, सुलझाव अति कठिन।
मिला मुकद्दर में जो, वो काबूल कर लिया।

अनजान दो का मिलन, हुआ किस तरह।
तकरार इतना हुआ प्यार फिर कर लिया।

विपरीत दृष्टि के दो, व चाहत भी अलग।
आकर्षण 'भगवान' फिर भी बड़ा लिया।

मेरे भक्त

हाँ में हाँ, हर मेरी में, जो मिलाते रहे।
बहुत भक्त मेरे थे जो ऐसे मुझे भाते रहे।

दर्शन मेरे की इच्छा थी जिन में बसी।
ऐसे भक्त, थे दिल मेरे में, समाते रहे।

अपने सब, लिए मेरे, आये जो छोड़।
थे, सुन प्रवचन, ताली वो बजाते रहे।

थे प्रचार करने में हर पल जुट रहे जो।
गए बिछड़, तो भी, याद मुझे आते रहे।

जरूरतें मेरी सदा जिन पूरी करीं।
दीवाने ऐसे कई, थे नजर आते रहे।

सेवा में अर्पण, कर हमें सब दिया।
साथ उन के जश्न, मनाते हम रहे।

छोड़ उसे, दर्जा हमें, ऊपर का दिया।
दासुनदास हमारे, थे, कहलाते वे रहे।

परिवार दिव्य हमारा, माना पवित्र भी।
भेड़ चाल की तरह, नजर आते वे रहे।

'भगवान' मिलेगा, है विश्वास उन को।
हैं अवतार हम, हर को बताते वे रहे।

पूजा में मग्न

क्या लिखूं बारे दृश, हमें दिखाए समय ने जो?
जिन्हें समझा कुछ, निकले कुछ और ही वो।

होती मिठास मुंह में जब भी करते व्यख्यान।
धर्म पर करते चर्चा व देते निः शुल्क में ज्ञान।

अनगिनित बने मुरीद, कोइ सोच न ख्याल।
मिलता दर्श उन को, थे जब होते वे दयाल।

रूचि उन में बहुत, घर क्या दुनिया छोड़ दें?
मिले आज्ञा, हवाये तेज का रुख भी मोड़ दें।

असर ऐसा वृति दिमाग पर उन्होंने किया।
मरें आराम से कैसे, था न जीने उन दिया।

पूजा उन की में मग्न, हुए दिखे दिन रात।
वचन उन के सुनें, बजाएं ताली, क्या बात?

उन में श्रद्धा और विश्वास क्या जम गया?
जानवर घर का तो छोड़ो, जंगली न भया।

हुई फ़िक्र अपनी, नाही फिर परिवार की।
कृपा दया उनकी से, हुई इच्छा उधार की।

प्यार में एकता के उज्ज्वल सुने उन के बोल।
घर में जिन के कई देखे, बजे घृणा के ढोल।

जनता भेड़चाल में, पीछे रहती थी खड़ी।
छवि जिन की बदलती, थी क्षण में बड़ी।

धंधा उन्होंने पाया, सद मार्ग दिखाने का।
छुड़वा ईश्वर खुद, 'भगवान' बन जाने का।

दुम हिलायें

घर शेर, दुम हिलायें बाबे दरबार में।
पा रहे आनंद परम, वे उन्हें निहार के।

बन आज्ञाकारी उन्हें, रहे पूज प्यार से।
भव सागर से बाबा, रखें आशा, तार दे।

करें सेवा उन की, पहाड़ तक उखाड़ते।
हुई जो न अभी कमाई, वो भी उजाड़ते।

कान होते काले, बात न कोई सहारते।
बन मोमने पिघलते, कृष्ण अवतार पे।

गिलास पानी भर देना, अपमान मानते।
लिए बाबे भागे आते, वो भरते न हारते।

भिखारी मांगे पैसा, बार कई विचारते।
बाबे पर अपना सब, बिन सोचे वारते।

मालिक जो सब के, क्यों लक्ष्मी मांगते।
आश्चर्य जिन से लेते, उन को ही ड़ांटते।

है कसूर उन का, असलियत जो न जानते।
शैतान कई बन जाते, ज्ञान 'भगवान' का दे।

छुपाया दर्द

मिला हर दर्द, हम ने छुपाया था।
सुना बहुत, मुंह मगर दबाया था।

पढ़ने का वक्त, बड़ी मजबूरी थी।
पहुँच स्कूल, रटा खूब लगाया था।

क्या रुबाब, दिखाया गुरुजनों ने?
चण्ड़ मुक्का, थप्पड़ लगाया था।

बोले न कभी, किसी को कुछ।
बड़ा जुल्म, तब सर उठाया था।

आई हर वर्ष, नतीजा सुन हाँसी।
बैठ तब जश्न, सब ने, मनाया था।

निकल गया समय, काराबंदी का।
दूर हुआ कहर, जिसे निभाया था।

हुई बरबाद आज़ादी, प्रेम चक्र में।
साथ ख़ुशी, जिसे, गले लगाया था।

होना पड़ा हवाले, दरबार सच्चे भी।
बहुत सुना बातें, उन भरमाया था।

अंत में याद ईश्वर की, हमें आई।
'भगवान' से सुख, हरेक पाया था।

गुल खिलाये

प्यार ने, प्यार में, गुल खिलाये थे कई।
नहीं रहा कहीं का, किस्मत ऐसी भई।

चाहा जब भी, आयें पेश प्यार से।
बातें सुननी पड़ी, हमें उनसे कई।

हरी होगी घास, हम सोचा था कभी।
बड़ी पास होते, दिखी लाल वो हुई।

होती मिठास बड़ी, सुना था प्यार में।
बहुत कड़वाहट, दिखी उस में पड़ी?

प्यार वायु में, होता बहुत है दम।
सर गम की आंधी, क्यों आ पड़ी?

प्यार मोम कर पत्थर को भी दे।
हमें रुई होती, पत्थर ही दिखी।

प्यार से जीत लेंगे, दुनिया देखना।
बाबे बानी, केवल सुननी ही भली।

प्यार घृणात्मिक, लगता रूप दूसरा।
क्या गलत, कौन जाने, है क्या सही?

प्यार के किस्से पढ़, उमर काट ली।
मारे फिरते सब, आशिक हर गली।

हर युग आ ईश्वर प्यार रहे सिखाते।
लड़ाई 'भगवान', क्यों फिर भी हुई?

पुराना ज़माना

आता है याद अब वो, अपना, बीता पुराना ज़माना।
बिन वजह निकल कर, लगाना गुलेल का निशाना।

बांटे ले, झूठ संचला खेलना और लड़ाई खूब करना।
शाटापु में मग्न हो जाना, ठीपियाँ ऊपर नीचे करना।

जिद्द अपनी कभी न छोड़ना, रो कर भी पूरी करना।
पढ़ाई लिए स्कूल जाना, खाना थप्पड़, सी न करना।

जुल्म मास्टरों के सहना, बिन कसूरे मुजरिम बनना।
कोई अपील कर न सकना, सजा पाना, सबर करना।

साल कहीं मारा न जाये, परिश्रम और मेहनत करना।
श्रेणी प्रथम में बच्चा क्यों न आया, विचार सबने करना।

कोई बात नहीं बेटे, माँ कहना, दूर नजरे बद करना।
'भगवान' जो कुछ दिखाया, आज याद पड़ा करना।

सुरक्षित रखे

पड़ गई बर्फ, आई बाढ़ भी, जाएँ अब किधर।
पास हमारे कृष्ण कन्हैया, नाही मंत्री विदुर।

बाहर निकले अचानक, फिसले खा ली चोट।
हुई दर्द, कसूर अपना, जूता पहना था न कोट।

बिजली बंद हो जायेगी आनी, हुआ हमें संदेह।
चार्ज करते रहे सब यंत्र, समय जब तक मिले।

समय सोने का, फिर आया, बरोज़ दिन इतवार।
विधुत शक्ति साथ देगी, था हमें पूरा न एतबार।

गई रात अगर बिजली, अलारम न बज पायेगा।
सुबह उठ अगर न पाया, काम पे कैसे जायेगा।

करूँ शिकायत, मौसम बारे, वैसे देश से प्यार।
भद्दा मौसम, करने को काम, होना पड़े तैयार।

सुरक्षित रखे भक्तों को, रख प्रभु सर पर हाथ।
'भगवान' हर भयानक पल में, हमारा देवे साथ।

प्रेम ज्वर

मिली लक्ष्मी, जिंदगी अपनी गुजार दी।
रहे खुश, हो न दूर, दौलत उजाड़ दी।

आकर्षण कुछ ऐसा, उस में पा लिया।
अपना अस्तित्व, उस लिये गवा दिया।

कदर ऐसी उस हमारे बलिदान की करी।
वीरान थी जो जिंदगी, कुछ ऐसे उस भरी।

अलोप, धीरे से, इस जग से कर दिया।
कैसा अमृत, आ, हर रग में भर दिया।

कल की सोच न आज की ही खबर।
ले भविष्य ओर भी जा सकी न नज़र।

ऐसी परिस्थितियों में, होना था निर्वाह।
चारों ओर से बहुत, रहा पड़ता दबा।

झेला कभी शब्द, मुख से हुआ बाहर।
खतरे युक्त जलवा, मौन मुद्रा से जाहिर।

वार्तालाप करना, होना न उचित था।
भोजन पाने का भी, होता न चित था।

कृपा प्रभु पाया, बहुत अच्छा प्यार था।
'भगवान' प्रेम ज्वर का न उपचार था।

मुश्किल से

दीवानगी पागलपन में, तुम्हारे हुए थे।
बड़ी मुश्किल से, अपने गुज़ारे हुये थे।
बड़ी मुश्किल से, अपने गुज़ारे हुये थे।

थी न आदत करने की, खुद से बातें।
वार्तालाप साथ अपने ही, न्यारे हुए थे।
बड़ी मुश्किल से अपने, गुज़ारे हुये थे।

जवाब नहीं, सवाल हमें अक्सर मिला।
बोल ऊपर इस मुद्दे भी करारे हुए थे।
बड़ी मुश्किल से अपने, गुज़ारे हुये थे।

अभाव अनुभव का रहा, जरूरत बड़ी।
तमाशा देखा सब, बहुत नज़ारे हुए थे।
बड़ी मुश्किल से अपने, गुज़ारे हुये थे।

कटी बार कई, निरंतर धारण कर मौन।
बने ग़ैर कभी जिन के हम प्यारे हुये थे।
बड़ी मुश्किल से अपने गुज़ारे हुये थे।

यत्न की कोशिश, क़यामत टल ही गई।
किस्से हीर रांझे, तख्त हज़ारे हुये थे।
बड़ी मुश्किल से, अपने गुज़ारे हुये थे।

लगा घाव पर नमक, कई किस्म का।
घी पड़ा आग पर, पैदा अंगारे हुये थे।
बड़ी मुश्किल से अपने, गुज़ारे हुये थे।

जुटाई न हिम्मत, थे संस्कार ऐसे पाये।
प्यार में प्यार नही, 'भगवन' प्यारे हुये थे।
बड़ी मुश्किल से अपने, गुज़ारे हुये थे।

भागना नहीं

करेंगे रास्ता हर साफ़, हमें, जिस पर चलते रहना है।
अपने, बहाने बनाने वालों ने, हाथ मलते ही रहना है।

रास्ता कितना हो तंग अथवा वो चेतावाना कितना भी।
हर तरफ होगा वातावरण, सुहावना व मन भावना ही।

उजड़ा गुलशन हरा भरा कर दें, कमाल ऐसा पास है।
काम दुनिया में नहीं, कोई, जो सामने हमारे खास है।

हुई जब किसी से जंग, ओर हर, एक ही ज़िकरा था।
लड़ेंगे नाहीं छोड़ेंगे रण, बुलंद रहा हमारा जिगरा था।

आये हर मुसीबत से बाहर, वे तो करने की बातें हैं।
कृपा दृष्टि तेरी 'भगवान', दिन बीत रहीं सब रातें हैं।

सन्यासी बनना

सन्यास धारण करता, कोई गृहस्थी छोड़ कर।
देता भाषण: जियो, बंधन मोह माया तोड़ कर।

बिन लक्ष्मी के कुछ, न कर यहाँ कोई पायेगा।
पूरा अपने ऊपर काबू, वो रख भी न पायेगा।

चलता रहेगा यहाँ, उस का धंधा कितने वर्ष?
चला पायेगा सदा, खुद नाहीं चेलों का वे खर्च।

विश्वास नहीं कैसे, निर्धन जो बन बाबे धनी हुये।
और उन्हें कर 'भगवाने' चर्चा सुख अत्यंत भये।

सहित प्रेम

प्यार से, प्यार को, सदा उकसाया करो।
याद रखना वाजिब, न भूल जाया करो।

दिन ब दिन प्यार के, होते किस्से नए।
चुन कुछ अच्छे, उन्हें गुनगुनाया करो।

प्यार में त्याग, क्रोध भरा, अपना मुख।
खुश रखना उसे, न कभी सुजाया करो।

शिकवे होते बड़े, सब को जानते हैं हम।
हमें आ के वो, सहित प्रेम बताया करो।

कठिनाई हर सरलता से हो जाती दूर।
स्वयें हो न सके, हम से करवाया करो।

मिल जुल कर, सुख दुःख बांटते रहो।
'भगवान' ह्रदय अपने में बसाया करो।

माँगा न मिला

समझ बचपन में न पाया, सब सर सवार थे।
फ़िक्र न ही कोई फाका, हम इतने होनहार थे।

पढ़ाई लिखाई वास्ते बोले, बिन वजह हमें सब।
था केवल हमें ही मालूम कि हम भी होशियार थे।

बड़े थोड़े हुए कि मुहांसों ने चेहरा ढक दिया।
हुए तब जवानी ऐसी के, हम क्यों हकदार थे?

करते क्या, निकाल नहीं पाए, रहे साथ वे हमारे।
छुड़ाना पीछा अपना बड़ा चाहा, लगते बीमार थे।

गुजारा साथ उन के किया, अपने हर मुकाम पे।
कोई कुछ कर न पाया, ड़ाक्टर देखे हजार थे।

वक्त सही पीछा छुड़ाने का इक दिन आ गया।
गृहस्थ आश्रम रखने को, जब हुए पग तैयार थे।

तब से समझाने को हमें और इक मिल गए।
जो स्वयें समझने को, न होते कभी तैयार थे।

बिन समझे समझाए, गई उमर अपनी थी बीत।
विश्वास करते न हम पर, अपने वे हमसाये थे।

बिन चेतावनी लिया, आ वृद्ध अवस्था हमें घेर।
बच्चे लगे आ हमें समझाने, योग्य जो बनाये थे।

समझ न पाए बाबों के, पवित्र प्रवचन जो सुने।
चर्चे 'भगवान' के मिले बहुत, दर्श हो न पाए थे।

बूथे लाल

पढ़ने पहुंचे पाठशाला, वहां कमाल हो गए।
'भगवान' भेजे थप्पड़, खा बूथे लाल हो गए।

आस थी

कायम सदा उन पे रहती, हमारी आस थी।
बहुत दूर हमें लागे, यद्यपि इतनी पास थी।

रहे याद नहीं वादे, जो कभी उस ने थे किये।
कभी दिला के यकीन, रचाई हम से रास थी।

हमें ऐसी शके निगाह से, फिर देखते रहे।
हुई नमकीन मिर्ची, कभी मधुर चास थी।

ख़ुशी से रहने का, गया गुजर था दौर।
कभी लिए जिस, वे रखती उपवास थी।

है न जाने मस्त, अब किस माहौल में।
चोट खायी शायद, उस कोई ख़ास थी।

रुख समय के कई, हैं बदल अब चुके।
रही 'भगवान' पर उम्मीद, हर मास थी।

झोली भरी

उतना मिला, चाहा जितना उस जब।
कृपा करता रहा हम पर हमारा रब।

लाखों मुसीबतों, उस कर दी थीं दूर।
दुश्मनों का, मिट्टी मिलाया था गरूर।

आँखें, जो कभी चढ़ा, दिखाने लगे थे।
होश उन के देखे हम, ठिकाने लगे थे।

झेला दुःख, जब कभी किसी दिया।
इच्छा उस सबरे घूँट था तब पिया।

वक्त आया, सभी सराहने थे लगे।
अंगारे अंदर अपने छुपाने थे लगे।

अब तो हमें उन का, था सब पता।
थी न दिलचस्पी, कैसे सुनते कथा।

थी प्रभु सदैव, हिफाजत हमारी करी।
मांगी न 'भगवान', रही झोली थी भरी।

खो गया

प्रेम चाहत बड़ी, प्यार भी, किसी से हो गया।
जिंदगी में, हर कोई, न जाने, कैसे खो गया?

वार्तालाप न सुलभ, ऐसी फिर बहार आई।
सुनना चाहे, सुने न कोई, दौर ऐसा आ गया।

बिन रात मेहनत कर के, गुजारा शुरू हुआ।
रही चलती गाडी कैसे, हर कोई घबरा गया।

हर दिन नए ही झंझट, बिन तुक के शौक थे।
सर पर मंड़राए बादल, तूफ़ान कैसा आ गया।

कभी निकलेगा हल, आशा पे सब हैं ज़ी रहे।
'भगवान' छोड़ वक्त, बाबे पूजन का आ गया।

अनुकूल परिणाम

मन बहलाया कर बात हम झूठी सच्ची।
बुरी लगीं बहुत, किसी को वोही अच्छी।

मुकाबले में, बराबर वाले, नीवां बैठे नीचे।
कठिन तरह शूरवीर मार कायर की पीछे।

ज़बान रस, लाता देखा, अनुकूल परिणाम।
पहले तोलो बाद में बोलो लो हरी का नाम।

नियंत्रण क्रोध पर करना सीखो ला मुस्कान।
एकाग्र मन से पढ़ रोज़ाना, बन जाना विद्वान।

मान लेना, ग़रीबों की सेवा, करती है कल्याण।
आत्म निर्भर बना देना तांकि लेना पड़े न दान।

नेता बनता शत्रु देखा, कमज़ोर हुआ बलवान।
प्यार में भी शुरू नफरत बन रहे सदा न जान।

तर्क वितर्क हों टिपणियां दे सर्वसमिति न हल।
जपो नाम 'भगवान' का हर बीते ख़ुशी से पल।

बने गुलाम

लिया पढ़ लिख, फिर पकड़ी एक कलाई।
साथ मिलाया जिन, नई तमन्ना उन जगाई।

पूजनीय वे बाबे, की, दे दर्शन उन भलाई।
गुलाम बना, 'भगवन', हुकूमत उन चलाई।

साथ मुश्किल

बिन बुलाए आये चिंता, नहीं कोई छुटकारा है।
मुश्किल साथ रलमिल रहना, होता बटवारा है।

करती बात दुश्मनी पैदा, जल्दी से न जाने क्यों?
उसी से फिर हो न पाए बात, अति जो प्यारा है।

माने कैसे दिल से निकालना, होता नहीं आसान।
छोड़ कर भी मांगे सलामती, कैसा यह नज़ारा है।

निकल वक्त ऐसा आता, याद फिर न कभी आवे।
शारीरक टूटे हुए अंगों ने, न जुड़ना फिर दुबारा है।

धागे में गाँठ पड़ जाती, कहीं, अगर जोड़ भी लो।
वायु मुख से भरते ग़र जायो, जाता फट गुबारा है।

नाजुक प्यारे प्यार का रिश्ता, प्यार से ही निभाना।
नहीं भुलाना 'भगवान', जो तीन लोक से न्यारा है।

अमृत की वर्षा

अमृत वर्षा, की बाबे, भरा अपना कोष।
की हर प्रकार की सेवा, फिर भी रोष।

दिल से सुने प्रवचन, रह पूरे ख़ामोश।
आया समय, बदली जब अपनी सोच।

अपना नहीं, बताया उन, औरों का दोष।
लिया अवकाश, 'भगवन' तो आई होश।

धर्म ग्रंथ दूर

प्रभु बनाया हिन्दू, पढ़ वेद पुराण न पाया।
किया जागरण, पूजा, पाठ, हवन करवाया।

हर तरह के त्यौहार, जब दिन आये मनाये।
ख़ुशी देखी चारों ओर, ज्यों ही नवरात्रे आये।

दशहरे देखा रावण जलता, चौथ करवा आई।
पटाखे फटे, चारों ओर रौशनी, दिवाली आई।

की अरदास गुरु के पर्व, आवाजे कीर्तने आई।
बोले शब्द, लगाई धूनी, कभी जयकार बुलाई।

स्वभाव के गर्म कहाँ, कुछ सुन न सकते थे।
नहीं सुना कभी नामे ड़र, मन चाहा करते थे।

देखी बसंत, लोहरी कभी शबीलें जो लगती थीं।
भाईचारा सर्व व्यापक, इकट्ठ में ही शक्ति थी।

दुःख होता अवश्य, नज़र में सब की रहते थे।
कोई पूछे, क्या कहना, सोच के पहले रखते थे।

सरकारी नौकर रहें दूर, कोशिश किया करते थे।
लोगन दास, चाहे बिन चाहे, घूस लिया करते थे।

बाबे भी देखे करते प्यार, चेले जिन के बथेरे थे।
रौशनी करने वाले हर घर में, बीच बैठे हनेरे थे।

सुनते प्रवचन बारम्बार, हमेशा दुहराए जाते थे।
पास उन परम ज्ञान, अवतारे समय कहलाते थे।

हिन्दू को हिंदुत्व भुला दें, मौजी ऐसे वे होते थे।
सार तत्व के मालिक, जानते जो खोजी होते थे।

जीवन मरण से छुटकारा, कर सेवा पाया जाता है।
'भगवान' छोड़ देखा, गुण बाबों का गाया जाता है।

वे भाग्यशाली

नजदीक आ गए, हमारे जो सब छोड़ कर।
उन्हें अत्यंत सेवा, हमारी का अवसर मिला।

हम सहित परिवार, आराम ऐशो करने लगे।
भाग्यशाली चारों ओर, जिन्होंने की न गिला।

त्याग नींद को अपनी, वो हमें रिझाने लगे।
सच्चा सेवा सुख, न जाने उन्हें कैसा मिला।

सेवा पाने को हमारी, सब उतावले थे हुए।
लिया 'भगवान' से कुछ नाही हम से मिला।

घाटे का सौदा

कभी इकरार, बहुत अब इंकार है।
बेहतर कहाँ इस से मिलता प्यार है।

नजदीक रह भी दूर इतने होते हैं।
मिल के दिल दो, एक ऐसे होते हैं।

कहें दोनों, एक दूसरे की जान हैं।
हो जाते ऐसे पूर्ण, बनते शान हैं।

घाटे का सौदा, यह देखा जाता है।
हरेक संतुष्टि, इस में न पाता है।

ईश्वर से सुख कभी दुःख पाया है।
कृपा 'भगवान', वक्त बिताया है।

नाम खुमारी

उमर बीत गई सारी, तलाश अब भी जारी है।
उतरे न सदा रहती, नाम की चढ़ी खुमारी है।

दुश्मनी, हम ने, नाही रखी किसी से यारी है।
बनाई हर कुदरत की वस्तु, हम को प्यारी है।

करी माड़ी मोटी नौकरी, हम कभी सरदारी है।
किसी तरह बेल पापड़, जिंद गुजरी हमारी है।

खाया घर का पक्का, खरीद, कभी बाजारी है।
आये क्रोध और गुस्से कभी फाके की बारी है।

स्वाद कड़वा, मीठा पाया, लगा कभी खारी है।
मिर्ची काली, हरी, लाल, खायी चटनी करारी है।

खर्चा नगद प्लास्टिक, कभी ले ली उधारी है।
बड़ी 'भगवान' हमें लीला तेरी, लगी न्यारी है।

क्या सूझा

बहार के फल चढ़ाए कभी खरबूजा।
उसे छोड़ पूजा बाबा, यह क्या सूझा?

भोग लगाये पहले, उन्हें फिर खाया।
जूठन से तृप्ति पाई, यह क्या सूझा।

घर वालों से नहीं, ड़ांट बाबे की खाई।
ऐसे जीवन को सवारा, यह क्या सूझा?

क्या घृणा में प्यार, बाबे श्री का पाया?
धोते रहे श्री चरणों को, यह क्या सूझा?

मनोमुटाव हटा, सब प्रीत उन से लगाई?
मरणोपरांत मुक्ति अवश्य, यह क्या सूझा?

दुःख खुद पा, सुख करा सब उन्हें अर्पण।
देह बिगाड़ी रोज अपनी, यह क्या सूझा?

करी गुलामी व दान में, सब उन्हें सौंपा।
दर्श उन के रखी इच्छा, यह क्या सूझा?

खुद को जमीं और उन्हें अर्श बिठाया।
'भगवान' उन्हें बनाया, यह क्या सूझा?

प्यार में दीमक

भूल के भी उन्हें, हम कह न सके कुछ।
मिला प्यार किश्तों में, रहे उसी में खुश।

झूठ बोलना वर्जित, वे सुन पाए न सच्च।
आग प्यार में ऐसी, और चारों गयी मच्च।

निकालें अर्थ उल्टा और रहते वे नाराज़।
धुन बजती रही, बिन साज किसी आवाज।

क्या दिमाग में उन घूमे, बताये हमें कौन?
प्रश्न उत्तर न मिलता, वे रख लेते थे मौन?

हम गलत वो सही, हमारा सारा था कसूर।
रहे पास रात दिन वे, थे फिर भी कोसों दूर।

प्यार में दीमक लग, कुछ जाया करती है।
'भगवान' भक्त बाबे की, बनाया करती है।

कामना प्यार की

प्यार की, प्यार से, अब न रही कामना।
कठिन हो गया, करना उन का सामना।

आपस में बातचीत, होने कम लगी।
त्यागा प्यार, घृणा की हुई सम्भावना।

समय बीते, सोचें, प्यार को प्यार है।
होना समीप चाहे, बिन प्यार रावना।

प्यार में प्यार का, लगाव कैसा ये।
प्यार से प्यार ने, नहीं कुछ पावना।

प्यार का, प्यार में, अद्‌भुत ही रुख।
कैसे किसी को, लग सके सुहावना?

प्यार पाया हर, शिकारे गम हो गया।
'भगवान' पाने की, जग पड़ी भावना।

शैताने नूर

लगे कुछ ऐसा, बड़े दूर हो गए।
सोच ऐसी आवे, मजबूर हो गए।

सपने वो सारे, होंगे पूरे न अब।
दुनिया प्यारी में, हजूर खो गए।

अपनी सोचें, छोड़ औरों की प्रवाह।
किन ख्यालों से पैदा गरूर हो गए?

भूत भूलें वर्त में, भावी की न ख़बर।
छोड़ 'भगवान', शैताने नूर हो गए।

विचार बहुत

प्रेम ऊपर विचार बहुत, क्या सुख है।
करने को सब तैयार, मिलता दुःख है।

गहरी बिन सोचे, शिलांग लग जाती है।
समय कुछ बाद, याद पुरानी आती है।

प्रेम अपार, कठिन क्यों बांटना होता है?
नहीं मिले रत्ती भर, रोता हर कुरलाता है।

दोनों ओर से, एकतरफा पाया जाता है।
हर दुविधा अपनी, रो कर ही सुनाता है।

न मिले पूरा, हर तरफ, सुनने में आता है।
दोष सदा लग 'भगवान' पर ही जाता है।

प्यार भरी

मीठी प्यार भरी बातों नहीं, क्या हो गया?
गायब मिठास, असरे कड़वापन हो गया।

अभी खड़ा न हो पाया था, पूरे तौर से।
भीड़ भी बहुत कम, कैसे फिर खो गया?

सारी हरकतें उन की लगीं दिल चीरने।
आया क्रोध, संभाला उसे, चुप हो गया।

सिलसिला प्यार, बड़ा आगे किसी तरह।
गया विश्वास भी उड़, दूर बहुत हो गया।

जीवन में आये, कई उतराव और चढ़ाव।
पास 'भगवान' के, जाना सुलभ हो गया।

न पास थी

प्यार और से नहीं, क्यों उस से किया?
जो प्यारे की कदर, कर सकती न थी।

जिस लिए दिया, तन, मन व धन लगा।
उसे ऐसे प्यारे की जरूरत न कभी थी।

प्यार के बोल भी, अंदर मुख उस के रहे।
निकल पाते कहीं, तो होनी और बात थी।

प्यार कैसा, कहाँ, रखा जो उस ने संभाल।
पास चुपचाप रहती, न लगती वो साथ थी।

चाह हुई प्यार करने की, ईश्वर से एक पल।
बैठा 'भगवान' आगे अकेला, वो न पास थी।

ख़त प्यार के

ख़त प्यार के जो लिख भेजे थे बड़े।
बिन पढे ही उस थे फाड़ सब दिए।

आस पास वाले उन्हें न लें कहीं पढ़।
ड़ाल आंच में उस, थे साड़ सब दिए।

सड़े टुकड़े भी न हाथ आयें किसी के।
उठा, झाड़ उस, थे पानी में सब दिए।

शिकवा, शिकायत न कोई है गिला।
हैं ज्यों ही हम मुर्दे, उखाड़ सब दिए।

बाज आ न पाए, लिखने से कभी।
जज्बात उस ड़ाल, थे हम में दिए।

पढ़ लेते तो लगता, बहुत कम वक्त।
पल हसीं बिन पढ़े, उजाड़ सब दिए।

ना समझ चक्कर किस में थे गए पड़।
कद्रदान बिन वजह लताड़ उस दिए।

क्या होता अगर पीछे हट जाते हम?
'भगवान' ख्याल ऐसे, थे वाड़ न दिए।

करंट प्यार का

प्यार की, प्यार से, तार जुड़ गई।
करंट चलता रहे, बहुत की दुआ।

वोलटेज जब कभी, ऊपर नीचे हुई।
झटके ऐसे लगे, मिली कोइ न दवा।

बल्ब वाट्स कई के लगाने पड़े थे।
फ्यूज उड़ते रहे, बिन किसी वजह।

प्रकाश कम, बीच अँधेरे गुजर हुआ।
हाल न पूछा हमारा, आ किसी बुला।

स्विच ऊपर नीचे, थे किये कई बार।
थी गर्म कभी ठंड़ी, आती रही हवा।

आउटलेट में दिखीं, फूटीं चिंगारीयां।
जल कहीं न जायें, ड़र लगा था रहा।

बरेकर नजरों ओहले थे लगे हुये।
था साथ उन, मिलना अक्सर हुआ।

मेन स्विच की तो थी बात ही अलग।
ले नाम 'भगवान', धीरज कुछ हुआ।

उसी का सहारा

जो देख दर्द में, हमें, मुस्कराते रहे।
हम से पीछा, अपना जो छुड़ाते रहे।

खत्म हुआ उन से, अपना लेन देन।
बिन उन हम काम सब चलाते रहे।

हाथ उस का ऊपर सर हमारे रहा।
सदा गीत जिस के हम, गाते थे रहे।

न सोचा किसी दिन, बदल जायेंगे।
हो मस्त, दुम, अपनी हिलाते थे रहे।

दिन बदले याद हमारी आई उन्हें।
हम नाम तक जिन का भूलाते रहे।

रहने लग गए, थे अपनी जो ठाठ में।
बाद में चक्कर घर, लगाते हमारे रहे।

थे शायद समझे, ईश्वर उन्हीं का ही है।
'भगवान' को हम भी बनाते अपना रहे।

जोड़ते तोड़ते

हम जोड़ते रहे, वो दिल तोड़ते रहे।
उज्जर पैदा हुए, जिन्हें छोड़ते रहे।

दुःख दर्द हम को, बेहद सा मिला।
रुख हम कर हर यत्न, मोड़ते रहे।

भावनाएँ हमारी, उन का खेल था।
चारों ओर जिन के, वो दौड़ते रहे।

सहन शक्ति, कृपा उस, पास थी।
आगे 'भगवान' के हाथ जोड़ते रहे।

दर्द बिन घाव

बिन जख्म, दर्द पाने की, देखने कला।
प्यार के मोड़ पर, पहुंचे कई दौड़ कर।
मोड़ मुड़ कब गया, यह पता न चला।

प्यार में खुश नसीब, अमीर न गरीब।
गीत गाने लगे, अपना खोल कर गला।
मोड़ मुड़ कब गया, यह पता न चला।

दूरी प्यार में करीब, दृश कैसा अजीब।
वक्त कैसा सबक, सिखाने यह लगा।
मोड़ मुड़ कब गया, यह पता न चला।

मिल न पायी दवा, काम आई न दुआ।
हँस, कुछ देर, रोना, हुआ फिर भला।
मोड़ मुड़ कब गया, यह पता न चला।

प्यार की यह गर्ज, लगा दे ऐसी मर्ज।
जाये बढ़ती बड़ी, कौउ देवे न सलाह।
मोड़ मुड़ कब गया, यह पता न चला।

अंजाने में सोच, लें किस तरह खोज।
कर जिस लिया, कभी क्या वो फला?
मोड़ मुड़ कब गया, यह पता न चला।

प्यार में नारी नर, बने बीवी कोई वर।
सोचें दोनों फिर कि ये है क्या बला?
मोड़ मुड़ कब गया, यह पता न चला।

प्यार में मिले सुख, दुःख साथ में बड़ा।
नाव ऐसी चला कोई सके न मल्लाह।
मोड़ मुड़ कब गया, यह पता न चला।

कर प्यार पर गौर, साध बन कभी चोर।
दिल लगाया जो बिन वजह ही जला।
मोड़ मुड़ कब गया, यह पता न चला।

प्यार में दिन रात, हर उँगली के साथ।
लगाया तन, मन व धन कुछ न पला।
मोड़ मुड़ कब गया, यह पता न चला।

प्यार में खायी मार, ली मान फिर हार।
करने 'भगवान' का, हर सुमिरन चला।
मोड़ मुड़ कब गया, यह पता न चला।

समय करे

मन कुछ करने को न था।
बहाने आ तरफ हर से मिले।

दर्द काँटों से तो होना ही था।
पकडे हम ने फूल जब खिले।

वक्त जब हक़ हमारे में था।
लगा गले हमें थे दुश्मन मिले।

पक्ष वालों का भी मिला साथ था।
बसते 'भगवान', थे हमारे जब दिले।

सलामत रहो

भूल गये हैं वो, किया जो याद करते थे।
सलामत रहो कभी, फरियाद करते थे।

नहीं सोचते वक्त, उन का भी आएगा।
गम बांटे न अब, कल कौन बटाएगा।

वैसे तो हैं धर्मार्थी, ड़रते प्रभु से सब।
'भगवान' छोड़ ज़र, बना बैठे हैं रब।

नज़र प्यार की

प्यार की इक नजर, क्या सिला दे गई?
अपना न रहा कुछ, शिकवे गिले दे गई।

अपने सब बेगाने, किये ऐसे उस ने आ।
करने की उन से गुफ्तगू हिम्मत भी गई।

प्यार मिला ऐसा, घृणा जिस में बहुत।
प्यार से प्यार की, कहाँ शक्ति वो गई?

बीजा गया प्यार, फसल जिस थी अजब।
करें 'भगवान' प्यार, कहाँ घड़ी खो गई।

बाबे कृपा

संग बाबे का, ज्यों ही थे पाने लगे।
बैठ उन के भजन, सब गाने लगे।

कृपा उनकी, नसीब जिन को हुई।
वे दर्श उन के, दिन रात पाने लगे।

इच्छा उन की न कोई अधूरी रहे।
जुट सेवा में तुरंत, सब जाने लगे।

चर्चा बाबे व्यापक देख हर तरफ।
लीला उन की, थे सब सुनाने लगे।

काया कल्प, होगा जीवन सफल।
लगा ज़ोर वे, सब को बताने लगे।

पृथ्वी पे रूप ईश, सिर्फ बाबे का।
दृढ़ विश्वास रख, धूम मचाने लगे।

हैं भला करने आये, बाबे जगत का।
खुद रोने और औरों को रुलाने लगे।

देते कभी प्यार के, सदा जो सबक।
घृणा हरेक घर में वेही फैलाने लगे।

सफलता चूमती थी, जिन के चरण।
गुल विभिन्न प्रकार, वे खिलाने लगे।

दुकानें नाम सच्चे, रोज़ खुलती रहीं।
बाबे 'भगवान', नज़र रोज़ आने लगे।

जप नाम

हुआ कमाना शुरू, ख़ुशी के साथ ज़र।
करना था न आसान श्रम हर रात दिन।

मशीन भांति, हर रोज़ चलाया शरीर।
थे पढ़ लिख कर, कितने, हुए अमीर।

आवाज़ वास्ते दान, पुण्य भी आई।
सेवा बाबे सारी, हमारे हिस्से आई।

उच्च सिंहासन, अपने लिए चटाई।
चंगा चोखा खिला के जूठन खायी।

विश्राम पायें वो, दे हमें कठिनाई।
जीवन सार्थक हो जाता, ऐसे भाई।

कर पुरुषार्थ जीवनी किसी बिताई।
बन धर्मार्थी, लक्ष्मी, किसी ने पाई।

जन्मा, जिया, हर उस ने चले जाना।
जप 'भगवान' नाम, काम है आना।

प्यारी नफ़रत

दिल दुकान में सजा, अगर रखते प्यार कभी।
खरीदने निःशुल्क में आते, भाई व बहन सभी।

धंधा नफरत का पूरा, चौपट हो ही जाना था।
मासी बतायो मेरी, बन किस फिर आना था।

अच्छा हुआ, मुहब्बत भी हो गयी कोसों दूर।
संग तनहाई, पास हमारे, नफ़रत रही हुजूर।

नफरत हमारी, जहान वालो बुरा न मान के।
खरीद लो बे हताशा, या ले लो इसे दान में।

फूल खुशबु नहीं, जो जल्द ही मिट जायेगी।
चुभ कांटे की माफिक, पूरा साथ निभाएगी।

धोखा प्यार ही देता, कभी नफ़रत तो नहीं।
नफ़रत का रत निचोड़, देखे बनते कई धनी।

आजमाईशे नफरत, कर देखो, मज़ा प्यार का।
'भगवान' निहार देगा चेहरा नर हर नार का।

दुःख भंजन

घर से पा संस्कार, स्कूल में की पढ़ाई।
सर पर उठा जुल्म, सहन शीलता पाई।

पायी विधा साथ प्रभु कीर्तन भी गाया।
सुनी गाथा, कोई प्रश्न न कभी उठाया।

हो गई स्कूलों छुट्टी, नौकरी कैसी पायें।
बेकारी की समस्या, हर बाएं और दायें।

किसी तरह हुआ गुजारा, जोड़े आने पाई।
शुक्र आस पास, थे, अपने बहिन व भाई।

हरेक के सहयोग ने, काबिल हमें बनाया।
पास था जो भी, संभाला नहीं कभी गंवाया।

चंचल मन में सोच, कभी आती रहती थी।
कर कुछ प्रयोग, सुझाव सदा ही देती थी।

गुजरे समस्या हर से, प्रभु इच्छा ऐसी थी।
ड़ावांड़ोल जीवन गाडी स्थिर होनी कैसे थी?

बढ़ते गए, आगे पीछे नहीं देखा फिर कभी।
पाने को कईयों की बातें, सुननी पड़ीं सभी।

रब आसरे रह, उस की जपी जाती माला है।
'भगवान' एक ही जग में दुःख हरने वाला है।

बिन प्रमाण पत्र

बिन बेगार हों दास, वो व्यवसाय अपनाना है।
ऐश्वर्य मिले हमें जीवन में, बाबा बन जाना है।

रल मिल भक्तों ने दे, उच्च आसन बिठाना है।
हम आये नीचे, बन रब, हरेक को बताना है।

वाणी हमारी वर्षाये अमृत, सुख हरेक पाना है।
दर्श हमारा सर्वोत्तम, भाग्यशाली हर ने पाना है।

परम भक्त बन आज्ञाकारी, हर शीश झुकाना है।
नहीं करना कोइ प्रश्न, सेवा में तुरंत लग जाना है।

ऐसा भव्य जीवन का, आनंद हम ने ही उठाना है।
'भगवान' नाम का धंधा, बिन प्रमाण पत्र चलाना है।

कैसी नसीहतें

कैसी नसीहतें भक्तों ने, बाबों से पायी हैं।
सखे सम्बन्धी दुश्मन, बाबे ही सहाई हैं।

तन, मन, धन, रख चरनी, नेक कमाई है।
कर सेवा आजीवन, हरेक मुक्ति पायी है।

भक्तन हो इकटठे, कीर्ति बाबे की गाई है।
रहेंगे दूर 'भगवान', समझ उन्हें न आई है।

याद आने लगी

लक्ष्मी पा जिन्हें हम भूलाने लगे।
याद, वोही हुई दर्द जब आने लगे।
याद, वोही हुई दर्द जब आने लगे।
याद, वोही हुई दर्द जब आने लगे।

कोई वास्ता जिन से, कभी न रहा।
नजरअंदाज किया जो उन कहा।
बुरे वक्त पर वोही, काम आने लगे।
याद, वोही हुई दर्द जब आने लगे।

जिन की सोचा था, न जरुरत रही।
बात कभी जिन की, न कोई सही।
वोही उपचार सब, करने आने लगे।
याद, वोही हुई दर्द जब आने लगे।

हम बढ़ते रहें, इच्छा जिन्होंने करी।
याद, वोही हुई दर्द जब आने लगे।
'भगवान' तुल्य, नजर में आने लगे।
याद, वोही हुई दर्द, जब आने लगे।

बगल शैतान

दयालु रहना, तुलसी बोला, जब तक घट में प्राण।
पुण्य कमा, कर सेवा मानव, बड़ा कर्म जो महान।

लेकिन गरीब के काम न आया, बाबे ले गए दान।
चर्चा 'भगवान' की करते, रख छुरी बगल, शैतान।

कुछ न बदला

पहेलियां दे पूछते, उत्तर उन के याद हैं।
नियंत्रण में पहले, अब भी न आज़ाद हैं।

निंद्रा प्यारी बड़ी, प्रातः उठाया जाता था।
कर तैयार स्कूल फिर पहुंचाया जाता था।

अब उठ जाते, जरूरत अलार्म की नहीं।
निंद्रा रानी आती और उठा देती है वही।

चिंता रहित, बन राज कुमार, तब रहते थे।
सीना होता चौड़ा, होशियार सब कहते थे।

भाड़ पहुंचा अब सब, हुए बड़े मजबूर हैं।
नाम के तो मालिक, वास्तव में मजदूर हैं।

ड़ांटते रहते, छोटे बड़े, आया कैसा दौर है।
अपने दिखें पराये, बेगाना कोई न और है।

कठोरता थी जो समाती, अब वो पास नहीं।
कोमलता अब छाई, कोल हमारे दास नहीं।

कर भजन सुमिरन कीर्तन, अगा सवार ले।
'भगवान' में रख आस, मिले जैसा प्यार ले।

गुलाम बौस

पास जिन्हें था होना, हैं दूर अब कोस।
प्यार नहीं प्रकट, हैं करते अपने रोस।

गुलाम कभी बनाते, हमें, अपना बौस।
लाभ कम 'भगवन' पाया ज्यादा लौस।

पायो ज्ञान

पढ़ने में कम चोस, वैसे बड़े चुस्त।
पेश पढ़ गए पढ़ाकू, पूरे जो सुस्त।

मार खिला न सके, कुदरती चाल।
कटा सब वक्त, खा रोटी व दाल।

पास लगभग सब, बीता जब साल।
क्या बनेंगे हो बड़े, आया न ख्याल।

होनहार तो बढ़ गए, सब से आगे।
सीख न सकने वाले कभी न भागे।

ग़र हरेक सबक, दिमागी ड़ाल पाते।
पहन पहरावा, अच्छी रोज़ी कमाते।

मुश्किल पढ़ाई, मन कहीं था और।
इच्छा चलने की, लगा सके न ज़ोर।

कोस रहें हालात और घर वालों को।
अब तो चाहेगा जो रब, वोही हो।

पढ़े लिखे को भी, कैसे काम लाबे।
चैन की नीन्द न सोवे, सिर्फ जागे।

खा कर ही जिन्दगी किसी उजाड़ी।
गई औलाद भी पड़ किसी को भारी।

वालदान का समर्थन, अवश्य ही पाया।
पुठे काम में समय, था हो व्यस्त गंवाया।

पायो ज्ञान हर तरह, मौका मिले जभी।
'भगवान' पे सब छोड़, बैठना न कभी।

सुंदर थीम

ड़ाक्टर, इंजीनियर, वकील न बन पाए मुनीम।
मियां बने मास्टर, कोई और न मिली स्कीम।

पाउड़र, तेल लगाया, हम तन पर कभी करीम।
व्यायाम करनी कसरत, जा पहुंचे हम भी जीम।

मोटापे साथ न छोड़ा, शहज़ादे हुए नहीं सलीम।
थी ऐसी सुंदर 'भगवन', जिंदगी हमारी की थीम।

दिया दिलासा

चाहा जो हुआ देर से, नहीं छोड़ी हम आशा।
मदद करने आया विरला, देखा सब तमाशा।

चाहिए थी हरेक को माया, सुनना पड़ा ख़ासा।
मुंह से वादे किये बहुत, दिया किसी दिलासा।

जीत विश्वास श्रीबाबे, बना लिया अपना दासा।
वक्त आया जब, पुठा पड़ गया उन्हें भी पासा।

ड़ाला चारा आगे हमरे, न कभी किसी ने घासा।
कड़ी मेहनत 'भगवन', बारह करनी पड़ी मासा।

भगवान पास

बचपन में कहते, बान्दरु हमें कभी मंकी।
बढे हुये, मिला प्यार, निकला बड़ा सनकी।

चाहे जो पावे प्यार, मांगू अगर उसे ठुकरावे।
नई रोज़ रूप रेखा में, भविष्य वे हमें दिखावे।

सोना दुश्वार, होऊं बीमार, मुंह दवाई ड़ालूं।
बोलना वर्जित, भड़ास, कैसे बाहर निकालूं।

प्यार में देखा यार, लगता कुछ रहा न कोल।
बोले सब, खा मिले जो बचु, दाल रोटी चोल।

आमदन कम खर्चा ज्यादा, होती खाली जेब।
बढ़ता जाये वजन, कभी तो खा ले बेटे सेब।

योजना बना कर न चलना, मिले हमें आदेश।
बताये मार्ग पर चल कर भी पड़ता है कलेश।

हँस कर गुजारी जिन्दगी, शुरु हो गया रोना।
नहीं रोकना मध्यस्ता, सम्भवता कुछ होना।

बले बले, कुछ न पल्ले, हुन सोचूं कि कराँ।
'भगवान' पास ले जायेंगे, दी गारंटी सी गुरां।

नियंत्रण रखना

मिट जाये उम्मीद, तो क्या करना चाहिए।
सरदार को क्या, पीछे हट जाना चाहिए।

सुनने वाले कान बंद, बोलना न चाहिए।
जीभ दबा दांत तले, मौन होना चाहिए।

समझ न पड़े, क्या दिमाग पाना चाहिए?
पक्का पकाया, बिन सोच खाना चाहिए।

व्यवसाय बिन यहां कैसे कमाना चाहिए?
शरण क्या किसी बाबे की जाना चाहिए?

बन न पायो भक्त तो दूर रहना चाहिए।
एकांत में साथ बाजे, सुर मिलाना चाहिए।

त्यौहार सब, हरेक को मनाना चाहिए।
त्याग गम, ख़ुशीयां पास लाना चाहिए।

दुश्मन को क्या पूरा रिझाना चाहिए?
युद्ध न हो, हर तर्क, अपनाना चाहिए।

उपचार हर बीमारी का कराना चाहिए।
नियन्त्रण रख, पैसे को बचाना चाहिए।

हरेक जरूरतमंद के, काम आना चाहिए।
फायदा, बदनसीबी का, न उठाना चाहिए।

आनंद, लुत्फ़ अधिक नहीं उठाना चाहिए।
पूजनीय 'भगवान' को नहीं भुलाना चाहिए।

पासा पुठा

मिलेंगी उन से आँखें, सोचते थे तब।
चुराना छोड़ेंगे वे, नज़रें न जाने कब।

पासा पड़ गया पुठा, लड़ीं नजरें जब।
बातें मुकद्दर, 'भगवन' आये याद रब।

छुपा दुःख

कर न सका, दुःख को जाहिर।
रखा अंदर सब, कछु न बाहर।

दिखाई प्रसन्नता, थे भोगे दुःख।
मिला जीवन में जो, पाया सुख।

विश्राम किया, गूढ़ी निंद्रा ली।
थी वक्त निकाल इबादत की।

प्यार किया, नफरत को छोड़।
हम लगे गले, थी जिन को लोड़।

दिया आदर और इज्जत भी।
'भगवान' प्रशंसा, दिल से की।

वायु ठंड़ी

हाँ, नाह जब चाहिए, मिल न पाती है।
न चाहो वाणी जो, सुनी वोही जाती है।

चले खून अस्थिर, आनंद कोई पाता है।
व्यवहार ऐसा, कैसे किसी को भाता है।

मनो विज्ञान, गणित से ऊपर आता है।
फिर स्कूल में, पढ़ाया, क्यों न जाता है?

हर लगता, संगीते शौक़ीन कहलाता है।
क्यों कक्षा हर में, नहीं सिखाया जाता है?

अहिंसा पाठ, गांधीवाद दोहराया जाता है।
पल भर में थप्पड़ खूब लगाया जाता है।

मिलवर्त के रहना, ज्ञान सुनाया जाता है।
सोच अपना सदा, बढ़ आगे पाया जाता है।

आ दौड़ में अव्वल, गगन दिखाया जाता है।
हरेक बने सितारा, बहुत समझाया जाता है।

मिले पद उच्च, हर तख्त हिलाया जाता है।
बिना किसी घबराहट, कर्ज उठाया जाता है।

बच्चा हो सफल, विचार ऐसा ही आता है।
वायु 'भगवान' भेजेगा ठंड़ी, उसे ध्याता है।

घर विशेष

वैसे तो सुख-दुःख का, मिला साथ था।
अब मालकिन वो, क्या अपने हाथ था?

हर तरह का जिस को, पूरा आराम था।
रहती व्यस्त, पास उस, बहुत काम था।

गिले शिकवे अवश्य, बहुत उस पास थे।
सुनने में भी न आते, बड़े होते ख़ास थे।

बेफ़िक्र किसी के, धूम मचाया करती थी।
बिन वजह ज्यों ही, वो सताया करती थी।

हर किस्म की खिचड़ी पकाया करती थी।
कुछ घर विशेष, दूर वो जाया करती थी।

हर ज्ञान, तर्क वितर्क में, निपुण आई थी।
विद्या महान उस, किसी बाबे से पायी थी।

प्रभु देता बाद सब, पहले उस उजाड़ा था।
समीप न कोई रोक टोक, काम माड़ा था।

बन ईश्वर की अनोखी, सौगात आई थी।
की इबादत 'भगवान,' संग वो न पायी थी।

पाया मनमुटाव

नफरती चिड़िया चरित्र देखा था बहुत।
धूप अगरबत्ती हम, जलाई कभी ज्योत।

कर्मों के फल को भोगा, पाया मनमुटाव।
दिया प्यार 'भगवन', प्रश्नोतर नाही जवाब।

बाबे की पुकार

आयो भक्तो सवारो जीवन, पड़ो हमारी चरनी।
समाधी ओर लेजायेगी, आप को अपनी करनी।

प्रकाश स्वरुप ईश्वर का, हमारी कृपा दिखायेगी।
करने पर अभ्यास, भ्रकुटी में लग सुरती जाएगी।

अनहद ध्वनी देगी सुनाई, आनंदित हो जाओगे।
सोवत खोवत, जागत पावत, सो कभी न पाओगे।

लगा खेचरी, दिये नाम को जपते रहना निरंतर।
भजन करते मत भूलना, आये सेवा में न अंतर।

चरण रज़ हमारी मस्तक, अपने, सदा लगाना।
समय निकाल, आ कर, चरण हमारे ही दबाना।

हम जैसा जान लेना, न दुनिया में कोई बसता।
नाम पावन गुप्त व सच्चा मिल हमीं से सकता।

आज्ञाकारी दासुनदास, बने रहना सदा हमारे।
निगुरा बन जो जियेगा, कौन देगा उसे सहारे।

कृपा होगी जब हमारी, परम धाम चला जायेगा।
तब तक साकार 'भगवाने' दर्श, हम में पायेगा।

क्या बीती

प्यार में मिजाज उन का, कुछ ऐसा पाया है।
मिल उन की अदाओं का नहीं राज़ पाया है।

किसी मकसद पर, मत, जानना मुश्किल।
कल की आशा, कल बीता, आज आया है।

अस्वस्थ उन हर तौर तरीके से कर ड़ाला।
बड़ी बीमारी अब, मिल इलाज़ न पाया है।

कर प्यार, हुए शायद, बहुत वो व्याकुल।
कहा लोगों ने, कुछ पैगाम, ऐसा आया है।

प्यार कर, हम पर क्या बीती, खुदा जाने।
इंसान वास्ते 'भगवान', क्या ये बनाया है?

बाबे सही

भेड़चाल ऐसी, हरेक बने दीवाना।
बाबे दर्शन पाना समझना सुहाना।

कभी सोचा न उसे पहचाना।
अवतारे ईश्वर उस को माना।

सेवा बाबे, जीवन सीखा गवाना।
व तन, मन, धन, उन पे लुटाना।

गरीब रहना व धनी उन्हें बनाना।
भजन दिन रात, उन के ही गाना।

दूर कर अपने, पास उन के जाना।
ले कर्ज, चरण, उनकी जा चढ़ाना।

जूते खाना, माथा पाँव उन लगाना।
कसूरवार भी खुद को ही ठहराना।

कारनामे हर में बाबे सही बताना।
भूल 'भगवान', अपना भी जाना।

सफेद काला

दस्तूर प्यार के, समझ पाए न हम।
ख़ुशी से न हँसे, रहे झेलते ही गम।

सहते रहे सब, कठिन समय के पल।
था प्रभु बख्श रखा, बहुत सारा दम।

शिखर धूप, बरसात, पड़ी बर्फ थी कभी।
सफेद कभी काला, शरीर का हुआ चम।

हुए खुश देख न किया, जान का फ़िक्र।
'भगवान' कृपा बहुत, हुई कभी न कम।

प्यार में फुर्सत

निकाल प्यार से 'या' न देना कभी।
लगा अंत में तो, पराया हो जायेगा।

'पर' भी इकट्ठे, हो न जाएँ कहीं।
पारा ऊपर तरफ को हो जायेगा।

आधा 'प' बदल देवे यार प्यार में।
वक्त अच्छा साथ गुजर जायेगा।

प्यार लिए पास, जिन फुर्सत नहीं।
प्यार अक्षर बना ही रह जायेगा।

प्यार में, ग़र मिठास भी साथ दे।
स्वाद मधुर, जबाँ का हो जायेगा।

है आसान, निभाना किन्तु कठिन।
जीवन भांति मीन ही ढल जायेगा।

प्यार एकतरफा फल सके न कभी।
हो दोतरफा तो चढ़ शिखर जायेगा।

अहमियत बेहिसाब, दी ग़र बाबे को।
विश्वास 'भगवान' पर रख न पायेगा।

गलत परिणाम

टोरंटो शहर में कैसा काम हो गया।
अनगहली, गलत परिणाम हो गया।

कर दिखाई जालम, ऐसी करतूत थी।
शान्तमय जनता, उसे न आई सूत थी।

फटड़ किये कितने व उतारे मौत को।
काम काज हुए न पूरे, हो गए फौत वो।

रक्त बहा इतना, बहुत ही दुखदाई है।
अच्छा भला आदमी, बनता कसाई है।

मालूम नहीं पीछे, उस हालात कैसे थे।
बता पहले नहीं पाया, क्या बुरे ऐसे थे?

आगे लिए शायद, सीख कोई मिलेगी।
उजड़ी जो फुलवाड़ी, अब न खिलेगी।

कर प्रभु चिन्तन, भेंट श्रद्धा चढ़ाता हूँ।
देगा शांति 'भगवान', आस लगाता हूँ।

मर्ज या दवा

प्यार है इक मर्ज या ये दवा मर्ज की।
दिखा देती जो जरुर, सड़क कर्ज की।

शिकायत करते हैं, इक दूसरे से सभी।
होते चिंता में मग्न, छोटे बड़े सब कभी।

प्यार में हार न दिखे, जश्न जीत का।
जाता बीत वक्त, ऐसे हरेक मीत का।

प्यार नफरत में बदले, वजह बहुत है।
प्यार भारी अभारी, ठंड़ा कभी होट है।

प्यार भंग करे तपस्या, देवे चोट है।
दर्दे दिल की दवा में इतना खोट है।

प्रेम प्यार में दीवाने, बन जाते सब।
कैसे शीघ्र भूल जाते, अपना वे रब।

प्यार कर मगर ड़रना, शेर जी नहीं।
'भगवान' चूहा बना देखना चाहे यहीं।

ब्याह रचाया

कंवारा सुने हर किसी से, होती शादी नेक।
शरीर में, कोई न बतावे, होंगे कितने छेद।

नफ़रत त्याग, कर प्यार, प्यारे झूठ सफेद।
हर किया तू भी कर और सारे जान ले भेद।

धूम धाम से कुंवारे ने अपना ब्याह रचाया।
'भगवान' पूजा करना, तब से उसे आया।

बुरी संगत दूर

बच्चा करे फरमाईशें, देखे न मजबूरी है।
प्यार बंधन ऐसा, नजदीकी में भी दूरी है।

रो सबर कर लेते, धन बिन जो गरीब हैं।
नाराजगी पल भर की, ले आती करीब है।

क्रोध आऐ तो शिकायतें खूब लगाते हैं।
ईने, दादके कभी नानकों से मनवाते हैं।

नाह सुन न सकते, पूरे अटल रहते हैं।
बात अपनी न रुकते, दोहराते रहते हैं।

बिगड़ जाते जिन्हें सब मिल जाता है।
बे मेहनत, धन जिन के खीसे आता है।

ब्लेकमेल, मिनत, चेतावनी भी देते हैं।
बिन किये, कभी कुछ ठाठ से रहते हैं।

घर लगाव न कोई, बहन कौन भ्राता है।
हूर गरूर व संगीत नया ही सुनाता है।

करना प्यार वाजिब, भटक वो न जाएँ।
बुरी संगत रख दूर गुण 'भगवाने' गायें।

पूर्ण होना

पूर्ण श्रद्धा से रख विश्वास, लग्न प्रभु से लगाई जाती है।
सेवा प्राणी मात्र की कर, करी नेक कमाई जाती है।

जरूरतमंद को सहारा देना, परम कर्तव्य बनाना है।
देना दुखी को सुख, कष्ट किसी को नहीं पहुँचाना है।

प्यार पाएं छोटे और आगे बड़ों के सर झुकाना है।
आशीष पा हर बुजुर्ग की, जीवन अपना बिताना है।

झूठवाद को कर दूर, गले सत्यवाद को लगाना है।
त्याग देना पापों को, सदा पुण्य कर्म अपनाना है।

नेकी कर दरिया ड़ालनी और आगे बढ़ जाना है।
हर कण में प्रभु विराजे, कभी भूल न जाना है।

कसूरवार को क्षमा करना, खुद याचना करना है।
कागज के टुकड़ों वास्ते, नहीं दिन रात मरना है।

त्याग देनी लड़ाई पढ़ाई, अमन चैन से सोना है।
'भगवान' दिए में पा संतुष्टि, खुश हमेशा होना है।

उन की पसंद

मिले प्यार में जवाब करारा, दोष हमारा लगता है।
पाते लोग काफी मनोरंजन, उन्हें नजारा लगता है।

घर बनते कैसे चुले चौंके, उड़ता गुबारा लगता है।
ऊपर जा कर नीचे आना, बहुत गवारा लगता है।

बीवी संग ख़ाविंद उस का, क्यों कंवारा लगता है?
अंदर कुछ, बाहर से और ही दिखाना पड़ता है।

कर प्यार ऐसी पहेलियों को सुलझाना पड़ता है।
हर दूर देश की लगी आग को बुझाना पड़ता है।

हटकेलियाँ नज़र बड़ी आवें, मन हटाना पड़ता है।
प्यार में मिला हर सुगाते कष्ट भी उठाना पड़ता है।

हर तरह का क्यों, न जाने, स्वांग रचाना पड़ता है?
दुनिया में वो लाखों में एक, उसे बताना पड़ता है।

पसंद हो जो उसे वही, पहन कर जाना पड़ता है।
अकेले 'भगवान' से भी, रिश्ता निभाना पड़ता है।

तेरे बिन

खुशामद में रात और बीतते थे दिन।
रह वे भी न सकते थे, कहते तेरे बिन।

समय बलवान दिखा, विचित्र बदलाव।
हर बात पर 'भगवान', आने लगी घिन।

प्यार की तड़प

तरसता प्यार वास्ते, किसी जो न दिया।
क्या मिला कर उस, जिस ने भी किया?

जब पाँव, प्यार में कभी ड़गमगाने लगें।
सब पास थे जो कभी, दूर वे जाने लगे।

प्यार कर, प्यार ने पाया, क्या प्यार से?
गुजारा ख़त्म कर नगद, हुआ उधार से।

प्यार में गिनती, फ़रमाईशों की न रही।
घर खाली भरा, गलत, बिन जाने सही।

पुरुषार्थ फैंकने का करना, कई बार पड़ा।
जगह खाली कहाँ, था होना पड़ गया खड़ा।

की बढ़ाई तनिक भर तथापि असर न हुआ।
थी पूजा पाठ भी करी, हुई स्वीकार न दुआ।

होता रहा गुजर, ऐसे प्यार का, प्यार से।
हारने वाले सीखा, प्यार से रहना हार के।

प्यार में, प्यार की सूरत, ऐसी वोह दिखी।
तकदीर 'भगवान' ने जैसी प्यार में लिखी।

ठुकराना नहीं

खाने को तो शायद, छोले खस्ते मिलते हैं।
प्यार के लम्हें ऐसे जो न सस्ते मिलते हैं।

मिल जाएँ जैसे भी, ठुकरा कभी न देना।
मुश्किल से ही फूल, बिन कांटे मिलते हैं।

पार्टी में रंग जमा पाना, कौशल कहलाता है।
वरना लोग रहते खामोश, हँसते न खिलते हैं।

बाबे के प्रवचन सुनना, अनिवार्य होता है।
कृपा उस परिवार, भक्त उजड़े मिलते हैं।

अपनी इच्छा से, रिझायें कैसे ईश को।
भुलायें 'भगवान', वे अवतारे मिलते हैं।

फल कोटिन

मिलने की इच्छा जागी, परवर दीदार से।
रावता पड़ा धर्म के, हर उच्च ठेकेदार से।

हृष्ट पुष्ट, छुपी नीयत, कुछ बीमार थे।
भेड़चाल मगर उन, चेले कई हज़ार थे।

जीवन सपना, अर्थ लगाना, जीवे काम है।
काले सर्वेषु जपना, दिया सच्चा नाम है।

आज्ञाकारी बन रहना, बाबे कृपा होवेगी।
भजन अँधेरे में करना, जनता जब सोवेगी।

दर्दे कष्ट होगा दूर, सूल सूली बन जाएगी।
सुखी सगुरा, नागुरे की तो सुनी न जाएगी।

इच्छा स्वर्ग छोड़, बाबा पूजनीये ध्याना है।
भक्त ऐसे, जा नर्क में भी, सद्गति पाना है।

हो सार्थक, जीवन मिला है, उच्च हस्ती को।
सर्वश्रेष्ठ केवल हम, बता दे, सारी बस्ती को।

प्रचार होवे देश देशांतर, कर इकट्ठा दान दे।
दें दर्श पावन, बाबा जी, भक्त ऐसे को आन के।

पग तरफ उन बड़ा, फल कोटिन पायेगा।
'भगवान' बन बाबा, काम अवश्य आयेगा।

हुकूमते शिकार

मिले वोह कभी हमें, हलचल में इतफाक से।
हुकूमते शिकार हुए, बिन किसी इन्साफ के।

कहने को तो थे वे अपने, हमें न मालूम था।
'भगवाने' माया जानता कैसे जो मासूम था।

याद उस आई

ज्यों ही कभी मुसीबत, दुःख दर्द पास लाई।
कभी जिसे न देखा, याद उस प्रभु की आई।

उपचार नज़र आया, नाही बना कोई सहाई।
चक्षुओं से अश्रु धारा, बिन चाहे बाहर आई।

सांत्वना तो देता, ग़र सुन लेता कोई दुहाई।
मिला न कोई ऐसा, जिस मिर्ची नहीं लगाई।

दुविधा न अकेली, सर पर कभी थी आई।
सफ़ेद खून में पाये, अपने ही बहन भाई।

प्यार में, बार कई, नोबत प्यारों को आई।
पराया एक ने समझा, दूसरे किया पराई।

बच्चों ने भी कैसी, प्यार की रस्म निभाई।
हँस के जिन्होंने पाला, उन्हीं से ली जुदाई।

बैठ बाबों ने उच्च आसन, पूरी कथा सुनाई।
दर्श 'भगवान' बन दीना, चरणी लक्ष्मी पाई।

प्यार अटूट

समय लगाया व डुबो ड़ाला उस ने प्यार में।
नफरत में बदल ड़ाला, फिर दिन दो चार में।

लगे घूमने इधर उधर, प्लेन कभी कार में।
थके टूटे आये घर, सोचा जान आई जान में।

खर्च आमदनी से अधिक, कुछ गया दान में।
लगे होने खोखले, रहते रहे, फिर भी शान से।

लगे खाने कत्था, सुपारी इत्यादि ड़ाल पान में।
लिया खरीद सब कुछ, आया जो पहचान में।

हुआ प्यार सर्व प्रथम, दिया सब सम्मान में।
ध्यान न ओर दिया, कहीं कभी इस जहान में।

हो जाता प्यार अटूट तो वो बस जाते प्राण में।
आशीष इकट्ठे सदा, पाते लीन हो 'भगवान' में।

बुढ़ापा शुरू

बुढ़ापा शुरू, नज़र बीमार आते हैं।
बैठ सब भजन, 'भगवान' गाते हैं।

दर्दे कमर, घुटने भी लचकाते हैं।
सह सब, दर्श 'भगवान', पाते हैं।

मिलने बेगाने, अपने भी आते हैं।
महिमा कुबेर, 'भगवान' सुनाते हैं।

शरीर कर देते हैं सुपुर्द दासों के।
हैं रिश्ते पक्के केवल 'भगवान' से।

हिस्सा मिले, लालसा जाग जाती है।
याद न 'भगवान', लक्ष्मी सताती है।

जुल्मो सितम

हो बे गम, बेगमी बेगम, बिन बोले कहा।
कलयुगी दौर, ताजुब्ब शोहर चाहे वफा।

रह चुप, जुल्मो सितम क्यों शोहरे सहूँ?
जवाब नहीं सुनना, तो मुंह से क्यों कहूँ?

होंगे आस पास के मामले जाती से दूर।
सोच ले अच्छी तरह, ग़र चाहिए है हूर।

मेरे जैसा हुआ न पैदा, दुनिया में कोई।
शुक्र कर 'भगवान' का, में तेरी जो हुई।

कर्म धर्म निभाया

होता रहता तकरार, घृणा भी बहुत मेरी सरकार।
रहना कैसे व करना प्यार, बतावे हर नर यहाँ नार।

वक्त बिताया जाता है, कर्म धर्म निभाया जाता है।
मेरे जैसा कहीं और न कोई, कथन दुहराया जाता है।

गरीब गरीबन की पुकार, पड़ती जिसे बड़ी दुत्कार।
वाजिब होता बीच प्यार, बन दुश्मन भी जाता यार।

समय बिताया जाता है, कर्म धर्म निभाया जाता है।
मेरे जैसा कहीं और न कोई, सुना सुनाया जाता है।

होने लग जाता इनकार, हमेशा नहीं मिलता इकरार।
होता क्यों ये बारम्बार, लगायेगा ईश्वर ही बेडा पार।

प्रवचन सुनाया जाता है, कर्म धर्म निभाया जाता है।
मेरे जैसा और न कोई, दिलासा पूर्ण दिलाया जाता है।

प्रवक्ता का सच्चा दरबार, पुण्य का देता है संस्कार।
देखो प्रकाश रूप करतार, अनहद सुनना सवेरे चार।

करते श्रीबाबे उपकार, कह दिमाग भरमाया जाता है।
कहीं उन जैसा नहीं कोई, हर पल समझाया जाता है।

'भगवान' के वे अवतार, कहीं बाबे जैसे न पालनहार।
बनो सेवक उन के आज्ञाकार, करो सुमिरन लगातार।

परिवार बाबे में हर पावन, कह मगर लगाया जाता है।
उन जैसा कहीं और न कोई, चक्कर चलाया जाता है।

दरवाज़ा बंद

कमजोर शक्तिशाली, कर दिया दे प्यार उस।
गर्मी पश्चात झोली ड़ाली, देख हुए हम न खुश।

षड्यंत्र हरेक प्यार में, सदा ही छुपा होता है।
सहमत होना रहे दूर, हर कोइ खफा होता है?

चली जाती है मुस्कान, किसी और प्रान्त में।
दुःख अपना बांट न सके, कोई बैठ शांत से।

सुन अगले पीछे वालों को, तो मजा आएगा।
ऐसी प्यार में, था न सोचा, हर सज़ा पायेगा।

दर किस का प्यार में, जा कोई खटखटाएगा।
दरवाजा जो चाहेगा खुला, बंद उसे पायेगा।

आ पायेगी न सोच, बाबा कोई सर बिठाएगा।
पूज कोई श्रद्धा सहित 'भगवान' भी न पायेगा।

आई हया

प्यार का प्यार से, प्यार तो हो ही गया।
मिलने लगी नफरत, हुई गायब दया।

अँधा कभी बहरा, देख सुन न सका।
क्षण निकलते बने और कुछ न भया।

प्यार को प्यार की, सुध बुध न रही।
रोज़ाना करतब कोई, बिलकुल नया।

दूर प्यार से प्यार की, चली चाहत गई।
प्यार को, अब प्यार से, लेना था क्या?

प्यार में करें प्यारे, सब गलत व सही।
आई 'भगवान' से प्यार करने में हया।

गवारा न था

होते जलवा फरोश, वे दिन रात ही रहे।
पेश प्यार से आ जाना, मुनासिब न था।

हम वो सब उन को, शायद दे न सके।
जिसे बिन पाए गुजारा उन का न था।

किसी तरह उन से बसर, हम करते रहे।
हमारा सब उनका, उनका हमारा न था।

हुये बड़े दूर, साथ उन का, हमें न मिला।
वादे प्यार निभाना, क्या उन को न था?

प्यार से प्यार की, उम्मीद फिर भी रही।
प्यार मिलता रहे, ऐसा मुमकिन न था।

मिली नजरों के अब, हम काबिल न रहे।
'भगवान' गुणगान, बैठ साथ गवारा न था।

द्वेष भाव त्यागो

शब्द प्यार के केवल, पत्थर को मोम कर दें।
हटा रंग घृणा का, शीघ्र ऐसा कुछ भर दें।

रहे आवश्यकता न युद्ध की, प्यार बाँट दो।
छुपी हैं त्रुटियों में अच्छाइयां, उन्हें छांट लो।

कर दूर बुराई, खुद को अच्छाई से भर लो।
पुण्य कमाना सीख, त्याग पापों का कर दो।

प्यार से, प्यार की, प्यारी, सुगंध रहो फैलाते।
विनम्र भाव रख, पेश, आगे सब के रहो आते।

प्यार देते रहो सब को, द्वेष भाव त्याग कर।
'भगवान' ध्याओ बसे, हर कण में जान कर।

फ़रमान मिले

सहने को गिले शिकवे, कम न मिले प्यार से।
कर प्यार बिन चाहे, फरमान सच्चे दरबार के।

फिर पहुंचाए आदेश, उन, दूर हो जा प्यार से।
कर सेवा सिर्फ हमारी, बंधन सब तोड़ ताड़ के।

फैलाने वाले प्यार बोले, मुंह अपना सवार के।
रहे नुमाईंदे थे हमेशा, जो सच्ची सरकार के।

दिन रात करो सेवा, लगायो जीवन प्रचार में।
मोह माया छोड़, जायो फँस उन के प्यार में।

कल्याण करने आये, हर जन के जो वास्ते।
अवतार 'भगवाने' ले आये हैं, वे निराकार के।

चल ड़गर

भूख और प्यार को, वो, करता पैदा न अगर।
इंसानों में शायद नस्ले हवां आतीं नहीं नज़र।

इच्छा शिखर पहुँच जाने की होती न अगर।
लड़ाई ईर्षा व घृणा का भी होता नहीं जिक्र।

धर्म का असली पालन, कर पाते सब अगर।
बनते बाबे धनी, होते उन के लाखों न मगर।

शांति संतुष्टि प्रेम भाव से, सब रहते यहां अगर।
खुशहाल होते 'भगवन', पाते लक्ष्य चल डगर।

दोषी भगवान

प्यार के झंझट में पड़ना कठिन, आसान न था।
आशा रख निराशा पाना, कायम बड़ा गुमान था।

फटाके फूटे जलीं फुलझड़ियां, इक दिन प्यार में।
ड़ंग टिपाने के पड़ गऐ थे लाले, हरेक मेहमान था।

दोनों की चाहत न जुड़ी, अकेले ही रहना पड़ा।
हो गया जल्द कुछ ऐसा, हरेक हुआ परेशान था।

प्यार ने धीरे से छुटकारा, दिला सब से दिया।
कहूँ जो अच्छा लगता नाही सुनता कान था।

प्यार में सब कुछ, बस, प्यार ही नहीं दिखा।
ड़ालने वाला अवस्था ऐसी में, 'भगवान' था?

कोमल दिल

कोमल दिल था अपना, हवाले जिस किया।
संभाला न बेकदरे, नाकाम मसल उसे दिया।

जख्म मिला खून का, दिखा कोई कहीं सबूत।
हँसने की लत हमारी, वो भी आई न थी सूत।

अंदर से हम परेशां, बाहर मुस्कान थी।
बाँटना ख़ुशी हर पल, अपनी दूकान थी।

खुश होते वो सब, जिन्हें संग प्यारा था।
कृपा कर 'भगवान', हमें दिया सहारा था।

मंजिल दूर

ड़गमगाए कदम प्यार में, मंजिल हो गई दूर।
नफरत घृणा रंजिश 'भगवन' शुरू हुई भरपूर।

रंग जमाना

कड़वी हम पायी, चाही जो मीठी जबान।
शब्दों ने काटा, बन कैंची कभी तलवार।

निकले मुंह से शब्द लगे जैसे तिरशे तीर।
राजा बना कोई बेगम, बनाया हमें वज़ीर।

लगाया उन पहले फिर किया जख्मी दिल।
थी ऐसी साथ किसी गई किस्मत मेरी मिल।

औरों जैसी हमरी बन सकी कभी न टीम।
सारा भार उठाया बने खुद ही हम मुनीम।

टेका माथा, मारा सलूट व जोड़े दोनों हाथ।
जैसा चाहा 'भगवन' मिला वैसा न था साथ।

बाग़ की मालन

आँखों में काजल, सुहानी, होंठों पे लाली।
लगी लगाने रोज़ाना, उस को कर्मा वाली।

रही, आया समय, जरुरत न किसी की।
शौक लगे बढ़ने, लगी जेब होने खाली।

होली रोजाना चाहे, दिवाली भी मनानी।
पक्की पकाई उस को, चाहिए थी थाली।

मखमली गद्दे पर, बन बैठने लगी रानी।
पलाऊ पल हरेक, थी बनाती जो ख्याली।

एकाग्रता उस भंग करना था असम्भव।
बदल स्वर अपने, थी लगी सुनाने गाली।

मंगल की दशा पड़ी, खड़ा हो गया दंगल।
खामोश हो वे पीने, चाय की लगी प्याली।

बोले जो पड़े करना, बिन पूछे ही कारन।
'भगवान' लक्ष्मी देवे, बने बाग़ की माली।

उड़ीक सही

दुहराई जाती वोही, पुरानी जो प्रचलित कहानी है।
हर तरह, संयुक्त मुखिया से, होती जो शैतानी है।

कईयों को बना के उल्लू, मगर अपने लगाया था।
फँस गए उन चेलों ने, फिर पूरा बोझ उठाया था।

तन, मन, धन से कर सेवा, जीवन बलिदान किया।
आज्ञाकारी बन भक्त उन्हें बारम्बार प्रणाम किया।

प्रेरित किया औरों को भी, भक्त उन के बन जायो।
जब तक लगे भोग उन्हें न, भोजन भी मत खायो।

मालिक मुखिया सुख भोगे, व चेला दुखिया रोता है।
कठोर मेहनत हिस्से चेले, चैन से मुखिया सोता है।

परिवार बनाये मुखिया, वाजिब चेले वासे ठीक नहीं।
'भगवान' मिलेंगे अवश्य, अंध विश्वास, उड़ीक सही।

स्वांस उस दिए

ले आस पास ख़ास, दर बाबे चले गए।
आनंदमय प्रवचन व हवाले हमें दिए।

इतना प्रभावशाली असर उनका था।
दिन उसके बाद, जो बोले हम किये।

न अपने में अपनापन, ज़रा फिर रहा।
तन, मन, धन के अब मालिक वो हुए।

गुजारा कठिन, अपना तब हुआ शुरू।
शक उन ऊपर, न कभी किसी किये।

कर्म अपने भुगते, कोई राहत न मिली।
पेश नाटक अद्‌भुत, घर बाबे कई किये।

अंत में शरणागत, होना उस ही पड़ा।
'भगवान' जिस स्वांस, थे लेने को दिए।

खिताबे मन मत

मिला जो प्यार अद्‌भुत, दिखा न वो दुबारा था।
चाह उन को इकतरफा, जो न हमें गवारा था।

हर से सब कुछ 'हम' बुलवाते, खुश हो जाते वो।
पेशा दास बनाना उनके, फँसता हर बेचारा था।

सेवा छोड़ी भक्त, तो खिताबे मन मत उस पाया।
छोड़ न पाते भक्त, जिन्हें उनका दर्श प्यारा था।

भजन करो मन लगा, सेवा में उन की लीन रहो।
'भगवान' वोही हैं यहाँ, सुन बारम्बार मैं हारा था।

कृष्ण अष्टमी

आई अष्टमी, हुआ जन्म, श्री कृष्ण विराजे।
देवों किया गुणगान, ख़ुशी के मंगल साजे।

सजावट चारों ओर, लोरी भक्त सुनाते हैं।
अर्ध रात्रि जन्म पर्व, आरती सब गाते हैं।

नन्द कन्हईया लाल, जय सुनी जाती है।
वितरित मिश्री साथ, माखन की जाती है।

जन्म गीता सार सुनाने वाले का आया है।
पापी कंस के पापों से मुक्त उस कराया है।

महाभारत में, सुना गीता, उस पार लगाया है।
धर्म गुरुओं से लड़ना, बन सारथी दिखाया है।

आस अब भी आये, सब कष्ट मिटा दिए जाएँ।
'भगवान' कृष्ण उपदेश, हरेक मन को भाये।

प्रिय बने शत्रु

प्यार से प्यार, जरुरी है, करना पड़े।
प्रेमी शत्रु के साथ, हो न पाता खड़े।

परम प्रिय जिन्हें माना करते थे सभी।
दुश्मन बन गए, होते सज्जन जो कभी।

एक नफरत का, जब स्वभाव बन गया।
हुआ गायब प्यार और धन पास न रहा।

कारण युद्ध ज़र, जमीं और जोरू बने।
हैं लगाने वाले प्रिय, फेंके जो अब परे।

ज़र कागजी टुकड़ा, रुख जो बदल दे।
बेदखल जोरू, कभी ख़ाविंद को करे।

वास्ते भोजन अंत जिस, पखाने के लिये।
करे पाप हर यहाँ, धाक जमाने के लिए।

बोले बंदा नहीं, हालात सदा हैं बोलते।
देते 'भगवान' भी भुला, हैं सब ड़ोलते।

मगर बाबा श्री

क्यों मांगे उन से, पास जिन के कुछ नहीं है?
सुनना चाहे, सुन ले, ईश्वर का अवतार वही है।

था अहिल्या को राम तारा, पत्थर में जान ड़ाली।
कलियुग में बाबा श्री ने, यहाँ किया सब सही है।

परलोक मित्र सुग्रीव, था पहुँचा दिया एक बाली।
सच्चे मित्र अब श्रीबाबा, बात हजारों यह कही है।

मान आज्ञा पिता दशरथ, राम बनवास किया वर्षों।
करो सेवा बाबे श्री की, रहना परिवार पास नहीं है।

जो चाहा बाबा श्री ने, पाया छोड़ पाप पुण्य विचार।
दिखाई सच पुत्र युधिष्टर, धर्म पालक की छवि है।

जो चाहें करते बाबा, है नाम उन जग में विख्यात।
'भगवान' छोड़ पीछे जनता, मगर बाबा श्री पड़ी है।

चक्रव्यूह प्यार

मजबूर प्यार के लिए, जिस था किया।
प्यार उस के लिए, अब न काबिल रहे।

प्यार साथ जिस, था मुश्किल से हुआ।
प्यार उस लिए अब, दुःख हजार सहें।

प्यार जो चाहिए था, वो मिल न सका।
कभी तो मिल जायेगा, आस करते रहे।

प्यार किसी को दी, थी दिल भर ख़ुशी।
प्यार मिल जाये, ऐसा सब तरसते रहे।

प्यार यत्न बाद, चुटकी भर का मिला।
शायद था वे बहुत, कहते हमें सब रहे।

प्यार ने किया, मिठासे प्यार को खत्म।
दी नफरत ने दस्तक, करते बर्दाश्त रहे।

प्यार का चक्रव्यूह, था बहुत ही संगीन।
'भगवान' पर दोष, प्यारे सब धरते रहे।

बिन पाए अंत

चारों तरफ धरती पर, देखा हम ने दायें बाएं।
लोग नाजायज प्यार का, फायदा यहाँ उठायें।

पति पत्नी ने कर देखीं, लड़ाइयां कई अनंत।
चुप चाप देखे खट पर, बैठे पढ़ते कोई ग्रन्थ।

प्यार चेले गुरु का, एक भक्त दूसरा अवतार।
बने मन मत, पथ भ्रष्ट, कभी रावण बारम्बार।

प्यार देखा औलाद का, मोह माया का ज़ाल।
बूढ़े घर में बैठें, कोई करे न उन का ख्याल।

प्यार देखा लक्ष्मी से, जो बदल देता ईमान।
चक्र चलें हर ओर से, ले पचाया जाता दान।

प्यार देश भक्ति का, सुना हुये कई बलिदान।
नफरत करते देखे, देते करोड़ों को जो ज्ञान।

प्यार देखा संग मुर्दों के, अति अटूट विश्वास।
जिन्दों को पानी न पूछा, हैं गाथा गाते ख़ास।

देखा प्यार स्वार्थी होता, गधे को बनाता बाप।
जान से चाहने वाले, देखे क्षण में बने जल्लाद।

देखा प्यार ईश से, जिसे करवा रहे बाबे संत।
'भगवान' दर्श बिन पाए, हो जाये भक्तो अंत।

भाग्य को दोष

भारत वर्ष जन्म भूमि हमारी, मिला न वहां संतोष।
आरामपरस्त बसती जनता न मेहनतकश को होश।

घूस देना कानून तोड़ना, है धनी लोगों का खिलौना।
फँस जाता जब कोई बेचारा, देता भाग्य को वे दोष।

आवाज़ बुलंद होती यहाँ, दिखती जोरदार भरपूर।
सच्चे की सुनता न कोई, पड़ता रहना उसे खामोश।

अपनी पहले औरों की बाद में विचारना, है प्रचलित।
चुनाव समय आये जब, दिखता बहुत सभी में जोश।

अफसर यहाँ जी चुराते, कर्मचारी छोटे भी बड़े मस्त।
हर को एक ही बीमारी, सब चाहें भरना अपना कोष।

इंसान विरला काम में आवे, हो बहुतों को न गर्ज़।
वैसे कुत्ते, बिल्ली पालते, कई रख घर में खरगोश।

भाई बहिन रह साथ न पावें, मिथ्या करते तकरार।
बिन वजह के लड़ते देखे, रोज़ ड़ालते घर कलेश।

हर पास एक बाबा पूजनीय, पूर्ण उस पर है विश्वास।
बनाते उसे 'भगवान', ब्रह्मा, विष्णु और कभी महेश।

हुआ खुश

हुआ जैसा शुरू प्यार, वो वैसा न रहा।
प्यार में जुल्म कौन सा, न प्यार ने सहा।

कैसी शानो शौकत से, बड़े आगे थे कदम।
बिन प्रमाण किया विश्वास, तनिक न भरम।

हुई कैसी किस से गलती, थे दोनों प्यार में।
पा सके विजय में मज़ा, नाही कभी हार में।

लगे विशेषज्ञ प्यार के भी आस पास मंड़राने।
अपने अनुभवी रहस्यों से, परिचय वे करवाने।

छुपी हरेक मशवरे में दिखी, उन की थी गर्ज।
करी औषधी तजवीज नाही इलाज़ पाया मर्ज।

अपने बैगाने का फर्क, सामने साफ़ होने लगा।
था दास बना रखा जिन, मिला उन से ही दगा।

नज़र दिल के आईने में, स्पष्ट आने सब लगा।
मान था अस्थाई वो, प्यार बहलाने दिल लगा।

किया कबूल, ड़ाला जो झोली प्यार की में उस।
दी 'भगवान' ने तसल्ली, हुआ उसी में ही खुश।

रोज़ अरदास

पापड़ बेले कई हजारों, करते अब विश्राम हैं।
कर शुरू गणेश पूजा से, जपते सीता राम हैं।

कर लिया, जिस लिए थे आये, इस संसार में।
कुछ दिन गुजारे पढ़ लिख, शेष इंतज़ार में।

आदत टक्के टक्के की पड़ गई, हुआ इकट्ठा।
होना था गया हो, फिर, लगा प्यार का सट्टा।

हुए मित्र शामिल सारे और सदस्य परिवार के।
बैठ संस्कृत में उचारें, मन्त्र टागों को पसार के।

फूल हस्त कली सामने, बहुत खुशबुदार थी।
बड़े मुरझाये, न जाने, मानी कभी न हार थी।

जय पराजय आई, किस के हिस्से, मालूम नहीं।
करना पड़ा जो उस चाहा, बने रहे मासूम सही।

जैसा मिला पथ अपनाया, प्रभु दर्श की आस है।
'भगवान' इच्छा कर पूरी, होती रोज़ अरदास है।

सुखमय माहौल

मुलाकात अजीबो गरीब, बिन बात हो गई।
खेली बाज़ी शतरंज की, मात जिस में हो गई।

सवाल एक दो से ज्यादा, हमारे उन से न हुये।
जवाब बहुत ही पाए, थे उलटे गहरे दिखे कुएं।

भाग जाने की थी ईच्छा, मजबूरी, असमर्थ रहा।
था चाहा न गिरना, गिरा, ड़ला दबाव सब कहा।

सुध बुध गई मर, बाद गिरने न आई होश कभी।
देख खुशहाल जिंदगी ऐसी, भरी आहें थीं सभी।

वैभव दिखाने में रहे आगे, कभी पीछे वे न हटे।
उल्लेखनीय परिस्तिथियों में दिन हमारे थे कटे।

बाप रे, करे कोई कुछ, होता कसूर हमारा वो।
सुखमय पाया हम माहौल और सराहनीय मोह।

गाथा हड़ बीती लिख, हम अपनी लगे सुनाने।
पता चला रहस्य दूर कई, थे रखे हम से जाने।

बड़ी होशियारी व निर्भयता से, हमारा हुआ निर्वाह।
दिखे 'भगवान' उन्हें, न रही हमें जिन की थी प्रवाह।

नहीं बने

दुनिया में आप जैसे अपने बने तो बढ़ता है रुआब।
कुछ ही बुशींदे किये 'भगवान' पैदा, हैं जो लाज़वाब।

काफी चंदा

ख्वाइशे स्लेटियाँ काला, कोई ढूंढें कोला है।
श्रवण शक्ति से तंग, बन कोई रहा भोला है।

चारों तरफ नफरत, प्यार का बोल बाला है।
मरे लक्ष्मी लिए, कोई राम की जपे माला है।

गम से परेशान जो कभी न हटने वाला है।
बिन नौकरी पढ़ा लिखा, कैसा ये कमाला है।

रोटी वास्ते खून बेचना, बड़ा कठिन धंधा है।
बन बाबे खा लो पक्की, व्यवसाय न मंदा है।

कानून से बचे रहना, करना कार्य गन्दा है।
बाज पाप से न आवे कोई यहां भी बंदा है।

भेड़ चाल में मस्त, मगर बाबे चेला अँधा है।
एकत्रित नाम 'भगवान', काफी करे चंदा है।

गंवाया ज्यादा

कमाया कम गंवाया ज्यादा, किस्मत ऐसी थी।
लगाई प्यार में डुबकी, तब हुई ऐसी तैसी थी।

सोचा प्यार ने शायद, प्यारा उस पूरा अँधा है।
भावना रहित गूंगा, बहरा और लाचार बंदा है।

निर्भय प्यार से रोजाना, प्यार पर वार होते थे।
करते घाव बड़े गहरे, फिर वे ठीक न होते थे।

दूं जवाब प्रहार का, दोष मेरा, कहे जमाना है।
लगता प्यार में प्रचलित, यह दस्तूर पुराना है।

व्रत हर दिन मौन का रख, जिंदगी गुजारी है।
पास बारूद बेशुमार, रहे नजदीक चिंगारी है।

त्याग कर हर जिम्मेदारी लगाने पड़ते फेरे हैं।
संदेसा आये भूल जाये सब, जाना होता ड़ेरे है।

मिला प्यार दिव्य, कुछ ऐसा प्रबल साथा है।
'भगवान' की अब तो, सुननी चाहिए गाथा है।

बचाया होगा

साथ गमों के, किस तरह से वक्त गुज़ाराहोगा।
अनगिनित देवी देवताओं को भी पुकारा होगा।

हर छोड़ दिया जिन्दगी की कश्ती पे अकेला।
बिन मल्लाह कैसे, खुद को पार लगाया होगा।

राह सच्चा अपनाना, बिन झूठ रहना चलते।
महाभारत युधिष्ठिर का, चरित्र सुनाया होगा।

लफाज़ दो मीठे हमारे, वास्ते जो बोल सके न।
यकीनन उन्होंने जरुरत पे, हमें बुलाया होगा।

मतलब जिन का निकल गया, भूल गए पश्चात।
मतलबियों से 'भगवान', अवश्य बचाया होगा।

ऊपर उस भरोसा

संभले न, हम अनाड़ी, प्यार सोच मार्ग न अपनाया।
पत्थर कंकर, टोए टिबे, साथ सब के मन बहलाया।

चक्रव्यूह कुछ ऐसा, घुसना, आसान न वापिस आना।
अभिमन्यु तरह उचित रहना, लड़ वीर गति को पाना।

प्यार करे शुरू महाभारत, द्रोणाचार्य बाबा जो होता।
नियम तोड़ फिर युद्ध का चलना, काफी रोना होता।

जो रोये ज्यादा आगे लोगन, विजय उसी की होती।
धोती करे कैसे मुकाबला, साड़ी पंज गज की होती।

युद्ध विराम प्रथम बार नहीं, है अनेक बार हो जाता।
भूतकाल का हर दृश्य, सदा भयानक याद दिलाता।

बढते जायो झेल सब मुसीबतें, हरेक मशवरा देता।
'भगवान' ऊपर रख भरोसा, हरेक को लड़ना होता।

उसी के धाम

ज़ोर दिमाग पे ड़ाला, आई सोच विचार।
जीवन देने लेने वाला, होवे इक करतार।

मालोमाल करे, दे रैंक, लगाये बेड़ा पार।
कठपुतली बना नचावे, महिमा अपरम्पार।

काम आवे युक्ति न कोई भी होशियारी।
दूर रखे हर बला से, जाऊं उस बलिहारी।

हर पर हो उस कृपा और उसी का रोष।
है दया उसी की, भर देती सब के कोष।

सवल्ली नजर उस की, सदैव दुःख भगाए।
करे दूर कठिनाइयां, सुख समृद्धि भी आये।

है दूर हो जाता, सारा जीवन का अंधकार।
मेहर उस की बनाती, दुश्मन को भी यार।

है व्यापक हर कण में और नज़र न आवे।
उसे छोड़ मानव गुण, बाबे किसी के गावे।

रख दूर दलालों को, जप लो उसका नाम।
देगी 'भगवाने' भक्ति, पहुंचा उसी के धाम।

बने न बनाया

बनाया अपना, न अपने वो बन पाए।
जम के रहे दबाते, क्यों न हुए सहाए?

कैसी गली प्यार, वनवे ट्रैफिक चलती।
हर दृश्य अलग, इतनी हलचल मचती।

कभी ख़ुशी, गमी या उदासी व्यापक।
कैसे जीवन चलाना, हरेक अध्यापक।

किस पे क्या बीते, न खबर किसी को।
लागे 'भगवान', स्वार्थ महान सभी को।

शक्ति अनोखी

भक्तों को पास बाबे, शक्ति अनोखी दिखती है।
अराधनिये बना देते, नज़र उन्हीं पर टिकती है।

नफ़ा नुकसान सूझे नाहीं, दर्श उन्हीं का प्यारा है।
कर खर्च उन की आय, बाबे का होना गुजारा है।

जान झोखों में ड़ाल करें वे, जो न किया कभी।
हाथ जोड़ कर करते आरती, कृतार्थ होवें सभी।

आज्ञा उन हुक्म ईलाही, पालन अवश्य करना है।
अर्पण कर अपना सब, सर माथा चरनी धरना है।

त्रुटियाँ बाबे की नज़रअंदाज उन्होने सारी करनी हैं।
सुख उन्हें सच्चे मिलते, केवल श्री बाबे की चरनी हैं।

सब प्राणियों को एक कर देना, बाबे का वादा है।
हुआ घर बाबे से चाहे, हर भाई बहिन अलहदा है।

बुरा, बाबत बाबे के सुनना, भक्तों को न भाता है।
'भगवान' ऊपर बाबा जी, अंध विश्वास बताता है।

मायावी बाबे

प्यार में बन जा प्यारा, कुछ न मुंह से बोल।
कर 'भगवान' से सांचा, मन मन्दिर ले खोल।

प्यार, प्यार में बहुत सतावे, हो न ड़ावांड़ोल।
'भगवान' बने रखवाला, ज्यादा नाप न तोल।

प्यार में प्यार की कीमत, करे प्यार को कम।
दस्तूर 'भगवान' बनाया, ज़रा न करना गम।

प्यार ने प्यारे, प्यार वास्ते, मिठी छुरी बनाई।
चुपचाप 'भगवान' देखता, ये समझ न आई।

प्यार लिए प्यार निकाल, अपना सब गंवाया।
'भगवान' देखा प्यार, हरेक को जो न भाया।

करते प्यार, न पाते प्यार, प्यार नहीं ठुकराते।
प्यार 'भगवाने' छोड़, गुण ढोंगी बाबे के गाते।

वोही सहाए

पल भर का हुआ देखना, पास मेरे वे आये।
खुल कर हुई बात समझ नाही कुछ थे पाए।

ज्यों ही वार्ता हुई शुरू, विराम लग न पाए।
परिचय हुआ न पूरा, बढ़ आगे कौन बताये।

जागृत रहने की चाहत, ख्याल कम ही आये।
आई प्रभात शीघ्रता शीघ्र, परिंदे चहकते पाए।

उठे, संभले, कुछ कदम थे आगे फिर बढ़ाये।
बदल चुका था सब कुछ, अपने किये पराये।

पिछली दृढ़ थी रस्सी, अगली शकी निगाहें।
बिन लक्ष होगा चलन, दे रहे थे सब दुआएं।

किसी तरह वर्ष ऊपर तीस, एक साथ बिताये।
'भगवान' साथ रखा रिश्ता, वोही बने सहाए।

किया इंतजार

इंतजार प्यार का, हद से ज्यादा था किया।
हुई देर मिलने में, था कबूल जो उस दिया।

ईमानत उस समझ हम, करते रहे देखभाल।
काश आ उसे भी जाता, हमारा कभी ख्याल।

अगर प्यार की प्यार, थोड़ी कर लेता कदर।
खुशहाली रहती बेकरार, कभी होती न गदर।

पाए प्यार से, प्यार को, होती अगर तसल्ली।
हो जाती बात आराम से, अकेले में अक्ल्ली।

प्यार से, प्यार को प्यार, मिल न पाया कभी।
प्यार की होती तोहीन, चिल्लाते नाहीं सभी।

प्यार से प्यार, ज्यों ही, शर्तों से लगा होने।
प्यार अपना अस्तित्व, सोचे लग गया खोने।

प्यार में प्यार की, प्यार ने, ऐसी की क्षति।
शुक्र 'भगवान', जो प्रदान कीनी सत मति।

मदारी नचाते जमूरे

किये यत्न हो खुश, सभी देखा, कुछ असर हुआ।
पा कर उस में ही संतुष्टि, था हमारा बसर हुआ।

कईयों को शुभ प्रभात और कुछ को नमन किया।
करी वंदना चरणों की, जिन सीस का शगुन दिया।

बारम्बार बाबे परम, दी पधार, घर भक्तों के दस्तक।
भेड़चाल उन के चरण कमलों को, छुआ हर मस्तक।

बन मालिक वो आते आगे, रुआब अच्छा जमाते थे।
चिल्ला कर करते बातचीत, वे अच्छा शोर मचाते थे।

कलाकार कई आये नज़र में, अपनी धाक जमाते थे।
आले दवाले उन महारथियों के, पंखे कई मंड़राते थे।

धर्म, मजहब, संप्रदाय देखे, जिन के वारे न्यारे थे।
लगे जो उन के पीछे, अति लगते उन को प्यारे थे।

रंग पक्के, गोरे भी देखे, अत्यंत बीच जिन भूरे थे।
ऊपर विराजमान मदारी नेता, नचाते बड़े जमूरे थे।

अपने संग अपनों की, चिंता खूब सताया करती थी।
'भगवाने' लक्ष्मी, अनेक ही स्वांग रचाया करती थी।

बदली सरकार

करते सेवा, जिन की, बीमार हो गये।
पैदा उन में ही, गलत विचार हो गए।

बन फौज़ी आज्ञाकारी, थे तैयार हो गए।
लगा, दिल से हितेषी, हमारे यार हो गए।

हटे ज्यों ही तनिक पीछे, गद्दार हो गए।
देख बदले 'भगवान', हम होशियार हो गए।

खवईया बन चलाये

चाहत थी वे हों पास, मशवरा अब दूर का है।
नज़दीकी आवे अब न रास, फैसला हूर का है।

बहुत अब हैं वो व्यस्त, दुनिया सारी सूनी कर।
मामला बड़े न आगे, रोकूँ, मसला गरूर का है।

कठिन निकालना समय, थे जिस के हम कभी।
वर्तमान से आगे कब्जा फर्जी, अब नूर का है।

दिमाग से निकाल, क्या कर ड़ाला, मालूम नहीं?
अजीब चलता रोज़ाना, पुठा कुछ जरुर सा है।

करते मन को जो भावे, वे राजयोग के मालिक।
किसी से न कोई ताल्लुक, लगता दस्तूर सा है।

खुश रहना, नाहीं रखना, वरदान उन्हें हासिल।
दान दक्षिणा में सब लुटाना, नाच मयूर सा है।

नौका ड़गमगाती जाती, बीच जगत स्वार्थी में।
चलाये भगवान' खवईया, रक्षक हुज़ूर का है।

दिन पूर्व पश्चिम

खा मार, लगे सीखने और पड़ा ऐसे ही पढ़ना।
सुनी युवकों की बातें, क्रोध का हो गया दबना।

नत्तीज़े में कुछ पढ़ गए, बाकि निकले फोकट में।
विरले बैठे गद्दियों पर, शेष खड़े दिखे थे चोखट पे।

विचार सतावे, हुआ धनी, जिस छोड़ी पानी विधा।
मेहनती हुआ हृष्ट पुष्ट, काम काज़ जिस सिखिया।

कई सुना पश्चिम में, जो सरकार का दिया खाते।
शराब सिगरेट पीया करते, मांस भी खूब चबाते।

उन लिए सरकार, इलाज करे हर किस्म के पेश।
करते काम जो खर्चें जेब से, बिन किसी कलेश।

वाह प्रभु कैसे दिन, पूर्व व पश्चिम के हमें दिखाये।
'भगवान' कृपा रही जरुर, हम गीत उसी के गाये।

अमृत अंदर

जो लेटा रहता बहुत, जागता न सो पाता है।
संग महापुरुष ऐसों से, पड़ता हमरा नाता है।

वोही प्रवचन मुख से, अपने जो सुनाता है।
चमत्कारी उच्चतम, बाबा वो कहलाता है।

अलौकिक जिस का दर्श कृतार्थ कर पाता है।
बिन किये पुरषार्थ, वो माया खूब कमाता है।

मधुर वाणी बड़ी सियानी, सुनने में आता है।
बिन पूछे ही हर सेवा उन की में लग जाता है।

खोल कर तीसरी आँख, बोलते वे दिखाता है।
'भगवान' दिया अमृत, अंदर ही मिल जाता है।

सोचा न होगा

पूजनीये बाबा श्री ने, कभी शायद न सोचा होगा।
उन का इतना ज्यादा वैभव, इस दुनिया में होगा।

होंगे उमर गुलाम, कमा खिलाने वाले इतने सारे।
हर क्षण, जो छोड़ ईश्वर, गुण गाया करेंगे, हमारे।

सुबह शाम करते आरती व प्रणाम न जो शर्मायेंगे।
कलयुगी अवतार समय के, हैं हम ही सदा बताएँगे।
भाग जो मांगू लिए हमारे, उसी वक्त ले आयेंगे।
मिला उन्हें मौका सेवा का, खुश हो कर बताएँगे।

किराये पर स्वयें रहेंगे, महल हमारे लिए बनायेंगे।
खुद रहेंगे ब्रह्मचारी, ख़ुशी शादी हमारी में पाएंगे।

घर वालों को समझेंगे दुश्मन, सखा हमें बनायेंगे।
मुकद्दर से 'भगवान' कृपा, दिन हमारे ऐसे आएँगे।

प्यार अकेला

प्यार में प्यारे, प्यार ने, सब ख़ुशी से झेला।
अवकाश एकांत में गया, कभी देखने मेला।

प्यार को फिर भी पूरी, दे न सका तसल्ली।
पास जो भी था गंवाया, पल्ले रहा न धेला।

प्यार, करे प्यार से गिला, समझ में न आवे।
गुरु होता था कईयों का, बना प्यार में चेला।

आवे बड़ा क्रोध प्यार में, मुश्किल नीचे लाना।
मनोविज्ञान के माहिर से भी, था प्यार ने खेला।

प्यार में जीना अति मुश्किल बात को सहना।
दर्द जख्मे बड़ता जाता, काम न आता तेला।

करख्त न, बोल प्यार से, प्यार लिए दो बोल।
दोपहर बीते, आवे साँझ, बाद रात प्रभाते वेला।

दाव पर प्यार, प्यार में, प्रभु वंदना भी लगावे।
मार्ग 'भगवान' दिखावे, है बैठा प्यार अकेला।

बुशार हुई

परम भक्त, निस्वार्थी, रावण भी, उन्हीं ने नाम दिया।
'भगवाने' अवतार बाबे करवा सेवा, बद-नाम किया।

दिन रात उन नाशुकारों ने, मासूमों का प्रयोग किया।
दलाले 'भगवान' दूर उसी से, हो जाने का रोग दिया।

उस की न उन की, कभी कृपा सब पे, अपरंपार हुई।
'भगवान' नाम के धंधे में, लिए बाबे बड़ी बुशार हुई।

आरती प्रभु नहीं बाबों की, दिन रात उतारी जाती है।
'भगवान' नहीं, जयकार, बाबों की लगाई जाती है।

नाशवान बाबों पे देखो, सब भक्त फ़िदा हो जाते हैं।
'भगवान' नहीं सद्ग गुण, केवल बाबे के ही बताते हैं।

अपने नहीं धन पूरा सारा, वो लिए बाबे ही कमाते हैं।
मरणोपरांत 'भगवान' मिलेगा, दिलासे उन से पाते हैं।

लाल धरती

हवा चली सर्द गर्म कभी, दिल बहलाने वाली थी।
प्रभात में किरन सूर्य, राह सही दिखाने वाली थी।

वायु ने धकेला रुख अनुसार, पीछे आगे उस कभी।
व्यायाम बिन परिश्रम के, किया जितना हुआ तभी।

भर्मण करते हम ठिठुरते, पसीने को कभी बहाते थे।
फ़िक्र फाका न चिंताएं, कभी आ कर हमें सताते थे।

रहे बदलते मौसम, आंधी तूफ़ान से टकराव हुआ।
भूकम्प बाढ़ से बचाए ईश्वर, आगे उस झुकाव हुआ।

पक्षी जानवर आ कभी टांग, काम हमारे में अड़ाते थे।
बिल्ली अगर दिया छींक, दूध बाहर फैंकने जाते थे।

व्यवस्था लड़ाई हर ओर, नज़र हमें आया करती थी।
बारम्बार लाल खून से हुई भारत माँ की धरती थी।

हुआ जन्म कभी वहां था, भला वहीं का चाहता हूँ।
सलामत रखे 'भगवान', दर उस अलख जगाता हूँ।

करोड़ पति बनता

प्रचलित इतना अंधविश्वास, हर बाबा शा जाता है।
कमाई जो कर न सकता, करोड़ पति बन जाता है।

ईश्वर जिस खुद न देखा, उस का पता बताता है।
खुद जो पानी पी न सकता, सेवा भाव सिखाता है।

गायक भक्त बन जाते, सब मंगलगान हो जाता है।
श्री बाबा जी का मोहनी चेहरा, आ दर्श दिखाता है।

हर कोई कृतार्थ हो कर, घर अपने लौट जाता है।
परिवार बाबे चरण सेवा को, गिनने लग जाता है।

देते जो हर किसी को, क्यों मानव उन्हें चढ़ाता है?
खुद सुख पास न जिन, आस उन्ही से लगाता है।

धीरे धीरे पल हर जीवन, उन का कटता जाता है।
धंधा 'भगवान' चर्चा से, बाबों का चलता जाता है।

अंजान थे

जो जिस चाहा वो समझाया, हम बड़े अंजान थे।
बारे कुछ मालूम हुआ कि वे कितने बेईमान थे।

मासूमियत दूर, उल्लू छल से बनाना आसान था।
चाह आयोग, घूस की, किसी को चाहिए दान था।

घर और बाहर वाले भी, विपरीत सबक पढ़ाते थे।
हमारे संगी बिन प्रवाह के, चलचित्र देखने जाते थे।

समय अनुसार साथी दिखते, साथ छोड़ते जाते थे।
वे तरफे ड़ाक्टर, शिल्पी, आदि के कदम बढाते थे।

कई कमज़ोर और आलसी, पढ़ाई कर न पाते थे।
त्याग अध्ययन वो बैठ अकेले, ड़ंड़े खूब बजाते थे।

पूजनिये अध्यापक हमारे, ज़ुल्मी रूप दिखाते थे।
स्वस्थ, हृष्ट पुष्ट बच्चे बिन वज़ह, बीमार हो जाते थे।

सुधरे न तो एक दिन, मालिक भी सबक दिया।
अच्छी खासी हस्ती को, ला फर्श पे पटक दिया।

आज तक उठ न पाया, समय हाथ नहीं आता है।
छूट गए अब अपने सारे गीत, 'भगवाने' गाता है।

विरला हमारा

जीवन में हरेक को चाहा, विरला हुआ हमारा था।
चिड़िआ कौआ का व्यापार, बराबरी बटवारा था।

बटवारा था

पुरुषार्थ करना हुआ कठिन, आलस साथ था।
करने वाला ऊपर, कोई भी हमारा न हाथ था।

जैसे तैसे उस ने चाहा, समय सारा बर्बाद हुआ।
आसरे उस दिन गुजारे, हो आज़ाद आबाद हुआ।

कर्मन, धर्मन, भर्मण का, जीवन में आगमन हुआ।
बिन शर्मम कोई जाने मर्मम, किसी शरणम हुआ।

लक्ष्य दूर, छोड़ दया, धनवान घृणा से इंसान हुआ।
इस श्रेणी में भी हम को, ऊपर अपने गुमान हुआ।

धन प्रभु का, जिस ने, जीवन चक्र आरम्भ किया।
'भगवान' शान बढ़ाई, आन न कोई विलम्ब किया।

अयोध्या आये

वनवास वर्ष चौदह पूरा कर, राम अयोध्या आये थे।
नागरिकों ने लिए अभिनन्दन, उजले दीप जलाये थे।

खुश भरत, शत्रुघन, कौशल्या, सुमित्रा, कैकई माता थी।
मुद्दत बाद, राजसी लिवास में बैठे, इकट्ठे चारों भ्राता जी।

ख़ुशी महोत्सव तरफे चारों, उल्लास और ख़ुशहाली थी।
गाथा प्रचलित थी अब, विभीषण, रावण और बाली की।

विधि विधान से तिलके राज, राम चंद्र का होना था।
ऐसा दुर्लभ द्दश्य उपलब्ध फिर कभी नहीं होना था।

ब्रह्मा, विष्णु, महेश संग देवी- देवता सभी पधारे थे।
विराजमान हुए राज दरबार में, रघु वंश के तारे थे।

उसी द्दश्य की कर कल्पना, दिवाली हम मनाते हैं।
कर पूजा पाठ, ह्रदय में, माता लक्ष्मी को बिठाते हैं।

लाये ख़ुशी हर घर में, दिवाली प्रार्थना प्रभु हमारी है।
'भगवान' परस्पर प्रेम बढ़ाये, चाहिए कृपा तिहारी है।

मौन ज्यादा

हुए इतने क्यों व्यस्त, वे अब हमारे लिए?
जिन की आशा में, थे जलाये हम ने दीये।

चाहते हैं हो जाये जो भी चाहें, उसी वक्त।
समय पास नहीं किसी लिए, ऐसे हैं भक्त।

यकीनन किस्मत, हम से पायी उन अच्छी।
हरेक बात पे है शक, लगती उन्हें न सच्ची।

इल्जाम लगायें, देखना न चाहें, वे सबूत को।
रहते दूर अब इतने, पास जैसे कोई छूत हो।

जो बसा मन में, निकाल न पाया कोई कभी।
प्रश्न पूछूँ, देते निकार, आवाज़ ऊंची से तभी।

प्यार पाया जो उन से, शायद कायम है अभी।
चलाता रह प्यार की गाडी, शिक्षा देते हैं सभी।

कम वार्ता व मौन ज्यादा, काम ऐसे चल रहा।
'भगवान' हमारा है मस्त, कर कुछ नहीं रहा।

ख्वाबों पर जीते

बिन ख़ास शिक्षा के बैठे, ख्वाबों पर जीते थे।
अपने निकले अश्रु, खुद साथ गमों के पीते थे।

हुआ अभी तक न कुछ, करना जो चाहते थे।
नौकरी बिन व्यवसाय, जो मिला वोही खाते थे।

दिखाई महंगाई व बेकारी चारों ओर देती थी।
टोली हमारी दुर्भाग्यवश, दर्द सब सह लेती थी।

कर्म काण्ड़ न कोई छोड़ा, हर देव मानाया था।
राहु, केतु, साढ़े साती और सर्प योग हटाया था।

असर हुआ न कोई हम पर, रब का येही भाना था।
बची खुची थी जो लक्ष्मी, निकल उसे भी जाना था।

किस्मत बद साथ न छोड़ा, काल खराब हमारा था।
आगे 'भगवान', अलख जगा कर, मिला सहारा था।

मिलन होगा

सर्व श्रेष्ठ पूजनीय हैं हम बाबा, जल्द जान जाओगे।
सुनोगे प्रवचन दिन चार, तो हमारे ही गुण गाओगे।

हमारी कीर्ति गाथा जग में, कर भ्रमण तुम सुनाओगे।
दुःखी सुखी हरेक से दान बराबर, कर इकट्ठा लाओगे।

भुला अपने इष्ट देवों को, प्रभु अपना हमें बनाओगे।
सुख सच्चा नहीं दुनिया में, हमारे चरणों में पाओगे।

पर्व दिवस उल्लास पूर्वक, कर हमारी पूजा मनाओगे।
जब कभी दर्श पाओगे हमारा, प्रेम मुग्ध हो जाओगे।

आगे हमारे झुका करोगे, आज्ञाकारी दास बन जाओगे।
'भगवान' मिलन तभी होगा, जब हमारी कृपा पाओगे।

काम न आई

अंधविश्वास त्याग बाबे में, जब उन से छुट्टी पायी थी।
चुपचाप एकांत बैठ, तन, मन की करी सफाई थी।

बाबे को आया चैन नाहीं माफक उन्हें जुदाई थी।
पीठ पीछे किये वार क्यों, समझ हमें न आई थी?

कमज़ोर नब्ज का ले लाभ, कीर्ती अपनी बताई थी।
पिघलने वाले आ गए काबू, दान में गई कमाई थी।

बहता खून घावों का देखा, अस्थिर धरती पायी थी।
मलहम लगाने वास्ते, सहायता बाबे से न आई थी।

दुःख दे जब सुख न पाया, निराशा उन्होंने पायी थी।
घर बटवारे शिकस्त दुनिया में, उन के हिस्से आई थी।

दिखाते रहे ठाठ अपनी, रटन तोता वोही सुनाई थी।
'भगवान' भक्ति जो करवाते, बाबे काम न आई थी।

औरों के हक़ की

परम पूजनिये बाबे सिखाते, करनी जो भक्ति।
करते न प्रदर्शन, सहनशीलता की वे शक्ति।

देखे भक्त लाखों गाते, उन की जो थी गाथा।
बड़े वे आज्ञाकारी, न फिर भी उन से बनती।

महसूम भक्त बेचारे, दूर जिन से मायाज़ाल।
वफादार बना कर बाबे, हद पूरी ही कर दी।

बाबे को रिझाना, बना परम धर्म था उन का।
भावना विचित्र बाबे, जागृत उन में कर दी।

और कुछ न सोचें, सेवा बाबे की ही करनी।
हो ख़ाक शा कईयों ने, तिजोरी बाबे भर दी।

'कर' से मुक्त लक्ष्मी, पड़े बाबे की चरनी।
कितनी आये, कभी ज्यादा हो न सकती।

क्यों नहीं बाबे, दुःख गरीबों का कभी हरते।
'भगवान' बन बैठें, खा रहे औरों के हक़ की।

भेजा उन वल

कर खिदमत दिन-रात, था कुछ ऐसा पाया फल।
ज्यों ही करनी छोड़ दी, तब से हुई न हमरी गल।

था परोपकार उन्होंने बड़ा, हैं कहते हम पर किया।
कर कृपा थी करवाई सेवा, भुलाया वर्तमान में कल।

वे नौ न तेहरा में हुए खड़े, कभी आ हमारे समक्ष।
थे निपुण वे बड़े हमेशा, उतारने में सब की खल।

हाँ मिलाने वाले पाये, बिलकुल उन मुफ्त में कई।
हिमायत जिन बदली वजारत, थे लगे दो ही पल।

धंधा नगदी का पुराना था, चला कब का आ रहा।
तंग हो गए थे, लिया उन जो, जल्द ही दल बदल।

देखा सच-झूठ की करता, कोई भी न पड़ताल।
मगर भेड़ चाल में देखा, सब भाग दिये थे चल।

क्या लुत्फ़ अनोखा सब पाया, अपना मन लगा?
रख न पाये 'भगवान' दिया, सब भेजा उन वल।

मार खा गया

खुश था सारी दुनिया में, मार खा गया प्यार से।
बाबे बन कर अब बोलते, प्यार न करना यार से।

साथ आशीष दें सीख, अब अपने दिलो दिमाग से।
प्यार दे कर प्यार मिल जावे, होवे है यह भाग से।

प्रवचन साथ भजन भी सुनावें, बेसुरे शायद राग से।
वास्तव में है लक्ष्मी प्यारी, वास्ता उन को लाग से।

जो न बन पाए बाबे, जाते लेने, प्रेरणा पूरी आस से।
तृप्त हो जाते कुछ पल भर वास्ते, अपनी प्यास से।

प्यार संग इंसान या हैवान के होता है बड़ी शान से।
भव सागर से तर जाता, कर लेता जो 'भगवान' से।

माफिक न आया

आया पास उन्हें न रास, होना पड़ गया दूर।
यह रवैया भी माफिक न आया, उन्हें हुजूर।

बनाया दास मिट्टी का, प्रयास किया न ख़ास।
मिर्च, नमक, मसाला, खायी खीर बिन चास।

मांगा जो सब जुटाया, था माना हर फरमान।
त्यागी सुस्ती पायी चुस्ती, हुआ क्या परिणाम?

जेब बीच थी न पाई, जिन्दगी फिर भी शाही।
जैसे तैसे भी बन पाया, हम देखी हुई तबाही।

लाड़, घृणा, प्रेम और प्यार भी हुआ कई बार।
चौबीसों घंटे हुआ विचार सप्ताह के हर वार।

करी चर्चा हुआ खर्चा, हाथ में बिल का पर्चा।
भुगतान किया व झेला, हर तरह का बरशा।

किस दिशा में जाना, अब कौन किसे बताये।
बाबे तो इच्छुक दान के, काम कभी न आये।

घूम फिर आये वापस, लगाया ओर प्रभु के ध्यान।
बातें बहुत स्वार्थी, थे केवल, अपने श्री 'भगवान'।

प्रेम न शेम

दिखा दे रास्ता, नही नज़र जो आता।
बता पाये बहन कोई जिसे न भ्राता।

इच्छाये प्यार छोडूं, धिक्कार मिलती है।
मान भी लूं तो बिजली ऊपर गिरती है।

नतीज़ा ठीक न निकले, कसूर मेरा है।
दुरुस्त हो तो भी, खिलता न चेहरा है।

फ़रमाईशें बहुत ज्यादा, करूँ पूरी कैसे।
शिष्टाचार निभाना, कैसे पैदा करूँ पैसे।

दिया दिल हुआ गायब, कैसे धड़केगा।
छूएगी जिन्दा तार, मुमकिन झटकेगा।

प्यार में प्रेम न शेम, रही अब बाकी है।
'भगवान' की खोजूं, दिखती न झांकी है।

फूल बहार में

अद्भुत संतुलन है रखा, प्रभु ने सारे संसार में।
मौसम बदलते रहते, खिलते फूल आई बहार में।

कोसों दूर रहा संतुलन, अपने हुए पराये प्यार में।
सारी उमर गुजर गई, उन से सुनते इनकार में।

प्यार को सम्पूर्ण प्यार दिया, प्यार ने, प्यार में।
ले क़र्ज़ हर दिन बिताया, उठाये हुए उधार से।

प्यार को लगा, बह गया प्यार, आती हुई बाढ़ में।
चुप सब मेहरबान, शायद, दर्द उन की दाड़ में।

दे हुक्म जानेमन ने रखा, व्यस्त हमेशा काम में।
स्वयं न भूले, कभी प्यारे, ध्यान लगाना नाम में।

किर्या में विपरीत कार्य, दिखाया कर गुणवान ने। रखा
'भगवान' मुनासिब, सब को अपनी शान में।

हराम की पचाते

हक से कमा खाना मुश्किल, हराम की कई पचाते हैं।
ढूंढें कोई नौकरी, लाखों पास चले किसी के आते हैं।

गलां दा खटिया कई खावन, वाह अपनी करवाते हैं।
मेहनत की पानी कठिन, कई पक्की पकाई खाते हैं।

हम ने तो हर टक्का सँभाला, लाखों कई गवाते हैं।
कख भन किया न धूरा, विदेश बच्चे पढ़ने जाते हैं।

प्रभु पुजारी, लीला न्यारी, अविनाशी के गुण गाते हैं।
बीच में आ टपकें बाबे, शांति की झलक दिखाते हैं।

नाजुक रिश्ते नाते सावधानी से निभाए जाते हैं।
ड़ांट व अश्रु धारा के बम ऊपर फटाए जाते हैं।

पढ़ाई लिखाई वास्ते भी कई क़र्ज़ उठाये जाते हैं।
सुख साह कभी न मिलता, विवाह रचाये जाते हैं।

जीवन लक्ष्य, मोक्ष पाना, प्रवचन सुनने में आते हैं।
सरल मार्ग मिलता, 'भगवान' सेवक बनाये जाते हैं।

ढ़ल गया

कर प्यार न सका पार, कैसा यार मिल गया।
बदले प्यार लिया दिल, ऐसी चाल चल गया।

किया प्यार ऐसा उपकार, सरेआम हिल गया।
दे कर ठंड़क में पसीना, वो था चिल कर गया।

नौकरी ऐसी आलीशान, साथ मान मिल गया।
चक्र सोचा जो कठिन, उसे आसान कर गया।

साफ़ नीति करी प्रीती, साथ उस मिल गया।
जो दिया उसे अपनाया और पूरा खिल गया।

छोड़ सज्जन सारे, दरबार सच्चा मिल गया।
सूर्य 'भगवान' जिसे माना, था वो ढ़ल गया।

लाल गुलाब

नहीं चाहा कबूला था, दबाव हो गया।
मिला, पाया जो प्यार, ख्वाब हो गया।

उठे प्रश्न पश्चात, दिन रात इस कदर।
हर प्रश्न का प्रश्न ही जवाब हो गया।

दुरुस्त लगने लगा, था हमें सब जो सदा।
वो पल भर में देखा, बहुत खराब हो गया।

सुख चैन चाहिए था पाना हमें जो प्यार में।
साथ काँटों के वो तो, लाल गुलाब हो गया।

पा लेना 'भगवान' को, थी जो दिल में उमंग।
हुक्मरान मिला जो भी बाबा, नवाब हो गया।

महसूस करना

प्यार को, प्यार से, प्यार बांटना तो हो।
देख हरेक त्रुटि को, कभी ड़ांटना न हो।

प्यार को हो मालूम, उसे जरुरत बड़ी।
प्यार में, प्यार की, न हो दुविधा खड़ी।

प्यार में मिलते उपदेश कई हज़ार हैं।
सुनाने वाले बहुत, भटके तो प्यार है।

प्यार पे, प्यार की, है तकरीर लाजवाब।
अर्थ समझने में सही, असलियत खराब।

प्यार से निकले अगर, प्यार की भावना।
मुश्किल होवे बड़ी, करना पड़े सामना।

प्यार में सीख लो, रहना पूरे आनंद से।
ख़ुशी विसरित प्यार की होगी सुगंध से।

प्रभु का गुण गान करते सदा प्यार से रहो।
व मौजूदगी 'भगवान,' महसूस करते रहो।

हाई टैक

पढ़ाई पाठशाला में न जाने, क्या कराई जाती है?
बात फेसबुक, स्काइप, वगैरह से बनाई जाती है।

चाहिए ईबुक पर्याप्त, लाइब्रेरी की न जरूरत है।
वीड़ियो गेम मत मार दी, हरेक क्षण का मुहूर्त है।

पहाड़े की न आवश्यकता, कैलकुलेटर पास है।
इस्तेमाल से होगी न गलती, रखता हर आस है।

यू टयूब, नेट फ्लिक्स, इत्यादि मनोरंजन करते हैं।
नींद लाखों करोड़ों की, न मालूम वो कैसे हरते हैं।

इंटरनेट बिन नहीं गुजारा, वाट्सऐप भी चलता है।
सुविधा रहित हो जो प्राणी वो सब को खलता है।

घर बैठे हो जावे शॉपिंग, खाते से पैसा निकलता है।
दिखे नहीं शेष में जब कुछ, दुखी मन बिखरता है।

प्लास्टिक कार्ड़ हो गये प्रचलित, हमारी चाह ओर है।
उधार की क्या जरुरत, पूरा प्लास्टिक पर ही ज़ोर है।

मुश्किल रोजी रोटी कमानी, हाई टेक ऐसा आया है।
मनुष्य हटा, रखो मशीन, अर्थ शास्त्र ने समझाया है।

फोन पर वॉयसमेल, नम्बर की आईड़ी भी आती है।
मन बनाना पड़े अपना, सुनने में घंटी जब आती है।

स्पीड़ रिकॉल व रिड़ायल, ध्वनि विभिन्न सुनाती है।
फोन करता कौन राग, घंटी गा बोल हमें बताती है।

चिट्ठी लगभग लुप्त, ईमेल, मैसेंजर काम चलाता है।
मशहूर, सहारे 'भगवान' के नाम, हो बाबा जाता है।

कृपा से मोक्ष

जो चैन से दें न रहने, उनसे क्या आस लगाओगे?
परम आज हो भक्त, कल को रावण कहलाओगे।

छुड़वा देते सखे सारे, सिर्फ अपने मतलब को।
उनकी कृपा दृष्टि होगी, मोक्ष जिस से पाओगे?

दूर कर रहे यहाँ अशांति, इतने जो सालों से।
कब सफल होंगे, क्या उन से पूछ भी पाओगे?

दुःख भोग रहे हो सारे, दुनिया इस में आ कर।
छूट क्या मरणोप्रांत ही, इस दुविधा से जाओगे।

झूठ आसरे दुकान जिन की, है चल रही यहाँ।
क्या सेवा निरंतर कर उनकी जीवन बिताओगे?

रिझाओगे उन्हे, खुद रह वंचित सब इच्छाओं से।
ढूंढ पदार्थ जग सारे के, उपलब्ध उन्हें कराओगे?

देखे अनगिनत पागलपन में, हुए बहुत शिकार।
क्या उन भाँती, कोई बाबा, 'भगवान' बनाओगे?

अहसान किया

स्नान पश्चात ध्यान किया, आगे प्रभु झुक प्रणाम किया।
बहुत सारा दिन हेरा फेरी, महा पुरुषों का नाम लिया।

वापिस आ भोजन पाया, बजाई घेंटी और दान दिया।
सारे दिन के सब पापों को, हम ने पूर्ण विराम दिया।

परिवार में बैठे मारी गपशप, कार्य बड़ा महान किया।
निंद्रा आई, पान कर मदिरा, तत्पश्चात विश्राम किया।

सुनी अनसुनी करी और बिन मांगे बड़ा ज्ञान दिया।
कैसे उल्लू बनाना सब को, अच्छी तरह जान लिया।

धर्म के दूने किये बहुत, कईयों का कल्याण किया।
छाया 'भगवान' की आड़ ले, बहुत अहसान किया।

मजबूर हो गये

कर उन्होंने पास, बना लिया था खुद का दास।
न मालूम क्यों इतने, वे अब हम से दूर हो गये?
रहना अकेला ही अच्छा, हम मजबूर हो गये।

हुए वे ज्यों ही मशहूर, देखा उन्हें चढ़ा गरूर।
समय तनिक न ज्यादा, वे चश्में नूर हो गये।
रहना अकेला ही अच्छा, हम मजबूर हो गये।

ऐसी बीच में आई दरार, गायब हो गया प्यार।
वे अपने कर सब पराये, आला हुज़ूर हो गये।
रहना अकेला ही अच्छा, हम मजबूर हो गये।

मिलती तार से न तार, मानी फिर भी न हार।
माया का अभाव, सर कर्ज भी जरूर हो गये।
रहना अकेला ही अच्छा, हम मजबूर हो गये।

मिला बाबे का उपदेश, घर पड़ने लगा क्लेश।
बना मन मत कभी रावण, स्वयं महेश हो गये।
रहना अकेला ही अच्छा, हम मजबूर हो गये।

'भगवान' पर विश्वास, ड़ाल भक्ति की मिठास।
छोड़ मायावी झंझट, उस के नज़दीक हो गये।
रहना अकेला ही अच्छा, हम मजबूर हो गये।

बना न अपना

बनाया अपना, न अपने वो बन पाए।
जम के रहे दबाते, क्यों न हुए सहाए?

कैसी गली प्यार, ट्रैफिक वनवे चलती।
हर दृश्य अलग, इतनी हलचल मचती।

ख़ुशी, गमी कभी उदासी हुई व्यापक।
जीवन चलेगा कैसे, हर जहां अध्यापक।

किस पे क्या बीते, न खबर किसी को।
लागे 'भगवान' स्वार्थ, महान सभी को।

अधूरी आस

एक महोदय पाले दो चार, घर सोचा आई खुशहाली।
गुलशन की फ़ैली खुशबू, बन सींचता रहा वे माली।

हए एक दिन बड़े जब, दिखाने आँखें लगे देने गाली।
बहुएं तरह तरह की लाये, दिल की निकलीं वे काली।

दाज में उन के सास ससुर संग साले और कई साली।
रेड़ी लगा मूंगफली बेचे, करे मनोरंजन गा कव्वाली।

कैसे दिन रात बिताये अकेले, उस छीन ली घरवाली।
आसे सुख बुढ़ापे की करी जो, पूरी न थी होने वाली।

क्या बीजा क्या पाया, भोले इस दुनिया में मवाली।
'भगवान' एक जो करता रक्षा, बनाया नहीं सवाली।

पायी शिक्षा पायी हर तरह की शिक्षा, बड़े होशियार हो गए। 'भगवान' ढूँढ़ते रहे हमेशा, बेगमे प्यार खो गए।

दूर दृष्टि

सुन ले बच्चे, तुझे इक बात बताऊँ।
शायद अभी, समझ तेरे न आयेगी।

घूम रहा बड़ी ख़ुशी से, बन कंवारा।
इक दिन कोई दुलहा, तुझे बनाएगी।

भुला देगी तुझे, अगले व सब पिछले।
छाया सर पर तेरी, बन ऐसी छाएगी।

नमाना हो, फिरा करता था जैसा भी।
गर्ज़ में बोलना अच्छा, तुझे सिखाएगी।

सोच शक्ति का बंद, करेगी वे विकास।
असंभव था जो जादू, अवश्य चलाएगी।

अगर तुझ पर, चला नहीं वस उस का।
दो अश्रु वे निकाल के, तुझे दिखाएगी।

बना देगी सभी तिहारे, जानी वे दुश्मन।
कर प्रशंसा, बेगानों को, सखे बनायेगी।

बिन मर्जी उस कभी, कुछ अगर किया।
लौडूवाल वो तुझ को, तुरंत पहुंचाएगी।

सदाचारणी संस्कारी होगी शाकाहारी वे।
सुन बच्चे, फिर भी, कच्चा तुझे चबाएगी।

पाठ स्मरण स्कूल में, था न कर सकता।
नानी तेरी वे रोजाना, याद तुझे दिलाएगी।

मुठी चापी उस की, करते रहना, हैं बच्चे?
सीख तुझे हमेशा, तरफ हरेक से आएगी।
कठिन होगा संग, 'भगवान' का भी करना।
छवि उस की नज़र तुझे, हर कण में आएगी।

पेट भरता

ऊपर वाले की दुनिया में, देखे लाख हम ने।
बिन मर्ज किसी के, रहते वैसे खोये गम में।

आएगा, गरीब को चिंता, कैसे घर में आटा।
अमीर मुनाफे की सोचे, कहीं पड़े न घाटा।

धन जिस न पास, गुजारा मुश्किल चलता।
पूजा पाठ होवे दिन रात, बूटा नहीं फलता।

राजनीती टेड़ी, कोई सीधी नहीं कर सकता।
पक्ष विरोधी, सता नीचे, गिराने से नहीं ड़रता।

दल बदलू हुए चेहरे, जो वफादार हुआ करते।
सूर्य चढ़ते को सलाम, हैं रोज़ाना किया करते।

व्यापक भ्रष्टाचार हद पार, हटता न दिखता।
जानवर महंगा आदमी सस्ता, यहाँ है बिकता।

अकड़न अपने हिसाब की, हर संभाले फिरता।
कोई मांगने को भीख, है बिन वजह ही गिरता।

दे प्रवचन, गा भजन, ऐसे कोई भ्रमण करता।
बिन परिश्रम बने 'भगवान', अच्छा पेट भरता।

नाम प्रभु का

जप प्यारे नाम प्रभु का, समय अति अनुकूल है।
कर पायेगा वक्त आने पर, तेरी यह तो भूल है।
जप प्यारे नाम प्रभु का, समय अति अनुकूल है।
कर पायेगा वक्त आने पर, यह तो तेरी भूल है।

हर सुख दुःख में छवि, उस की दिले बिठानी है।
आये हैं वो चले जायेंगे, नई बात नहीं पुरानी है।
जो मिला संतुष्टि पाना व करना उसे कबूल है।
कर पायेगा वक्त आने पर, तेरी यह तो भूल है।

राजा, रंक, वास्ते धन व दौलत, उमर गवाते हैं।
वे पुण्य की कर बातें, पापों को रोज़ कमाते है।
यहाँ पर दण्ड ग़र नहीं मिले तो आगे त्रिशूल है।
सुधर जाएगा वक्त आने पर, यह तो तेरी भूल है।

योगी भोगी निगोरी व सफ़ेद भूषा जो पहने हो।
अंध विश्वास न करना, विचारो जो भी कहते हो।
विश्लेषण पूरी तरह करना, अध्यात्म का मूल है।
कर पायेगा वक्त आने पर, यह तो तेरी भूल है।

बड़ा छोटा न उस बनाया, एक जैसा हर आया है।
उपलब्ध सकल पदार्थ सब, कर्म हीन न पाया है।
'भगवाने' अवतार पुरुष बन, ड़ाली जाती धूल है।
करेगा परमार्थ वक्त आने पे, यह तो तेरी भूल है।

संतुष्टि पायी

भजन अलौकिक गाये, आला किसी दान लिया।
किसी संतुष्टि पायी, 'भगवान' भी परेशान किया।

कायम कृपा

शर्मीलापन रहा पास, बड़ी आवे है संग।
प्रश्न प्रेम से करूँ, फिर भी छिड़ती जंग।

भोलापन न गया, हर का विश्वास करूँ।
अगर कुछ मांगे कोइ, ला आगे उस धरुं।

कन रस था बहुत, अभी तक न वो गया।
पुराना तो नहीं, कुछ, चाहिए और नया।

व्यय करने की अभिलाषा हुई न कभी।
परिणाम स्वरूप, हमारी गद्दी रही भरी।

नक्षत्र बदले, मुद्रा कम, खाली था कोष।
फाख्ता भी न उड़े, देवें किस को दोष।

लक्ष्मी लगी मांगने, माया हर प्रकार की।
थी जरुरत हमें पड़ी, लेने तब उधार की।

उतारने जिसे शीघ्र, मेहनत रोजाना होती।
सूट टाई छोड़ पहननी, तेड़ पड़ी थी धोती।

कठिनाईयों से गुज़रे, जपते रहते नाम थे।
ड़ाला उस जो झोली, वोही करते काम थे।

दस नाखुन की कमाई, ऊपर ही मान था।
किफायत से करना निर्वाह, देना दान था।

देखने में हम धनी, बनी ऐसी पहचान थी।
कायम रही सदैव, कृपा उस 'भगवान' की।

वंश बढ़ाया

अध्यापकों ने सुनी हमारी, न कभी सफाई।
बिन मुक़दमे पा सज़ा, हुई अपनी भलाई।
काम आएगी कहाँ पढ़ाई, समझ न आया।
है जरूरत कर विश्वास, सब दिमागे पाया।

भूल गया ग़र ज़रा पढ़ाया, कियामत आई।
बाहर के साथ हुए, न घर वाले ही सहाई।

अंत हर वर्ष का, हम बड़ी खुशी से देखा।
होगी कैद कब समाप्त, देखा न था लेखा।

घर लाये थे हर वर्ष एक सुन्दर सा प्रमाण।
बढाई जिसे दिखा, मोहल्ले गली में शान।

अंक किसी के कम कह, कोई उपमा करता था।
जो हुआ असफल बेचारा, बहुत आहें भरता था।

वो घमंड़ी हुए देखे, वजीफा जिन्होंने पाया था।
बड़ी मेहनत कर कुछ जीता, शेष गंवाया था।

हम संभले न थे, फिर भी शादी विवाह रचाया।
कीनी 'भगवान' कृपा, खुश हो कर वंश बढ़ाया।

कदम बढ़ाना

मिलेगा क्या लड़ झगड़ कर, कोई बताये?
मधुर वाणी बोले व प्रेम पूर्वक समझाये।

होगा लड़ने से नर संहार, इस को जानो।
प्यार में भी लड़ाई न करना, औ दीवानो।

सुख चैन से रहना सीखो, और सिखाओ।
सर्वत्र बसे प्रभु कभी भूल उसे न जायो।

जहां तक होवे, मार्ग अमन का अपनायो।
जो पत्थर कभी बने रुकावट उसे हटाओ।

चंद बिता यहाँ रोज़, चले सब ने जाना है।
त्याग सुस्ती, कर्म चुस्ती का अपनाना है।

ले कर मानवता की सीख, कदम बढ़ाना है।
सिवाय 'भगवान' ईष्ट और नहीं बनाना है।

असरदार

आस्तिक उपदेश नास्तिक को दे, पड़े प्रभाव।
अन्यथा जाने 'भगवन', बनता खाली ही पुलाव।

उसूल कैसा

भुला क्यों दिया उन्हें, था प्यार जिन को दिया।
त्याग 'भगवान', था नाम नाशवान का लिया।
नकली सबक सादगी, था जिन सब को दिया।
'भगवान' वक्ते हिसाब, था कर उन का दिया।

दिया प्यार ले घृणा, उसूल कैसा अपना लिया।
लिया 'भगवान' से बहुत, शुक्र कभी न किया।

कोसों हो बुजुर्गों से दूर, सेवा बाबे की करी।
स्वतंत्रता 'भगवान' ने जो दी, लगी न खरी।

जूठन खा बाबों की, आज्ञाकारी उन के बने।
त्यागे 'भगवान', दिए सुख, छाये बादल घने।

वाह वाह बाबों की करी, असर कुछ न हुआ।
'भगवान' आगे रोयें अब, शायद सुने वे दुआ।

कल्याणी बाबे जो आये, न सके कुछ वे कर।
'भगवान' भक्त अवश्य, पाए न रह अपने घर।

रोज़ी कमानी

रोज़ी रोटी कमाने वास्ते, रोज़ाना बोझ उठाना है।
क्रोध ऊपर रखना नियंत्रण, हाँ में हाँ मिलाना है।

भयभीत हो जाना, ग़र साहिब ने कभी भुलाना है।
अच्छी खासी न उसे सुनाना, दांतों तले दबाना है।

साथ वाले करेंगे शिकायत, मुंह न उन्हें लगाना है।
मालिक परिवार सारे आगे, अपना शीश झुकाना है।

वेतन समय पर नहीं मिलता, कैसे खर्च चलाना है।
सोच बाबा जी मदद करेंगे, शरनी उन की जाना है।

करवा उन्होंने अपनी सेवा, हो भाग्यवान बताना है।
राहु, केतु, मंगल, शनि या काल सर्प योग बताना है।

प्रभु शिव संगीता, पंचांग व सुर्ख किताब दिखाना है।
उपाए महंगा उन खोल, कोई पोथी पवित्र बताना है।

तीर ग़र न लगा निशाने, फल पूर्व कर्मों का बताना है।
हटा अपना विश्वास 'भगवान' से, क्या बाबे से पाना है?

भद्दा मौसम बर्फ पड़ गई, बाढ़ भी आई, जाएँ अब
किधर। पास हमारे कृष्ण कन्हैया, मंत्री नाही विदुर।

बाहर निकले अचानक, फिसले खा ली चोट।
दर्द हुई, कसूर अपना, पहना जूता था न कोट।

बंद हो जायेगी बिजली आनी, हुआ हमें संदेह।
चार्ज कर लिए सारे यंत्र, जब तक समय मिले।

समय सोने का फिर आया, बरोज़ दिन ईतवार।
विधुत शक्ति साथ देगी, था हमें पूरा न ऐतबार।

गई रात में बिजली तो अलार्म बज नहीं पायेगा।
सुबह ग़र उठ न पाया, काम पर कैसे जायेगा।

करूं शिकायत बारे मौसम, बड़ा देश से प्यार।
भद्दा मौसम काम करने को, होना पड़े तैयार।

सुरक्षित रखे भक्तों को, प्रभु का सर पर हाथ।
'भगवान' हर भयानक पल में, देते रहना साथ।

प्रतिदिन प्रोजेक्ट

नए दिल लगा कर देखा निकला जो परिणाम।
अज्ञानी कर प्यार हो जाते, वैसे जो विद्वान।

करें रोष, दें कभी दोष, बने कड़वी जबान।
लड़ सके न कोई, हो कितना भी बलवान।

नित प्रतिदिन प्रोजेक्ट नए का हो निर्माण।
कर कोशिश हर हारा हुआ नहीं कल्याण।

जब चाहे, मुंह मोड़े और चल दे सीना तान।
विचित्र देखी लीला तेरी हम ने भी 'भगवान'।

रोया कर पछताया

पूर्व प्यार के रोया, कर के भी पछताया।
लिख गीत वियोगी, मन अपना बहलाया।

प्यार में सदा खोज़ा, सुख तनिक न पाया।
लव का इच्छुक ऐसा, था जो पास गवाया।

जंजीर प्यार की ऐसी, रोज़ाना गंग नहाया।
हुआ क्या, कब, कहाँ, कैसे जान न पाया।

आँखे मिलें सुर नाहीं, वक्त फिर ऐसा आया।
अंदरूनी रोग लगा ऐसा, बाहिर ला न पाया।

था गिरा प्यार में कुच्छ ऐसे, उठ कभी न पाया।
समक्ष 'भगवान' रोया और कई बार कुरलाया।

ठोकरें खाते

दासों को सिखाते, खुद भक्ति कर नहीं पाते हैं।
कृपालु कलयुगी बाबे, पाए हर दिशा में जाते हैं।

दर्शकों की भीड़ बड़ी लम्बी, लक्ष्मी चढ़ाने आते हैं।
निरंतर कर प्रचार, जीवन अपना सफल बनाते हैं।

अगले पिछले भुला कई, मगर उन के लग जाते हैं।
रहते घर नाही बाहर के, वे जीवन भर पछताते हैं।

अनुयायी बना कर औरों को, अच्छा पाप कमाते हैं।
चाहें बनना हकदार पुण्य के, वे सहमे चोटें खाते हैं।

पश्चाताप कर न पाते, जब जान असलियत जाते हैं।
'भगवान' याद आ जाती, जब जख्म ठोकरें खाते हैं।

दीपक जलाना

है यकीन मजबूरी मेंजरूरी, बाप गधे को बोलना।
बिठा सिर ऊपर उसे लेना, था सोचा जिसे रोलना।

इनकार सुनना हर बार, अपना साहस न छोड़ना।
यत्न सदा करते रहना, न कभी दिल को तोड़ना।

संतुष्टि कर मेहनत भी न मिले, यह आम बात है।
त्याग आशाये सुख करना कर्म, मुख न मोड़ना।

आ रही है दीवाली, सुख शांति की उम्मीद कर।
दीपक मन अपने में भी, जला लेना, नहीं भूलना।

प्यार पत्थर को करे मोम, रखना दूर नफरत को।
तार अपनी सदा संग, 'भगवान' के रहते जोड़ना।

जुगाड़ कई

चित्र, चल चित्र, छल, फिर छितर चल जाता है।
आकर्षण राजनीति का, नेता हरेक को भाता है।

करना छोड़ धंधा हर, जिस से रोज़ी कमाता है।
श्रद्धा सहित नेता हर, सेवक जन बन जाता है।

चिंता ग्रस्त कुर्सी वास्ते बेचारा सो न पाता है।
हर किर्या पर नज़रें छुपा, कर कुछ न पाता है।

विरोधी दल के प्रश्नोत्तर, वो जुटा नहीं पाता है।
रखना बहुमत कायम, जुगाड़ कई लगाता है।

हो कहीं भी पुठा सीधा, दोष उसी पे आता है।
करना चाहे वो बहुत, मगर कर नहीं पाता है।

हाथ जोड़े आगे कभी, चरनी सीस झुकाता है।
भूल जाता 'भगवान', गुण शैतान के गाता है।

मात करारी

शोहर बना कभी भाई, था किसी का बेटा।
पड़ी जिम्मेदारी ऐसी, चैन से फिर न लेटा।

जैसा शुरू हुआ धीरे से, वैसा रहा नहीं प्यार।
पैसे में देखी ताकत, हुआ घर में ही व्यापार।

नहीं पास तो कोई न पूछे, हो तो मांगे हर।
देखे चींटी के हम निकले, उड़ने वाले पर।

आज नाहीं सोचें कल की, जान बहुत प्यारी।
किया विश्वास और खायी, हम ने मात करारी।

सुख बैठ अकेले पावें बड़े, बनते हैं होशियार।
बाबे की कृपा से बेड़ा, 'भगवन' लगेगा पार।

गहरा कुआं

क्या तूं तूं मैं मैं, करने वास्ते, था प्यार किया?
हाँ जी शर्माया, फिर मुस्करा इकरार किया।

प्यार में था आकर्षण जो भी, सब वार दिया।
खेला ऐसा जुआ, उठा कर्ज भी हार लिया।

दर्द प्यार का पाया, दवा भी काम न आई।
चोट खाने से पूर्व ही, थी हल्दी खूब लगाई।

हल्दी हुई निष्फल, कोई दुआ काम न आई।
रूखी सूखी साथ कटु बचन, मिली सो खायी।

शिष्टाचार रहे निभाते, रहे उस प्यार के हो कर।
कार्ड़ सारे हाथ में उस के, था पास हमारे जोकर।

मदारी वो हम जमूरे, नाचे उन के इशारों पर।
रहे बैठे व खड़े, कभी चले जलते अंगारों पर।

ठन्ड़े हुए देखा छालों को, मलहम चाहिए थी।
दिले तीर चुभे इतने, कठिन लेनी अंगड़ाई थी।

फिर भी प्यार में वाजिब, था सब मान गए।
लड़ झगड़ के कुछ नहीं मिलना, जान गए।

सख्त कमज़ोर दिखने में आये, खटक हुआ।
आ कर सभी ने खोदा, गहरा सा एक कुआं।

गहराई इतनी, दिखाया परछाई ने अपनापन।
थे लगा न पाए कभी, 'भगवान' से अपना मन।

जोखम उठाता

बड़े घर में छोटा बेटा, कैसे जोखम उठाता है।
त्याग बचपन वो अपना, खुद दादा बन जाता है।

आ मदद करे न कोई, उलझन में पड़ जाता है।
सवारे मार्ग अपना और खुद चलने लग जाता है।

हरेक का हुक्म मानता, आज्ञाकारी बन जाता है।
इनकार न सीखा, इकरार, वो करने लग जाता है।

भाग्यवान वो, जिसे साथ उस का मिल जाता है।
हुक्म तमीली में, वे लग बिन झिझक ही जाता है।

विश्वास उसे सब पर होता, करता न घबराता है।
'भगवान' जाने घात करे जो, उसे भूल न पाता है।

ऐसा तूफ़ान

सूरत सीरत को न देखा, आया ऐसा तूफ़ान था।
बिन सोचे होजा मोहित, पाया यह फरमान था।

भाग् वान हो बोले सब, मीठी अपनी जुबान से।
क्या करते समय कुछ ऐसा, लगते वे महान थे।

बिन सोचे लगा दिल बैठे, बनाया अपनी जान था।
पिछले कर्म अपने सब भोगे, होना तो परेशान था।

निर्भय रूप में पा पेशकश, पहुंचे जब मुकाम पे।
मालिक आ बन गए हमारे, पक्के हम गुलाम थे।

प्रहार किया हर पहलू पर, पायी बुद्धि न्यारी थी।
क्रोधित हो सदा वो बरसे, बाज़ी कभी न हारी थी।

अत्याचार सहा मौन हो, फिर भी दोष हमारा था।
अंधविश्वास में लीन हुए, पाया सच्चा दरबारा था।

प्रभु कृपा ऐसी खुशियाँ, हमारे हिस्से में आई थीं।
'भगवान' छोड़ गा गुण मेरे, बोले सच्ची माई थी।

जेल क्या खेल

देखा, लिया जिस भी ज्ञान, उसे गुमान हो गया।
दर्शन 'भगवान' दूर, कंठ वेद पुराण हो गया।

सोने में इतना हुआ सुहागा, हर मजबूर हो गया।
'भगवान' कर दूर, हर बाबा यहाँ मशहूर हो गया।

देखा बाबों का भी जीवन, था कदरे हूर हो गया।
'भगवान' नाम से जो पाया, चकना चूर हो गया।

मिटी भक्तों की न रूचि, गए चाहे बाबे जेल में।
इम्तिहान, बाबे 'भगवान' की लीला हर खेल में।

स्वयं निर्भर

आशा करनी छोड़ी अच्छी, निराशा दूर रहेगी।
दिमागी कसरत बचाएं, गंगा उलटी न बहेगी।

निर्भर स्वयं पर रह, प्रभु से ही मांगने जाना।
कर प्यार बेहिसाब, कभी बनना नहीं दीवाना।

विश्वास अपना, अनुभव मेरा, न ईतना बढ़ाना।
जीवन में आगे जा कर, पड़ जाये न पछताना।

असमय पर खुश न होना, सदा संतुष्टि पाना।
रहस्य अगर चाहो, न कभी किसी को बताना।

दुखी जीवन में कोई मिले, हमदर्दी ही जताना।
समझना पुण्य कमाने का, बनाया उस बहाना।

बाबा अगर मिले कोई, नहीं होश हवाश उड़ाना।
मरणोपरांत मिलेगा मोक्ष, न सोच चक्कर लगाना।

नफरत को रख दूर, पेश प्रेम प्यार से आना।
बसे 'भगवान' हर कण में, भूल उसे न जाना।

किया बेक़रार

मिल जाता जब चाहा, ख़ुशी से न समाते हम।
उम्मीद बारम्बार, उस प्रभु से नहीं लगाते हम।

दिया बहुत मगर देर लगा दी, उस ने देने में।
हर ईंतजार की घड़ी बिताई दर्द को सहने में।

दर्द ऐसा उपचार न कोई, वो भी कबूल किया।
रह जिस हालत में रखूं, था उस ने उसूल दिया।

उसूल भी ईतने देखे, उन का कोई अंत न था।
पावे हमारी बात समझ, मिला ऐसा संत न था।

जीवन में मिले बथेरे, किया बेक़रार, नाज़ न था।
किया उपयोग निरंतर, चाहत रखना, राज़ ही था।

प्यार बदले नफरत पायी, हकदार न जिस के थे।
रहे शिष्टाचार निभाते, निकले दुश्मन, यार न थे।

मौन हम, दबाया उन, बोले वे, कसूर हमारा था।
मशवरा देने वालों में, स्वार्थ पीछे इक न्यारा था।

ईश्वर कृपा कर प्रदान, बुद्धि में किरण दिखाई थी।
वंदना करी जो 'भगवान' की, काम हमारे आई थी।

हर दिशा में

बाहर गर्मी, सर्दी अंदर, माहौल निराला था।
थोड़ी करें बातें, होता मिजाज जब आला था।

इंतज़ार में दिन कटते, बीता करती रातें थीं।
एक चौथाई भी हुईं हमारी, पूरी न चाहतें थीं।

चला समय धीरे से, तेजी की जब जरुरी थी।
ढीठपन सर्वव्यापक, कुछ ऐसी दस्तूरी थी।

बारम्बार किस्सा ऐसा सदा दोहराया जाता था।
अनुभव हमारा, अंतर, कभी कोई न आता था।

निकले हल जल्द, कोई साधन न जुटाता था।
मन ले तेज रफ्तार, हर दिशा चला जाता था।

प्यार तार में गांठे दिखता, बढ़ती ही जातीं थीं।
हर नई हमेशा पिछली सारी, याद दिलाती थी।

बोल कम व रह चुप, अब आदर्श कहलाता था।
रखे संभाल 'भगवान', शैतान बाज़ न आता था।

प्रचंड़ आग में

बड़े शानो शौकत से, जश्ने शादी मनाया जाता है।
क्यों न प्रेम प्यार से, फिर साथ निभाया जाता है?

नफ़रत इक दूसरे तरफ कभी इतनी बड़ जाती है।
एक दूसरे को हर तरह से, बहुत चबाया जाता है।

मित्र संग रिश्ते नाते, सारे काम कम ही आते हैं।
उन हाथों से घी प्रचंड़ आग में मिलाया जाता है।

सुध बुध हरेक की, इस मसले में मारी जाती है।
बारम्बार विश्वास, 'भगवान' से उठाया जाता है।

प्रत्यक्ष रूप

जीवन का ऐसा हम ने, था बना लिया संविधान।
बाबे को लगे पूजने, बना उसे दिया 'भगवान'।

सुख प्रभु दिए, ठुकराये व दुःख सेवा में पाए।
मगर बाबे के खुद लगे, 'भगवान' कैसे बचाए।

थे पुण्य कमाने आये, कर प्रचार कमाया पाप।
वरदानी 'भगवान' का जन्म, बनाया बाबे श्राप।

था घर बार छोड़, सखा माना उन को अपना।
सुना 'भगवान' उन से, असलियत जग सपना।

अपने जैसे देखे लाखों हम ने, उन पर मरते।
'भगवान' पाने वास्ते, सीस बाबे चरनी धरते।

अवश्य खुलेगा द्वार बैकुंठ, सुनने में आया।
कर 'भगवान' कबूल, बाबे का दास बनाया।

पूरी श्रद्धा सहित, भक्त दर्शन करने आते हैं।
वे 'भगवान' जाने, अंत में चले कहाँ जाते हैं।

बात अंधविश्वास छोड़ प्रत्यक्ष की वे करते हैं।
प्रत्यक्ष में रूप 'भगवान', देख नहीं वे सकते हैं।

रुकावटें आईं

ज्यों ही लगे बढ़ने हम, रुकावटें सामने आईं थीं।
सज्जन समझा जिन्हें, उन ही खिल्ली उड़ाई थी।

देना था साथ हमारा, जिस में वो असमर्थ हुए।
हमारे किये यत्न, कुछ देर के लिए व्यर्थ हुए।

जो मिला स्वीकार कर, यात्रा हमारी आरंभ हुई।
लक्ष्य अपने पर, पहुँचने में अवश्य ही विलंब हुई।

जितना नहाये उतना फल पाया, इस दुनिया में।
खड़ी कर ली इमारत, लगा कर एक गुनिया से।

दिमाग लगा प्रभु बदौलत, शिक्षा हम ने पाई थी।
भूरे रंग होने की खातिर, शायद विपदा आई थी।

हुए इस्तेमाल जब कभी, जरुरत हमारी होती थी।
किया कर्म उस वक्त भी, दुनिया जब सोती थी।

ठंड़क साथ बर्फ की फिसलन कभी गिराती थी।
किसी तरह माया राशी, लग हाथ हमारे जाती थी।

मार्ग दर्शक सम्पर्क में आऐ, अकड़न दिखाते थे।
विश्वास पूरा करते, हम फल कभी न कोई पाते थे।

होश आई जिस दिवस, पाँव अपने पर खड़े हुए।
'भगवान' शुक्र बुढ़ापा आया, इतने अब बड़े हुए।

चरण कमल

झेली पीड़ा थी कभी जो सारी, बता न स्वयें रही हूँ।
आद घर बाबे परिवार मुरीद, जिस पीछे जा रही हूँ।

बेरहमी से निचोड़ा जिन कभी दिन रात था हम को।
चौबीसों घंटे श्रद्धा साथ, रिझा लगा दिल अब रही हूँ।

*हो प्रसन्न बिताना हर क्षण मुझे साथ था जिन के।
बाबा जी के दलालों की कृपा, कर वो न पा रही हूँ।*

*ईश्वर को पाने का उद्देश्य, सभी धर्मों ने जो बताया।
छोड़ 'भगवान' सुख बाबे के चरण कमलों में पा रही हूँ।*

जीवन मरुस्थल

*विचारा हर पल आज बारे दोनों कल।
धारण किया मौन, की किसी से न गल।*

*बैठे किसी के साथ हम दिए कभी चल।
पर्ख हर को देखा था विरला अपने वल।*

*जिस ने जब चाहा, दी उधेड़ हमरी खल।
बना दुविधायों से हमारा जीवन मरुस्थल।*

*आयी गर्मी, हुई बारिश, आया कभी स्याल।
सिवा तेरे 'भगवान', कोई हुआ नहीं दयाल।*

तब्दील हो गया

*मिला जो उस पूछा, भाई साहिब तबियत कैसी है।
प्रभु कृपा कहते हम कैसे, हुई हमारी ऐसी तैसी है।*

*दुःख दर्द के सताये बैठे, मुस्कान मुंह पर ठान के।
लक्ष्मी मांगी जो आया, बिन झिझक उस जबान से।*

*जो भी गुज़रे हम पर उस से, मतलब न किसी को।
बुलाएँ कह चाचा, ताया, मामा, था सुनना हमें न जो।*

*बनाया जिस किसी को अपना, चाहा दिलो जान से। बन
दुश्मन उन में से निकले, कई हमारी जान के।*

*प्यार में भी मिल न पाया, था चाहिये जैसा सुख।
तब्दील हो गया देखा फिर, कभी न बदला रुख।*

*बोले भक्त लिया मान बाबों ने, खुद को कीर्तिमान।
अफसोस, हैं कई जेल में, कभी होते जो 'भगवान'।*

किया पुण्य

*वंदना की प्रभु रिझाया, कमा पुण्य, नहीं पाप किया।
अपने लिए ख़ुशी खरीदी नाहीं कोई इन्साफ किया।*

*अमन शान्ति फैलाई, घर में बुजुर्गों का मान किया।
मुबारक ऐसी शख़्सियत को, जिस गंगा स्नान किया।*

*मखमली पलंग पर अनिद्रा, लेट भूमि विश्राम किया।
मुग्ध हुए बाबा के ऊपर, उन्हें सब कुछ दान दिया।*

*घर में खुद ले सके न पानी, ऐसा पैदा मुकाम किया।
जीवन सफल बनाना, चरणामृत बाबे का पान किया।*

*तन, मन व धन सब अपना, बाबा जी के नाम किया।
दासानुदास बने उनके, था गुप्त सच्चा ज्ञान लिया।*

*रूखी सुखी से कर गुज़ारा, छप्पन भोज प्रदान किया।
कसर सेवा में न छोड़ी, था पावन जिन से नाम लिया।*

*सर झुका कर ही बोलना, उन से ऐसा ठान लिया।
'भगवान' से क्या लेना, पा बाबे दर्श प्रणाम किया।*

किया परिश्रम

*हो सवार बहुत काम, कभी विश्राम किया।
दुःख दरिद्र जब आया, उस का नाम लिया।*

*प्रत्येक क्षण किया परिश्रम, लक्ष्मी पानी थी।
हरेक से पाई नसीहत, शिष्टाचार निभाने की।*

*हक़ हमारा गया कई बार मारा ईस संसार में।
सुन लेते जो हमरी, व्यस्त रहे सच्चे दरबार में।*

*न्याय प्रणाली बड़ी लम्बी, रखे दूर मजबूरी से।
आसान नहीं था समय गवाना, किसी नूरी पे।*

*काटा समय अपना, रहे लेते उस का नाम थे।
कृष्ण, माता, देवी-देवता, पूजे 'भगवन' राम थे।*

बाँटना छोड़

*गाये भजन सुनी गाथाएं, कर वंदना प्रभु रिझाया था।
हर कण में विराजमान वो, नजर कभी न आया था।*

*शक्तिमान सर्व व्यापक, प्रचलित उस की शोभा थी।
प्रकोपी बलशाली भयभीत कर देता, होती तोभा थी।*

*स्वतंत्रता कर्म करने की पायी, बढ़े प्यार, चाहता था।
ऐसे ईश्वर साथ जीवन में, नहीं रख पाया नाता था।*

*एक सा आकार, विभिन्न फिर भी बनाया उस प्राणी।
सवाल उठाये, करे विवाद, हर बन कर महाज्ञानी।*

आये फौजी

*बिठा उसे दिल में अपने, यहाँ, करो सभी का आदर।
'भगवान' बाँटना छोड़ प्यारे, न ओढ़ नफरती चादर।*

यधपि पाया *बहु भाषी ज्ञान, कठिन बड़ी थी रोज़ी।
पैसे दो कमाने की युक्ति* आखिर फिर हम खोजी।

दिहाड़ी लगानी, जब इच्छा, बन गए थे ऐसे मौजी।
होगुड़ सवार देने को प्यार, आये 'भगवन' फौजी।

आसान न था

कठिन कहना बहुत, सुनना भी न आसान था।
भाग्यवान विदुषी संग हो गया लग्न विद्वान का।

मन्त्र पंडित ने किये उच्चारण, ऊंचे स्वर में।
कुछ शब्द निकले, मुंह दोनों वधू और वर से।

थी गलतियाँ पंडित की, दोनों निकालते जा रहे।
ऐसा मनाया शादी को, जिस बारे कोई क्या कहे?

आनंदमय वातावरण, मेहमानों के लिये हो गया।
हँसता हर लोट पोट हो, अपने आप में खो गया।

सोचा था पंडित जी ने, आती संस्कृत उन्हें नहीं।
संस्कृत में किये प्रश्न, उत्तर उन्हें आये देने नहीं।

होनी थी किसी तरह शादी, सम्पूर्ण वो हो गई।
प्रसन्नता की घड़ी, लगी जोड़े को थी नहीं सही।

रात्री भर विवाद दोनो में, था हर भाषा में हुआ।
संभाल लेगा 'भगवान' उन्हें हर आये की दुआ।

बनाया दास

था कर्मचारी कभी, दास उसे बनाया आप ने।
अकड़ के चलने वाला, सर झुकाया आप ने।

था बड़े अरमान लिए घूमता, जो रात व दिन।
प्रेमी शौकीन, कैसा, खाविंद बनाया आप ने।

था गुजारा करता वक्त कभी रेगिस्तान में।
गुलिस्तान, स्थान उसका, बनाया आप ने।

था जिस का न वजूद, दुनिया की दौड़ में।
पहचाने नावजूद को, कैसे बढ़ाया आप ने?

था समझता खुद को सेठ जग की भीड़ में।
अमीर को खाक शाह, कैसे बनाया आप ने।

था बिन फिकरे शख्स जो घर के आँगन में।
उस शख्स को पाना लक्ष्य सिखाया आप ने।

कोई था न जिसे, पढ़ने लिखने से ताल्लुक।
बच्चों का अध्यापक, कैसे बनाया आप ने।

थी जिन को अपने बच्चे की चिंता बेशुमार।
उन्हीं से दूर, वो बच्चा, करवाया कैसे आप ने।

थी इबादत करने की जरुरत जिसे न कभी।
'भगवान' हर पल उसी से पुजवाया आप ने।

नंबर दो

सराहनीय, नंबर दो देश हमारा, जद्दी गद्दी चलाये।
नेता के बच्चे नेता, सितारे अभिनेता के बन जाएँ।

गायक घर से गायक, निकले, पंडित से विद्वान।
गणतंत्र हमारा चले ऐसा, बनते ऐसे जहाँ महान।

पास अगर पुलिस की नौकरी, संत्री बेटा बनेगा।
फिर चलान की देगा धमकी और घूस भी लेगा।

दाखला अगर न मिले, हल्फिया बयान दे देना।
बच्चे सीख खेल खेलना, मिलेगा आरक्षण, लेना।

कर देने में हेराफेरी, चाहे जितनी हो वो करना।
भाग अधिकारी का न मार, आगे उस के धरना।

न्याय व्यवस्था बड़ी ठोस, वर्षों भर केस चलेगा।
हलाल कमाई मुश्किल, नंबर दो से पेट भरेगा।

विश्वास न करना, रहना सतर्क सीखना बच्चे।
बाबे यहां बसते हजारों, मालूम न कितने सच्चे।

लेना देख परिवार बाबे भी, करेगा बाबे ही पैदा।
बच्चे वो करेंगे धंधा, हो इकट्ठे कभी अलहदा।

आम की हालत क्या होगी, गुण बाबे के गायेंगे?
निगुरे तो केवल याद, 'भगवान' ही कर पाएंगे।

शीतल जल

शीतल जल वर्तमान का लुत्फ़ उठाया, त्यागे दोनों कल। प्यास लगी जब 'भगवन', पिया शीतल जल।

सच्चे महान

दर्श पाने को जिन का, लोग लाखों आते थे।
बाबे केवल वो सच्चे, बड़े महान कहलाते थे।

कलियुग में उनका, बहुत बोल व बाला था।
अवतार उस ईश्वर के, सिर्फ वे कहलाते थे।

देखा सुना अनुभव मेरे अंदाज मे

पावन दिव्य परिवार, उनका, अति न्यारा था।
सारे बने चेले उनके, दासुनदास कहलाते थे।

आज्ञा पालन न करना, घोर पाप, उल्लंघन था।
होते रावण करने वाले, मन मत भी कहलाते थे।

तन, मन, धन सब पर, अधिकार उन्ही का था।
मूर्ख भक्त वो होते बीच, जो 'मैं' को ले आते थे।

जश्न सुबह शाम मनाया, कर आरती जाता था।
भोजन नहीं भक्त सब, भोग प्रसाद ही खाते थे।

बड़े भाग्यशाली होते, आशीष जिन्हें मिलता था।
खड़ कतार में सीस को वे चरनी उन झुकाते थे।

घर बार छोड़, फ़िक्र परिवार बाबे का होता था।
'भगवान' से क्या लेना, बाबे जिन्हें मिल जाते थे।

आस जब निराश

रक्त सफ़ेद, लाल मिश्रण, भीतर कुछ और है।
देख कर त्वचा, होवे लड़ाई, लगता ऐसा दौर है।

होवें आँखें विभिन्न, बाल भी न एक समान हैं।
पैसा जेब में अगर विराजे, करते सब सलाम हैं।

वेश भूषा भी दुनिया में, अच्छा टौर दिखाती है।
कर रहा हाये कोई, नजर खा किसी को जाती है।

घर एक तो हो अपना, मालकियत हर चाहता है।
आस पास वाले करें मौजां, क्यों सहा न जाता है?

निरोगी औलाद हो होनहार, बुलंदी पाए जल्दी से।
साथ सुंदर धनी वफादार, मिलें रंगे हाथ हल्दी से।

पा सब भी क्या संतुष्ट मानव कभी हो पाता है?
'भगवान' से आस लगाए, निराश जब हो जाता है।

मुकद्दर न था

रईस हम भी होते, लिखा न उस मुकद्दर।
शुक्रिया फिर भी, 'भगवान' कमी न छोड़ी।

गम प्यार में

'प' पूरा प्यार में, यार भी न रहा।
हुई हिदायत हटना, पीछे को हुआ।

पय प्यारा ताजुब्ब, खुश्क हो गया।
सोच न सके, क्या गजब हो गया?

हमेशा गम, प्यार में मंड़राने लगे।
बिन बोले समझ सब आने लगे।

बीच प्यार, सच-झूठ बोलने लगा।
राज़ छुपाया सामने हर आने लगा।

निड़र हुए प्यार में, प्यारे इस तरह।
हुई हर बात पे, बड़ी जोर से कलह।

चर्चा अपने बेगाने के, मुंह से सुनी।
थी तीन, राम नाम की धुन से गुनी।

आनंद आया, सुन प्यार की दास्तां।
उन्हें भी खूब, कोई जिन्हें न वास्ता।

हर विशेषज्ञ था, प्यार के खेल में।
पीएचड़ी उन पास, न कभी फेल थे।

भगवे ने दिखाया, अलग सा ही रंग।
घृणा प्यार में और भक्ति भी भंग।

दलाल 'भगवान', बोले सब छोड़ कर।
आज्ञा व हुक्म, हमारी सेवा किया कर।

कसूर हमारा

कर ली सेवा, क्या पाया, थक गए?
धनी हुए बाबे, पाने दर्श लख गए।

झोंपड़ी नहीं चाहिये, बनायें महल वे।
वे कर मनमुटाव, बाबे शरण में गए।

सुन न सकते थे, वे बात किसी की।
चुप चाप सुनने, बात बाबे की गए।

बड़े जोर से गाते, बाबे उन के हैं रब।
प्रवचन सुनने, वे कभी जब भी गए।

न्यौछावर करें, सब हो जो भी पास।
जोड़ हाथ, ले लक्ष्मी, चढ़ाने वे गए।

क्या करेंगे वे किये इकट्ठे पैसे का?
बिन भेद भाव लेते, जिसे सब से गए।

कसूर उन का नहीं, है पूरा हमारा ही।
हैं 'भगवान' बाबे, हम कहते जो गए।

बात ये हुई

बोली, छोड़ अब प्यार, हट पीछे, बात क्या हुई?
बाज़ी हर अवस्था में जीती, दिखी बात ये हुई।

बिन विचारे आस लगानी, जरुर पानी हार थी।
हालत किसी में भी हो, रहा करती बीमार थी।

कर वार्तालाप समझा देना, होता न आसान था।
हुआ अजनबी के साथ, जो चुना गया इंसान था।

जब भी चाहा मामला सुलझे, उसे न पसंद था।
नमक, मिर्च, बीच तगड़, साथ बहुत घमंड़ था।

क्या भूचाल जैसी स्थिति, ऊपर सर के छाई थी?
तरीके अपने से, हरेक, मन की शांति पायी थी।

भक्ति का हुआ असर, कुछ, प्यार पर ऐसा था।
मुश्किल दोनों के लिए, खुश साथ हो जाना था।

प्यार से कैसे हटायें, अँधेरी चली जो आई थी।
डूबने से 'भगवान' कर कृपा, नैया बचाई थी।

सेवा से बैकुंठ

सहित पूजा पाठ, प्रति दिन, उसे पुकारा था।
भरी दुनिया में अकेले, एक वोही सहारा था।

प्रथम अपेक्षा द्वितीय, उपेक्षा में ही लीन थे।
मालिक था वो सभी का, हम केवल दीन थे।

हम जैसे और कई भी, द्वारे उसके जाते थे।
रहते उस पर निर्भर, कर अधिक न पाते थे।

कर लेना सुमिरन, कम सुख में हो जाता था।
लक्ष्मी वर्षा ऋतु में, नजर विष्णु न आता था।

दलाल उस के हर घर बसते, संदेशा लाते थे।
छोड़ दो भक्तो, सब ऊपर उस, आ बताते थे।

तकदीर पहले लिखी, हमें पुरुषार्थ करना था।
फल कर्मन निर्धारित, पाप हमें न करना था।

बिन दिया बाती, ज्योति परम सर्व व्यापक है।
अधिकार सुरक्षित रहे, पास एक अध्यापक है।

ऐसा अध्यापक, अवतार ईश्वर का कहलाता है।
फुर्ती सहित दिमाग, हरेक का धुलाया जाता है।

होते धुल जाने के बाद, धोबी के वारे न्यारे हैं।
शेष बन जाते दुश्मन और वो लगते प्यारे हैं।

'भगवान' से भी वे ऊपर, उन्हें माना जाता है।
बैकुंठ स्थान, कर सेवा उन की पाया जाता है।

नफ़ा नुक्सान

सीखा निकालना नुक्सान कितना नफ़ा।
बात, छोटी बड़ी, हो जाना हर पे खफा।

करनी सीखी और बदले में चाहि वफ़ा।
फिर भी 'भगवान' मिली हर पल जफ़ा।

उड़ान

जुल्म करना नाहीं ठीक सहना उसे।
कोई फरियाद कहीं जा किस से करे।

बुरी आदत अपनाना न छोड़ना सही।
क्या अच्छी है बात, जो सब ने कही?

दुःख न देना, भोगना सुख बाँट कर।
गुण लाना अमल में, सभी छांट कर।

आदर करना बड़े छोटे, हर का सदा।
मारना हक न किसी का, करना अदा।

धनी होने की आस, जागृत होवे खरी।
हो पैदा कुमार राज, घर लाये जो परी।

रोशन करें बच्चे, परिवार के नाम को।
हों खुशियां हर तरफ, सुबह शाम को।

प्यार होवे सदैव, भटके बेकरारी न पास।
जरूरतमंद करे काम, हो कभी न उदास।

धर्मार्थी बने पा ख्याति, नाम होवे मशहूर।
जिधर कहीं भी हम जाएं, होवें चर्चे जरूर।

रहें समर्थ हर तरह से, आये न कोई आंच।
पथ सही ही अपनाएं, छोड़े पल्ला न साँच।

जमीन पर वाहन व हो आकाश में जहाज।
बुलंद 'भगवन' हो ऐसी ओर चारों आवाज़।

अमन चैन

अमन चैन से रहना, नसीब न हुआ हमारा था।
खा रुखी मिसी, बिन चोपड़ी, किया गुजारा था।

उलट पुलट नहीं खाना, बन वैद सभी बताते थे।
पड़े दो चार नोट जेब में, टिक कहाँ वो पाते थे।

कम अपने पर व्यय, औरों पर ज्यादा होता था।
दिले लग जाता, नज़री जब पड़ता कोई रोता था।

लड़ाई लिए तैनात लोग, कई हमें मिल जाते थे।
फैंक ईंट वो ओर हमारे, लड़ने क्यों लग जाते थे?

घूस लेना फिर सुनना, सिपाहियों की मज़बूरी थी।
मिल जाये सहानुभूति, करनी मुठ गर्म जरूरी थी।

सिफ़ारिश तो शीघ्र काम, हरेक उन से करवाती थी।
ऐसी अगर हो न कृपा पास तो देरी बहुत सताती थी।

न्याय व्यवस्था ऐसी, फैसला भी हो न पाता था।
जवानी का मुकदमा, सुना बुढ़ापे में जाता था।

लाखों की लागत, अपीलें लगातार हुई जाती थीं।
गरीब लिए रोटी के पाले, निंद्रा भी न आती थी।

राजनीति भी हरेक ऊपर, अपना रंग दिखाती थी।
पगड़, टोप, खादी, भगवा कभी धोती पहनाती थी।

चुनावों में लुत्फ़ अच्छी, तुक बंदी का आता था।
दिन-रात हर दल का, गा सुनाया गुण जाता था।

सरकारी कर्मचारी देखे, तानाशाही खूब चलाते थे।
करे प्रश्न अगर कोई, खाने उस को पड़ वे जाते थे।

शिकायत का लाभ कछु न होता, दलाल बथेरे थे।
शाम तक काम था जो होना ले जाते उसे सवेरे थे।

जरूरत न लाईन लगाने की, सदा होती देरी थी।
फीस अपनी वो ले लेते और होती हेरा फेरी थी।

पाया उधर देखा जिधर, बोल रिश्वत का बाला था।
'भगवान' सब काम चलावे, वोही करने वाला था।

घोड़े सवार

मिला स्वीकारा, दिया सब अख्तियार में।
हुई न पूरी संतुष्टि, थे रहे हम इंतजार में।

बचा उजड़ने से बाग़, सब घोड़े सवार थे।
अस्थिरता अपनायी हम, 'भगवन' हार के।

भक्त गरीब

आये सब करने श्रवण, देनी बाबे तक़रीर थी।
रहे सुन्न भक्त गरीब, बाबे फैमली अमीर थी।
खुश किस्मत हो सब, दर्श उन का पाते थे।
सहित पूरी जिज्ञासा, भजन उन के गाते थे।

रख आस उम्मीद बड़ी, पुण्य उन कमाना था।
भाग्यशाली वे केवल, मूर्ख बाकि जमाना था।

बहुत प्यार व श्रद्धा, व्यापक उन में होती थी।
आनंदमय हुए दिखते, कृपा बाबे की होती थी।

परम प्रकाश उन्हें दिखता, सब को वे बताते थे।
केवल बाबे आशीष से सुन अनहद वे पाते थे।

बहुत शक्तिशाली बाबे, हर कण में बसते थे।
समझ पाते न मन मत, वो तो खूब हंसते थे।

फल मिलेगा उन्हें बहुत, वे विश्वास रखते थे।
नहीं मिला अभी तक, क्यों पूछ न सकते थे?

रहे दुःख से न महफ़ूज़, बुढापा भी आया था।
शरीर जब अस्वस्थ, उपचार सब करवाया था।

आवश्यकता लक्ष्मी की, हर घर को सताती थी।
परिवार बाबे वाली सदा चली खुद ही आती थी।

जन्म, जीना, मरन, यहाँ, लिए सब निर्धारित था।
विश्वास 'भगवान' छोड़ना, होता न विचारित था।

पड़ा भुलाना

गए पढ़ने स्कूल, पूरी करनी थी, कर न पाये।
दुःख, दर्द उन ढोंगी प्यार के सबक सिखाये।

हर अंक कम, कहाँ प्यार में आना अव्वल था।
सुन्दरता पर हर मरता, चेहरा चाहे ड़बल था।

पैसे की जरुरत बिन वजह, सिर आन पड़ती थी।
जिस बगैर कोई कहानी, बढ़ आगे न सकती थी।

चुप रहना न वाजिब, बेशर्म को जूते पड़ते थे।
रिश्ते नाते तो छोड़ो, कुत्ते भी हमेशा लड़ते थे।

हुई खत्म पढ़ाई कब, शादी बादा प्यार हुआ।
पूर्व चोट लगाई हल्दी, कैसे यह आघात हुआ।

कुआं था या खाई गहरी, बीच उस डूब गए।
सांस लेना भी मुश्किल, आंसू सारे सूख गए।

हँसना गाना बजाना, दिल बहलाना दूर हुआ।
करना पड़ा वो जो, हमजोली को मंजूर हुआ।

आ इबादते 'भगवान' से भी उन दूर किया।
अपना आप पड़ा भुलाना, ऐसा हुज़ूर किया।

सत्य की तलाश

कठिन सुनना बड़ा, कह कुछ न सके।
अत्याचार के शिकार, बहुत खाए धक्के।

बोल झूठ, रख व्रत, चिल्लाया रो कभी।
क्रोध प्रकट किया, आया अवसर जभी।

जो कहानियां सुनी, सच्ची लगे मानने।
की सत्य की तलाश, न आया सामने।

पछताये विश्वास कर हम, धोखे मिले।
संभल पाये न कभी, बहुत मौके मिले।

पाठ जिंदगी ने पढ़ाये थे अजीबो गरीब।
यत्न कर हारे, हुआ वोही, था जो नसीब।

वक्त बदलेगा अवश्य, यह जान कर।
उठाये कदम कई, बिन पहचान कर।

पल्ले पड़े बाबे, वो बोले, हमें दान दे।
आज्ञा जब भी दें, तुरंत उसे मान ले।

पा उस की कृपा, उमर गुजारी थी।
'भगवान' सुधारी, बहुत जो माड़ी थी।

गुजारिश

माया ज़ाल से निकलना कैसे बाबाश्री बताते हैं।
लग भोले भाले लाखों माया उन्हें देने जाते हैं।

निवृत्त हो माया से, सुख चरण कमलों में पाते हैं।
अवतारे 'भगवान' बाबा श्री, कहते शोर मचाते हैं।

प्रभु रूप मान कईयों ने, रोज़ाना सुना सुनाया था।
पत्थर 'भगवन' में पुनः, उन्होंने आश्रय पाया था।

पत्थर की महिमा भारी, बाबा श्री के चेले जान गए।
मरणोपरांत पत्थरीले बाबों के दिखे 'भगवान' भये।

बड़े बाबों के अब चरण पत्थरीले पूजे जाते हैं।
मान उन्हें 'भगवान', दिन जन्म मनाये जाते हैं।

पाती आनंद सेवकी, न्यौछावर कर सब अपना।
'भगवान' दिया जीवन है, बाबा श्री कहें सपना।

ऊँचे विचार, छोड़ घर बार, कई बाहर चले जाते हैं।
देख 'भगवान' लीला बाबों की, फूले नहीं समाते हैं।

बाबे किर्या व प्रतिकिर्या, हमेशा अनोखी होती है।
बाबे 'भगवान' रहें जागते, खलकत सारी सोती है।

भक्तन दावा दुःख निवारण, पास बाबे कसोटी है।
'भगवान' मान करे जो सेवा, कृपा उस पे होती है।

मासूम बचाए रखना प्रभु, बाबों से, यह गुजारिश है।
दरबार 'भगवान' सजा यहाँ, धन की होती बारिश है।

लगे नेताओं को अति प्यारी गद्दी, बदल लेवें वे दल।
दिखे जिधर उन्हें फ़ायदा 'भगवन' दें उधर वे चल।

मालामाल

हर बार सुनाये प्रवचन वोही, उन बड़े विस्तार से।
लख चौरासी से निकलना, क्या अच्छे विचार थे?

कमाई लक्ष्मी काम न आनी, उन का कहना था।
बड़ी संस्था में दास बथेरे, वो जिन के सरदार थे।

नाम महिमा वे सुनाते, लगा कर पूरा ज़ोर सदा।
परम भक्त भूतकाल के कई, बन जाते गद्दार थे।

ज्ञान चर्चा दिन रात करते, अपने व्याख्यानों से।
स्वयें जिसे कभी न देते, ऊपर भगवे में हज़ार थे।

चाहवान भजन सुनने के, उन लिए गाये जाते थे।
घृणा में रहते व्यस्त, वैसे सब को प्यार सिखाते थे।

पवित्र शिक्षा अति गोपनीय, दी ऐकांत में जाती थी।
अंध विश्वासी उन के बनते, ले लेते जो नर नार थे।

दीन पर कृपा करने वाले, हुए धन से मालामाल थे।
काफी छोड़ 'भगवान' बन गए, उन के सेवादार थे।

अंत में इंतकाल

अंत में इंतकाल देख अजीब नज़ारा निहाल हो गया।
बिन बनावटी रंग के ही चेहरा अपना लाल हो गया।

क्रोध इतना छाया उन पर, कभी जो देखा ही नहीं।
प्राण बक्शे उन कर कृपा जब ह्रदय दयाल हो गया।

वे कहने को तो थे केवल बड़े हमारे सखे सोदरे।
थी करतूत उन की ऐसी, अलग खाल हो गया।

शांति पूर्वक दिया न रहना, हमें उन्होंने कभी।
रही कृपा उनकी पास, दूर मायाजाल हो गया।

सुर साथ उन के सुर, कभी हमारे न मिले।
संगीत सुन मुग्ध, कहें सब, कमाल हो गया।

काश लक्ष्मी रख पाते, हम भी हिफाजत से।
अस्थिर, वो निकली, जल्द तेज चाल हो गया।

रख पाया न लिए स्वयं, सुरक्षित कोई भी स्थान।
चालबाज़ कर कंगाल, ख़ुद मालामाल हो गया।

अच्छा अनुभव प्रभु ने साथ में सीख हमें दिया।
मर्जी 'भगवान' देखा, अंत में इंतकाल हो गया।

भव्य सहारा

मिला बचपन में प्यार, माँ बाप का उसे उठाया।
सम्पूर्णता से किसी ने, गले फिर न हमें लगाया।

हो प्रसन्न स्वीकारा, मिला जो बिन किये हंगामा।
रूठे प्रातः, रहे भूखे, ढ़ला सूर्य, आया चंदा मामा।

क्या बीतती होगी उन पे, देखी भूखी जिन औलाद?
क्या छूटा लालन पालन में, सोच करते होंगे याद?

किसी तरह समय तो बीता, हो गया रोशन नाम।
बच्चे कद में हुए बराबर, कहें जप लो सीता राम।

ढूंढा साथी, रंग गए प्यार में, अचानक वे होनहार।
लगे मिलने उसे चोरी छिपी, सप्ताह के हर वार।

आया दिन बूढ़ों से जब, उन्हें छुटकारा चाहिए था।
आगे वास्ते नए प्यार का, भव्य सहारा चाहिए था।

रोये, फिर हँस कर हुऐ ख़ुशी में उन की शामिल।
'भगवान' आसरे छोड़ दिया, थे जिस वो काबिल।

आदत वश

आदत वश पूछा, उनका हम ने हाल था।
उत्तर जो दिया उन, वाक्य में कमाल था।

सह न पाये जिन शब्दों में जवाब दिया।
समझे न खड़ा, क्या हम ने बवाल किया?

संतुलन की शायद थी जरुरत, यह मान।
करी क्षमा याचना उन से, त्याग गुमान।

माफिक वो उन्हें न आया, बहुत चिल्लाये।
कर्म फूटे थे हमारे, जो दर्शन उन के पाये।

होने पर शीतल, उनका रूप निराला था।
आसन ग्रहण पश्चातापी मुद्रा वाला था।

शायद निवास था किया किसी शैतान।
ग्रह टल गया, लगा हुई कृपा 'भगवान'।

तोफा अच्छा

क्यों प्यार दूर, प्यार ने, प्यार से कर दिया?
करनी इतनी थी घृणा, तो प्यार क्यों किया?

जवाब में कोई न उत्तर, रख मौन को लिया।
किस अपराध की बिन सुनवाई, दे दी सजा।

क्रोध में ही शायद, प्यार ने प्यार पा लिया।
होगा असर क्या प्यार पर, विचार न किया?

उत्पादी प्यार, आगे मिसाल, क्या रख दिया?
उम्मीद करनी मुश्किल, ऐसी प्यार की दया।

होता प्यार में सब वाजिब, क्यों कह दिया?
क्या 'भगवान' प्यार तोफा अच्छा था दिया?

गिरे और डूबे

दिखे प्यार में गिरे और डूबे हम ने भाई।
अक्ल जिन में कभी ज्यादा हम थी पायी।

पूछें, बने कैसे, कोई, उनका अब सहाई।
सजा प्यार में ऐसी उन पड़ने की पायी।

व्यवहार दिखावे में, लगता हो जैसे शुदाई।
साथ चाहा पाया न वैसा उचित हुई जुदाई।

पूंजी लग गई सारी अपनी, साथ में कमाई।
अपनी, था विचार, होगी अवश्य ही भलाई।

असंभव मुड़ना पीछे, थी गहरी आगे खाई।
चारा बिन पाये, सफ़ेद झंड़ी फिर दिखाई।

आज कल दुरुस्त, सब होगा आस लगाई।
किया याद 'भगवान', भर आहें उम्र गवाई।

श्रद्धा पूरी

जनता झुकेगी सुनो झुकाने वाला चाहिए।
सीख लेगी हर नाच सिखाने वाला चाहिए।

रख दिल में श्रद्धा पूरी, प्रेम बढ़ाना चाहिए।
हो ग़र विद्रोह 'भगवन' नहीं दबाना चाहिए।

मिला आशीष

विज्ञान कर तरक्की पा बहुत यहाँ लिया।
मतलब जहां सही, वो रस्ता अपना लिया।

मिले सकून सिहांसन पे, बाबा बिठा दिया।
अवतार ईश्वर का, केवल वोही, बता दिया।

हुए बाबा जी निहाल तो आशीष ये दिया।
बोले परम भक्त वोही जिस सीस दे दिया।

कलियुगी बाबों ने खूब धंधा चला दिया।
बिन दिए कोई कर, करोड़ों कमा लिया।

कुकर्मो से न बाज़, इतना दर्द दे दिया।
बिन बोले कईयों ने, रह चुप सह लिया।

ग़र बोला कोई तो न्याय साथ न दिया।
वर्षों भर कर सेवा, सर्व नाश कर लिया।

चोट खा दर्द पायी और सर झुका दिया।
कर्म फल अपना भोगा, जिक्र न किया।

बाबे ने क्यों वो फल निष्फल न किया?
था भोगना जरूर, क्यों बाबा सर लिया?

दूध पिया, मजनूँ फर्जी, दान उन लिया।
लाभ हरेक की उन कमजोरी का लिया।

बचे उन से विरला अगर हो उन की दया।
खोई लक्ष्मी 'भगवान' पास बाबे जो गया।

कुकर्म से दूर

प्रभु सौंपा जीवन जो, उस का बड़ा आभारी हूँ।
भूल गया आ कर उसे, क्यों ईतना अनाड़ी हूँ?

सांस दिये, दूध दिया, दांत दिए फिर खाने को।
रिश्ते नाते दिए, उस सोच के साथ निभाने को।

सब ज्ञान प्राप्त कर ले बंदे, दुनिया में भरपूर है।
फुर्ती पाना, त्यागना आलस, होना नहीं मजबूर है।

आदर स्वभाव से आ पेश, आगे कदम बढ़ाना है।
बनना बेवकूफ, नाही, शैतान का पाँव दबाना है।

धर्मार्थी बन यहाँ पर, नाम खूब अपना कमाना है।
रहना न्याय साथ, सर न आगे अन्याय झुकाना है।

पुण्य कमाना दूर पाप कर, दुखी को गले लगाना है।
इंसानियत निभाना यहाँ, पशु न बन कभी जाना है।

कितनी भी कर लो तरक्की, रोब न कभी जमाना है।
'भगवान' से ड़रते रहना, कुकर्म में फंस न जाना है।

खायी मार

समझा सब को अपना और दिया सत्कार।
दुःख हुआ ये जान कर, लगा उन्हें व्यापार।

दुश्मन बन गए लंगोटिया, थे कभी जो यार।
पैदा हुईं कई शिकायतें, जब करने लगे प्यार।

परम भक्त, कहा पश्चात, उसी बाबे ने गद्दार।
रास्ता सही अपनाया, 'भगवन' फिर भी मार।

व्यवहारे हिंसक

प्रचारे अहिंसा किन्तु व्यवहारे हिंसक होता है।
प्रथम दिवस कक्षा में थपड़ का अनुभव होता है।

घर बार होवे पिटाई, कोई इन्साफ न होता है।
ढीठ हो के उमर गुजारे, दिखता कोई रोता है।

मुंह से गाली गन्दी का, क्यों सुनना होता है?
बलशाली से शब्दों का, सदुपयोग न होता है।

माहिर धर्म प्रचारक भी, चेले कुटेरा होता है।
शांत रह भक्षण होवे, दुखद नजारा होता है।

पगार मिले न पूरी, कठिन गुजारा होता है।
जुड़ते हाथ दास के, मालिक अकड़ा होता है।

करुनामय बाबों से, लाचार भक्त हर होता है।
'भगवान' दर्श रहे दूर, शैताने दर्शन होता है।

कर देखना

धोखा बहुत खाना पड़ता, कर देखना प्यार।
हर सुझाव देने वाला, कर न सका इनकार।

इस की चांदनी, चार दिन की होती मेरे यार।
तय कर लेना ये रास्ता, दिखे जहां अन्धकार।

कायम प्रेम सदैव रखना, न कभी मानना हार।
मायाजाल है ऐसा, जिस में, भटक रहा संसार।

बीच में दशा शनि की, अपना करोप दिखावे।
साढ़े सती बिन भुलाऐ ही आन विछोड़े पावे।

हर तरह की ग्रह चाल, ब्रह्मांड़ में नाच नचावे।
जाती समस्या में हर कोई, अपनी टांग अड़ावे।

मिल वर्त प्रेम भाव से, यहाँ रहना हर सिखावे।
चार चफेरे समझ न आवे, हो लड़ाई क्यों जावे?

रबे इच्छा रब ही जाने, जो ऐसे खेल खिलावे।
'भगवान' लक्ष्मी पाप पुण्य, हरेक से करवावे।

वफादारी

प्यार कर, प्यार ने, प्यार से, प्यार पाया था।
प्यार ने, प्यार में, प्यार को व्यस्त पाया था।

प्यार छोड़े न प्यार, अजीब सी वफादारी थी।
इस जन्म न शायद, वो पिछले की यारी थी।

निभाया प्यार, ले बदले में जो भी उस दिया।
'भगवान' सहित लक्ष्मी, प्यार भी कम दिया।

दुखी खुद

बिन जाने पहचाने, आरम्भ गुलामी हुई।
करी जिन कारण, उन्हीं की बदनामी हुई।

चरनी सर रख, जिन को, चढ़ाया सिरे।
व पागलों की तरह, मगर उन के फिरे।

उन्हें अपनी हैसियत पे मान हो गया।
दर्श कोष भरा, इकट्ठा दान हो गया।

लीन माया छुड़वाने वाले उसी में हुए।
सुख देना था क्या, दुखी खुद भी हुए।

काल पकड़ गुरु जिस के, थे वो बने।
भय जिन को न था, बादल घौर घने।

काम, क्रोध, लोभ, मोह, अहंकार न परे।
थे सूखे दिलासे उन के, कर सके न हरे।

था मिल, खुश नसीबी से, छुटकारा गया।
कृपाये भगवान' की, जो प्यार न्यारा भया।

सुनी कथाएं

सीखा ध्यान औरों का करना बिन अपनी प्रवाहे।
जग में मुश्किल ही मिलते, जो अपने बनें सहाए।

अपने उल्लू सीधे करते देखा, लोगों को दायें बाएं।
रावता पड़ा महारथियों से, जो अपनी धाक जमायें।

स्वच्छ सफाई वाले बथेरे, भरी मैल मन जिन के।
दो नम्बर के कामी कई, मालिक बन गए धन के।

अकड़ न वाले बड़े देखे सब, चींटी नजर जिन्हें आवें।
जुल्म करते न जो थकते, फूटी कोड़ी छोड़ न पावें।

प्राचीन काल की सुनी कथाएं और महाभारत भी।
सुने अलौकिक प्रवचन, बाबों की लिखी इबारत भी।

वे ले भेंट बाँटें ज्ञान, छुटकारा माया से दिलाते हैं।
दर्श पा हों कृतार्थ भक्तजन, गीत उन्हीं के गाते हैं।

भक्त घर निवासे गरीबी, लक्ष्मी बाबे घर प्रवेश करे।
ब्रह्मा, विष्णु हैं उन के नीचे, जो चाहें वो महेश करे।

जो आया उस चले जाना, चन्गाईयां कुछ कर लेना।
'भगवान' बंदों से कर सको, प्रेम थोड़ा सा कर लेना।

नाम साँचा

दे नाम सभी को साँचा, भक्त अपना बनाएंगे।
हो सिंहासन विराजमान, चरनी उन्हें बिठाएंगे।

हमारे लिए जैसे अपने, उन और भी लाने हैं।
हर से करवानी सेवा, पैसे भी खूब कमाने हैं।

लग्न से करेंगे सेवा, कोष में लक्ष्मी आयेगी।
जमीन पर भक्त, पलंग में नींद हमें आएगी।

दवा न दारू, भक्त भजन से काम चलाएंगे।
बिन बुलाये भागे ड़ाक्टर लिए हमारे आयेंगे।

सर्व श्रेष्ठ तामील हुक्म की जल्द हो जाएगी।
मानेंगे वे 'भगवान', बढ़ कीर्ति हमारी जायेगी।

बोल न्यारे

फिर क्या हुआ, कठिन बताना होना था?
हँसना दूर, हुआ जागना, क्या सोना था?
कैसी हुई गुजरन, चढ़ी नाम खुमारी थी।
छोड़े घर वाले, बाबों की सेवा प्यारी थी।

सेवाए प्रभाव मुश्किल में जिंदगानी थी।
मदद तरफ बाबों से, न आने वाली थी।

धंधे और नाते सब छुड़वाये हमारे प्यारे ने।
छोड़ 'भगवान', सुने बाबे के बोल न्यारे थे।

ग़ैर हुए

बिन बात किये हम से होता न गुजारा था।
क्यों हर पल अब हम से वे आँख चुराते हैं?

निकल गया वक्त जब सखा हमें बताते थे।
अब कैसे वे हम को अपरिचित ही पाते हैं।

हम थे उन के सब, वो भी कोई ज़माना था।
नये दौर के पुजारी, राह नई को अपनाते हैं।

उन्नति हो जाये हमारी, ऊपर से वे कहते थे।
रहें पड़े वहीं पर ही, अन्दर दिल से चाहते हैं।

लिया बचा 'भगवान', हम को दिया सहारा था।
असलीयत नज़र आई, वे अब भी हमें सताते हैं।

रंग जमाया

प्यार मिले, प्यार किया, मगर प्यार न पाया।
मालूम नहीं कहाँ से ले कर, कहाँ पहुँचाया।

मिठत रखा वाणी को, क्रोध सुनने में आया।
फल किस कर्म का, न जाने प्यार में पाया।

सहन शीलता रखी बथेरी, सिरे प्यार चढ़ाया।
किया जो, था न काफी, समझ में यह आया।

जान धीमी, आवाज़ ऊंची, अपने गले लगाया।
हुआ प्रश्न करना फजूल, उत्तर मिल न पाया।

प्यारे चोचलों ने, प्यार में, रंग बहुत जमाया।
प्यार दे कर 'भगवान' अपना नाम जपवाया।

भजन आरती

हाथी कभी कबाड़ मार्ग में देखा बंदर।
चेष्टा से उठ सवेरे रोज़ाना पहुंचे मंदिर।

मिला दर्शन प्रभु का, शांति कुछ पायी।
बैठ भजन कभी आरती खड़ के गायी।

करनी पेट की पूर्ती, दो पैसे पड़े कमाने।
बेले कई पापड़, लिख गाये खुद ही गाने।

लौट आये थके टूटे, घर में किया प्रवेश।
ब्रह्मा, विष्णु 'भगवन' जपा कभी महेश।

आया ख्याल

बाबे का लिया ज्ञान, कृपालु वे दयाल।
अंध किया विश्वास, पर्ख बिन पड़ताल।

कर प्रचार 'भगवन' किया मालामाल।
वक्त बहुत गवाया, आया फिर ख्याल।

हम संतुष्ट

सते पड़े थे ऊपर से, हरेक हमें सताया।
दुनिया ने देखा, हमें, चक्र ऐसा चलाया।

शहनाई, बाज़ा, ढोलक किसी को भाया।
हुए संतुष्ट 'भगवन', मिला जो हम खाया।

धर्म की पूजा

शांत चलते जीवन में कुछ, ऐसा उस उपकार किया।
प्रेम सहित ख़ुशी करे प्रदान, न ऐसा उस प्यार दिया।

दिल न माना फिर भी निभाया, हम उस पाए प्यार को।
रहा खाता ठोकर बारम्बार, कभी माना था न हार को।

भाषा प्यार की, प्यार न समझा, प्यार हुआ मजबूर।
पास प्यार के हो न पाया और प्यार से हो गया दूर।

टांग प्यार में अड़ाने को कई आगे हितेषी भी आये।
आग ठंडी क्या होनी थी, उन्होंने बीच में तेल मिलाये।

गमाईश पहुंची चार चफेरे, क्रोध से मन भर आया।
अलोप हुई श्रवण श्रमता, फल नहाये जितना पाया।

उल्लू अपना किया सीधा औरों ने, प्यार बहुत गंवाया।
अपना कौन बेगाना, क्यों न प्यार समझ कभी पाया?

कर्मन फल दिया प्यार ने, समझ करी धर्म की पूजा।
'भगवान' लक्ष्मी से हो दूर, साजिश रच रिहा दूजा।

अच्छा नाच

बाबे चेला करे भक्ति कितनी, समझ कोई न पायेगा।
आखरी दम तक, असली चेला, बाबे गुण ही गायेगा।

ख़ुश हो करेगा सेवा, चरनी अर्पण सब जो कमाएगा।
देश देशांतर प्रचार करेगा, धन कर इकत्रित लायेगा।

गरीब को देगा न रोटी, बाबे छप्पन भोग लगाएगा।
छोड़ कर सब जिम्मेदारी, भागा बाबे पीछे जायेगा।

बाबे परिवार में रख पूर्ण रुचि, अपने वे ठुकराएगा।
घर खर्च की न परवाह, वास्ते बाबे महल बनाएगा।

बाबे करें चाहे काम पेचीदा, कभी न वो घबराएगा।
लीला अनोखी है उन की, वो देख जिसे मुस्काएगा।

अनपढ बाबा पढे लिखों को, अच्छा नाच नचाएगा।
हैं बाबे बड़े 'भगवान' से, गा हर चेला समझाएगा।

बिन प्यार

पाया, प्यार में प्यारे कम, किन्तु बहुत गंवाया है।
घृणा मिलती रही बहुत, पास प्यार न आया है।

कई वर्ष बिताये, प्यार फिर भी सीख न पाया है।
इंतजार में उम्र गुजारी, प्यार रास नहीं आया है।

हमेशा आस प्यार की रखी, प्यार बहुत सताया है।
देवी देवताओं का पूजन भी, कम काम ही आया है।

योग कालसर्प कभी साढ़े सती ने चक्र चलाया है।
मंगल, शनि, नवग्रह, राहु, केतु पर दोष लगाया है।

रहे प्यार बिन हजारे अन्ना, मौसम ऐसा आया है।
भारत में फिर भी उन्होंने, अच्छा नाम कमाया है।

बिन प्यार भीषण जंग, संग प्यार रहना न आया है।
राम 'भगवान' या हों कृष्ण, युद्ध रोक नहीं पाया है।

प्राण प्यारे

दायें कभी जिन के, किया उन बाएं।
तनिक अब नज़दीक, वो हो न पायें।

कभी गीत, साथ जिन के, हम थे गाये।
हैं दीखते, अब वे, फिरते नज़र चुराये।

था जिन के साथ आना सदा जाना।
बाबत उन, पास अब न कुछ बताना।

कभी जिन पर था बहुत सारा गुमान।
हैं दिखाते फिरते अब वे अपनी शान।

थे जिन के, कभी बड़े, हम प्राण प्यारे।
करते हैं कर्म पुण्य, अब वे अति न्यारे।

क्या सुन्दर मुखड़ा व प्यारा आदेश?
'भगवान' संग लक्ष्मी दूर करे कलेश।

कर सेवा पायो

स्वयें ही वो मिल जाऐगा, ले लो आशीष गरीब।
सेवा करने वाला उन की सदा पाता उसे करीब।

खुश करने वाला उन को आनंद का बनता भागी।
क्यों, धनियों की किस्मत में होते ऐसे नहीं नसीब?

लग पीछे बाबे महान के देवें सारे काफी दान।
क्या सुख वो दे पायेंगे, बातें करते जो अजीब?

पैदा करना रोज़गार तांकि रोटी ले खाये निर्धन।
कर देगी पैदा ख़ुशी घर में उस की मीठी जीभ।

हर को देना समानता, करना एक सा व्यवहार।
हर कण में पाओगे, 'भगवान' का जलता दीप।

किर्या प्रतिकिर्या

पास आखिरकार उनका आना हुआ।
गंभीर मुद्रा में रहे, न मुस्कराना हुआ।

ज्यों उन से लगाव, थोड़ा बढ़ने लगा।
क्रोध बिन वजह उनको, चढ़ने लगा।

पूछा जब भी कुछ, उत्तर में मौन था।
जैसे अजनबी कोई एक, मैं कौन था।

मौन किर्या की प्रतिकिर्या में वही था।
लगा वोही करना वक्त उस सही था।

बर्तावे किस्म इस, झेले कई बार थे।
मसले इस तरफ नाही उस पार थे।

आये याद, जिंदगी सब दिखाया हमें।
जब की कृपा 'भगवान' दूर हुए गमे।

बनो बाबा

मालकियत आसान, बन ग़र बाबे जाओगे।
वरना कर नौकरी, रह गुलाम ही जाओगे।

कारोबार में भी कठिनाइयां, आगे आएंगी।
होगा अनिद्रा का साथ, कई बार सतायेंगी।

सच्चा सुख भक्त ढूंढेंगे व आप ही पाओगे।
बैठ आप चंगा चोखा शांतिपूर्वक खाओगे।

बिन मांगे लक्ष्मी जी चरनी गिरती जाएगी।
गरीब और धनी सेवकी, बन गुलाम जाएगी।

माया से भरेंगे खजाने, कर मुक्त हो जाओगे।
वफादारी अटूट मिलेगी, कहीं और न पायोगे।

भूतकाल के परम भक्त को, रावण खुद बनाओगे।
आज्ञाकारी हर प्रेमी का, आप ही लाभ उठाओगे।

हुक्म निशानी बहिश्त, विरासत में जिसे पाओगे।
मानव वेश में सही, 'भगवान' अवतार कहलाओगे।

गायब अचानक

गायब हुआ प्यार, अचानक बनी मजबूरी।
लगे उचित, पड़ती रखन, उन से अब दूरी।

स्वास्थ्य न बिगड़े, हलवा नाहीं खानी पूरी।
बातें छुपा कर रखना, हो गया क्यों जरूरी?

दोष सारा फिर भी हमारा, निर्णय देवे जूरी।
साथ 'भगवान' से रखूँ नाता, पैदा हो फ्यूरी।

मखमली बिछोने

प्यारे भक्तों की कमाई, पूजनिये बाबा जी ने खायी।
बाबे लिए तो ड़ाक्टर आला, कहाँ भक्तों लिए दवाई।

जमीन शैया पर भक्त बाबे के दिखे करते विश्राम।
नवार पलंग पर मखमली बिछोने, बाबे नींद न पायी।

रसोई अलग बाबे वास्ते, जहाँ हर सुविधा का ध्यान।
भक्तों ने अपने मुंह में रोटी रुखी सुखी केवल पायी।

भक्त सारे, औलाद उनकी, लगायें बाबे की जयकार।
करनी 'भगवान' की भक्ति, बाबा जी ने उन्हें भुलाई।

दूर अँधेरे

छोड़े घर-बार जिन लिए और रिश्ते नाते।
उन्हीं से नयन हमारे नहीं मिल अब पाते।

प्रयास किया कि सुख हर दिन वो पावे।
संग मधुर गीत बैठ नजदीक हमारे गावे।

उदासी देखी जल्द, समझ नहीं जो आई।
क्यों हमारी खिदमत, पसंद उसे न आई?

प्रयत्न किये अत्यंत कि होनी टल जाये।
प्रबल भावी लेखा जिसे कौन मिटाए।

जीवन में उथल पुथल, भूचाल सा आया।
स्थिर रहा न कुछ, सब जो पास गंवाया।

अनोखी कुदरत उस की, है जो बड़ी प्यारी।
भव सागर विशाल, है कठिन लगानी तारी।

प्रभु कृपा के इच्छुक सभी हम ने यहाँ देखे।
जीवन, बाबों के जाल में फँस, लगाते लेखे।

दिमाग धुलाई करवाते, रंग और न चड़ता।
बाबे सेवा लिए, निरंतर, भक्त हरेक खड़ता।

परिवार प्यार से रहना दूर, मंजूर हो जाता।
जीवन सार्थक कर लेता, बाबे दर्श जो पाता।

अपनी तकदीर और उमर का कुछ तकाजा।
सेवा करनी हर हालत में, आप की महाराजा।

भुला कर अपने कैसे, सब उम्र गुलाम बनाये।
बिन शर्म लाभ उठाते, वैसे कागा हंस बनाये।

अंध विश्वास कलियुग में है व्यापक चार चफेरे।
'भगवान' दिखा प्रकाश और कर दे दूर अँधेरे।

बसा दिल में

भूल गए दिन सारे, याद जो आया करते थे।
होती बातचीत न हम कुछ खाया करते थे।

हम आये उन्हें न रास, रोज़ बताया करते थे।
दुःख सुख भोगेंगे संग कभी जताया करते थे।

ले चुके वे अब वनवास, दूर न जाया करते थे।
पहुँचती अगर न चिट्ठी, फोन घुमाया करते थे।

अब नफरत अपार, कभी दिले बिठाया करते थे।
बसा दिल में 'भगवान', गुण सदा गाया करते थे।

खफा दफा नफ़ा

सदा खुश किया सब को, कुछेक फिर भी खफा।
पढ़ा पढ़ाये पाठ प्यार के: हानि बहुत, कम नफ़ा।

मधुर लफ़ाज़ सुने, दी गाली, कहा किसी हो दफा।
दीवानगी में, फिर भी, हम ने हरेक से चाहि वफ़ा।

बदले प्यार के मिला न प्यार, आई देखने में जफ़ा।
कर बंदगी 'भगवान', पाया रूहानियत का मुनफा।

फरमाने इलाही

निकलेंगे बारम्बार हुक्म उन की जबान से।
पालन जरुर करना, फरमाने इलाही मान के।

जैसा भी झोली ड़ालें, सहना मिले कष्ट को।
बहुत कम मौके मिलते हैं, सेवा व दान के।

जान अगर मांगे दे देना, बिन किसी उज्जर।
मत सोचना क्या होगा, बाद में, परिणाम से?

धन दौलत इकट्ठी कर, भर देना कोष को।
उन्हें घाटा कभी न होवे, अपनी दुकान से।

अपने बेगानो से करना, अजनबी सा बर्ताव।
अवतार मानना केवल, उन्हें ही 'भगवान' के।

रह खुश

होगी शीघ्र चाह पूरी, छोड़ दे आस मुसाफिर।
रह खुश, मेहर 'भगवान', जब होगा वे करेंगे।

शुभ घड़ी

हो बधाई और मुबारक, शुभ घड़ी आई है।
दिवाली का दिन, हरेक ने ज्योत जलाई है।

वस्त्र नये और बने खाद्य पदार्थ भी आला हैं।
लगे दीपों से भगवान', अँधेर मिटने वाला है।

बांटने का दिन

कर लिया स्वच्छ सीना, साबुन तेल से।
सुंदर सजाए बाल, साथ अपने भाई के।

चले दोनों घूमने, सब देख उन्हें दंग थे।
एक गई बाप पर और दूसरा था माई पे।

शहरे प्रसिद्ध उन के, रईस परिवार थे।
पहनते थे जेवर, सूक्ष्म अपनी कलाई पे।

हिम्मत किसी न पास, रास्ता जो रोक ले।
बस्ती वाले नौकर उन की चाची ताई के।

पुलिस वाले, वास्ते हिफाजत, तैनात थे।
करते ऊपर की कमाई, उन की चाई से।

सफल, बिन पढ़े ही होते जाते हर वर्ष थे।
शिक्षक शौक़ीन थे बड़े ताजी मिठाई के।

शक्तिशाली सब, परिवार के मोहताज थे।
खा चुके थे वे नमक साथ कुछ खटाई के।

भर जल स्वयें पियें, नियम उन के विरुद्ध थे।
बीमारियों के हुए शिकार, थे निर्भर दवाई पे।

समय आया गठ बंधन का, बाजे भी बजे थे।
वे आये सगे सम्बन्धियों से, पा रहे बधाई थे।

विश्व सुंदरी, हृष्ट, पुष्ट बीवी के बने पति देव थे।
खानदानी धनी परिवार के अब हुए जवाई थे।

विचित्र हालात हुए पैदा, दोनों अब मजबूर थे।
जब बटवारे का आया दिन, हर गिनते पाई थे।

भाई बहन तब दूर, एक दुसरे से होने इतने थे।
रहे 'भगवान' दुनिया में खोद वे अपनी खाई थे।

ऐसी दशा

प्यार ने, प्यार से, प्यार की ऐसी दशा करी।
सबूत न दफा जुलम सही, हो पाया न बरी।

एटम बम्ब का प्रयोग, आंसू निकले बाहर।
विकिरण सहित विस्फोट, वास्तव में जाहिर।

सबर करना ही इस में, है चिकित्सा प्रमुख।
उम्मीदे सुख छोड़ कर, प्रवान करना दुःख।

ख्याल रखना जबां से, आवाज़ बाहर न हो।
एक थे इक दिन हुए, कहीं हो जाएँ न वे दो।

संबंध ऐसा, हर नौकर व बना मालिक रहे।
न सुनने की भी बुरीआदत दूर दोनों से रहे।

एक हो ठंड़ा अगर दूसरा गर्मे मिजाज हो।
एक लेवे सह अगर दूजा आता न बाज़ हो।

अनुचित व्यवहार, ऐसा दिखे प्रचलित यहाँ।
बेहतर तलाश और पाओगे कर कोई कहाँ।

पाया प्यार हो दूर, ऐसी व्यवस्था न कर।
कर 'भगवाने' सुमिरन व प्यार की कदर।

हँसना दूर

फिर क्या हुआ, कठिन बताना होना था।
हँसना हुआ दूर, जागना क्या सोना था?

कैसी हुई गुजरन, चढ़ी नाम खुमारी थी।
छोड़े घर वाले, बाबों की सेवा प्यारी थी।

सेवाएं प्रभाव मुश्किल में जिंदगानी थी।
मदद तरफ बाबों से आने न वाली थी।

धंधे नाते साथ छुड़वाया, हमारे प्यारे ने।
छोड़ 'भगवान' पूजो बाबे, बोल न्यारे थे।

तोड़ निभाना

कब सीखेंगे दुनिया वाले, आगे प्रेम से बात बढाना।
हरेक का करना आदर, न कर बातें कभी चिड़ाना।

अपने काम से मतलब रखना और टांग नहीं अड़ाना।
स्पष्ट शब्दों में सब कहना, कोई बहाना नहीं बनाना।

निस्वार्थ हो पल बिताना, काम जरूरतमंद के आना।
सहायता अगर कर न पायो, किसी को नहीं सताना।

फजूल में, कर खड़ा फसाद अस्तित्व नहीं भुलाना।
ऊपर उठना मगर न उल्लू किसी को कभी बनाना।

किया अगर किसी लिए कुछ, न बाद में वो जताना।
स्वयं को समझ श्रेष्ठ, नीचा किसी को नहीं दिखाना।

वफादारी अगर करी तो सदा उस को तोड़ निभाना।
बिन सोच किसी विचार के, धाक अपनी नहीं जमाना।

परहेज बाबों से करना, सब अपना उन पे न लुटाना।
जीवन में जिम्मेदारीयां सारी, लगा मन उन्हें निभाना।

त्याग घृणा बसे जो अंदर, पढ़ पाठ प्रेम का पढ़ाना।
ऊपर 'भगवान' न कोई, प्रीत साथ उसी के लगाना।

किया गुजारा

रहे प्रसन्न अकेले, कभी भारी भीड़ में।
कर लिया गुजारा, बिन किसी नीड़ के।

प्रभु सदा देखे और रीझे अच्छी ड़ीड़ से।
काटो जो बोया, 'भगवन' ड़ाली सीड़ से।

अस्थिर पनाह

अपना तन, वास्ते जिस मन व धन भी लगा।
था मिलना धर्मार्थी, उसी जालम से ही दगा।

रहें खुश, नींद, हमेशा, त्यागी जिन के लिए।
मिली न उस ह्रदय में, तनिक भर भी जगह।

लुटाया अपना लिए जिन, सुख सारा चैन भी।
वक्त बदला तो लगने दुश्मन उन्हीं को लगा।

छोड़ा जिन के लिए, सब अपना घर और बार।
दी कभी अस्थिर सी ही, थी बहुत उन पनाह।

प्यार किया जिन्हें, दिलो जान से, पीछे न हटे।
दूर दिल से, जब चाहा, दिया उन्होंने ही भगा।

करी वफ़ा, लगा दिल, रख दूर, हर नामे जफ़ा।
साथ 'भगवान' मिला, दिया उस होने न खफा।

खाली करे कोष

प्यार में देखा कभी, वे रहा करते थे खामोश।
बढ़ना ज्यों ही हुआ आगे, उड़ा दिए उन होश।

नफरत से लगे देखने, लगे लगने उन्हें पराये।
क्या ये वोही थे जो, कभी कर देते थे मदहोश?

धीमे स्वर में शब्द, निकल न जिन से पाते थे।
वोही अब हाक लगा रहे, पाते अद्‌भुत जोश।

क्या कहें. प्यार का मामला, किस्मत की बात।
भाग्यवान की भाग्यवती में, भाग्य का ही दोष।

कर रहें हैं मर्जी मन की, हैं बन गये अब मुख्तार।
फ़रियाद करें या करें प्रगट, किस आगे हम रोष।

सहना पड़े जुल्म प्यार का, ऐसी उस रीत बनाई।
बोल कर देख लिया था, पाया खुद को ही बेहोश।

प्यार करो निर्भर न होना, प्यार बहुत संगीन है।
नहीं 'भगवान' टिकती लक्ष्मी, खाली करे कोष।

सुखमय जीवन

ईश्वर अवतार हैं श्री बाबा, उन्हें पहचान।
कर सेवा निरंतर, घट में, जब तक प्राण।

मोक्ष प्रदान करेंगे, जब होगा ऊपर जाना।
कर कमाई, मर भूखा और दे उन को दान।

पैदा उन जैसा नहीं हुआ कोई कृपा निदान।
सुखमय जीवन होगा, प्यारे इस को ले मान।

चारों और दर्श पाने को, देख लगी कतार।
कर विश्वास, भक्तों के, वोही हैं 'भगवान'।

ऐसा मुआवज़ा

प्यार को, प्यार से, प्यार करना पड़ा।
ड़ाल गागर में जल ठंड़ा करना पड़ा।

प्यार ने, प्यार का, दे दिया मुआवजा।
दिल रख न सका, था जो इतना बड़ा।

बड़ी कठिनता से रखा संभाले उसे।
विचार हुई गंभीर, था फूटने को घड़ा।

सुनना आराम पूर्वक, धारा विचार की।
उन्हें हर वक्त प्यार, लगा बहुत कड़ा।

दिलो जान से, थे जिस को चाहने लगे।
उन्हें न जाने 'भगवान', क्यों लगा सड़ा?

कठिन नसीहत

प्रेम प्यार अच्छा रिश्ता, हरेक का बहन भाई है।
समझ न आता फिर, घृणा चल कहाँ से आई है।

जरूरत पर गधा बाप पिता भी वरना कसाई है।
औरत बन जाती माँ, चाची, मौसी, कोई ताई है।

शादी बाद एक और परिवार देने लगे दिखाई है।
हो अपना बनाना कठिन, नसीहत हर भुलाई है।

जनता सेवा में निकले, करे नेता खूब कमाई है।
हो कुर्सी पर विराजमान, चम की उन चलाई है।

हरेक का अपना दलाल, जिस राहे प्रभु बताई है।
उसी दलाल में झलक 'भगवाने', भक्तन पायी है।

कर्म न्यारे

जिस दिन से नाम अपना साथ तेरे लगाया है।
पसीने साथ खून दिन रात निरंतर बहाया है।

नहीं त्यागे कभी अवसर, खुश तुम्हे करने के।
बदले मौके मिले कई, स्वयं से बातें करने के।

खुश नसीब कह लो या कर्म अपने न्यारे थे।
दुश्मन बनते ही गये, सारे जाँ से जो प्यारे थे।

रही आशीष प्रभु की, जिस ने हमें संभाला था।
'भगवान' निराकार मेरा, बहुत ही निराला था।

धीरे प्यार बंद

लगी माना जिसे लाटरी, वास्तव में जुआ था।
प्यार, धीरे धीरे पहले, पूरा फिर बंद हुआ था।

वार्तालाप कभी ठीक तरह से हो न पाया था।
संतुलन अपना, बिन वजह, हम ने गवाया था।

हाथ पाँव मारे, किया हर यत्न, राह न मिली थी।
लगाया ज़ोर बहुत, मुरझायी खेती न खिली थी।

विश्वास व आस्था हुए विभिन्न, कुछ ऐसे बटे थे।
हुई युद्ध रेखा निर्धारित, अचानक दोनों डटे थे।

शांति प्रस्ताव ठुकराया फिर स्वीकार किया था।
इकरार को भुलाया हर बार व इंकार किया था।

सोचा बहुत विचारा: होगा क्या बदली चाल का?
मध्य मार्ग न कोई दिखता खड़ा होना बवाल था?

दिशा हीन लगता जीवन का आ गया मोड़ था।
बहुत लम्बा वो 'भगवान' और काफी चौड़ था।

युद्ध में लाभ

निभाए प्यार में रिश्ते, लगा सब जो कोल था।
रिश्तों में हो सकता, समझा न कोई मोल था।

प्यारों ने, प्यार की, यह भाषा कड़वी पायी थी।
खिल्ली, जिस दिया प्यार, उसी की उड़ाई थी।

करते कैसे नफरत, प्यार भी न आसान था।
युद्ध रेखा दिखी निर्धारित, हर बेजुबान था।

धर्मार्थियों को दिखता, युद्ध में ही लाभ था।
हो आरंभ जल्द दिखा, ज़ोरदार दबाव था।

किसने विश्वास घात किया, करता जांच कौन।
लिया 'भगवान' संभाल, हर दिखा जब मौन।

पश्चिम में

प्रचलित पूर्व और पश्चिम में प्रजा तंत्र।
धन लालसा मजबूरी, पड़े जपना मंत्र।

पाठशाला में रोज़ाना, जा रहे विद्यार्थी।
पश्चिम में सहयोगी, पूर्व में बड़े स्वार्थी।

रहे भयभीत हर जो, पढ़ने पूर्व में जावे।
पश्चिमी अध्यापक, ड़रता कदम उठावे।

पूर्वी अध्यापक लेवे आदर, धन न पावे।
पश्चिम में भूले आदर, जावे माल कमावे।

रातीं पढ़े जागना, परीक्षा जब कभी आवे।
पश्चिम में असफलता, न मुराद ही पावे।

पढ़ा लिखा ढूंढें नौकरी, गुजर कर न पावे।
पश्चिम में अनपढ़ गवार, शीघ्र धनी हो जावे।

पूर्व में चिंता, कैसे उत्तरी अमेरिका जावे।
दामाद बन राफुजी, हर निशुल्क में खावे।

नेता बनना ख्वाईश, हर में बढ़ती जावे।
पूर्व में देखा बहस, ऊपर मुद्दे हो न पावे।

लड़ें व चिल्लायें, एक दुसरे पर शेर सुनाएँ।
बारम्बार बोला जो भी न जाने क्यों दुहराएँ?

सुन उन्हें लोग, न जाने कैसे मन बनायें।
लगे हर जगह, 'भगवान' ही काम चलाये।

गगन में

संशय मिटाना चाहूँ जागृत जो हुआ।
था पूर्ण जो कभी, हो गया अब सवा।

कल्याणकारी बुद्धि साथ छोड़ रही है।
हो रहा जो कुछ क्या वास्तव में सही है?

सोच इतनी सारी, न जाने क्यों पड़ी है?
शांतमय माहौल, मुश्किल की घड़ी है ।

निकाल लेना अर्थ, व्यर्थ ही लग रहा है।
मिलेगा वे कब, हर रोम जो बस रहा है।

स्वार्थ हर को अपना, परवाह नाही और।
सदा चलता आ रहा कुछ ऐसा ही दौर।

भारती उतार आरती, देते बिठा गगन में।
बनायें अजनबी 'भगवान' अपनी लगन में।

कोशिश बेहद

पहुँच शिखर मुकाम, किसी पर न सके।
आसरा जिस भी माँगा, देते उस को रहे।

खुश हुआ न कोई, कोशिश बेहद करी।
रही आलोचना होती, सहते मौन हो रहे।

सब थे सखे हमारे, स्वार्थ जब तक उन्हें।
जब न जरूरत, अनुचित शब्द उन कहे।

दरियाये दिल ने सभी का, माँगा था सुख।
थे बिन बुलाये आते और सताते रहे दुःख।

रहे शरण जिस की लेते, आई उसे न रास।
मान धर्म, निभाते, हर आज्ञा उनकी थे रहे।

कार्य परमार्थ के सारे, बिन संकोच थे किये।
भुला साथ हुआ जो भी, भला ही करते रहे।

लक्ष्मी प्रेम , प्यार, शोहरत नसीब में कहाँ।
'भगवान' शुक्रिया तेरा, करते दिल से रहे।

परम पूज्य

अपने रहे न अच्छे, बाबे का चरण दबाया।
प्रभु छोड़ उतारी आरती, गुण सदा गाया।

जोड़े हाथ, की दंड़वत, परम पूज्य बनाया।
लिया कर्ज़ 'भगवान' और सेवा में लगाया।

विश्वास अंध

उजाला करने वालों ने, लगा दी आ कर आंच।
निकले वोही झूठे, प्रचार में, रखते थे जो सांच।

जिन के दर्श मात्र से, आनंद बहुत आता था।
सदा साथ प्रभु नाम, लग जिन का जाता था।

पूजते थे सब बिठा, सिहांसन पर ईश्वर जैसे।
हुए बदनाम जगत, इस में महानुभाव वे कैसे।

सुगंध विश्वास अंध की, फैला खूब करती थी।
लक्ष्मी आ जिन चरनों में, हर रोज़ गिरती थी।

खुद हुऐ लाचार इतने, भजन प्रभु के गाते हैं।
अभी भी 'भगवान', ऊपर भक्तों को बताते हैं।

ज्योति प्रबल

अखियन ज्योति प्रबल फिर भी अंधे हैं।
ऐसों की बदौलत, चलते हज़ारों धंधे हैं।

श्रवण शक्ति उम्दा, फिर भी बेहरे हैं।
ऐसों पर लगता, कोई शैतानी पहरे हैं।

जीभा समर्थ, चखे स्वाद, झूठ बोलती है।
बहुत आनंद खा आया, खोल बताती है।

मन चाहे कुछ करूं, रुकावट आगे है।
सोया मानव, अफसोस, कभी न जागे है।

बुद्धि करती शुद्धि, क्यों काम न आती है?
दिल लुटा जाता, जब हो मौन वे जाती है।

मुंह से वार, कई बार, कुछ ऐसे होते हैं।
अंदरूनी जख्म वे देते व खूब सताते हैं।

विश्वासघात ऐसी बात जब कभी होती है।
संकेत, भीषण समस्या आने वाली होती है।

प्यार में खिलवाड़, तोड़े वाड़, माड़ा होवे है।
यह पापों से न कम, तोड़े दिल, हरेक रोवे है।

वफ़ा बने जफ़ा, तो, दफा होना पड़ता है।
दिल पागल न माने, बिन आंच सड़ता है।

दया धर्म का मूल, तुलसी जी सिखाते हैं।
हवाला दे जिस का, धन कई कमाते हैं।

कमा पुण्य, कर परोपकार, धन्य होता है।
बे हक का धन तो, बराबर शून्य होता है।

घाटे चित्रकूट तिलक तो अब भी लगता है।
ठगे ले 'भगवान का नाम, ज़रा न ड़रता है।

फ्ला फूला

घृणा त्याग, प्रेम से किया, जिस ने भी प्यार।
प्रभु उस की नैया को, लगा क्यों न देगा पार?

दस नाख़ून की कमाई, आई जिस के पास।
कर दी प्रभु ने कृपा, उस पर कुछेक ख़ास।

कर बुजुर्गों की सेवा, पाई जिस ने भी असीस।
प्रभु उस के पास जो दस, जल्द कर दिये तीस।

रास्ता सीधा अपना कर, रहा चलता जो आगे।
भाग्य उस के अच्छे सारे, थे प्रभु कृपा से जागे।

रख ऊपर उस भरोसा की नकारात्मकजिस नष्ट।
ईश्वर कर पैदा सकारात्मक दूर कर दिए थे कष्ट।

वक्त लगा जो अपना, सदा गरीबों के आया काम।
बन गया 'भगवान' का प्यारा वो प्राणी सुबह शाम।

नज़रों ओहले

देखते कैसे उसे, जो आता नज़र नहीं।
धंधा उस के नाम का, वैसे चलता सही।

करी सब फ़रियादें, पाई पहुँच वो नहीं।
दर उस का छोड़, जा सकता न कहीं।

समय सुख व आराम से, कट जाता यहीं।
दुःख में आवे याद, आस उस पर ही रही।

उत्तर में जो बोलूँ, सुनी वो जाती न कही।
'भगवान' कैसे पास रखे जीव हर की वयी?

यथा शक्ति

छोड़ पाप पुण्य कमाए, यथा शक्ति से दिया दान।
मिलाये 'भगवान' कुछ ऐसे, किया जिन परेशान।

थी उस के आसरे दिन और गुजारी आई हर रात।
बना केवल 'भगवान' हमारा सप्ताह के दिन सात।

बख्शी उस सुंदर काया, कर्म इन्द्रियां पांच ज्ञान।
'भगवान' कृपा से नियंत्रित, रखती सब के प्राण।

शैतान से हो विमुख उसे, जिस ने भी अपनाया।
'भगवान' न कभी विसारा, उसे ही गले लगाया।

पढ़ने गया सब सीखा, थी अंत में लग गयी प्रीत।
'भगवान' कृपा पाया, हम ने एक अनोखा मीत।

लक्ष्मी चाही, लाई कमा कर, रही न अपने साथ।
'भगवान' इच्छा दिले बिठाई, किया जिस अनाथ।

प्रेम प्यार उचित मात्रा का, झोली में उस ने ड़ाला।
'भगवान' बनाये खेल निराले, जपूं उसी की माला।

मुर्शिद बाबे

मुर्शिद बाबे के बन शागिर्द, प्रचार करोगे।
उस ज़ाल में फसे कैसे, न विचार करोगे।

बन दास स्वामी अपने का सत्कार करोगे।
शीघ्र उन की दुविधायों का, उपचार करोगे।

कार्य उन का हर पावन, नहीं तकरार करोगे।
हैं बाबे ईश्वर का अवतार, मान दीदार करोगे।

कर कमाई दिन-रात, चरनी बारम्बार धरोगे।
पी चरणामृत, खा जूठन, उन से प्यार करोगे।

लगा तन, मन, धन, महल भी तैयार करोगे।
रह कर सेवा में व्यस्त, शरीर बीमार करोगे।

अनुभव उन की संगत का कई बार करोगे।
मिलेगा 'भगवान', मरने बाद, एतबार करोगे।

महान स्थल

जलता जल, भूखा फल, सूअर मांगे मल।
शांत गल, आलसी कल, धनी चाहे खल।

प्यासा आब, खोया ख्वाब, मांगे इक पल।
नवाब दबाव, शीघ्र जवाब, निकलेगा हल।

पकोड़े तल, जल्दी चल, कर कोई न छल।
अपने बल, देख किसी न वल, बनेगा दल।

सुंदर बाल, अनोखी चाल, हस्त में कमल।
मीच आँख, ज़रा न झाँक, दल गहरी दल।

नियाना, पुराना, सयाना, प्रयोग करे नल।
इंसान 'भगवान' बनावे, महान बड़े स्थल।

सपने साकार

सोच के सपने बनस्पत साकार की उम्मीद।
पाया परिणाम कर्मन, पाप पुण्य की रसीद।

दुखित को दिलासा, आश्रय जब कभी दिया।
प्रभु फल देगा, उस वयी खाता लिख लिया।

अटक, भटक, खा कर झटका, उभर गया जो।
पा 'भगवान' फल मेहनत का, अवश्य लेगा वो।

सेवा दुर्लभ

बाबे दर्शन पाने जाना, दिल्ली कभी इंदौर था।
मिलेगा क्या वहां पर, किया किसी न ग़ौर था?

दिनों पूर्व तैयारी होती, काम न कोई और था।
सेवा दुर्लभ करने जाना, चला करता दौर था।

जा कीर्ति उन की गानी, बहुत लगता जोर था।
विरोधी कईयों का भी, कान में पड़ता शोर था।

थके टूटे वापस आते, देख हंसा करता मोर था।
'भगवान' से मिलाने वाला, बाबा शायद और था।

मिली मुक्ति

प्यार में, प्यार से, प्यार का अंदाज और था।
प्यार की शुरुआत थी, एक नया सा दौर था।

प्यार ने छोड़ प्यार, प्यार पे, धाक ली जमा।
बहुत आया सेक ज्यों ही, जलने लगी शमा।

भूतकाल पर चुप्पी, छोड़ भविष्य का विचार।
लगा दिया वर्तमान जुये में, सारा ही था यार।

ड़गमगाई नैया, बिन खवईया, भटका सवार।
अज्ञात, किस दिशा में जाना, होगा कैसे पार?

चली आंधी गम की, लिया दम, आया क्रोध।
महान पुरुष उपस्थित, कराया उन न बोध।

सवारना सब, जुमा तब, अपने पर सारा था।
अड़ा बीच में सदा, इक बाबे जी का ड़ेरा था।

मिली उन से मुक्ति, था छुटकारा पा लिया।
विश्वास प्यार पर और भी ज्यादा बड़ा लिया।

झटका दिया प्यार जब अपना मुंह खोल कर।
देना पड़ा जवाब भी, प्यार को, पूरा तोल कर।

तराजू प्यार पास, संतुलन रह सका न तब।
दाएं बाएं ऊपर नीचे, होता जा रहा था सब।

बड़ी मुश्किल से, प्यार ने, प्यार संभाला था।
'भगवान' हटा विपदा, झोली फूल ड़ाला था।

हनेरों में

तीनों में न तेहरों में, होती चर्चा बथेरों में।
चूहों से घबराने वाले लड़ा करते शेरों से।

तन दुर्बल, नाजुक दिल, दिखते दलेरों से।
चानन दिखाने वाले, थे बसते हम हनेरों में।

मेलों में, न ड़ेरों में, बात बन गई फेरों से।
कृपा 'भगवान' जब हुई, निकले थे घेरों से।

काव्य पाठ

महान पुरुष कई यहाँ पर, हमें भी आना था।
हो ज्ञान में माहिर, वे काव्य पाठ सुनाना था।

बना सब आज्ञाकारी, उन पर हुक्म चलाना था।
प्रेम प्यार सिखा कर, अपना शिकार बनाना था।

वे करते रहें गुणगान, हम विश्राम फरमाना था।
दे, राज वेष भूषा में दर्शन, जयकार बुलाना था।

बोल घुसाने फिर ऐसे, निकल जिन्हें न पाना था।
भक्तों ने कर हिम्मत, आ चरनी सर झुकाना था।

सद्ध वचन भक्तों ने कहना और हमें रीझाना था।
सिवाय हम ज्ञान रूहानी और कहाँ उन पाना था।

कृपा हमारी दृष्टि, कर सेवा निरंतर, उन पाना था।
कलियुग के हम 'भगवान', लगा ज़ोर बताना था।

माया में फंसे

मिलता नहीं जब चाहूँ, कैसे प्यार करूँ।
बन गया चवखा, कैसे आँखें चार करूँ।

करे अलग बसेरा, दिल पास जिस मेरा।
सम्भाल उसे न रखे, क्या तकरार करूँ?

हल कोई न निकले, रहे कोशिश जारी।
रास्ता क्यों न नापूं, सोचूँ व विचार करूँ?

माया में फंस कर, क्या कुछ पाया है?
पहन भगवा अब सोचूं, मैं प्रचार करूँ।

चक्रव्यूह से निकलना, अब असंभव है।
युद्ध विराम न होगा, क्यों इंतज़ार करूँ?

प्यार, आनंद साथ दुःख दर्द के पाया है।
बारम्बार मैं चाहूँ, 'भगवाने' दीदार करूं।

ज्ञान गंगा

मकसद जीवन का क्या, सब बताने लगे?
देखा गुण, भक्त सब, बाबों के गाने लगे।

आपस में बाबों की, एक दूसरे से न बनी।
सामान्य तौर पर बाबे, बड़े सबसे थे धनी।

आधारित बॉलीवुड़ पर भजन सुनाने लगे।
वे ज्ञान गंगा के बीच, सब को नहलाने लगे।

सेवा करनी व पाना दर्शन उद्देश्य था हुआ।
कर प्रचार बनाना चेले सदा उलेख्य हुआ।

छोड़ काम काज सारे, दरबार में जाते रहे।
मुक्ति देंगे कर विश्वास, दिल बहलाते रहे।

सवारेंगे लोक व परलोक, सुना सक्षम थे वे।
दुश्मन अपने हुये, होते सज्जन जो कभी थे।

अपना उन का हुआ, तन, मन व सारा धन।
क्यों नहीं आया ख्याल, ख़ुद ही बाबा बन?

कई खोल दुकान, देखा, बाबा पश्चात बने।
सुखमय जीवन 'भगवान', दूर हो गए चने।

सबरन घूंट

चार चफेरे होता था, वो जानना चाहा।
हवन कुंड़, पास बैठ, करते रहे स्वाहा।

परमात्मा में रूचि, हद से ज्यादा पायी।
आवश्यकता केअनुसार ही लक्ष्मी आई।

देखने में लोगों को, धनवान हम लगते।
खोखलेपन को छुपाते, प्रतीत न करते।

पढ़े परन्तु बन, खान तीस मार न पाये।
सरस्वती कृपा से, कुटुम्ब चला ही पाए।

मिले कई अच्छे, जिन्होंने गुल खिलाये।
रख प्यासा उन्होंने, सबरन घूंट पिलाये।

संतुष्टि जब चाही, मिली न उसी वक्त।
पूजा पाठ रहे करते, बने सदा थे भक्त।

जिस ने चाहा लाभ, अच्छा उस उठाया।
बाबे चेले गए छोड़ अकेले, ले के माया।

जरुरत पर हर अलोप, कल्ले दुकल्ले।
दूर अति जो बोलते, कभी थे बले बले।

समय गुजरा और छोड़ गया सब यादें।
कभी कबाड़ आते, सोच में उन के वादे।

कर गए कई चलाना, थे, मन के वे मीत।
मिटी अचानक पुरानी, लगी उन से प्रीत।

युद्ध देखे और आया, नर संहार सुन जोश।
दिल चाहा उचित उड़ाना, शत्रुओं के होश।

रक्षा की ऊपर वाले ने, दे कर छत्र छाया।
बना हर अवस्था में, 'भगवान' ही सहाया।

सुख चैन दूर

स्वामी किसी हम, जागीर के न थे।
सुख चैन ख़रीदते, अमीर भी न थे।

प्रसन्नता पूर्वक गुजरे, फिर भी पल।
पागल हम हुए, किसी हीर के न थे।

बिन किये विचार लगे पीछे जिस के।
हरफन मौला वो अथवा पीर भी न थे।

दिया जिन्हें सब, बढ़ अपनी जान से।
दिखते वे ख़ुश, क्षण तकदीर में न थे।

दिया न जवाब, किसी की जबान ने।
युद्ध बेवज़ह 'भगवन', ज़मीर में न थे।

काम महान

ज्ञान, ध्यान, स्नान, हैं कितने काम महान।
व्याख्या करते बाबे, सब करो उन्हें प्रणाम।

सुख ग़र चाहिए, पा सच्चा नाम, भज लो।
बोल भजन उतारो आरती, प्रातः व शाम।

मिला जो है अमुल्य, किया बाबे न उपकार।
दर्श बाबे हो संभव तो छोड़ देना सब काम।

बाबे लिए जो जीते मरते, वे लग जाते हैं पार।
है अति उत्तम सेवा बाबे की, पाते भाग्यवान।

रूखी खाना व पकाना, लिए बाबे, चंगा चोखा।
जरूरतें चाहे रहें अधूरी, है लाज़मी देना दान।

भिड़ जाना उस से जो, विरुद्ध बाबा जी के बोले।
भक्तों का परम कर्तव्य, बढ़ाना बाबे की शान।

त्याग करना अपना, उसारन बाबे महलों का।
कलियुग में पुरुष रूप में, केवल वे 'भगवान'।

लगा विराम

अर्द्ध नहीं लग शायद, पूर्ण गया विराम।
स्वीकार करना पड़ा, प्रातः व हर शाम।

आई से वाई तक, लग गया था पूरा ज़ोर।
शांत हुआ वातावरण, होवे अब न शोर।

देना ठीक जवाब, अब न लगता उचित।
था लगता कभी, अब जाता वहां न चित्त।

मार्ग दिखने लगा, अब तो पूर्ण साफ़ है।
गलती पर आवे न रंजिश, सब माफ़ है।

चले जायेंगे, तकदीर जिधर ले जाएगी।
वंदना भी अब लगता, काम न आएगी।

त्यागना सब कुछ, दिल नहीं लगाना है।
मायाजाल से दूर अब, हम को जाना है।

लक्ष्मी से कर मोह, दूर लगाव हटाना है।
कर मेहनत अब धेला न एक कमाना है।

संतुष्टि हम ने, जो मिला, उस में पायी है।
जब कभी भी उड़े, दिखी हम को खाई है।

प्रेम, प्यार अजीब खटाई साथ मिठाई है।
है फक्र कि हमने, सदा की नेक कमाई है।

नहीं पास करोड़ों तो भी कोई गिला नहीं।
जिस ने कमाये, सुकून उसे भी मिला नहीं।

दिया हमें जो जब समझा वाजिब उस ने।
दुविधा हर में, हम पा कर अवसर, हंस ले।

मिले घाव, झेले दुःख, हम खेले अंगारों से।
की 'भगवान ने कृपा, छोड़ा जब हजारों ने।

मिला दगा

जागते बहुत, सोया भी करते कभी थे हम।
सताती चिंता परीक्षा की, कोई और न गम।

नाचते कूदते व रहते, हम शरारतों से भरे।
थे दुश्मन क्या सज्जन रहते, हम से सब परे।

मार्ग धर्म पर कैसे चलना, सिखाया हमें गया।
हर पर्व त्यौहार था मनाया, सब के संग गया।

उत्तीर्ण होंगे अवश्य सदा, विश्वास प्रभु पे था।
खज़ाना ज्ञान का कम नहीं, पास ज्यादा था।

पढ़ पोथियाँ लिख निबंध, लगता हम हारे थे।
भाषाएँ, गणित, भूगोल, विज्ञान कहां प्यारे थे।

राशिफल देखते व पढ़वाते, अपना हम हाथ।
दगा देगा हम को और सदा पूरा कौन साथ।

अनुभव पास कुछ थोड़ा, आ बातों में जाते थे।
थप्पड़ खाया करते, जवाब में लगा भी आते थे।

एक दिन ज्ञान गोपनीय, कृपा बाबे से मिला।
सत्य नाम, प्रकाश परम, अनहद भी खिला?

मिली निराशा उस से, पाए जिस से थी तसल्ली।
विश्वास टूटा, किया शोक, मोहल्ला भूले गली।

मुड़ के हुआ पड़ना शरण, ईश्वर की हमारा जब।
बिन किसी याचना 'भगवान हमें दे दिया सब।

पावन सराहनीय

परम ख़ास बना दास, अत्याचार किया था।
मेहरबानी उन की, सदा बीमार किया था।

जूठन खायी और चरणामृत पान किया था।
मिटा अस्तित्व अपना, उन के लिए जिया था।

हो जयकार उनकी, हरेक प्रयास किया था।
आराम त्याग सारे, तंबू में निवास किया था।

संग उन के जब कहीं जाएँ, प्रवास किया था।
भोग जब तक न लगाएं, उपवास किया था।

शख़्सीयत वे बड़ी निराली, ऐलान किया था।
अदाह जैसे भी हो उनकी, प्रवान किया था।

रह अपनों से दूर, भक्ति का जाम पिया था।
सके हम न भूला, सच्चा उन नाम दिया था।

भजन गाने संग बैठ सब, प्रोग्राम किया था।
कमाई उन्हें दे सारी, कार्य महान किया था।

जो भी वे बोले, हुक्म इलाही, मान लिया था।
मांगे बिन मांगे पास जो, उन्हें दान दिया था।

ऐसा पावन सराहनीय, उन्होंने ज्ञान दिया था।
आश्वासने 'भगवान, उन कल्याण किया था।

घृणा त्याग, प्रेम से किया, जिस ने भी प्यार।
प्रभु उसकी नैया को, लगा क्यों न देगा पार?

दस नाख़ून की कमाई, आई जिस के पास।
कर दी प्रभु ने कृपा, उस पर कुछेक ख़ास।

कर बुजुर्गों की सेवा, पाई जिस ने भी असीस।
प्रभु उस के थे जो दस, जल्द कर दिये तीस।

रास्ता सीधा अपना कर, रहा चलता जो आगे।
भाग्य उस के अच्छे सारे, प्रभु कृपा से वे जागे।

दिया उसने जो पाया और उसी में रहे संतुष्ट।
प्रभु कोसों उस से, दूर कर दिए उस के दुष्ट।

उसे देखा व्यापक, जिस ने हरेक प्राणी मात्र में।
दिमागी 'भगवान' थी बुद्धि ड़ाली उस छात्र में।

नहीं हनेर

किया इजहार ए प्यार न इकबाल मुहब्बत उन।
हम रहे साथ मुद्दत से फिर भी उन के कैसे सुन्न।

माना अपना उन जरूर, काश साथ में होता मन।
आवाजे स्वर हुई न एक, रहा दूर था उनका तन।

होगी तब्दीली कभी अवश्य भरपूर खर्चा धन।
रहा दिल से बना उन का, था मां किसी का चन।

मिलते, था बोला पंड़ित, उन साथ अट्ठाइस गुण।
भाग्यशाली बेटे मत कतरा अब उस को ले चुन।

समय बीता सात मास, लगी आखिर बजने धुन।
आगे किया सर व कहा, उसे चाहे जितना मुन।

छोड़ा नाई काटे खुद, शब्द भी पहले लिये पुण।
सुना न कहा किया जो न भाया, करता क्या हुन?

दिन चार

साथ गिनती के सात, लिए थे फेरे कभी यार।
अग्नि देवता रख साक्षी, ले प्रण किया था प्यार।

ले दिल संभाल न पाए, किया घायल सरकार।
जलवा फ़िरोश अब न होते, न करवाते दीदार।

बने नाहीं बनाया अपना, काट लिए दिन चार।
बेशर्म ढीठ हम इतने, बदलेंगे कर रहे इंतज़ार।

बिन कसूर बन गए दोषी, मान ली अपनी हार।
है येही वाजिब 'भगवन', कानून लिखा करतार।

ख़ुशी गायब

दिल लगा के साथ, दिल रखना जिस था।
प्रेम पूर्वक मखना, हमें कहना उस था।

पैदा नफरत दिल उस में, कैसे हो गई?
देखी सब तबाही, ख़ुशी गायब हो गई।

थे दूर जब हम, बहुत बैचेनी थी उन्हें।
नींद रहा करती दूर, रात भर व दिने।
तब्दीली उसी चाह में, देखूं है हो गई।
उम्मीद हर थी जो, अचानक खो गई।

शायद समझें, हम उन ऊपर हैं निर्भर।
हैं छोड़ जाते वे, अब हमें अकेला घर।

चल पाते न साथ, खता क्या हो गई?
हिम्मत पा दूरी, 'भगवान' से हो गई।

मस्त हर घड़ी

जिंदगी की हर घड़ी, हम मस्त पायी थी।
मिलन तो कम, काफ़ी हिस्से जुदाई थी।

परिवर्तन का इंतज़ार, हुआ पूर्ण न कभी।
नज़र हमें 'भगवान', शख्सत ही आई थी।

साजिश रची

वे अगर बताते, क्या दिमाग में उन के चलता है?
जान हो जाते प्रफुल्लित, प्यार हमारा फलता है।

रजामंदी से न हुआ, जो उन चुपके से किया था।
ख़ुशी से समर्पण कर देते, हम जो उस दिया था।

पहले दिन से ही शुरू हो गया राज़ छिपाना था।
पागलपन रहा सवार, हम ऊपर, सच बताना था।

दर्द हुई पीड़ा जब, था झूठ का उन करार दिया।
पड़ा जुल्म उसी का सहना, जिस को प्यार दिया।

साजिश रची पीछे पीठ, धूल आँख में झोंक कर।
उम्मीद फिर भी रखी कायम, पूरे सारे शौक कर।

कैसे तंग गली प्यार की, हमारे भाग में आई थी।
'भगवान' भक्त हम ने, अच्छी किस्मत पायी थी।

उलटी दिशा को चलना, पाया अच्छा उन शगुन।
बना अंगार प्यार का, जला, विचारे कुछ तो बुन।

कर पूजा पाठ बहला दिल, बोले सब पा सुकून।
कहा सब, है देर, सुन, नहीं हनेर, द्वारे 'भगवन'।

कारावास आजीवन

सिखाये हम दांव पेच, न काम हमारे आये थे।
मौका जब सही, उन हम पर ही आजमाए थे।
रखा गोपनीय बहुत कुछ, कैसे उसे पचाते थे।
खेलते चाल पीछे पीठ के, हम से ही छुपाते थे।

प्यार में शके गुन्जाईश, त्याग के, हुई लड़ाई थी।
विद्यमान हुई देखी, वो चारों तरफ हम पायी थी।

मिला न प्यार तो सुकून, दुःख दर्द में ही पाया था।
सुना यहाँ पर, कहा हरेक, अपना सब गंवाया था।

प्यार में कर मुलाकात, कभी पकड़ी जो कलाई थी।
उड़ाए उस बाल हमारे, पीछे कुआँ, आगे खाई थी।

शिकार करने को था निकला, हुआ ख़ुद शिकार।
सन्तुलिन अपना खो बैठा और सख्त हुआ बीमार।

कारावास आजीवन भोगेगा, पंक्षी उड़ न पायेगा।
कोसेगा किस्मत अपनी, पल हर फड़फड़ायेगा।

खड़ चौकीदार, आगे प्यार, और भी कई जायेंगे।
जंजीरें प्यार की लम्बी, वे कस कर खूब लगाएंगे।

क्यों किया था प्यार, सोचेगा उत्तर को न पायेगा?
जाग्रत होगी सद्‌बुद्धि, याद 'भगवान' ही आएगा।

रहो मिलजुल

रहा करो, मिलजुल कर, बुजुर्ग फरमाते थे।
संयुक्त परिवार होता अच्छा, ये समझते थे।

लगभग सब देखे हम, इकट्ठे रह न पाये थे।
चला माया का जादू, अपनी धाक जमाये थे।

कर्तव्य पालन कर न पाते, वैसे भागी सारे थे।
लड़ाई झगड़े करते रहते, न कभी वो हारे थे।

विवाद भाई बहनो के, अदालत पहुँचे देखे थे।
कैसे पागलपन में खोलते, वहां हजारों लेखे थे।

तरह आम परिवार, बाबों के भी निकले ऐसे थे।
जाये भाड़ में रूहानियत, आधार केवल पैसे थे।

अधिकार अपना न छोड़ें, जमाते उन के बच्चे थे।
कानून के दाव पेच को खेलें, झूठे या वे सच्चे थे।

वकीलों की बनती रोज़ी, ले शुल्क ख़ूब कमाते थे।
वो तो सुनी सुनाई या कहानी, कोई बना सुनाते थे।

चलाते पेट भरने का धंधा, करामात वे दिखाते थे।
जो सर्वत्र वसते 'भगवान', नज़र वे कहीं न आते थे।

ढूँढा समाधान

मुश्किल बहुत सोना, जाग भी न सके।
हालत ऐसी में ईश्वर, न किसी को रखे।

गीत गाने का मन, सुर मिल न सके।
जहाँ समझे, वे उचित वहीं पे ही रखे।

बुद्धि पायी उत्तम, फिर भी पढ़ न सके।
किस्मत अपनी में, खाने लिखे थे धक्के।

नौकरी करते रहे, जोड़ कुछ न सके।
हाथ हमारे थे खाली, पास मालिक जके।

आज्ञाकारी बने, हुकूमत कर न सके।
भाग्य हमारे, थे शायद प्रभु ऐसे लिखे।

कबूला जो पाया, शिकायत कर न सके।
उस मिलाया, जिन्हें वो न हम को जचे।

पाए दुःख और दर्द, भुला उन को न सके।
समाधान निकले कोई, पल इंतज़ार में कटे।

छुटकारा गृह चाल से भी पा न हम सके।
लगा भोग 'भगवान' भोजन हम थे छके।

उपकार किया

महीनो भर खुद को, तैयार किया था।
शुरू करना वक्त पर, प्यार किया था।

कदर उन न जानी, त्यागा सब कुछ।
साथ में वे बैठ कभी, हो पाये न खुश।

पूर्व से पश्चिम में, चल आया था रक्त।
रत्ती न कोमल, व्यवहार बड़ा सख्त।

दिमाग बुद्धि से थे गायब अच्छे गुण।
खामियाँ आ ढूंढ़ी, हर किसी में उन।

कमान तीर ले उधार, उन चला दिया।
स्थिर हमेशा जो समझा, हिला दिया।

फिर बन गया मज़ाक, तब उसी प्यार का।
जीतना हुआ कठिन, पड़ा सभी को हारना।

विज्ञापन चलचित्र, भावी का दिख गया हमें।
चांदनी रही न कायम, आरम्भ हो गए गमें।

कर यत्न हल निकालते, रहे हम सोच कर।
तरस तनिक न आया, कभी उन्हें रत्ती भर।

आदर इज्जत छोड़ी, शर्म ज़रा न आई थी।
बनिस्बत आशीष हम, बदसीस ही पायी थी।

आश्चर्य दिल टूटे, फिर भी, प्यार किया था।
'भगवान' ऊपर हमरे, उपकार किया था।

प्यार भयानक

सबक प्यार सिखाया ऐसा, पढ़ना लिखना भूल गए।
ढ़ेर हुआ वर्षों का अनुभव, लगने लगा, फज़ूल भये।

स्वीकारा हुक्म मिला जो भी, कोई किया न नखरा।
मान लिया अंग अपना, लगा उन्हें फिर भी वखरा।

सीधे मुंह से कोई बात, साथ उन कभी न कर पाए।
फ़िल्मी गाने नाहीं भजन प्रभु, साथ रलमिल गाये।

साथ रह कर भी हम को, नसीब होती रही तन्हाई।
अगली पिछली इकट्ठी करी जो, थी पूंजी वो लुटाई।

आएंगे दिन अच्छे हमारे, रखनी उम्मीद भी छोड़ी।
करता लड़ने को मन अब होती नाहीं छाती चौड़ी।

हमारा एक, दूसरा उन का, बना चुपके से दरबार।
जिन को हर सांस ले जपती, हमारी अब सरकार।

दिल में बिठाया, फिर किया बाहर, उन अचानक।
हुआ ज्ञात हमें भी 'भगवन', कितना प्यार भयानक।

गिरे संभले

पेट भरना आवश्यक, करना पड़ा था कर्मा।
उत्थल पुत्थल में वर्जित, हो गया निभाना धर्मा।

पूजा, पाठ, इबादत व किया दंड़वत प्रणाम।
किया प्रभावित चरित्र, राम कभी था शाम।

लगा अन्याय तनिक न उचित, करते क्या?
सम्पर्क में आये हमारे बंधु, धोखा देने वाह।

गिरे संभले बारम्बार, नहीं छोड़ी सिद्ध राह।
बच्चे बोले पूर्वज हम को, रूखी मिस्सी खा।

नज़रों में कईयों की आये, लगा हमें अजीब।
देखने को बड़े धनी, थे पूर्ण वास्तव में ग़रीब।

पढ़ाई में लुढ़क कर भी, पा ली थी लियाकत।
शुक्र मनाया हम, हो जिस दिन गई समाप्त।

ईश्वर दलालों ने भी, अच्छा ऊपर चक्कर चलाया।
हूंज ले गये वे सब कुछ, था हम जो कभी कमाया।

बच्ची नहीं बच्चे उन के, थे सब ईश्वर के अवतार।
बारे बाबे क्या कहना, वे थे सम्पूर्ण रूप करतार।

रहे लगे भांति भेड़चाल पीछे, सत्य वचन हर मान।
तुरंत किया आज्ञा पालन, मिला ज्यों ही फरमान।

समझ न पाये, रहा टूटता, क्यों उन का भी दरबार?
अलग से दुकाने 'भगवन' खुल गईं, हो रहा सत्कार।

मिलावट

लिया कभी रिस्क, हम भी था।
किस्मत हो खुश, आजमाई थी।

नाह को नहीं सुना किसी, क्या कहें?
मौका सर्वश्रेष्ठ, दी, सब ने गवाही थी।

चारों ओर से पड़ा दबाव, क्या करते?
निसंदेह बढ़ने में ही, लगा भलाई थी।

सब रस्मे साक्षात, जान महादेवों को।
लिये चक्कर, कसम हरेक खायी थी।

माना, है अब ड़ोर, एक के साथ बंधे।
गाडी लगा कर हर ज़ोर चलाई थी।

दिया जो भी था, हथ बस अपने में।
नज़र मिलावट, फिर क्यों आई थी?

वार्ता स्पष्ट रूप में, हुई नहीं कभी।
अक्सर चुप्पी पूर्ण, हम ने पायी थी।

अर्थ बात का, निकाला गया अनर्थ।
बात सीधी साधी, हर गई घुमाई थी।

उपचारक ढूँढा बहुत, मिला न कहीं।
दुआ काम करती कोई न दवाई थी।

बाहर चानन और अंदर बड़ा अंधेर।
पीछे 'भगवन' कुआं, आगे खाई थी।

गोते खावे

परिवारिक महकमे चला रही थी सरकार।
विपक्ष की कमी हो गई पूरी, आई जब नार।

हुआ कठिन समर्थन, कभी उन का पाना।
खातून तो बड़ी सयानी, मियाँ रहा नयाना।

दिमाग गति, अति तीव्र, पंख भी गिन ड़ाले।
जो चाहे रखे गोपनीय, अच्छी तरह दबा के।

सुशील सुड़ौल चंद्रमुखी, बड़े शर्मीले से नैन।
लाज़मी उस का भड़कना, आये तांकि चैन।

न्यानी सयानी न बने, वो करती रहे कोशिश।
अनुसार उस कुछ न चले, करे हमेशा शक।

पाये आज़ादी, बड़े आबादी, देखे वित्त में घाटा।
था, वो न जाने मिला पति, उसे बिरला न टाटा।

बिन चेतावनी युद्ध भयंकर, अक्सर छिड़ जावे।
तीर चले, करे छेद कालजे, कौन दर्द सह पावे।

खबर सभी को नतीजे की, बाज़ कोई नहीं आवे।
'भगवाने' माया से प्रभावित, तैरे, डूबे, गोते खावे।

बांटना ज्ञान

वक्त ख़ुशी का हो तो, करना शुक्र।
किये वादे से कभी, न जाना मुकर।

जबान मीठी और ठंड़ी से बोल मधु।
बुलाना प्यार से, प्रभु को भांती विदुर।

त्याग के अभिमान, बांटना ज्ञान को।
पास आने न देना किसी शैतान को।

दुःख आये समझना, दी उस सौगात।
गाना ईश्वर गुण, दिल से दिन हर रात।

याद रहे, हर कण में, है उस की छवि।
चाँदनी चांद प्रकाश, दिन में देवे रवि।

भरोसा कर उस पर, दिया जिस शरीर।
'भगवान' बारे प्रवचन, सुनाते हैं फ़कीर।

कठोर परिश्रम

वस्तु देखा विज्ञापन जैसा, उसे अपनाया था।
सुन्दरता पर मिट जाना, समझ न आया था।

दिखते थे उजले कई, निकले काले अंदर से।
न मालूम क्यों ईश्वर, ऐसा चक्कर चलाया था?

प्रदर्शनी लायक बना देने में, होवे जो संयम।
हर देश विदेश से, उस सामान मंगवाया था।

नखरे में कभी हट पाते, तनिक न जो पीछे।
पूरी ठाठ से हर ऊपर, राज उन चलाया था।

कर कठोर परिश्रम, कमाए दो चार जो पैसे।
वे खर्च हो गये सारे, एक भी बचा न पाया था।

कभी पहन हंड़ा न सके, जो भी उन ख़रीदा।
पीछा इक दिन दे दान में, सब छुड़वाया था।

रावता हुआ हमारा, जिस किसी से कायम।
किस्मत बद ऐसी, हमें उन सब भर्माया था।

जिंदगी हम काटी, कुदरत के देख नजारों से।
तन्हा में बैठ अकेले, यश 'भगवाने' गाया था।

बने ग़ुलाम

पढ़े पढ़ाया फिर देखा, कैसे बनते गुलाम।
पैदा किया दुनिया में, अपना अच्छा नाम।

मुंह को मिले मुलहजे, सिर अपने सलाम।
लस्सी कोई शर्बत, किसी आगे रखा जाम।

चखे काजू, पिस्ता, सौगी, चने कभी बदाम।
शिव विष्णु 'भगवन', जपे कृष्ण कभी राम।

वीणा राग

थे पहली में साथ सभी, दूसरी भी वैसी आई थी।
घड़ी तीसरी आने पर, कृपा भोले शंकर पायी थी।

तत्पश्चात आई गई, हिसाब-किताब ,ख़राब हुआ।
पन्द्रवीं आई तो एक और शक्स का रुआब हुआ।

आठ नौ और भी आयीं, अब पचस्वीं मनानी है।
चुप चाप न शोर शराबा, सुन ली ऐसी बानी है।

बैसाखी होगी शनि रवि को, शुक्र से तैयारी है।
इन्टरनेट पे करनी पूजा, किस्मत में हमारी है।

नव रात्रे रहे चल साथ में वर्षा ऋतु भी न्यारी है।
एक होगा आस पास, दूर होने वाली दुलारी है।

गुल देखते हैं दिन आने वाला क्या खिलाता है?
कृपा कर कैसा 'भगवान' वीणा राग सुनाता है।

इंतज़ार बाद

बने प्रेमी न कोई मिली प्रेमिका, करते रहे इंतज़ार।
किस्मत में लिखा था उस ने, हमें करना पड़ा प्यार।

धूम धमाके साथ शानो शौकत, बढ़ गए हम आगे।
नींद आयी, सो पाए हम नाहीं कभी वक्त पर जागे।

जैसा सुन, वैसा कर, बिन तनिक किसी अनगहली।
प्यार में शिक्षा ये आवश्यक, थी पायी हम ने पहली।

घर रहूं साथ चलूँ या जाऊं बाहर, होगी मेरी मर्ज़ी।
जल्द उन बनाया बंदा, जिसे सब कहते थे सर जी।

जो चाहे, ला तुरंत उसे दे, होगा लगा इसी में भला।
रख मौन, रह चुप, बीच सन्नाटे, टालनी चाहि कलह।

अमन शांति चाहूं, झेलूं सब, न करूँ कभी तकरार।
युद्ध, लड़ाई छिड़ती 'भगवन' अचानक कभी वार।

पत्ता गुलाम

जन्म लिया, पा विद्या, गया हमें था बोला।
बावन पत्ते ताश के, हम गए बनाये गोला।

बनना राजा किसी कहा नहीं, पूछूं क्यों?
मिलेंगे पैसे कर काम, प्रतिदिन घंटे नौ।

पड़ सकता व्यापार में मंदा, करना मत।
नौकरी तलाश में भेजते रहना, बेटे ख़त।

पहले दिन किया काम, बहुत जश्न मनाया।
सफलता पायी, बना गोल्ला, लड्डू खाया।

चार चफेरे पहुंची खबर, बेटा हुआ गुलाम।
आ बीवी बन गई रानी, छवारे मुंह बादाम।

बुजुर्गन सोचा दया प्रभु की, पाएंगे आराम।
खुसरे भांड़ लागी आये, मांगने नेग ईनाम।

दो दक्षिणा बाबे चाहें, लक्ष्मी किया प्रवेश।
सुख, चैन, गायब इच्छा, हुआ शुरू कलेश।

रानी साहिबां की फरमाईशें, मिले आदेश।
मालिक हुआ गुलाम देखें, 'भगवान' महेश।

महल बनवाएंगे

रहें भक्त सुखी घर में, कौन बाबा यह चाहेगा।
दुखी जो कोई होगा, अवश्य द्वार बाबे जायेगा।

परिवार जिसे भाया, दरबार बाबे क्यों जायेगा?
नौकर बसे घर जिस, वो सेवक बन न पायेगा।

कलेश घर जिन न होगा, लेने बाबे क्या जायेंगे?
धंधे बाबे चौपट होंगे और मिट वे सारे जायेंगे।

फँस जाएँ धनी तो अच्छा, उन से खूब कमाएंगे।
बिन भेद भाव किसी लेंगे सेवा, महल बनवाएंगे।

बड़े छोटे हर प्राणी से, बाबे तो चरण दबवाएंगे।
मां बाप रहेंगे भूखे, सब बाबे को खूब खिलाएंगे।

क्या खासियत है बाबों में, जान कभी न पाएंगे।
बाबे तो रूप 'भगवान', चिला कर सभी बतायेंगे।

छोड़ झंझट

खत्म चाह बाहर की, दिखे अँधेरा है।
छोड़ी इंतज़ार रात में, आया सवेरा है।

ढूँढेंगें खुद, होगी ख़ुशी की पूरी तलाश।
देंगे आनंद स्वयं को, साथ में शाबाश।

होंगे, बातचीत खुद से करने में माहिर।
अपनी घट में दुनिया व बनाएंगे शहर।

सितारे नक्षत्र, लगे न अब, आयेंगे वतर।
कर स्वीकार, छोड़ लिखने दिये पत्र।

हुये कल नाराज़, हैं मुंह आज भी मोटा।
जा दरगाहे लाये टोटा, खरे से जो खोटा।

संतुष्ट हुआ, मज़बूर किया, हर बात ने।
सिर्फ अकेलापन 'भगवन' हमें साथ दे।

करी फ़रियाद

आई चाय कभी रास, थी न कोफ़ी भी पसंद।
मदिरा दूर, स्वाद न अच्छा, बुरी लगी सुगंध।

शिकंजी में मीठा ज्यादा, नींबू तेजाबी पाया।
लस्सी ड़ाक्टर बोला, कॉलेस्टरल ही बढ़ाया।

फल खाऊं तो पाखाना बहुत जोर से आये।
पीज़े का असर हो ऐसा, कब्ज़ सहा न जाये।

राज मांह, गोबी, दालें, हैं गैस देने में माहिर।
गुड़, शक्कर मुहांसे देते, होता रहता ज़ाहिर।

पानी शुद्ध रहे ढूंढते, मिली दूषित हवा भी।
बिमारियों ने दी दस्तक, पूजीं सब गवा दी।

खरीद कर पीया पानी और न कोई चारा।
थी उस में भी ईकोलाई, जीता ही मैं हारा।

पी सूप, जगा धूप अगरबती, करी फ़रियाद।
झुका, हो भयभीत, किया 'भगवान' को याद।

लत नशे की

नशा कैसा भी, लत बड़ी होती भारी।
तबाह कर दे, वर्षों की, पक्की यारी।

पसंद अति जिसे, बहुत खावे शक्कर।
बड़ता भार और बेचारा खाता चक्कर।

खाने का नमक, बने कोई शौक़ीन।
रक्त स्त्राव, दिल ड़ावांड़ोल मशीन।

मदिरा बिन कई, रह न पावें यहाँ।
हो बाज़ार बंद, तो लेने जाएँ कहाँ?

अमली को, अमल पाने से प्यार।
ले क़र्ज़ करे पूरा, उतरे न उधार।

नाम खुमारी, सुना बाबे चढ़ाते हैं।
वे गुण अपने, 'भगवान' बताते हैं।

कदम मिला

आँख मिलानी कठिन, बात करनी भी क्या।
कठोर थे दिल के, जिन पास न बहुत दया।

साथ पाये न चल कदम से, मिला वे कदम।
रहे स्थिर शब्द पर, निकल जो मुंह से गया।

वायु किधर से भी आये, मुड़ा रुख न कभी।
रोज़ाना कुछ तो उन्हें, था सदा चाहिए नया।
रहें खुद व्यस्त, योजना गोपनीय बनाई पर।
थी शायद बताने में पूर्व, उन को आती हया।

वे सहमति सहित, कुछ कभी कर न सके।
प्रभाव धर्मार्थियों का बहुत उन पर था पाया।

हो बचत दो पैसे की, उन से, कभी न सकी।
दिया 'भगवान' ने जो, उजाड़ उसे भी दिया।

मुसीबत के दौर

मतलब न जिसे, उसे चाहिए था क्या।
दुःख हमारे पर होगी, कोई क्यों दया?

दिखा जो कृपालु, निकला वो खोखला।
श्रीखंड़ खिलाया, साथ उसको ढोकला।

खीर, फिरनी व हलवा भी मज़ेदार था।
छप्पन तरह का भोजन, होता तैयार था।

क्रीम ठंड़ी, पान बनारसी, फलाहार भी।
तरकारी साथ मदिरा, पकोड़ा यार जी।

सरसों का साग व मक्की रोटी बनती थी।
लस्सी में मखनी अच्छी चाहिए तरती थी।

साथ मनोरंजन, पल कट हर जाता था।
दुःख में दुःख हमारा, घट ऐसे जाता था।

खाना लाये मोटापा, कम कर ले वजन।
छोड़ झंझट सारे, कर 'भगवान' भजन।

करना स्थिति हर में, समझौता आ गया।
दुश्मनों के सहे वार, नहीं आई उन्हें दया।

स्वार्थियों को सदा, तलक स्वार्थ से ही रहा।
ठीक सब जब तक, रहे करते उन जो कहा।

प्यार में प्यार कम, मतलब ज्यादा ही दिखा।
सुना, कहा कभी प्यार, था न पढ़ा जो लिखा।

लक्ष्मी राज सर्वत्र, सब पर, करती सदा रही।
जमीं, ज़र, जोरू पर, जनता मरती सब रही।

खाना पौष्टिक भी संभव, यहाँ, कभी न हुआ।
वैधों के लगाये चक्कर, लगे करने फिर दुआ।

प्रभु करी कृपा हम पर, मुसीबत के दौर में।
'भगवान की चर्चा सुनी खूब, हम पूरे गौर से।

कानून पुराने

ज्ञान की पांच और उतनी, कर्म इंद्रियाँ पायीं।
मन दौड़े, दिमाग लड़े और आत्मा ले विदाई।

हर कण में, प्रभु विराजे, नज़र वो न आये।
पाना उसे कैसे, अलग ही, मार्ग हर बताये।

कोई बैठ सिंहासन, खुद को कहता ईश्वर।
सामान्य रूप इक देखा, माँगा सब ने ज़र।

जपे नाम, करे हवन, कोई, पढ़ ग्रन्थ सुनावे।
गा कर कोई दे मनोरंजन, जयकार लगावे।

कितनी श्रद्धा विश्वास दृढ़ रख करें ईबादत।
लक्ष्मी चाहिए, देता रहे जो, पा लेता है गत।

कुटिया, ईमारत, आश्रम बनते महल सुहाने।
कर भी देना न पड़ता, कायम कानून पुराने।

हो गीली, कटे न जले, आत्मा प्रभु का अंश।
जीव अंदर हर बसे, जब निकले तो विध्वंस।

घट भीतर ब्रह्म विराजे, क्यों नहीं देते वे दर्श?
है अनिवार्य रिझाना उन्हें, हर दिन प्रति वर्ष।

कर सेवा चढ़ा दे दौलत, भक्त प्रम प्यारे बन।
तेरा तुझ में कुछ नहीं, उन का तन, मन, धन।

मालिक वे नौकर सब, कर प्राप्त ज्ञान, ले जान।
कलियुग में सुन प्यारे, वोही केवल हैं 'भगवान।

मिली सज़ा

करने की प्यार मिली, ऐसी हमें सज़ा।
रहे प्यार में बिगड़ते, तेवर बिन वजह।

माना होगी इस में भी, ईश्वर की रज़ा।
कारणवश जिस, बैंड हमारा ही बजा।

रत्ती भर आया कभी, उन्हें भी न मजा।
आवाजे टोन ऊंची, थी हुई बिन लज्जा।

तत्पश्चात मौन चेहरे, अरसे कई सजा।
ना जाने क्यों कैसे, हुई कहाँ की गजा।

स्थान ढूँढा, देखा जब, हम भी वहां जा।
आ मशवरा 'भगवन दिया हरेक ने था।

गुण गाया

संस्कृति अपनी मासूम, भोला अँधा बनाया था।
जहां कहीं देखा भगवा, सर अपना झुकाया था।

किया कर्म शुभ, माल चरनी कमल चढ़ाया था।
देंगे ईश्वर हमें मिला, दर्शन बाबे का पाया था।

अन्तर्यामी, तत्वदर्शी, सर्वव्यापक सब बताया था।
साथ कई उन का खुद को, दासुनदास बनाया था।

अलौकिक दिव्य पावन, रूहानियत सब पाया था।
उन्हें बिन किसी खोज़, मुर्शिद कामिल बनाया था।

सर्वसमर्थ, शक्तिशाली, केवल वे, भजन सुनाया था।
हरेक सम्मेलन पे पहुँच, झंडा उन का फहराया था।

तुलना की जब औरों से, बहुत उन्हें नीचे पाया था।
अफ़सोस छोड़ 'भगवान, गुण उन का ही गाया था।

खट्टे पैसे

बड़े हुये हम, कोई लेता नाम नहीं था।
लस्सी गिलास हाथ में जाम नहीं था।

टांग अड़ानी बेवजह, हर रहता तैयार।
बेरोजगार, पास किसी, काम नहीं था।

सभी का सवाल, बच्चे स्कूल कैसा है।
होता उन्हें याद, गत परिणाम नहीं था।

अच्छा बनूं, रहा पूजा पाठ में व्यस्त।
कथायें सुनता, पढ़ता कलाम कहीं था।

रहा करते भगवे वाले, सर हमारे सवार।
सिवाय जिन, पास किसी ज्ञान नहीं था।

ऊपर हम, रहती, सब की नज़र हमेशा।
पाबंदियों के बीच, कहीं विश्राम नहीं था।

कर्मचारी सरकार के, सुस्त बड़े कामचोर।
बिन घूस कभी थामता, कोई हाथ नहीं था।

कानून व्यवस्था, बहुत ही पायी कमज़ोर।
सर्वत्र समझा जाता, कोई इंसान नहीं था।

प्रचार, अमृत वर्षा करते प्रवचन बाबों के।
ले ग़रीबों से भरना झोली, हराम नहीं था।

वैर ईट सड़के, करती, राजनीति भी पैदा।
कम करे दर्द, बरामद ऐसा बाम नहीं था।

पढ़े लिखे, पड़े फिर पाले, हमें भी धन के।
बीच समस्याओं, रहने का, प्लान नहीं था।

बसे परदेश, कर इकट्ठे, पैसे दो हम चार।
कई भाषायें 'भगवन', बड़ा विद्वान नहीं था।

रहता नाता

ख्यालों में हुए मस्त, सुनी जब धुन न्यारी।
अटका था ध्यान हमारा, भूली दुविधा सारी।

बंद हुई मर्यादा कान की, ध्वनि गूंज रही थी।
हालत अनुकूल बदले, जो बुद्धि जीव वही थी।

त्याग फ़िक्र व फाके, लगे हम जशन मनाने।
साथ उस मिला जो भी, लगे गाने गुनगुनाने।

अर्थ अनर्थ व्यर्थ में, सब का हो गया करना।
रखा पूरा ध्यान, बोला मुंह से कभी न वरना।

श्रवण करने की न आदत, शांत रहा करते थे।
उचित समय पर ही, हम उत्तर दिया करते थे।

हर हालात में रहना, हम ने सीख लिया था।
सुख नही तो दुःख भी, कभी नहीं दिया था।

हो जाती तसल्ली हमारी, माँगा जब जाता था।
साथ 'भगवान' हमारा, रहता हमेशा नाता था।

आवे न शर्मी

धर्म सिखाने वाले देखे, निकले कई अधर्मी।
छोटी मोटी बातों पर, हो क्रोधित खाते गर्मी।

देते गाली और ड़ांटते, बता दासों की गलती।
जबान उन की इस्तेमाल, करे कभी न नर्मी।

ऊट पटांग रटा रटाया, बोलते बैठ सिंहासन।
सफ़ेद झूठ बिन झिझक बोलें, आवे न शर्मी।

कहा हर उन का, रखें भक्त, सिर अपने माथे।
विश्वास अटूट उन पर रहता, होती नहीं भर्मि।

विश्राम बहुत उन्हें चाहिए, दे दर्श वे जाते थक।
काम चलाते चेले उन के प्रकार हर के प्रकर्मी।

पढ़ाई लिखाई ड़िग्री व ड़िप्लोमा भी न चाहिये।
'भगवान' नाम का धंधा, पहुंचाये देता है चर्मी।

सीख लिया हम

साथ रहना जिन के, हो गया कठिन।
दूर उन से हो रहना, सीख हम लिया।

ख़ुशी दी, हुई न उन्हें, रहे असमर्थ हम।
खुद को दे कर, दुखी रहना सीख लिया।

अंदर न जाने उन, विचार कौन से पलें।
स्पष्ट अनुमान, हम लगाना सीख लिया।

मिला गुप्तचरों से, ज्यों ही, अंत में संदेश।
छोड़ विश्वास, संदेह ही करना सीख लिया।

वर्तमान में, ले भूतकाल से भविष्य तक।
अर्पण कर सब पश्चात, रोना सीख लिया।

जचा ज़रा न कभी, उन्हें दिया हम ने जो।
सुरक्षित उसे रखना, फिर हम सीख लिया।

हो पाये कभी भी, क्यों न वे टस से मस?
नियंत्रण स्थापित करना, हम सीख लिया।

बात गैरों से करनी, हुई बेहतर उन लिए।
हो दूर हम से रहना, उन भी सीख लिया।

भूतपूर्व सज्जन, फिर दिल उन के में बसे।
लगन साथ लगाना, देखा उन सीख लिया।

तहजीब पायी जो हम, आई काम उन के।
'भगवान' जैसे रखा, हम रहना सीख लिया।

जन्म स्थान

छोड़ना न था जन्म स्थान, छोड़ा क्यों?
मुड़ के देखना पीछे न था, सोचा ज्यों।

मुद्रा बाहर की ईच्छा, नाता देसी क्यों?
संस्कृति का टकराव, पड़ा बोलना नो।

चमड़ी चिटी, तो भावनी, धुम्रपान क्यों?
ज़ाम हाथ में सब के, खर्च उठायें क्यों?

नाच गाने के वे शौक़ीन, नाचें हम क्यों?
उलटे सुलटे करें काम, घात लगायें वो।

अपने आप में, मस्त देखे थे, साथी क्यों?
देसी बनाया था जो अपना, ज्यों का त्यों।

कोई फर्क नहीं पड़ता, दिन लगते हैं नौ।
'भगवान' लक्ष्मी, बीच तकरारें रहेंगी वो।

खुश रखना

सुन प्रवचन बाबा जी के पाएं भक्त आनंद।
सिवा उन, लगता सेवा हर की पर प्रतिबंध।

जयकार सब मिल लगाते बच्चे, बूढ़े, जवान।
जोड़ें हाथ, निवायें सर, करते दंड़वत प्रणाम।

पाना दर्शन हमरा, बोलें बाबे, आ कर बारम्बार।
इस दुनिया में, केवल सच्चा, उन का ही दरबार।

मोक्ष सेवक पा लेंगे, अगर कृपा होगी हमारी।
ख़ुश भक्तो पल हर रखना, हमें उम्र भर सारी।

दिल खोल के मिलो जब भी देना हम को दान।
कलयुग में केवल हैं हम ही, अवतार 'भगवान'।

घंटे चौबीसों

हजारों दूर, कई नज़दीक और हमारे पास।
छोड़ दी उन से रखनी, सारी हम ने आस।

दे दिलासा बने कभी थे, दिल के दामनगीर।
किया पराया उन ही, थे होते जिन के ख़ास।

रिश्ता अटूट था ऐसा, बात करते थे वे रोज़।
दाल में काला, थी अक्ल हमारी चरती घास।

बिन वेतन के ही बन गये, मालिक वे हमारे।
किये प्रश्न न कोई, बने हम भी उन के दास।

करवाई सेवा निरंतर, घंटे चौबीसों हरेक दिन।
करी ख़ुशी से साल के, हम ने भी बाहरों मास।

कैसे हम जैसे आ जाते, बिछे जाल में गिरफ्त।
ग़र 'भगवान' न बचाता, तो हो जाता सत्यानाश।

प्रभु शरणम

हो प्रभु शरणम, सुख सच्चा, श्री चरणों में पायेगा।
कर बंदगी उस ईश्वर की, हाथ समय न आयेगा।

कृपा पा कर उस की, जीवन जो अपना बिताएगा।
उस की जिंदगी को प्रभु भी, आनंदमय बनायेगा।

सुख में ख़ुशी अधिक, कम दर्द दुःख में पायेगा।
'भगवान' जो रख साक्षी, भला सभी का चाहेगा।

ख़ौफ़ कोरोना

हर तरफ दिखे ख़ौफ़, कोरोना छाया है।
मास्क अनिवार्य, धोना हाथ सिखाया है।

घर से बाहर मत निकलो, कंट्रोल करो।
फालतू में इस महामारी का न मोल करो।

छः फुट की रखनी सब से दूरी, भूलो मत।
बाबे आश्रम कुटिया में भी, अलग न सत।

हो ग़र कोई बीमार, कमरे एक में बंद करो।
जरूरत पड़े बातें कंप्यूटर से ही, चंद करो।

हो एकत्रित, रलमिल सारे, हम को लड़ना है।
अंगेहली हुई तो आगे और कोरोना बढ़ना है।

अच्छा सोचो, अड़े रहो, स्वयं को करो मजबूत।
ढूंढो 'भगवान' अंदर, लो नाम भी उस का लूट।

वारे न्यारे

बदला रुख गायब, सुख न दुःख हुआ।
ऐसा, जीवन में सब, खेला सदा जुआ।

बदले रंग बिन संग, होये दंग, न मज़ा।
ऐसी, बदले प्यार में, थी मिलनी सज़ा।

खा रज किसी पज, सज धज, गए वज।
परेशान करते रहे, आई जिन्हें न लज्ज।

लिया ज्ञान लगाया ध्यान, बिन प्रमाण।
तुच्छ बने खुद, बनाया बाबे को महान।

दिन दो चार आई बहार, हुआ जब प्यार।
उत्थल पुत्थल हुई ऐसी, बेड़ा लगा न पार।

किया जो जतायें, पछतायें और वे दबाएं।
किस्मत में क्षण, बारम्बार चले ऐसे आये।

बन दीवाने, ले 'भगवान' का नाम, हम रोये।
बाबों की करामात, उन के तो वारे न्यारे होए।

वर्तमान बिगाड़ा

भूत याद, कर भविष्य की चिंता, वर्तमान बिगाड़ा।
हजाम, करवाई राजे से व बढ़ा लिया कभी दाढ़ा।

इलाही नूर

दुःख-दर्द हमारे, कदापि दूर हम से न हुए।
छोड़ी चिंता हँसे, थे प्रसिद्ध फिर भी न हुए।

साथ चल न सके, जिन को चलना था सदा।
सोच चले अकेले, लाचार, मजबूर बड़े हुए।

पल हर रह के पास, हमें देना था जिन साथ।
दिन के लगभग घंटे, बाइस वे कोसों दूर रहे।

लिया जहान में पा, चाहा जो भी उन्होंने था।
परस्पर दिखे न खुश, गरुर वे मस्तक में रहे।

बातचीत स्वादिष्ट शब्दों में, कर न कभी सके।
बात जब भी हुई, वाक्य करुर उन के बड़े रहे।

हिम्मत फिर भी दी ईश्वर ने दोनों को बहुत।
'भगवान' अलग दोनों के, बने इलाही नूर रहे।

धाक जमाते

ज्ञानी ध्यानी कर फ़रमानी, धाक जमाते थे।
भोले भाले भक्त जन, सहम उन के जाते थे।

प्रभावित हो जाते सारे, ज्यों ही दर्शन पाते थे।
प्रसन्नता में उपस्थित, सब जयकार लगाते थे।

भूला अगले पिछले, वे कीर्ती उन की गाते थे।
जो भी बोलें, सुनते, और हाँ में हाँ मिलाते थे।

आजीवन सेवक बन जीना, बेचारे ललचाते थे।
रुआब वो देखते कैसे, आँख मिला न पाते थे।

कौन विद्यालय से पा, शिक्षा दरबार में आते थे।
जिस हालत में आते, वापिस उस में न जाते थे।

कोष बाबे का भरता रहता, खूब वे मौज उड़ाते थे।
वे 'भगवान' अवतार, समा दिल भक्तों में जाते थे।

गुण गा लेते

कई कलियुग में बाबे, ठेकेदार धर्म बन बैठे हैं।
सजा दरबार सिहांसन पे, विराजमान हो बैठे हैं।

खलकत प्रतीक्षा करती, दर्शन उन का पाने को। टेकने माथा चरनी व अलौकिक जूठन खाने को।

होते वो भाग्यवान, चरणामृत बाबे का पीते जो। सुख पा लेते धरती पर, गुण गा बाबे के लेते जो।

सुख अभिलाषी, सह दुःख, सुख उन्हें पहुंचाते हैं।
लगा लग्न श्रदा से, 'भगवान', वे बाबे धनी बनाते हैं।

उम्दा भविष्य

होती थी बड़ी तैयारी, इस्तकबाल के लिए।
होगा जीवन उम्दा, भविष्य काल के लिए।

भांति बकरे निकालते, थे खून हर का वो।
लगाते ज़ोर अपना, कमाने माल के लिए।

उपस्थित प्रसन्न चित्त, होते देख कर उन्हें।
जलाएंगे न फिर कभी, माया ज़ाल के दीये।

बना लेते थे जीवन नर्क, न जाने सोच क्या?
मरणोपरांत मोक्ष, कमाल होगा उन लिए।

कमाई खुद न खा, सब उन पर ही लगाते।
नहीं रखा उन कुछ, घर के लाल के लिए।

उसारते उन के महल, खुद बनते चौकीदार।
वे 'भगवान' न थे उन के, हर हाल के लिए।

पायी मंजिल

किया करते साथ जिन, कभी हम शैतानियां।
अब आती न पसंद उन्हें, हमारी नादानियां।

क्रोध भरा मुखड़ा हमें, करता था भयभीत।
दोहराते थे बीती हुई, वे सब बातें पुरानियां।

निकलती अश्रु धारा से, उन्हें लेना देना क्या?
दलीलें हमारी हुईं सब, मन गढ़त कहानियाँ।

यत्न करते, गाड़ी पटरी, सही पर जाये आ।
हम सीख रहे थे, इच्छायें, अपनी दबानियाँ।

पायें हम चाहा उन्होंने, हमारे लिए मुकाम।
और ले आएं घर बेटे, सब बहुयें सुहानियाँ।

एक एक कर सब ने, मंजिल अपनी पायी।
हुईं 'भगवान' की जब, उन पे मेहरबानियाँ।

नहीं जोक

कर्मन ऊपर निर्भर फल, हम रहे जो भोग।
आये पल अच्छा, शायद, अभी बना न योग।

हो सकता पलपे कभी, गंभीर प्यार का रोग।
अक्सर दिखने में आया, करना पड़े वियोग।

इक दूसरे में खोना पड़ता, कहते सारे लोग।
करो व्यायाम बोलते बाबा, जो सिखाते योग।

बिन किसी चिंता गुज़र कर ले, रहे वो निरोग।
परिश्रम अति अनिवार्य, कोई न जिस की रोक।

धन लक्ष्मी को कमाना और पढ़ लेना श्लोक।
सदा खाना अच्छा खाना, लगा पहले लेना भोग।

मन धर्म कर्म में लगाना, है जाना उस के लोक।
सदा 'भगवान' की पाना कृपा, ये नहीं कोई जोक।

हंस कभी काग

पढ़ो लिखो हर पल, बहुत पड़ता था दबाव।
हर प्रश्न का उत्तर, था, न हमारे पास जवाब।

कहते खेलो नाहीं कूदो, हो जाओगे खराब।
मुकाम कर लिया हासिल, बने नहीं नवाब।

मालिक की ड़ांटे, था चाहिए उन को लाभ।
हमें ख़ाक छानेगा, बोले रहेगी जब न जॉब।

खाये छत्तीस व्यंजन हम, टिक्के नाहीं कवाब।
फूलों के गुलदस्ते, थे न, हाथ में कभी गुलाब।

था स्विमिंग पूल न कोई नज़दीक में तालाब।
कहने को हम सर जी, थे, किसी लिए साहब।

बन बाबे के अनुयायी, गाये उन के थे हम राग।
हंस वृति के 'भगवन', उन बना दिया था काग।

नौकरी न धंधा

नौकरी न पास कोई धंधा हम विश्राम करते हैं।
बस बन बैठे हैं हम बाबे भक्त प्रणाम करते हैं।

देते निशुल्क में ज्ञान, दिया जो कृष्ण अर्जुन को।
धनी फिर भी ज्यादा हम ही, ऐसा काम करते हैं।

चलता हर पर है जादू, आये जो भी शरण हमारी।
मारे किस्मत के सोचें सब, हम कल्याण करते हैं।
हो जाते हैं सब तैयार, वे, सर्व करने को न्योछावर।
कोष अपने में ड़ाल हम, उन का सम्मान करते हैं।

माननी आज्ञा हर हमारी, प्रर्म बन जाए उन का धर्म।
सोते निश्चिन्त हो कर हम और उठ स्नान करते हैं।

मालिक हर लोक के हम ही और अवतार ईश्वर का।
पावन परिवार हमारा,'भगवन', सब गुलाम बनते हैं।

क्या फायदा

मुंह हिलाने से ही, ग़र हो आमदनी।
कर मेहनत कमाने से, क्या फायदा?
कर मेहनत कमाने से, क्या फायदा?

अटूट विश्वास रखें, अंध भक्त अगर।
श्रद्धा वो भंग करने से, क्या फायदा?
कर मेहनत कमाने से, क्या फायदा?

उंगलियों सहित हो हाथ, कमल का।
कुछ उन से करवाने का, क्या फायदा?
कर मेहनत कमाने से, क्या फायदा?

धूल चरणन ग़र माथे, भक्तन के लगे।
उन को पीछे हटाने का, क्या फायदा?
कर मेहनत कमाने से, क्या फायदा?

बारे अपने ग़र भजन, सुनने को मिलें।
सत्य को आगे लाने का, क्या फायदा?
कर मेहनत कमाने से, क्या फायदा?

बिनाह वेतन के ग़र, सेवक सेवा करें।
खर्च माया को करने का, क्या फायदा?
कर मेहनत कमाने से, क्या फायदा?

सर दर्द अपनी अगर, औरन की बने।
स्वयं जोखिम उठाने का, क्या फायदा?
कर मेहनत कमाने से, क्या फायदा?

नाम 'भगवान' का, जब, हो धंधा सही।
हैं हम नकली बताने का, क्या फायदा?
कर मेहनत कमाने से, क्या फायदा?

हो मुहैया

चिंता अपनी नहीं, की बाबे परिवार की हम।
हर वस्तु हो मुहैया, लगाया हमेशा पूरा दम।
श्रद्धा सहित की भक्ति, उन की ज़रा न कम।
प्रकाश चाहा किंतु हर ओर 'भगवन' था तम।

देर से

रात सोये इंतज़ार में, उठ गए सवेर थे।
जरूरतें की उस की पूरी, सभी देर से।
जरूरतें की उस की पूरी, सभी देर से।

स्वाभिमानी ठहरे माँगा कुछ न कभी।
दुश्मन बने सज्जन, निकाले उन वैर थे।
जरूरतें की उस की पूरी, सभी देर से।

करते रहे गुज़ारा, ललचाये न कभी।
खज़ूर छोड़ो, कभी ख़रीदे न बेर थे।
जरूरतें की उस की पूरी, सभी देर से।

सताया सब ने, माल जान बाप का।
अनुज घर वाले, लगे दिखने गैर थे।
जरूरतें की उस की पूरी, सभी देर से।

पड़ा सस्ते में सौदा, पाया छुटकारा।
डूबना था लाजिम, ग़र हम न तैरते।
जरूरतें की उस की पूरी, सभी देर से।

महसूस हुई कमी, तो भी थे प्रसन्न।
मान अमृत, थे पिये, प्याले जहर के।
जरूरतें की उस की पूरी, सभी देर से।

इंद्रियाँ दस, मन, बुद्धि व दिमाग।
किये इस्तेमाल, जब आये केहर थे।
जरूरतें की उस की पूरी, सभी देर से।

ज्ञान, ध्यान, सुमिरन किया पूजा पाठ।
हर हाल में 'भगवन', करते मेहर थे।
जरूरतें की उस की पूरी, सभी देर से।

मोह जंजीर

अपना कभी पराया बनाया लोगों ने।
बुढ़ापे में सताया बिन बुलाये रोगों ने।
बच्चों से आशा पड़ी लगानी छोड़नी।
मायावी मोह जंजीर 'भगवन' तोड़नी।

दिवाली आने वाली

आने वाली है दीवाली, मनाई जाएगी।
कर्तव्य पर ड़टे रहना, हमें सिखाएगी।

भाइयों में प्यार हो कैसा, वो बतायेगी।
धर्म पालन कब कैसे, राह समझायेगी।

शरणार्थी अपनाना क्यों, पथ दर्शायेगी?
अधर्मियों से लड़ना, धर्म से बतायेगी।

धर्मार्थी जीव यहाँ हों सब, आस लगाएगी।
हर नास्तिक हो आस्तिक, याद दिलाएगी।

जीवित रखेगी जिज्ञासा, विवेक जगायेगी।
'भगवान' कृपा महामारी, हट दूर जाएगी।

दीप जलायो

मन मंदिर में दीप जलायो आई दिवाली।
माँ लक्ष्मी घर भरे, किसी का रहे न खाली।

ख़ुशी मनायो, गायो मंगल और घर सजायो।
हृदय अपना कर साफ़, स्वच्छता को फैलायो।

मीठे पकवान कर एकत्रित करो विभाजन।
मत भूलो झांकी राम, बस रही है हर कण।

दिल से करो गणेश व शुभ लाभ का पूजन।
त्यागो रह शांत, घृणा, नफरत, क्रोध व सूजन।

करो पुण्य, अपनायो सद्ध मार्ग, प्रभु रिझायो।
है शुभ दिवस, लगा तन, मन और धन मनायो।

दुःख नहीं सुख थोड़ा तो बाँटो बड़ कर आगे।
करे 'भगवन', बड़े प्रेम, शांति व मानवता जागे।

समाप्तम

धन्यवाद बहुत जो, पढ़ पहुंच गए पृष्ट अंत।
क्षमा ग़र लगी कोई ठेस, हम न संत महंत।

पहली थी कोशिश, किया जो हुआ इकट्ठा।
रोना सारा हम रोया कोई नाही खेला सट्टा।